天津市文史研究馆馆员著述系列

明史学步文选

南炳文 著

天津出版传媒集团

天津古籍出版社

图书在版编目（CIP）数据

明史学步文选 / 南炳文著. — 天津：天津古籍出版社，2014.10
（天津市文史研究馆馆员著述系列）
ISBN 978-7-5528-0272-6

Ⅰ. ①明… Ⅱ. ①南… Ⅲ. ①中国历史－明代－文集 Ⅳ. ①K248.07-53

中国版本图书馆CIP数据核字(2014)第229387号

明史学步文选

南炳文/著

出版人/张玮

天津古籍出版社出版

（天津市西康路35号　邮编300051）

http://www.tjabc.net

三河市中晟雅豪印务有限公司印刷

全国新华书店发行

开本 880×1230 毫米 1/32 印张 15.75 字数 366 千字
2014 年 10 月 第 1 版　2014 年 10 月 第 1 次印刷

ISBN 978-7-5528-0272-6

定价：42.00元

编委会名单

主　编：刘志永
副主编：陈　雍（常务）　马　竞　南炳文　王宝贵
编　委：（以姓氏笔画为序）
　　　　马　竞　王宝贵　王振德　刘志永
　　　　阮克敏　张春生　张铁良　陈　雍
　　　　罗澍伟　南炳文　钱　钢　崔　锦
　　　　韩嘉祥　甄光俊

目录

自序 ……001

略论三百年明史的经验教训 ……001
海瑞之廉洁反贪与传统文化的优秀成分 ……009
论张居正大力裁革冗官及其失败的教训 ……039

明代寺观经济初探 ……066
明代两畿鲁豫的民养官马制度 ……086
明代的苑监官牧 ……122
明代的不良牙人及其防范 ……139
明代经济领域诓骗窃夺现象的盛行及其防范 ……155

明初军制初探 ……170
中国古代的鸟枪与日本 ……230

明代文化特色浅论 ……245
消极与积极并存：明朝建国前后祭祀活动述论 ……253
论明人年谱的价值和利用 ……305
关于燕王朱棣的两篇敕书造假案献疑 ……315
中国国家博物馆藏明太祖、太宗两朝实录的版本价值 ……334
《辑校万历起居注》自序 ……351
《广东新语》成书时间考辨 ……366

明代的贡献及其应对西欧殖民者的得与失......371
明太祖对待南海周边诸国政策初探......391
关于15—16世纪世界性大航海的几点浅见
　　——纪念郑和远航开始600周年......405
明代中日朝贡贸易中的策彦周良与淮安......419

旧方志风俗志漫笔......429
名胜古迹文字资料搜辑整理刍议......440
解开天津右卫创建史上的两个谜团......452
明代天津地区的河南籍官员......466

附录：论文著作编年......474

自序

1996年我在天津教育出版社出版了第一本论文集《明清史蠡测》。2006年自选了第二本论文集《明史新探》，2007年由中华书局出版，收录了2006年以前十年间撰写的论文。2010年自选了第三本论文集《明清考史录》，2013年由人民出版社出版，收录了2010年前五年间撰写的论文。这一本论文集是我自选的第四本论文集，其缘起乃承蒙刘志永书记、陈雍馆长、温洁处长等贯彻市委、市政府领导关心文史馆馆员著述发表的好意，代表文史馆领导和全体工作人员，多次督促我搞一本新的论文选集，使我怀着无限感激的心情而从命完成其事。按照出版馆员个人著作的有关约定，此类文集所收论文应从其人全部学术论文中选出。由此，这本论文集除了收入我近四年所撰写的几篇论文外，其余皆选自前三本论文集之中，共二十五篇。从内容划分，这二十五篇论文涉及明代政治、经济、军事、文化、文献、中外关系及旧方志、天津地方史等，除两三篇所论内容越出明代范围外，其余全部属于讨论明代历史者。我自1962年起决定学习、研究明清史，而其中尤以明史为重点。这本论文集所收文章的挑选，本来无意只选有关明代历史者，而最后的结果却是如此，其实正反映了我治学的成长历程。文章选定命名时，由此而自然地题成了"明史学步文选"，目的在于反映在学术上蹒跚学步的实际情形，以便读者掌握全貌，从而能根据我的具体情形给予切实的指导。我诚恳地祈望各位读者，畅所欲言，惠予指正，帮扶我在学术道路上继续前进。

在为前三本论文集写自序或后记时，我总忘不了感谢使我学有所得的母校、老师、亲朋等。这次写自序，也要对他们表示衷心的感谢，因为没有他们的支持、帮助和指导，我不会有今天，而出论文集之事更是梦中也不可能想及的。然而在写这本论文集的自序时，除了感谢母校、老师、亲朋外，还要特别对学校之外有关的机构和友人表示真诚的谢意。比如1979年始，我加入了天津市青年联合会，直至1995年因年龄过大而退出，前后在其中十七年。1993年始，我加入了天津市政协，直至2013年因年龄过大而离开，前后在其中二十年。2010年始，我光荣地成为天津市政府文史馆馆员，到今年已近四年。无论是天津市青年联合会，还是天津市政协、天津市政府文史馆，都使我接触到许多领域的有高深素养的众多专家，从而耳濡目染，广开眼界，增长了宝贵的多方面的学问，也使我走出高校的象牙塔，耳听目见现实生活中丰富多彩的社会现象，从而学到深刻而实际的活知识、真知识，使书本上得来的理论在脑海中变得真切起来、扎下了根，并使作为历史研究者的我在研究历史问题时，对复杂现象的观察深入了许多，关键所在之发现容易了许多，写出的文章渐渐抛弃了八股气，学术价值和实践意义日渐提高。言念及此，在我撰写这本反映本人学术上逐步前进历程的论文集的自序时，怎能不向天津市青年联合会、天津市政协和天津市政府文史馆表示由衷的感谢呢！特别是天津市政府文史馆，乃这本论文集出版的支持者，在学术著作出版难的今天，我更不能不在这篇自序中，向天津市政府文史馆致以真挚的谢意。

在这里，还要向天津古籍出版社表示深深的感激之情。我在天津古籍出版社陆续出版过《清代文化》、《明史研究备览》、《佛道秘密宗教与明代社会》、《古典目录学研究》、《辑校万历起居注》、《校正泰昌天启起居注》等多种图书。在我学术上逐步成长的过程中，始终有天津古籍出版社各位领导和编辑的大力帮助。现在，我要再一次向他们表示感谢。

二〇一四年六月二十七日于南开大学文科楼

略论三百年明史的经验教训

包括南明在内，明朝的寿命几近三百年。这在我国古代史上，是属于国祚较长的。它在政治、经济、军事、文化和对外交往诸方面，都有显赫的成就，在我国封建社会中占有引人注目的地位。但是更重要的是它给后人留下了丰富而深刻的经验与教训。本文择其要者，略述数端。

古语说："顺天者昌，逆天者亡。"这里的"天"，如果按照唯物论者的解释，把它作为客观规律的代称，那么这句古语就是从宏观的角度道出了人类社会历史发展中的一个颠扑不破的真理：不管是什么人，只有顺应历史发展的客观规律办事，才能获得成功，才能在历史上发挥进步作用。这个真理，在中外历史上，曾经无数次地得到证明；而明朝的历史，尤其清楚地向人们作了证明。就以朱元璋的历史活动为例。从总体上讲，朱元璋无疑是一个获得极大成功的人物，而其中最重要的表现，是他在群雄并起的元朝末年，既削平了群雄，又推翻了元朝，在中国大地上重建了以汉族为主体的多民族的统一政权。他为什么能够建立这一历史性的功绩？显然是由于他顺应了当时的历史潮流。元朝末年，以蒙古贵族为核心的封建政权的黑暗统治，造成了阶级矛盾和民族矛盾极为尖锐的局面，群雄之所以一时并起，根源即在于此。而要解决这时的混乱状态，就只有在消除或在一定程度上缓和了这两种矛盾之后，才能奏效，这也就成了当时强烈的时代要求。通观这时的元朝政权和朱元璋以外的各地群雄，都没有能够提出符合这一时代要求的政策,而只有朱元璋这样办了。他起兵不久就支持农民反抗地主夺取土地的斗争,有利于阶级矛盾的缓和。在北伐中原、向设在大都(今北京)的元朝中央政权作最后冲击时,他又发布告北方人民的檄文,号召汉族各阶层人民"驱逐胡虏,恢复中华";对蒙古、色目人则宣布"愿为臣民者,与中夏之人抚养无异",对解决当时的民族矛盾起了积极的作用①。朱元璋之所以能够削平群雄、战胜元政权,其奥秘就在这里。

朱元璋作为开国皇帝,为明朝在政治、经济、军事等各方面订立了完备的法规与章程。但是,这些法规与章程,在其各个继任者中执行情况并不相同。这就牵涉到人治与法治的问题。人治好,还是法治好?这在中国历史上一直是争论不休的问题。笔者看来,只有好的章程、法规,而没有一个善于执行这些章程、法规,或者德才兼备、善于因时制宜地对国家加以管理、在国民中享有极大威信的当权人物,是不能把国家治理好的。反过来,只有一个理想的当权人物,而没有相应的比较健全的章程、法规,同样不可能把国家治理好。明朝的历史对此作出了生动的说明。朱元璋建立明朝后,进一步发展了在中国古代史上早已形成的专制主义中央集权制度。这一制度在对付人民群众方面的功能,诚然是不足称道的,但它将统治阶级的权力尽可能地集中在皇帝手中,削弱了文官武将、地方势力的力量,使统治阶级内部的任何臣民都无力与皇帝对抗,因此也较好地担负起了防止封建统治阶级内部发生叛乱、稳定社会秩序的功能,从这一角度讲,它是值得肯定的好章程。不过,当时这一制度的积极作用,只有在皇帝

---

① 《明太祖实录》卷21,台北"中研院"历史语言研究所校印本,1962年。

是比较有作为的当权者的情况下才能得到发挥，否则就起不了作用。比如，成化年间，由于明宪宗倦勤怠政，使得宦官权势大大发展，出现了汪直等有名的权势显赫的大宦官，时有"今人但知汪太监"之说，专制主义中央集权制度限制皇帝之外的其他统治阶级人物手握大权的功能，被大大降低。再如天启年间，由于明熹宗非常昏庸，大权旁落于著名宦官魏忠贤手中，专制主义中央集权制度限制皇帝之外其他统治阶级人物手握大权的功能，再一次被大大削弱。而嘉靖年间，情况与上述两个时期截然相反，皇帝朱厚熜接受了前辈的教训，在宦官问题上头脑甚为清醒，对之控制甚严，犯罪者"挞之至死，或陈尸示戒"①，从而使得这时的宦官皆小心谨慎，不敢越权行事，专制主义中央集权制度限制皇帝之外的其他统治阶级人物手握大权的功能，因之没有受到宦官的影响。以上各例，虽然仅限于宦官势力消长一个领域，但在说明为了要把国家治理好，好的章程与好的当权者必须同时具备上，却是十分有力的。

  回顾明朝的兴衰史，还可以深深地感受到，其中期的改革运动，对于延长明朝的寿命，起了很大作用。土木之变后，经过八十余年发展演变的明王朝，已经进入中期阶段。在经济上有所发展的同时，土地集中的现象日益严重，人民的赋役负担越来越大，政治上的腐败现象与日俱增，社会矛盾日趋尖锐，境外势力的威胁也在迅速增长。到了正德年间，农民起义的烽火已经燃遍了南北各地，嘉靖年间更出现了"南倭北虏"交相为患的局面。时至于此，如果没有相应的挽救措施，明朝政权的覆灭指日可待。但是，自嘉靖中期之后，明朝统治集团中出现了海瑞、高拱、张居正等一批有远见、有头脑的政治家，他们先后搞起了以

---

① 《明史》卷304《宦官传》一。

整顿赋役制度、增加国家财政收入为中心的，涉及经济、政治、军事、文化、民族关系诸多方面的改革运动。这一改革运动在一定程度上调整了当时的阶级关系，清除或抑制了若干腐朽的社会现象，从而缓和了社会矛盾，改善了封建国家的财政状况，增强了国力。这一统治阶级的自救运动，尽管不可能化腐朽为神奇，从根本上改变明王朝的没落命运，但确实为这一险象丛生的封建王朝注入了一些活力，使之避免了迅速灭亡的命运。如果从张居正去世这一全国性的改革基本停止的万历十年算起，明朝中央政权此后继续存在的时间还有六十二年之久；如果从嘉靖中期算起，明朝中央政权此后继续存在的时间则达到了约一个世纪。明中期改革运动延长明王朝寿命的事实，对于后人很有借鉴意义。一个政权，当它刚刚建立之时，除个别情况外，一定是生气勃勃的。但是，随着时间的推移，它又必然逐渐面临日益严重复杂的社会矛盾。面对这种局面，如果当权者昏暗不堪，墨守成规，那么等待他们的只能是一步步陷入灭顶之灾，政权遭到覆亡的命运。如果不想遭到这样的下场，那就只好向明朝中期的张居正等人学习。其实，这样的正反两方面的经验教训，在中国古代历史上可说是相当之多，不过，明朝的情况十分典型罢了。

  官吏是否廉洁，对于政权的兴亡往往产生决定性的影响。这是回顾明朝的兴衰史时得到的又一个极为深刻的感受。在封建社会里，官吏贪污受贿是一个不可治愈的痼疾，最好的情况是受到抑制，贪污受贿现象不过分猖狂。但即使这样，对于社会安定发展也有明显的作用。明初朱元璋时期就是这样。朱元璋建立明朝后，极力抑制贪污，为此不惜采用剥皮实草之类酷刑。朱元璋的这类举措，对于改变元末贪官污吏恣意横行的局面，产生了明显的作用。当时虽然贪婪的赃吏仍不乏其人，而对老百姓"招徕抚循"的循吏也为数不少，这一时期成为封建社会里吏治相对清廉的时期。众所周知，朱元璋当政的明初三十余年，是社会生产得到恢复发展的"清明"时期，社会比较安定，究其原因，官吏贪污受到抑制，是其中重要的一个。明朝末年的情况与朱元璋当政时期是一个鲜明的对照。明中期以后，政治渐趋腐败，贪污受贿的现象日渐抬头，当时兴起的改革运动虽然曾经将抑制贪污列为改革的内容之一，但并未能把这一问题较好地解决掉。到了明朝末年，吏治空前败坏，甚至由于贪风太盛导致无钱即不能办事，从而使得个别官吏想独自成为清廉君子也办不到。当时贪污最厉害、影响最大的是军官。军官的营私中饱，使得明王朝筹措来镇压农民起义、抵御后金的军费大部落入他们的私囊。为了解决问题，应付时局的需要，明王朝只好再次筹措，但接踵而来的是军官的再次干没。于是便形成了无休止的恶性循环。在这一次次的恶性循环中，劳动人民的赋役负担随之而一次次加重。这时所谓的"三饷"加派，便是由此而产生的。说到明朝灭亡的原因，谁都知道赋役剥削的极端沉重是最重要的原因之一，而由上述情况来看，追根究底来讲，则不能不将之归结在吏治的败坏、贪风的盛行上。综观明初和明末的情况，一个发人深省的规律清清楚楚地摆在人们面前：官吏廉，国可兴；文武贪，国必亡。这一血的教训，后人实应牢牢记取。

明朝中后期，由于生产力的提高和商品经济的发展，中国封建社会内部开始出现资本主义萌芽。当时，江南地区的丝织业等行业中，存在着明显的资本主义性质的雇佣劳动，甚至在思想文化领域中也出现了与资本主义萌芽相适应的离经叛道思想，强调"人必有私"的观念，以及提倡"独抒性灵"的文学主张等。大约在同时，西欧自地中海沿岸开始，也陆续出现了资本主义萌芽。但是，西欧的资本主义萌芽很快发展起来，在17世纪中叶英国发生了资产阶级革命，18世纪又出现了工业革命，从而进入资本主义社会阶段。而中国却是资本主义萌芽一直没有发展起来。17世纪中叶英国发生资产阶级革命之时,中国发生的是旧式的农民战争。到了18世纪,中国的资本主义萌芽虽以明清之际战乱后的残余为基础,重新进入恢复期,但始终没有壮大起来。19世纪中叶后,中国的社会更因外力入侵而中断了正常发展,跌入半殖民地半封建的深渊。为什么中国与西欧的资本主义萌芽遇到两种不同的命运呢?回顾明朝的历史以及同期的西欧史可知,刚刚出世的资本主义萌芽力量十分弱小,单靠自己是不能茁壮成长的,它需要得到国家政权的支持才能战胜封建势力,壮大自己,并最终取代封建生产方式的统治地位。这种支持,资本主义萌芽在西欧得到了,而在明清时期的中国没能得到,相反还受到了种种压制和摧残,如在明代的中国受到了重征迭税的剥夺和矿监税吏的肆虐。可见,中国和西欧的资本主义萌芽之遇到两种不同的命运,实非偶然。明代资本主义萌芽的这段历史给后人留下了深刻的教训:担当国家重任的后来人,当新的先进的社会因素出现时,千万不可忘记爱之、扶之,否则将酿成大错,成为历史的罪人。

中华民族是由多个兄弟民族组成的民族大家庭,各个民族之间优势互补,相依而存,在互相学习、帮助中共同为中国的文明发达做出贡献。各个民族之间,由于这样或那样的原因,难免偶尔产生矛盾,甚至发展至冲突和战争,而冲突和战争的结果是两败俱伤,皆受损害,这从反面教育了双方,最终会捐弃前嫌,重归于好。因而在历史上,中华民族大家庭中的兄弟民族相互间友好相处、亲密交往是常态,矛盾冲突是偶尔存在的变态,而且大家越来越认识到相互间避免冲突、友好相处的重要,相互间的关系呈日益密切的总趋势。回顾明朝的历史,对于这一点,可以十分清楚地观察出来。如当时的蒙汉关系即是如此。由于明朝是在推翻以蒙古贵族为核心的元朝的基础上建立起来的，而退到漠北的蒙古贵族又不甘心这一失败，因而自明初以来明朝与蒙古贵族之间发生了不少武装冲突。但尽管如此，蒙古族与内地汉族之间的民间交往，在有明一代一直未断。并且因双方为了应付武装冲突，都耗费了大量的人力物力（仅从修筑万里长城一项，就可以想象出明朝为此而付出了多么大的代价，至于蒙古方面则"分番夜守"、日防明兵之"赶马捣巢"、"未遂安生"等记载，史不绝书），导致"华夷交困"，终于使明、蒙双方决定弃战言好，从而出现了隆庆年间的"俺答封贡"。自此，明朝解除了北方的边患，大省军费；蒙古则得到了在沿边开设互市市场的好处，使之可以很方便地以畜产品换回内地的布匹、铁锅等生活必需品。由此，蒙古族和汉族的亲密关系得到了进一步加深。明代及历史上各代中华民族大家庭中各民族相互关系日益亲密的总趋势及其形成原因，为后人正确处理这类关系、努力发展平等和睦互助的中华民族大家庭，提供了有益的启示。

明代中国与周边国家以至非洲、欧洲国家，发生了广泛的关系，这一段中外交往史给后人的启示也是很深刻的。有明一代，倭寇曾猖狂骚扰东南沿海，来自西方的葡萄牙、荷兰等国殖民主义者也先后来中国进行侵略，他们都给中国人民带来了很大危害，但最终都被中国军民打败了：倭患被平定，葡萄牙殖民主义者从浙、闽沿海等地被赶走，荷兰殖民主义者在台湾向郑成功递交了投降书。为什么能出现这种结果？当然是由于中国军民的英勇抵抗。但是，在抵抗外国侵略中仅有英勇精神是不够的，还必须有强大的综合国力作后盾，否则就会心有余而力不足。明朝时期，中国无论经济发展水平、科学文化发达程度，抑或是国家的组织能力和军事实力，都处于世界的先进之列，综合国力不弱于任何外来的入侵者，这才保证了军民抵抗外来侵略的最终胜利。

由此可以看出，中国要自立于世界，保持独立地位，必须千方百计加强自己的综合国力，这是一个十分重要的历史经验。明朝后期，西方耶稣会士随着殖民主义者的东来，也来到了中国。他们的本意在于向中国传布天主教，但为了取得中国人的好感和信任以便传教，很注重向中国介绍欧洲的科学知识，其中有一些是先进于中国的。当时一些勇于吸收外来先进文化的知识分子，如徐光启等，也积极与西方耶稣会士相交往，接受其介绍的先进知识，从而形成了一个中西文化交流的高潮。这对当时中国数学、天文学、历法、物理学、军火制造等科学技术水平的提高，起到了相当积极的作用。徐光启等勇于吸收外来先进文化的举动，反映了中华民族兼容并蓄的博大胸怀，而其吸收外来先进文化给中国所带来的益处，启示着后人：一个民族，一个国家，要想不断进步，积极吸收外来先进文化诚为十分必要。

海瑞之廉洁反贪与传统文化的优秀成分

引言

海瑞自我评论:"自得官后,每自誓上不负吾君,下不负吾民,中不负平生所学,一介不取,抱守终身。"① 他亦关心现实生活中官吏爱财贪污之事,称:"攘攘利往,天下皆然也,而谁与易之!"② "今人居官,且莫说大有手段,为百姓兴其利、除其弊,止是不染一分一文,禁左右人不得为害,便出时套中高高者矣。"③ 万历十三年他被任命为南京右佥都御史,五月初到任,即给当道写信,表示了解决贪残问题的迫切愿望:"主上厉精,天下悬望,愿与公等同辅太平之盛。尽天下称赋差烦苦、官吏残贪,此习弊,未易为,未知能如愿否耳。"④ 在实践上,他之反对贪墨态度更是十分坚决,并采取了许多有效的措施。由此,在当时及其后,他受到广泛的赞扬。与其同时之人何良俊虽对其所

---

① 海瑞:《交印文》,陈义钟编校《海瑞集》,中华书局1962年版,第164页。
② 海瑞:《赠蒙生德范还遗金序》,陈义钟编校《海瑞集》,中华书局1962年版,第343页。
③ 海瑞:《复王七峰琼山知县》,陈义钟编校《海瑞集》,中华书局1962年版,第421页。
④ 黄秉石纂:《海忠介公传》,陈义钟编校《海瑞集》,中华书局1962年版,第571页。

作所为有不满之处，但亦不得不称其"不怕死，不要钱，不吐刚茹柔，真是铮铮一汉子！"① 另一与其同时之人王世贞称其"不怕死，不爱钱，不立党"②。比之略晚的明天启年间高淳人黄秉石在其所撰《海忠介公传》中称赞说："自有生民以来，惟天纵我高皇帝全有天下之聪明睿知矣，而又起民间，无境不历，如龙潜九渊而飞九天之上，其析民至隐而行天至健，故其时吏治极清也。治久习玩，以至嘉隆之际，簠簋挫隅，苞苴狎政，间有诛放，而器忌种易，终不可改。独海忠介公起海隅，处下位，而以其身砥柱天下。""淳人至今有爱民如子，视钱如仇之谣。"③ 海瑞确实是一个洁己洁人的反贪楷模。回顾和研究其洁己洁人的反贪事迹与思想，不仅是历史学科学术研究的重要内容之一，具有学术价值，而且对于今人和后人与贪腐这一顽疾作斗争，也可提供宝贵的启示和借鉴，具有不可忽视的实践意义。

一　廉以处己

海瑞在做官之前，曾撰《严师教戒》一文，用以自警，其中说："夫人外无师友之益，而欲所行之协于道，亦难矣。瑞为此惧。一旦召神立腔子下，诲之曰：瑞，女知女之得生于天地之间者乎？有此生必求无忝此生而后可。……入府县而得钱易易焉，宫室妻妾，无宁一动其心于此乎？昔有所操，今或为恂恂者一易之乎？财帛世界，无能矻中流之砥柱乎？将言者而不能行，抑行

---

① 何良俊：《四友斋丛说》卷13，中华书局1959年版，第108页。
② 周晖著，张增泰点校：《金陵琐事》卷1《刚峰宦囊》，南京出版社2007年版，第38页。
③ 黄秉石纂：《海忠介公传》，陈义钟编校《海瑞集》，中华书局1962年版，第548页及第551页。

则愧影，寝则愧衾，徒对人口语以自雄乎？……夫人非无贿之患，而无令德之难，于此有一焉，下亏尔形，上辱尔先矣。……呜呼，瑞有一于此，不如速死！"① 这篇文章，是海瑞为自己制作的一个座右铭，是其一生中对自己作人的一套高标准要求。在这套标准中，不贪财帛是重要的一条。而其在担任官职期间，极为出色地实现了这一条，为人世间树立了一个廉以处己的典范。

海瑞认为，官吏任有职务，因已经得到了俸薪，俸薪外即不可再得，否则即为贪赃。他曾说："操守，乃俸米柴马之外，不妄取一分一文、不妄用一分一文之谓。"② 对于这一点，他自我约束甚严。在出任南平教谕时，他严禁生员送礼给教官，其在自订《教约》中规定："古者执贽以相见，明有敬也，矧弟子之有求于师者，可无敬欤！然受命以教，与此则又不同。盖师生分定，朝廷为诸弟子求师，不待诸弟子将敬而后求，教官为朝廷设教，不谓诸子不求而不教也。诸生参见拜揖外，不许更执货物以进。凡俗例所云送节酒食馔先生者，俱不许举行。夫朝廷设有教官，将谓为尔诸生益也，宁曰剥诸生以肥教官耶！"③ 其在淳安知县任上，史称"俸薪之外无所取"④。在应天巡抚任上，他公开宣示自己决不妄取官库，要求下属监督，称："侵欺仓库，律有明条。举凡纸赎等项，无分上下，皆在库钱粮也。本院非为公

---

① 海瑞：《严师教戒》，陈义钟编校《海瑞集》，中华书局 1962 年版，第 1 至 2 页。
② 海瑞：《督抚条约》，陈义钟编校《海瑞集》，中华书局 1962 年版，第 247 页。
③ 海瑞：《教约》，陈义钟编校《海瑞集》，中华书局 1962 年版，第 17 页。
④ 王弘诲撰：《海忠介公传》，陈义钟编校《海瑞集》，中华书局 1962 年版，第 531 页。

为民,决不支用,其送过客、送乡宦、为人做坊牌、具赆举贺,一切不举。……若本院妄行取用,是法司官自犯法也,州县鸣鼓攻之,律有明条,本院不能自赦。"① 万历年间他由家乡赴任南京,途中广东巡按汪渠瀛赠其勘合长单,以便其沿途享用驿递的招待,但其时关于使用勘合之"新例方严"②,他不知按照新规定此招待可否接受,竟拒绝了汪渠瀛的好意,在回绝信上说:"大抵天下事过于守法,人称小胆,心反安。事在疑似利己,则以不疑处之,不可。勘合长单璧上。"③ 其沿途的情形是:"自琼台至蚬冈,家仆皆徒步,有一小僮,亦只携附前舆,不与马。又自五羊至上新,惟坐一小船,寂寂过,多无知者。"④ 到达南京后,故人原琼州知府贺澹庵派人送其一份礼物,他坚持不受礼物的信条,即予回绝,其回绝信中称:"生初至南都,礼文与先无异,未同而言,曾具峻语绝之。不可晓人分彼此,厚意敬托来人璧上。今吾故吾,惟公与生,受不受无所不可,勿以为讶。"⑤在他死于南京右都御史任上之前三日,"兵部送柴薪,多耗七钱,犹扣回"⑥。

---

① 海瑞:《督抚条约》,陈义钟编校《海瑞集》,中华书局1962年版,第246页。

② 海瑞:《复吴小江两广军门》,陈义钟编校《海瑞集》,中华书局1962年版,第468页。

③ 海瑞:《复汪渠瀛巡按》,陈义钟编校《海瑞集》,中华书局1962年版,第468页。

④ 梁云龙述:《海忠介公行状》,陈义钟编校《海瑞集》,中华书局1962年版,第542页。

⑤ 海瑞:《复贺澹庵》,陈义钟编校《海瑞集》,中华书局1962年版,第474页。

⑥ 梁云龙述:《海忠介公行状》,陈义钟编校《海瑞集》,中华书局1962年版,第543页。

为了坚持为官清廉的高尚品德。海瑞一生过着节俭的生活,甘于贫困,史称"其清节为近古所罕有"①。他在任淳安知县时,"官署中有隙地,课老仆树禾麦,艺蔬芥,旦夕取自赡,自江水外,无关淳安者"②。为了给母亲做寿,他买了二斤肉,此事竟被总督胡宗宪当作新闻而与人相传。③ 隆庆四年,海瑞在出仕十七年后归里养亲,清俸所存,只买第一区,"值一百二十金","祖田十亩外无益"④,至万历三年为其母治葬,兵宪陈复升捐助赙金,方斥置墓田数亩。⑤ 万历初年,张居正对家居之海瑞不满,"令巡按御史廉察之。御史至山中视,瑞设鸡黍相对食,居舍萧然"。见此情景,"御史叹息"而去。⑥ 其时海瑞竟贫至"时不能温突"⑦。万历十五年,海瑞死于南京任所时,"佥都御史闽人王用汲入视,见公葛帏敝簏,有寒士所不堪者,为叹息,泣不能收。启其箧,仅拾余金。士大夫醵金为殓具"。当时苏州人朱良知作七律诗赞扬海瑞,其中有一联称:"萧条棺外无余物,冷落灵前有菜羹。"此正是纪实之文。⑧ 因"用红票买米,减半市

---

① 王国宪辑:《海忠介公年谱》,陈义钟编校《海瑞集》,中华书局1962年版,第592页。
② 李贽:《续藏书》卷23《太子少保海忠介公》,中华书局1959年版。
③ 张廷玉等:《明史》卷226《海瑞传》,中华书局1974年版。
④ 梁云龙述:《海忠介公行状》,第541页及王国宪辑:《海忠介公年谱》,第592页,陈义钟编校《海瑞集》,中华书局1962年版。
⑤ 梁云龙述:《海忠介公行状》,第541页及王国宪辑:《海忠介公年谱》,第594页,陈义钟编校《海瑞集》,中华书局1962年版。
⑥ 张廷玉等:《明史》卷226《海瑞传》,中华书局1974年版。
⑦ 王弘诲撰:《海忠介公传》,陈义钟编校《海瑞集》,中华书局1962年版,第532页。
⑧ 黄秉石纂:《海忠介公传》,陈义钟编校《海瑞集》,中华书局1962年版,第576页。

价"而曾受到过海瑞处罚的御史陈海楼，原本对海瑞"恨之入骨"，及海瑞死，"同诸御史入其内"，见海瑞"受用之清苦"，竟感动得声称："回吾怨恨之心矣。"① 海瑞的丧事处理完毕后，"族之人"以其"家无厚赀，逡巡未即嗣"；其知慕海瑞"而嗣之者，亦以家无厚赀"，当万历皇帝"嘉与恩荫"时，"竟艰于赴铨曹"。②

二 强调洁人

海瑞不仅自我要求很严，以清廉自处，而且对于其他官吏也要求廉洁。他曾在给薛鸣宇的一封信中说："昔人谓君子联属天下以成其身。职掌所到，有不洁人可洁己者哉！"③他在评论时人高拱出任内阁大学士兼任吏部尚书，大权在手而不能根治贪污时说："纵中玄（高拱号中玄——引者注）果无入己之赃，不能防闲觉察，以致有是，入己入人，其罪不大相远。"④ 在这种思想的指导下，他在任官的各个时期都注意与身边的贪残现象作斗争。如在淳安任知县时，他曾宣示："知县知一县之事，一民不安其生，一事不得其理，皆知县之责。其贪暴不才姑勿论。上而朝廷，吾父母；中而抚按、藩臬、僚属、过客、乡大夫，吾长兄弟；下而吏书、里老、百姓人等，吾子姓。遇之各有正道。若谓

---

① 周晖著，张增泰点校：《金陵琐事》卷1《清苦回恨》，南京出版社2007年版，第37页。

② 邢祚昌：《海忠介公全集序》，陈义钟编校《海瑞集》，中华书局1962年版，第610页。

③ 海瑞：《复薛鸣宇分守道》，陈义钟编校《海瑞集》，中华书局1962年版，第467页至468页。

④ 海瑞：《乞治党邪言官疏》附录，陈义钟编校《海瑞集》，中华书局1962年版，第227页。

止可洁己，不可洁人，洁人生谤；谓凡所行不可认真，认真生怨取祸。不顾朝廷之背否，以乡愿之道待其身，以乡愿之道待吾子、吾长兄弟，浮沉取名，窃取官爵，非知县也。"① 于是要求：县丞不可"未入官门，先营家计，爵禄贿赂夺魄动心"②；主簿不可在征收赋税中"凭家兄为驱使"，朦胧追呼，"有钱则宽征，无钱则急比，且计粮数之多寡而茧丝之有大封小封"③；典史不可"指良为盗，为己殴利"，"偏听衙蠹，相助朘削，盗贼分其赃，争斗罚之纸"④；教官不可"寄空名于诸士子之上，典籍无传，模范不端，虚縻岁月，为身谋，为家计，初入学则索其贽见之仪，既入学则需其送节之礼"⑤；阴阳官不可"希图罔利，每于朔望月蚀、大旱舞雩时而需索夫巫氏"⑥；医官不可诡称其药"得之无不效，但皆值龙宫物"⑦，因而索取高价；老人不可"瞒官作弊，以肥私囊"⑧；里长不可"应卯酉而有连累之诛求"，

---

① 海瑞：《兴革条例》，陈义钟编校《海瑞集》，中华书局1962年版，第49页。

② 海瑞：《参评·县丞参评》，陈义钟编校《海瑞集》，中华书局1962年版，第147页。

③ 海瑞：《参评·主簿参评》，陈义钟编校《海瑞集》，中华书局1962年版，第147页。

④ 海瑞：《参评·典史参评》，陈义钟编校《海瑞集》，中华书局1962年版，第148页。

⑤ 海瑞：《参评·教官参评》，陈义钟编校《海瑞集》，中华书局1962年版，第148页。

⑥ 海瑞：《参评·阴阳官参评》，陈义钟编校《海瑞集》，中华书局1962年版，第149页。

⑦ 海瑞：《参评·医官参评》，陈义钟编校《海瑞集》，中华书局1962年版，第149页。

⑧ 海瑞：《参评·老人参评》，陈义钟编校《海瑞集》，中华书局1962年版，第150页。

"事兼利己,则同甲首作弊以欺府县,事止利己,则假以府县名色而剥甲首,百计取钱,无心抚恤"①。再如在兴国任知县时,他为拒绝贪污现象,曾向上级建议用"一洗而新之"的办法,彻底裁革冗费,称:"所谓一洗而新,非谓一门之内,小者可论,大者可杀也。止是与之辨义利,分别官民界限,使人知有界限而不过越焉尔。柴马俸粮之外,用里甲一毫皆为侵民,催征勾摄之外,役里甲一毫便是不能守己。……若谓辨别分明过为刻薄,治道去其太甚而已,大病症却下四君子汤,恐于民无大补益也。"②又如在担任应天巡抚时期,他曾明白提示府县官,"侵用里甲及纸赎一分一文,皆是赃犯。"③"今后各官事出于公,用此公银,余银贮库候申作正用。若拜客帖、私衙烛,自己事也,用俸金办。请过客、请同僚乡官、行庆、行吊,自己事也,自举自办。……居官临财,正分别义利之际。其有不分公私、混行支用,虽额数余银,亦以赃论。"④又警告说:"若道府州县敢有纸赎等项用充人情,不行申报,本院知有律法,决不曰此俗弊也、情可原恕。其隐充囊橐者,又不必言矣。各道府州县毋贻后悔。"⑤

为了洁人,对于贪赃枉法者,他坚持主张按照法律给予惩治,反对轻纵。在任淳安知县时期,他曾明确谕告里长、老人,

---

① 海瑞:《参评·里长参评》,陈义钟编校《海瑞集》,中华书局1962年版,第150页至151页。

② 海瑞:《申军门吴尧山便宜五事文》,陈义钟编校《海瑞集》,中华书局1962年版,第211页。

③ 海瑞:《督抚条约》,陈义钟编校《海瑞集》,中华书局1962年版,第247页。

④ 海瑞:《续行条约册式》,陈义钟编校《海瑞集》,中华书局1962年版,第255页至256页。

⑤ 海瑞:《督抚条约》,陈义钟编校《海瑞集》,中华书局1962年版,第246页。

"其有凌虐小民多科钱粮者，如律治罪，另行选补"①。在任应天巡抚时期，由于百姓告状者甚多，放告之日动以三四千计，致使应接不暇。海瑞规定每月以初二、十六日为普通放告日，但对告发贪污官吏者，则不予限制，每天皆可准行，使之与人命、强盗另两种可随时上告者，成为三种特殊对待的案件。②在任南京吏部右侍郎署部事时，海瑞认为其时之所以"治化不臻"，"贪吏之刑轻也"③，"盖起于改枉法赃八十贯绞律，而从杂犯准徒许赎，非重刑决不能惩"，因而上疏"援霍文敏请复枉法律疏，因及国初尚有剥皮等刑，特以明其言必可信"④。寻改任南京右都御史。时"南京为养望地，官号吏隐。右都虽长御史，称独坐，然于诸御史无所短长，取相引为尊重"，但海瑞"以为御史职刺举，表百官，南台亦犹北也，欲正百官，必自御史始"，"到台即论一人，至逮讯褫职，为其黩而峻于刑也"⑤。

三　反对以民脂民膏行贿

贪污的一个重要途径是受贿，而受贿存在的前提是行贿，以民脂民膏送礼是海瑞生活的时代的一种重要的行贿方式，因而反

---

①　海瑞：《谕里老告示》，陈义钟编校《海瑞集》，中华书局1962年版，第181页。

②　海瑞：《被论自陈不职疏》，陈义钟编校《海瑞集》，中华书局1962年版，第237页。

③　张廷玉等：《明史》卷226《海瑞传》，中华书局1974年版。

④　王国宪辑：《海忠介公年谱》，陈义钟编校《海瑞集》，中华书局1962年版，第598页。

⑤　黄秉石纂：《海忠介公传》，陈义钟编校《海瑞集》，中华书局1962年版，第572页。

对以民脂民膏行贿或以送礼的方式行贿，成为海瑞反贪思想和行动的重要组成部分。他认为官员等以民脂民膏行贿或以送礼的形式行贿，是当时加重人民负担的一大祸害。他曾说："天下事都被秀才官作坏了。岂直不才，贪残刻削，私充官囊，即知自爱者亦不免为乡愿，义利交战胸中，穷竭膏脂，博交延誉。乃辄归咎朝廷征赋烦不可为，何也？征赋即烦，各有定额，去什一未远，而额外无名可省不省，朝廷为之，抑诸臣为之耶？"① 这里的"穷竭膏脂，博交延誉"，即指官员等以民脂民膏行贿或以送礼的形式行贿。又曾说："诸臣计以里役均徭充己囊橐，姑勿论，其取以称过使客、取悦上司、厚乡士夫士子者，自以为事体宜然也，能此谓之通，不能此之谓拙（"之谓拙"三字当作"谓之拙"——引者注）。其言曰'不过一开口而已'；不知此口一开，惠私一人，害千万人，此口不可开。'不过费一纸而已'；不知此牌一发，惠私一人，害千万人，此牌不可发。"② 有鉴于此，海瑞自己决不搞以民脂民膏行贿或以送礼的形式行贿的勾当。史称："（时）津要知厚有馈问，外官人京有交际，谓要作官不得不如是。公（指海瑞——引者注）独曰：'尽天下而不为上官之赂也，岂尽不迁？又尽天下而惟上官之赂也，岂尽不黜？安可自以其身甘沟壑也！'"③ 他担任淳安知县时期，按照其时"沿习成风，无一无之"的惯例，是上级官吏"二院守巡道出巡并委官查盘"时，本县要对上级的随行吏书馈送银两，而海瑞拒不馈送。

---

① 王国宪辑：《海忠介公年谱》，陈义钟编校《海瑞集》，中华书局1962年版，第583页。
② 海瑞：《兴革条例》，陈义钟编校《海瑞集》，中华书局1962年版，第62页。
③ 王国宪辑：《海忠介公年谱》，陈义钟编校《海瑞集》，中华书局1962年版，第584页。

每逢出现此种情形,本县吏书即提醒他"若还无此,祸出不测"。而他则"以事至不能辩白,充军死罪可甘受,不可为此穿窬举动复之"①。又有年终造册上缴等惯例,届时亦需出银对上级官府经手之吏给银行贿,海瑞亦拒不遵从,这造成"往往生事拨回"。而即使如此,他也不改变做法,"宁可有再造之费,不可开贿赂之门"。②又时人"谓朝觐年为京官收租之年"。遇到这种年份,"外官至期盛辇金帛以奉京官,上下相率而为利,所苦者小民而已。"海瑞到任前,淳安县每次要为此而收里甲银240两,催甲银160两,其他科派米34至35石、鲞140至150斤、笔墨帖数百、纸数千等,而他到任后,"旧例悉行禁革","二经朝觐,止用路费银四十八两,吏十二两,造册十一两七钱五分,跟随皂快备原名工食外,量行加贴"。③

对于下级部属,海瑞亦严令不许以任何形式行贿。在淳安任知县时,曾发布文件,其中规定"凡有事打点衙门者,虽是分厘银、些小货物,亦与吏书门皂等受人一同治罪,枷号二个月"④。又曾专门发布了禁止送礼行贿的布告,称:"接受所部内馈送土宜礼物,受者笞四十,与者减一等,律有明禁。粮里长各色人等每每送薪送菜,禁不能止。……尔等名为奉承官府,意实有所希求……与之官,取之民,出其一而收其十,陷阱不浅。今后凡有

---

① 海瑞:《兴革条例》,陈义钟编校《海瑞集》,中华书局1962年版,第42至43页。

② 海瑞:《兴革条例》,陈义钟编校《海瑞集》,中华书局1962年版,第48页。

③ 海瑞:《兴革条例》,陈义钟编校《海瑞集》,中华书局1962年版,第40页。

④ 海瑞:《禁约》,陈义钟编校《海瑞集》,中华书局1962年版,第189页。

送薪送菜入县门者，以财嘱论罪。……据卓茂谓，岁时相遗，为人之情，似亦不宜峻绝也。然律设大法，官民界限凛不可越，且贪私成风，非一朝一夕，不峻辞绝之，不可止也。"① 在任应天巡抚时，曾明文规定不许府县向出巡的上级衙门的书吏行贿，称："访得抚按兵道出巡，府县每有银两私赂书吏，相沿成习，无处不然。……堂堂衣冠，作此穿窬举动，不亦可羞可恶甚耶！其有意指吏胥为之，己不与事，掩耳盗钟，为罪犹大。今后本院巡历，每书吏入，先巡捕官搜检，后教官再搜，甚则倒卷箱一一检之，直穷到底，用赂之官，其刑罪比书吏门皂必重数倍。"②

超标招待过往使客，用费甚多，是当时为害甚大的一种行贿方式。"如淳安县遇一显宦过往，用银二三十两；巡盐察院过，用一二百两。建德县遇察院出巡，用银一二百两；巡抚过，用银三四百两。"③ 由此，治理这类行贿，成为海瑞的一项重要活动。如在担任应天巡抚时，他严令："过客至驿，虽去城去关咫尺，道府州县官亦不得出见，各驿递不许遣人传报送下程送礼。非止曰取诸民以奉人、取民以奉己，其罪无异也；开贿赂之端，长阿媚之念。各官目睹民艰，未见捐己赈之，乃加意过客，亦非周急不继富意也。纵出俸金，事当严禁。"④ 对于过客的过分需索，海瑞亦严厉禁止，明令："驿递炎凉之弊，本院（指海瑞本人——引

---

① 海瑞：《禁馈送告示》，陈义钟编校《海瑞集》，中华书局1962年版，第181至182页。

② 海瑞：《督抚条约》，陈义钟编校《海瑞集》，中华书局1962年版，第253至254页。

③ 海瑞：《兴革条例》，陈义钟编校《海瑞集》，中华书局1962年版，第62页。

④ 海瑞：《督抚条约》，陈义钟编校《海瑞集》，中华书局1962年版，第245页。

者注）深知之，有不如单应付、酸酒腐肉、疲马小夫及中途而逃，本院决不轻贷。若过客敢有凌虐、生端索取，先拿家人送府县监治，停应付。……本院知惜民财，知有国法，不知其为京堂、为科道、为部属也。"① 他在担任淳安知县时，曾与预定途经淳安的"挟权相总制八省蹉政、威焰赫甚"的都御史鄢懋卿② 巧作对抗，此事尤是其人反对过客过分需索的著名事例。其时，鄢懋卿出巡有关地区，在其剳付中称："方今民穷财尽，宽一分则民受一分之赐，务宜体谅"，"素性简朴，不喜承迎。凡饮食供帐，俱宜俭朴为尚，毋得过为华侈，靡费里甲。"但在实际上则是"各处皆有酒席，每席费银三四百两，金花金段，一道汤一进。下程则山禽野兽人不能致者备焉。供帐极华丽，虽溺器亦银为之"③，"其妻偕行，装五彩舆，令十二女子舁之，令长以下膝行匍匐上食惟谨"④。其巡历"计程只一日当至严（州府），严守相戒，（府辖各县）盛为供具以待，（作为该府所辖淳安之知县）公独上禀帖（给鄢懋卿）曰：'传闻所至与宪牌异，欲从宪牌则惧招尤，欲从传闻则恐违宪。下邑疲敝，未知所从。'鄢匿笑而署曰：'照宪牌行。'然迂道去，不过严矣。严守闻鄢且至而中止，疑之，已，知公具禀之故，虑祸且不测，盛怒待公，入见辄踞坐击案，曰：'几大官，敢尔！'詈不停口。公惟敛容长跽，无

---

① 海瑞：《督抚条约》，陈义钟编校《海瑞集》，中华书局1962年版，第244至245页。

② 梁云龙述：《海忠介公行状》，陈义钟编校《海瑞集》，中华书局1962年版，第538页。

③ 海瑞：《禀鄢都院揭帖》，陈义钟编校《海瑞集》，中华书局1962年版，第168页。

④ 黄秉石纂：《海忠介公传》转引《明政统宗》，陈义钟编校《海瑞集》，中华书局1962年版，第553页。

一语辨。气稍平，起揖而退，亦无后言。迨鄢事竣，严诸臣欲下害，太守见谢曰：'好了淳安百姓，难为汝，难为汝！'"①

四 关注贪黩之预防

海瑞不但洁己洁人，反对行贿，而且关注如何预防贪污现象的发生，为此他采取了一系列措施，提出了许多可贵的主张，其中最引人注目者有如下六项。

第一，采取措施防止正常的情义表达演变成行贿受贿的弊俗。

人是感情动物，以些微礼物表达感激和友好的心情在特定的情况下是难以避免的，但"些微"很容易变成"较多"以至"巨量"，并随之将表达感激和友好心情的情谊行事，演变为以利益交易为实质的行贿受贿之举。海瑞注意到了这一点，于是开动脑筋，采取了一些巧妙的办法，以使正常的情义表达既能实现，而演变为行贿受贿弊俗的情况也得以避免发生。如淳安县入学的新秀才，"旧例本生办酒桌席面奉县官学官"，海瑞来到这里担任知县后，认为这种以数量颇大的礼物相送的风俗，乃"谬举也"，下令改为"里甲办无席面酒数桌，纱帕三端，送各生参见学官，少将父兄为子弟求师之意，酒礼皆革去"。这种新办法，变本生单独送礼为里甲集体代各生送礼，变礼物数量颇大为数量些微，这既使学生"待先生也，隆礼貌"，"不以官之卑也而有慢心焉"，

---

① 梁云龙述：《海忠介公行状》，陈义钟编校《海瑞集》，中华书局1962年版，第538页。

又使感戴情意的正常表达不会沦落为行贿受贿的丑陋行为。①

第二，整顿复杂的钱粮征收办法，杜塞弊窦。

明代赋税征收办法非常复杂，征收者易于因之舞弊，海瑞重视在力所能及的条件下，对赋税征收办法予以改进，以塞弊窦。如其在淳安知县任上发布的一个告示称："原本县各项钱粮银耗多寡不一，盖因各上司衙门兑银轻重不同也。然轻重不同，存乎其人，固有彼一时重，此一时轻者。小民秤纳钱粮与各里递，多是各项总兑。多寡不一，深山穷谷之民易为收者所骗矣；况因其轻重不同、朝更暮改，小民岂能遍知！里递户首因其不知而多收耗例比比有之。今定自（嘉靖）四十一年四月为始，凡各项钱粮，尽是正数外别加二分作耗，一钱加二厘，一两加二分，十两加二钱，一百两加二两。此法一立，虽有一项钱粮上司秤兑甚重，一时上司秤兑钱粮甚重，止是将轻者补之，二分之耗，一定不改。……盖二分耗，中数也。兑轻则剩，剩亦不多。兑重则赔，赔亦不多。……外有多取者，许不时赴县呈告，以凭重治。"② 这个告示中的耗银征收新法，由每年变化改为固定不变，不言而喻对于杜绝里递户首在向小民征收时作弊十分有利。又如当时海瑞还发布了一个丈量土地的办法，称："查得嘉靖三十年户部移咨各省清查税粮。淳安县官田地山塘有新收抄没石峡儒学等项名目甚多，起科自一升二合五勺至四斗五升五合，参差不一。小民不能稽查，奸人缘此作弊。若量田成，照三十年事例，

---

① 海瑞：《兴革条例》，陈义钟编校《海瑞集》，中华书局1962年版，第96页。
② 海瑞：《定耗银告示》，陈义钟编校《海瑞集》，中华书局1962年版，第179至180页。

不论官民田地山塘,一例出夏绢,一例出秋粮,事体诚归一无弊也。"① 这又是将复杂的征收赋税办法大大简化,从而有利于抑制奸人因等级烦多而作弊。

第三,制订规条,明示政务。

海瑞在各地担任官职时,往往制定规条:在南平教谕任上有《教约》,在淳安知县任上有《淳安政事》,在兴国知县任上有《兴国八议》,在应天巡抚任上有《督抚条约》、《续行条约册式》、《应付册式》、《均徭册式》,在南京都御史任上有《夫差册》等。这些规条,或从多方面,或从某一方面,将所辖地区或部门的有关政务作出规定,公布出来,予以执行。其重要特点在于,非同当时其他官吏所搞的"皆虚设也、或袭语也"的"条约",而是"字字实事"。② 其内容尽管非常庞杂,而涉及最多的乃在于赋税征收、钱物分配及使用等经济方面的问题。这些规条,可说是政务的大公开,尤其是财务的大公开。政务的这种大公开,尤其是财务的这种大公开,无疑有利于百姓的监督,有利于百姓避免在糊里糊涂中被官吏等分外盘剥,有利于防止官吏等的随意作弊。明人梁云龙在所述海瑞行状中评论应天巡抚任上所订《督抚条约》时说:"抚故与按并弹压一方,欲有规划,必衡鹭后行。公则谓抚按各有专责,不得越俎相侵,乃独以昔所为教南平者、令淳安者、令兴国者,稍加润色扩充,为督抚宪约。意盖主于斥黜贪墨,搏击豪强,矫革浮淫,厘正宿弊。"③ 这里将"斥黜贪墨"

---

① 海瑞:《量田则例》,陈义钟编校《海瑞集》,中华书局1962年版,第201页。

② 黄秉石纂:《海忠介公传》,陈义钟编校《海瑞集》,中华书局1962年版,第568页。

③ 梁云龙述:《海忠介公行状》,陈义钟编校《海瑞集》,中华书局1962年版,第540页。

放在海瑞制订《督抚条约》诸出发点的第一位，实为抓住了精华。其实，当时海瑞制订的其他规条，大多数的着重点都在预防贪墨之发生。

第四，加强考核。

明代对府县官是有考核制度的，考核的结果是考语。但在海瑞生活的时代，考核制度的实施极不认真，其考语"往往习为两可活套之辞，事鲜指实，语无分明。所有申送文册，日夜阅思，贤否莫定"。有鉴于此，海瑞决定改变现状，将考核制度落到实处，从而"甄别贤否，以儆官邪"。为此，他在任应天巡抚期间，亲自设计了考语表格，"多立题目，不厌繁琐"。除照往例"为一考语外"，各道各府州县官还要照式填写表中各项内容，"按季申报"，"欲使之无所逃于其间"。全表共分"操守"、"才识"、"兴利"、"除害"四大项，每大项下都有若干小项。在表格所列各项中，属于贪黩否者所占比例甚大。其中"操守"大项中，属于贪黩否者尤多，其项中除要"总约数语"记明"一尘不染"或"贪取无厌"之类外，还要逐项具体填写取用或接受"纸赎"、"称头常例"、"贿赂"、"里甲常例"、"粮长常例"、"粮里供应"、"盐引常例"等正当的"俸米柴马"以外的不正当收入。在"除害"大项下，有若干小项是反映道府州县各官身边吏书、门皂等人是否有贪残行为的内容。① 这种考核表格，经常性地考察所属各官的贪廉实况，对预防贪污现象的发生，理应具有一定的积极作用。

第五，要求在上者做出榜样，严格约束下属。

海瑞曾说："苟非上人逐一簿记所赂之事，遇若事则谆谆然问是有赂与否，小有犯者，与者、受者重刑加焉，而又以身先

---

① 海瑞：《考语册式》，陈义钟编校《海瑞集》，中华书局1962年版，第258页至263页。

之，不可免也。谓之以身先之者何？吏书何等人也，彼见夫内外缙绅之流开骗局以赂于人多矣，而何独不为之！小民何等人也，彼见夫纷纷做官人裹金帛以赂人，欺朝廷而窃荣禄，罔朝廷以免刑罪多矣，而何独不为之！……京官有分赍之费，是以外官书帕不得已受焉。孟子谓'乡为身死而不受，今为所识贫乏者得我为之'，分赍是亦不可以已乎？潜消默化之机诚在于上，不在于下。缙绅之常例不去，而去吏书之常例不可得也。"这段话既要求居于高位者对行贿和受贿的下属严格约束，同时毫不含糊地指出"潜消默化之机诚在于上，不在于下"，在上者必须"以身先之"，这种主张是极其可贵的。①

第六，重视对生员的教育。

海瑞认为，"天下不见官为天下利，独见官为天下扰，大端在不晓于官民义利之辨，先无以洗其心，身家在念，贪取毒焉"②，所以很重视对生员在廉洁方面的教育。他不许生员给教官送礼，要求其"欲以道义自处，请先以道义处人"③。他不许在学校供写文案的学吏"索取生员一钱"，原因在于担心学校里"养诸生如父母深闺养处子"，任学吏纳贿，将影响、污染生员的心灵，"生其利心"。④他要求学官不收生员的礼物，也是为了担心"学校礼义相先，反惟利是计，以此倡士，何能正士"，认为

---

① 海瑞：《兴革条例》，陈义钟编校《海瑞集》，中华书局1962年版，第57页。

② 海瑞：《赠钟从吾晋灌阳掌教序》，陈义钟编校《海瑞集》，中华书局1962年版，第382页。

③ 海瑞：《教约》，陈义钟编校《海瑞集》，中华书局1962年版，第17页。

④ 海瑞：《教约》，陈义钟编校《海瑞集》，中华书局1962年版，第19页。

"师道立则善人多,善人多则朝廷正而天下治矣"。① 生员是官吏的后备军,海瑞重视对生员在廉洁方面的教育,亦是极其可贵的。

五 显著的成效和曲折的仕途

海瑞洁己洁人的反贪活动取得了显著的成效,其任职所到之地,贪污害民的现象受到抑制,百姓的负担得到减轻,在他生前和身后,都受到百姓的衷心爱戴。

在海瑞任淳安知县时期,"里甲故用银,每丁至四五两",而"公(指海瑞——引者注)只征二钱有奇",减少到原来的二十分之一以下。② 当海瑞离开淳安调赴他任时,"百姓如失父母"③。隆庆三年夏,海瑞以右佥都御史巡抚应天十府,"令既布,严乎烈日秋霜,风物顿易,郡邑吏凛凛竞饬,若非往日人,赇者则望风解印绶去"④。半年后他离开此任,"小民闻当去,号泣载道,家绘像祀之"⑤。晚年,海瑞被召赴南京任南京右佥都御史、改南京吏部侍郎、又改南京右都御史时期,由于大力整顿火甲,

---

① 海瑞:《督抚条约》,陈义钟编校《海瑞集》,中华书局1962年版,第247页。
② 梁云龙述:《海忠介公行状》,陈义钟编校《海瑞集》,中华书局1962年版,第538页。
③ 黄秉石纂:《海忠介公传》,陈义钟编校《海瑞集》,中华书局1962年版,第554页。
④ 梁云龙述:《海忠介公行状》,陈义钟编校《海瑞集》,中华书局1962年版,第540页。
⑤ 张廷玉等:《明史》卷266《海瑞传》,中华书局1974年版。

"使官不侵民","留都民若弛重负、出汤火"①。其之被召,南京之民"无不曰海都堂又起,转相告语,喜见眉睫"②。"入京之日,黄童白叟填溢街巷以观公。"③"公每出行,所至人必拥舆左右聚观之,妇人童孺咸欢呼鼓舞。"④"凡乡民过其第者,必求一见,踵相接也。公每归私第,辄危坐厅事,不退居,亦不闭门,以便乡民之求见者。公问:'见我何为?欲言事乎?'乡民叩首:'无事,止愿一见海爷颜貌耳。'自朝至暮不少休。"⑤"有不识姓名远方老者,求供帚除一月、二月去。又有相率求貌公像以去。"⑥甚至有人把海瑞传作神灵,"时都下人编公事为小说,咏唱通衢,取糊口钱。一日忽传京师解一木妖神来,就公讯,群趋江上观之。曰神在御园为祟,上历举诸大臣名,皆不惧,惟云送南京海某处,则无声,今解来矣"⑦。"及卒于官,人争画其像,画士亦多致厚资。"⑧ "百姓奔相告,扶服悲号,若丧慈母。"⑨ "士民哭公,至罢市者数日。丧出江上,白衣冠、揭楮素而送者

---

① 梁云龙述:《海忠介公行状》,陈义钟编校《海瑞集》,中华书局1962年版,第543页。

② 海瑞:《三进士申救疏》,陈义钟编校《海瑞集》,中华书局1962年版,第626页。

③ 张萱:《疑耀》卷2《司马文正海忠介》,明万历三十六年刻本。

④ 顾起元:《客座赘语》卷7《海忠介公》,中华书局1987年版,第208页。

⑤ 张萱:《疑耀》卷2《司马文正海忠介》,明万历三十六年刻本。

⑥ 梁云龙述:《海忠介公行状》,陈义钟编校《海瑞集》,中华书局1962年版,第545页。

⑦ 黄秉石纂:《海忠介公传》,陈义钟编校《海瑞集》,中华书局1962年版,第573页。

⑧ 张萱:《疑耀》卷2《司马文正海忠介》,明万历三十六年刻本。

⑨ 梁云龙述:《海忠介公行状》,陈义钟编校《海瑞集》,中华书局1962年版,第544页。

盈两岸，无隙地。雨泣动天，箪食壶浆之祭数百里不绝。苏人朱良知诗曰：'批鳞直夺比干志，苦节还同孤竹清。龙隐海天云万里，鹤归华表月三更。萧条棺外无余物，冷落灵前有菜羹。说与傍人浑不信，山人亲见泪如倾。'盖纪实云。"①后来在明朝晚期，海瑞仍被念念不忘。明末人黄秉石说："余儿时，见乡人好言海都堂，则所见异词，所闻异词，所传闻又异词，如创于麟凤之绝见，而想摹于遗影也。时海公去吴久矣，其老者叹息，言已成悲，至孺子妇人亦能语其一二事，相嗟异。或官司有秕政，必相谓曰：'海都堂在，乌得有此乎！'则又曰：'安得海都堂复起，一惩若属乎！'"②又说："公至吴九阅月耳，而天下财赋之原，肃然一清，至惠泽所流，于今若慕考妣，言之娓娓欲泣也。"③当时他继续被神化。黄秉石称："南都人多籍籍传公已奉帝敕，主京都，为都城隍神。语出不经，然匹夫匹妇之心也。岁庚戌（万历三十八年）属大祲后，乡村人皆言海公为神且至矣，则相率请道士、具芗帛、修醮祀以迎公，甚虔也。"④明末人张萱亦记载说："今江南郡邑相传公已为神。"⑤

海瑞洁己洁人的反贪活动虽然取得了显著的成效，其仕途却并非全尽如人意。他一方面主张正义的官僚和关心自己统治地位

---

① 黄秉石纂：《海忠介公传》，陈义钟编校《海瑞集》，中华书局1962年版，第576页。
② 黄秉石纂：《海忠介公传》，陈义钟编校《海瑞集》，中华书局1962年版，第569页。
③ 黄秉石纂：《海忠介公传》，陈义钟编校《海瑞集》，中华书局1962年版，第567页。
④ 黄秉石纂：《海忠介公传》，陈义钟编校《海瑞集》，中华书局1962年版，第577页。
⑤ 张萱：《疑耀》卷2《司马文正海忠介》，明万历三十六年刻本。

安全的皇帝对他多有支持，另一方面部分以自己得失为主要依据的官僚则对之设置障碍，不与合作，甚至排斥、攻击，从而使其仕途常有曲折。

海瑞在担任淳安知县期间，用严正的态度和巧妙的办法阻止了都御史鄢懋卿之前往淳安骚扰，引起了鄢的不满，鄢曾指示其下属且与之同党的巡盐御史袁淳对其刁难，从而暂时阻挠了其一次晋升。史载："鄢虽愧屈公，而阴嗾其私人袁巡艖曰：'不驱海强项，何以持风宪体乎？'袁既受颐使而按淳，又见公迎送不远，供应不隆，有所钩付不唯唯应，谇曰：'汝即欲学府官样，还未！还未！'已而公给由申呈，驳云：'方呈给由，已为升任之状，不准考。'竟论。然公无事可指摘，寻有通判嘉兴之命，又以袁论之故，仍以原职改调。公听调赴部……（吏部侍郎）朱公（衡）为言公清望于冢宰严公（讷），而其邻邑兴国适缺令，遂改公补之。公抵任……独急清丈。清丈甫毕，而报升户部云南司主事，盖镇山公（即朱衡——引者注）力也。"①

隆庆年间海瑞担任应天巡抚时，由于与贪污官吏及豪强大户作对，"惑于过客之谤"的都给事中舒化②弹劾他"迂滞不达政体"，提出"宜以南京清秩处之"。③ 隆庆皇帝不听其议，下旨："海瑞节用爱人，勤事任怨，留抚地方如故。"④ 已而"与吴宦有连"的给事中"嘉兴人戴凤翔"，又上疏弹劾海瑞"沽名乱政，

---

① 梁云龙述：《海忠介公行状》，陈义钟编校《海瑞集》，中华书局1962年版，第538页至539页。

② 黄秉石纂：《海忠介公传》，陈义钟编校《海瑞集》，中华书局1962年版，第565页。

③ 张廷玉等：《明史》卷266《海瑞传》，中华书局1974年版。

④ 黄秉石纂：《海忠介公传》，陈义钟编校《海瑞集》，中华书局1962年版，第565页。

大乘宪体。公（指海瑞——引者注）亦疏辩"①。隆庆皇帝对海瑞仍予"优容"，改之为督"南京粮储"②，只是由于当时掌吏部的高拱"素衔瑞，并其职于南京户部"，海瑞无任可履，只好"谢病归"里。③

高拱之后，张居正居于首辅地位，他"惮瑞峭直"，不乐其出山④，虽"九卿若台省前后荐公（指海瑞——引者注）者无虑十余疏"⑤，亦不答应。万历十年张居正死。十三年，久闻海瑞之名的万历皇帝，任命其为南京佥都御史，尚未及到任，又改为南京吏部侍郎。海瑞于同年五月到任，因南京吏部尚书丘橓未到任而得署掌部事。不久又被任为南京右都御史，"浃岁三迁，咸属睿眷"⑥。而这时德清人房寰身任南直隶督学御史，"凌士纳贿，恣睢狼藉。吴人号为倭房公"，拟《阿房宫赋》以表恨。他知道海瑞"嫉贪不少借"，怀疑将为其揭发，竟先发制人，上疏弹劾海瑞。⑦ 此举引起正直官绅的反对，给事中徐常吉和进士顾允成、彭遵古、诸寿贤等，"抗疏劾寰，抉发其奸邪"，数其欺罔

---

① 黄秉石纂：《海忠介公传》，陈义钟编校《海瑞集》，中华书局1962年版，第565至566页。

② 王国宪辑：《海忠介公年谱》，陈义钟编校《海瑞集》，中华书局1962年版，第592页。

③ 张廷玉等：《明史》卷266《海瑞传》，中华书局1974年版。

④ 张廷玉等：《明史》卷266《海瑞传》，中华书局1974年版。

⑤ 李贽：《续藏书》卷23《太子少保海忠介公》，中华书局1959年版。

⑥ 梁云龙述：《海忠介公行状》，陈义钟编校《海瑞集》，中华书局1962年版，第542至543页。

⑦ 黄秉石纂：《海忠介公传》，陈义钟编校《海瑞集》，中华书局1962年版，第573页。

之罪。①

万历十五年海瑞死于任所。万历皇帝得到消息,"为之咨嗟缠恻。申命秩宗考典礼,祭八坛,水衡致金钱,庀宦夯,遣行人许君子伟往治葬,太宰议赠官,加太子少保,太史易名谥忠介"②。其谕祭之文赞其:"素丝无染"、"综铨务而议主惩贪"。③又"谕江浙地方建公(指海瑞——引者注)专祠,春秋享祀。琼州府城小北门外建公专祠,与宋苏文忠公、明丘文庄公称三公祠"④。

海瑞官至正二品之南京右都御史,地位不为不高,其死后的哀荣也不能不说相当体面,但其官职毕竟是远离京师的闲散差使,与其实际德才应得的地位和应负的责任相比,远不能令人满意,与其给他体面的哀荣,不如令其在生前能发挥更大的实际作用。

六 传统文化的优秀成分与海瑞洁己洁人

以儒家思想为主流的中国传统文化,是一个庞大的体系,由于时代的局限,其内容毋庸讳言有若干消极的成分,但其中也有

---

① 王国宪辑:《海忠介公年谱》,陈义钟编校《海瑞集》,中华书局1962年版,第598页。
② 梁云龙述:《海忠介公行状》,陈义钟编校《海瑞集》,中华书局1962年版,第544页。
③ 黄秉石纂:《海忠介公传》,陈义钟编校《海瑞集》,中华书局1962年版,第576页。
④ 王国宪辑:《海忠介公年谱》,陈义钟编校《海瑞集》,中华书局1962年版,第600页。

大量的积极因素。比如主张"为政以德"①，提倡以德服人，"行仁政而王"②，"仁者爱人"③。儒家里想重视义利之辨，把"义"看得比"利"更为重要，称："不义而富且贵，于我如浮云"④，"义与利者，人之所两有也，虽尧舜不能去民之欲利，然而能使其欲利不克其好义也，虽桀纣亦不能去民之好义，然而能使其好义不胜其欲利也。故义胜利者为治世，利克义者为乱世"⑤。"义利之说乃儒者第一义"⑥，"凡欲为学，当先识义利公私私之辨"⑦。以儒家思想为主流的中国传统文化的这些积极因素无疑是优秀的，是有利于社会和谐安定和进步的。以儒家思想为主流的中国传统文化之所以能在中国古代历史上长盛不衰，其原因当即在于这里。

海瑞自幼受到良好、系统的儒家经典教育。四岁时，其父海瀚死去，其母谢氏"教之诲之，口授《孝经》、《学》、《庸》诸

---

① 刘宝楠：《论语正义》之《为政第二》，河北人民出版社1986年版，第20页。

② 《孟子》（十三经本）之《公孙丑上》，中州古籍出版社（据1914年商务印书馆本影印）1992年版，第15页。

③ 《孟子》（十三经本）之《离娄下》，中州古籍出版社（据1914年商务印书馆本影印）1992年版，第48页。

④ 刘宝楠：《论语正义》之《述而第七》，河北人民出版社1986年版，第143页。

⑤ 王先谦撰，沈啸寰、王星贤点校：《荀子集解》之《大略》，中华书局1988年版，第502页。

⑥ 朱熹：《晦菴先生朱文公文集》卷24《与延平李先生书》，四部丛刊（据明嘉靖本影印）本。

⑦ 陆九渊著，钟哲点校：《陆九渊集》卷35《语录》下，中华书局1980年版，第470页。

书，辄能成诵"①。以后又"习《诗》，已习《尚书》，以《大戴礼》举嘉靖己酉乡试"②。在学习中，他很注意分别是非，史称"在郡庠时独与一二同志辨学明古"③。这些使得海瑞自然而然地深受中国传统文化重视义利之辨、仁爱为民等优秀成分的陶冶。于是他"稍知识，直欲学做圣贤，而纷纷世态皆无当于心"④。"直欲以圣贤之所已言者据守行之"⑤，对人对己唯望"执我经书死本行之"，反对依从俗套。⑥ 他认为"君子之仕，所以行其义"⑦，"学者，内以修身，外以为民；爵位者，所托以为民之器也"⑧，"丈夫夫所志在经国，期使四海皆衽席"⑨。海瑞既然有如此之志向与主张，其之能够坚持洁己洁人、反对贪黩，自是毫不奇怪。由此可知，海瑞之能够洁己洁人，实与以儒家思想为主流

---

① 王国宪辑：《海忠介公年谱》，陈义钟编校《海瑞集》，中华书局1962年版，第578页。

② 黄秉石纂：《海忠介公传》，陈义钟编校《海瑞集》，中华书局1962年版，第549页。

③ 梁云龙述：《海忠介公行状》，陈义钟编校《海瑞集》，中华书局1962年版，第535页。

④ 梁云龙述：《海忠介公行状》，陈义钟编校《海瑞集》，中华书局1962年版，第534页。

⑤ 海瑞：《参评·知县参评》，陈义钟编校《海瑞集》，中华书局1962年版，第146页。

⑥ 海瑞：《复周柳塘琼州知府》，陈义钟编校《海瑞集》，中华书局1962年版，第421页。

⑦ 海瑞：《孟子为贫而仕议》，陈义钟编校《海瑞集》，中华书局1962年版，第310页。

⑧ 海瑞：《政序》，陈义钟编校《海瑞集》，中华书局1962年版，第328页。

⑨ 海瑞：《樵溪行送郑一鹏给内》，陈义钟编校《海瑞集》，中华书局1962年版，第506页。

的中国传统文化优秀成分的陶冶密不可分。

宋明时期，儒学演变至理学阶段。宋、明理学家认为：理、气形成人、物，天以理赋乎人、物谓之命，人、物受理于天谓之性，论其所主为心，而其实只是一个道，即理、命、性、心、道是一样的东西。这套理论同样有其历史局限性，但也有许多积极成分。海瑞接受了这套理论。他讲这套理、气二元论说："无气则此理无处安顿。曰理曰气，无离合，无后先。"① 又说："维天之命，其在人则为性而具于心，古今共之，圣愚同之"②；"未有舍去本心、别求之外，而曰圣人之道者"③。以这套理论为根据，海瑞又论述了其洁人洁己的反贪主张等："性中只有个仁义礼知，我辈读书知礼义，辨别素明，天光焕发"，不当沉沦于"财帛世界"。④ "吾人一身备万物之理，则当以万物一体为己任"⑤。"君子何为而仕于人人哉？天生一物，即所以生万物之理。故一人之身，万物之理无不备焉，万物之理备于一人。故举凡天下之人，见天下之有饥寒疾苦者必哀之；见天下之有冤抑沉郁、不得其平者必为忿之。哀之忿之，情不能已，仕之所由来也。"⑥ "慨自性

---

① 海瑞：《孟子道性善》，陈义钟编校《海瑞集》，中华书局1962年版，第316页。

② 海瑞：《朱陆》，陈义钟编校《海瑞集》，中华书局1962年版，第322至323页。

③ 海瑞：《朱陆》，陈义钟编校《海瑞集》，中华书局1962年版，第323页。

④ 海瑞：《赠蒙生德范还遗金序》，陈义钟编校《海瑞集》，中华书局1962年版，第343页。

⑤ 梁云龙述：《海忠介公行状》，陈义钟编校《海瑞集》，中华书局1962年版，第542页。

⑥ 海瑞：《淳安县政事序》，陈义钟编校《海瑞集》，中华书局1962年版，第37页。

学不明，国法日久弛玩，谋家利己之念胜彼万物一体之初，不曰官所以行吾性也，而曰资之以荣吾家也。"① 海瑞之根据宋明理学理论论述其洁人洁己的反贪主张，再一次反映出其能做到洁人洁己反对贪黩，与以儒家思想为主流的中国传统文化优秀成分的陶冶密切相关。《海忠介公年谱》的作者清末人王国宪说："公之气节、文章、经济，本子学问。平素所学，孔子所谓刚者不参以申枨之欲，养刚大之气，得之孟子，于宋儒兼通朱、陆，不偏于一家。"② 这一评论当称公允。

七 家庭、故乡社会环境与海瑞之洁己洁人

海瑞自四岁丧父起，一直跟寡母谢氏在一起生活。其母重视对海瑞的教育，不仅如前所述亲自教子读书，而且"为访择严明师托之"③，其自身则"质禀近刚一"，"律身以正义"④。至于海瑞青少年时期生活的故乡琼山县，则是民风纯朴敦尚礼义，文献称为"民性纯朴，俗敦礼义，尚文公《家礼》"⑤，"地居海岛，习俗朴茂，由唐迄宋，人文蔚起，至明为尤盛，人娴礼义之教，

---

① 海瑞：《赠周柳塘入觐序》，陈义钟编校《海瑞集》，中华书局1962年版，第350页。

② 王国宪辑：《海忠介公年谱》，陈义钟编校《海瑞集》，中华书局1962年版，第603页。

③ 梁云龙述：《海忠介公行状》，陈义钟编校《海瑞集》，中华书局1962年版，第534页。

④ 海瑞：《与琼乡诸先生书》，陈义钟编校《海瑞集》，中华书局1962年版，第415页。

⑤ 唐胄编集：《琼台志》卷7《风俗》，上海古籍书店（据宁波天一阁藏正德残本影印本）1964年版。

士多邹鲁之风"①。这样的严正而纯朴、娴于礼义的家庭和故乡社会环境，对于海瑞正面向上的品格，包括洁人洁己反对贪黩的品格的形成，当也有非常积极的影响。海瑞自己就曾说过家庭环境对其品格形成的积极影响："母幼粗识书史语，瑞少学，口授《孝经》、《学》、《庸》等篇。……先后苦针裁，营衣食，节费资，督瑞学。……日夜同瑞寝处。访询戚近，倦倦然举而托之严明之师，以琢以磨，兼有父道。瑞今日稍知礼义，勉自慎饬，若非冲年背父者，尽母氏谆谆开我力也。"②清末人向万荣曾论述过海瑞家乡的社会环境对海瑞品格形成的积极作用："海南自西汉立郡以来，逾二千年，朴茂之气郁久而发，逮明乃有丘文庄公成《大学衍义补》一书，入赞纶扉，学术雅正。继起者为公（指海瑞——引者注），尤以经济、风节著称。遂为琼南人物冠冕。"③海瑞和向万荣在这里所说的"稍知礼义"、"风节"云云，无疑包含着洁人洁己反对贪黩的内容在内。

结语

讨论过海瑞洁己洁人反对贪黩的方方面面，不仅使人对海瑞的高尚品格极为钦佩，为所感动，更引人注目者乃在于后人由其主张、行动和处境等可得到许多深刻的启发，引起必要的反思。其严惩贪黩取得显著成效以及其除贪关注预防的主张和行为，提

---

① 王赞：《康熙琼山县志》（日本藏中国罕见地方志丛刊本）卷1《疆域志·风俗》，北京书目文献出版社1992年版。

② 海瑞：《与琼乡诸先生书》，陈义钟编校《海瑞集》，中华书局1962年版，第415页。

③ 向万荣：《补刊海忠介公文集跋后》，陈义钟编校《海瑞集》，中华书局1962年版，第622页。

供了丰富而成功的历史经验；其洁己洁人反对贪黩品格的形成与其家庭、故乡社会环境的关系，显示出消除贪腐实为全社会应予综合治理的系统工程；其洁己洁人反对贪黩的品格来源于中国传统文化优秀成分的陶冶，说明了以中国传统文化的优秀理念塑造人们的高尚信仰是何等重要；其反贪活动虽深受正直人士的欢迎，但其仕途并不平坦，除了晋升间受挫折，还有重要岗位或不能久居、或根本无份，至于物质生活则更是难免清贫二字。如此等等提醒后人，国家和社会对于廉洁反贪的斗士，千万不可忘记他们为了正义而惹有私怨，对他们务必着意给予支持和关怀。

论张居正大力裁革冗官及其失败的教训

一 引言

大力推行裁革冗官的活动,是张居正改革的重要内容之一,对此史家论著多有谈及,但未见专文详论,而这一活动留给后人深刻的教训。研究这一活动,既有学术价值,也有实践意义。笔者谨不顾浅陋,草就此文,对之作一较为详细的探讨,敬请方家指正。

二 前人的裁革活动

明朝初年,政事简略,风俗淳朴,因而文武官员所设不多,而中叶以后,政务趋繁,加之吏治日趋腐败,官员数量渐增。明世宗嘉靖八年六月,詹事霍韬所上《修书陈言疏》指出:"天下武职,洪武初年二万八千余员,成化五年增至八万一千余员,锦衣卫官,洪武初年二百一十一员,今增(至)一千七百余员。由二万而八万,增四倍矣,由二百而一千七百,增八倍矣。"又指出:"再按天下文职,洪武初年官有定额,故数易稽,今冗员日多,职守日紊,数亦难稽……我朝自成化五年武职已逾八万矣,合文职计之,盖已逾十万矣,是职员极冗,未有甚于此时者也。"① 官员的增加,对于应对政务趋繁局面有有利的一面,但由于风气的败坏,又往往出现三个和尚没水吃的情形,人多不干事,甚至妄生事端,忙中添乱,此外,财政开支也因之与日俱增,加重了国家与社会的负担。于是,裁革冗官成为明中叶后政治生活中不断议行之事。如明孝宗即位后的第二个月,即下令汰传奉官,罢右通政任杰、侍郎蒯钢、指挥佥事王荣等凡二千余人。② 又如嘉靖年间,明世宗曾鉴于"今天下诸司官员比旧过多","宜致百姓艰窘",欲命大臣桂萼"会官查议裁革"。③ 并于嘉靖八年至十年间,陆续裁革了部分文武官员。④ 但由于种种原因,这种裁革官员的活动并不能顺畅进行,均是随裁随复,甚而越裁越增。直至万历初年,这一问题依然如故,裁革冗官成为张居正改革弊政的重要举措之一。

三 大力推行的前奏

张居正之裁革冗官,早在他担任首辅以前即已开始。如隆庆年间,他曾分别给湖广巡抚和巡按写信,谈及裁革施州兵备之事。其《与湖广巡抚》一书说:"屡辱翰示,已一一具复。近闻施州兵备决当裁革,乃李金宪亦自以为当裁,则舆论可知矣。部中已停缺不补,幸早具议,以便题覆。"其《答湖广雷巡按》一

---

① 《明经世文编》卷187,第1912页,1962年6月,中华书局出版,北京;《国榷》卷54,第3402页,1958年12月古籍出版社,北京。
② 《明通鉴》卷35,第1363页,1959年4月中华书局出版,北京。
③ 《明经世文编》卷181,第1856页。
④ 《国榷》卷54,第3407、3414、3427页及卷55,第3443—3446、3448页。

书说："辱翰示，知道从已临楚地，无任欣慰，兹有一事请教。施州兵备，旧无此官，偶以邻境小寇，漫而增设。今地方事宁，此为剩员矣。夫官多民扰，供亿费烦，姑未敢论；且分巡荆南道，原控制蜀之瞿塘，如得其人，何事不举！乃舍其专职而另设官，于事体便乎否也？今李金宪已升铨部，停缺未补，俟两院具题即议省矣。惟裁之，幸甚。"① 这两封信，为了阐述施州兵备一职之当裁，从设置历史、官员职掌，到便民、省费、舆论倾向，多角度提出理由，可见其对裁革冗官之认真。

担任首辅后，张居正对裁革冗官继续抓住不放。自其于隆庆六年中担任首辅到万历七年，裁革冗官的事情不断发生，几乎年年可见。如万历元年十月乙丑，"罢补增设兵部侍郎"②；三年五月丁卯，"裁山西太原府孟县县丞一员"③。张居正与地方大吏在书信中讨论官职应否设置的记载也能看到。如万历元年至四年宋阳山任应天巡抚期间，张居正给他的一封信即有这种讨论，其中说："水利之责御史，昨凌洋山始建此议，仆固以为未便，乃渠则坚求必遂，故黾勉从之。今奉教，信为冗设也。"④ 不过，这时张居正之裁革冗官尚未大力展开，只是零星进行，并且根据需要而增设官职的情形也同时较多地存在着。如万历三年五月丁卯，裁革太原府孟县县丞一员的同时，还"添设徐浦县县丞

---

① 《张文忠公全集》《书牍》一，第218页，《国学基本丛书》本，商务印书馆1937年7月发行，上海。
② 《明神宗实录》卷18第5页下，1941年梁鸿志影印江苏国学图书馆传抄本。以下除特别注明者外，均用此本。
③ 《明神宗实录》卷38第13页下。
④ 《张文忠公全集》《书牍》八《答应天巡抚宋阳山》第345页。

一员"。①

四 大力推行的四个阶段

万历八年，张居正开始大力推行裁革冗官的活动。这年正月丙子，张居正向明神宗报告，"伏蒙发下吏部推升官员一本，内有苏松管粮参政缺，推山东按察司副使周之屏、湖广按察司副使金学曾堪以升补"，但苏松管粮参政"系近年添设，访之彼中士民公议，皆以此官为冗员，不必升补"，因此"拟旨下部查议，伏乞圣明裁酌，将此二员姑停点用，俟该部议定覆请圣裁"。明神宗认可了张居正的意见，第二天对吏部该本作出批示："苏松管粮参政设自何时？即今应否裁革，还查议来说。"②吏部遵旨回复："近年内外官员视国初之旧额已增数倍，不顾民之艰难，动滋烦扰，如此非一。"明神宗以吏部所言为是，即命"各省直兵备、守巡及参游等官，凡添设者，俱一一查议具奏裁革，以称省事尚实之意"。同年二月丁亥，裁革苏松管粮参政。于是，大力裁革冗官的活动遂轰轰烈烈开展起来。③

整个万历八年，是大力裁革冗官活动的初始阶段。其主要的裁革内容除二月裁革苏松管粮参政外有：

闰四月辛酉，裁革浙江驿传道及福建按察司监军副使各一员。④

---

① 《明神宗实录》卷38第11页上，台北"中研院"历史语言研究所校印本。
② 《明抄本万历起居注》第三册第15至16页，2001年11月全国图书馆文献缩微复制中心出版，北京。
③ 《明神宗实录》卷96第6页上。
④ 《明神宗实录》卷99第6页下。

闰四月壬戌，裁革浙江左营游击一员。①

六月己亥，裁革宣大威远参将及广灵大山口守备。②

六月癸卯，裁革三河、霸州守备，及长峪城提调，并密云、遵化、永平三府武学提调各一员。③

六月甲辰，裁革庐州府麻阜镇把总一员。④

六月丙午，裁革山西宣府怀隆兵备副使一员、河南总部京粮右参政一员、督粮左参议一员、睢陈兵备一员、山东督粮左参政一员、总部京粮左参政一员、分巡东兖道佥事一员、陕西督驿传左参政一员、屯田水利副使一员、庄浪兵备一员、甘肃太仆寺少卿兼佥事一员、广西督粮右参政一员、永宁兵备副使一员、四川督粮右参政一员、水利驿传佥事一员、叙泸兵备佥事一员、广东督粮左参政一员、湖广屯田水利副使一员、江西饶州兵备副使一员、佥事一员。⑤

六月癸丑，裁革杨舍守备一员。⑥

六月己未，裁湖广总兵官。⑦

六月丙寅，裁革广东按察司监军副使、广州兵备佥事、贵州布政司督粮参政各一员，河南按察司淮凤营田佥事俟核实事完并裁。⑧

---

① 《明神宗实录》卷99第7页上。
② 《明神宗实录》卷101第1页下。
③ 《明神宗实录》卷101第2页上。
④ 《明神宗实录》卷101第2页下。
⑤ 《明神宗实录》卷101第2页下至3页上。
⑥ 《明神宗实录》卷101第4页下。
⑦ 《明神宗实录》卷101第6页上。
⑧ 《明神宗实录》卷101第7页下。

六月丁卯，裁京通二仓经历六员。①

八月壬午，裁革延宁甘固各游击及守备八员。②

九月癸未，裁革福建督粮右参政一员及盐运司判官、提举司提举和吏目，并裁怀安县，自知县以下俱革。③

九月甲申，裁革辽东行太仆寺少卿及本寺主簿。④

九月甲申，裁革广西盐运提举司添设副提举一员。⑤

九月己丑，裁革福建行都司屯局佥书一员。⑥

九月壬辰，裁革广西昭平参将。⑦

十月甲寅，裁革云南布政司督粮参政一员。⑧

十一月丁丑，裁革云南临安参将。⑨

十一月壬午，裁革广东阳电海防、潮州陆路参将、总兵标下练兵把总各一员。⑩

由上列各项可知，万历八年裁革冗官的锋芒所向，虽然包括了总兵、参将、游击、守备、把总等各级武官，以及太仆寺、盐运司、知县及其佐贰等多种文官，而主要的目标，乃在作为各省布政司和按察司佐贰的道员，其裁革数量，几占这一阶段裁革总量的二分之一。到了万历九年正月，张居正大力推行的裁革冗官活动，矛头改为主要指向两京各部院司寺，标志着这场活动进入

---

① 《明神宗实录》卷101第8页上。
② 《明神宗实录》卷102第5页上。
③ 《明神宗实录》卷104第4页下。
④ 《明神宗实录》卷104第4页。
⑤ 《明神宗实录》卷104第5页上。
⑥ 《明神宗实录》卷104第6页上。
⑦ 《明神宗实录》卷104第6页下。
⑧ 《明神宗实录》卷105第5页上。
⑨ 《明神宗实录》卷106第3页下。
⑩ 《明神宗实录》卷106第5页下。

了高潮阶段。其具体裁革冗官情况如下：

正月辛未，裁革在京各衙门官员一百多员，包括户部浙江、湖广、河南、福建、广东、广西司主事各一员，江西、云南、山东、四川、山西、贵州司各二员，陕西司三员；礼部仪制、祠祭、主客司各一员，铸印局副使一员；兵部武选司郎中一员，车驾、职方司郎中各一员，管优给主事一员，管存恤主事一员，武库司管京卫武学主事一员；刑部十三司主事各一员；工部营缮司管重城员外郎一员，屯田司管台基厂主事一员，虞衡司管遵化铁冶郎中一员，杂造司大使一员；都察院司狱一员；通政使司右通政一员，誊黄右通政一员，大理寺左评事一员；顺天府管军匠通判各一员，都税司、正阳门分司各副使一员；国子监助教四员，学录一员；太常寺博士一员，协律郎一员，赞礼郎五员，司乐十二员；光禄寺典簿一员，大官署署丞一员；尚宝司司丞一员；上林苑监蕃育署、良牧署录事各一员；未补给事中户科四员，礼科二员，兵科五员，刑科四员；中书舍人二员；行人司右司副一员，行人五员；詹事府主簿厅录事一员。①

正月辛巳，裁革南京各衙门官员近五十员，包括：吏、礼、兵、刑、工各部侍郎皆一员，大理寺寺丞一员，太常寺少卿一员，户部湖广司员外郎一员，山西、云南司主事各一员，工部虞衡司主事一员，大理寺左右评事各一员，太常寺山川坛奉祀一员；鸿胪寺鸣赞一员、序班一员，应天府管马通判一员，五城兵马副指挥各一员，留守五卫千户所吏目各一员。②

万历九年二月后，张居正大力推行的裁革冗官活动进入继续发展阶段，这一阶段延续至该年九月，历时约八个月。在这一阶

---

① 《明神宗实录》卷108第2页下至3页上。
② 《明神宗实录》卷108第7页上。

段里，裁革冗官的数量超过了既往，裁革的对象也非常广泛，而其中被裁最多的则属各省司府州县的佐贰杂职。其主要事实有：

二月庚子，裁革北直保定等府同知、通判、州判、县丞、主簿、仓巡等官五十五员。①

三月甲申，裁革应天、福建仓大使等官四十六员。②

三月辛卯，裁革浙江布政司等衙门都事等官二十员。③

四月己酉，裁革江西、陕西、延绥、郧阳等处司府州县佐贰杂职等官三十一员。④

四月丁巳，裁革四川司府州县佐贰杂职等官二十六员。⑤

四月己未，裁革抚治郧阳、巡抚顺天二都御史。⑥

五月辛未，裁革南京中左二府、锦衣卫各佥书，及大教场等营把总八员。⑦

五月壬申，裁革南赣、贵州司府县驿等官十员。⑧

六月丁巳，裁革大同正兵标下游击官。⑨

七月戊寅，裁革湖广、广东、郧阳等处司府州县佐贰杂职等官七十四员。⑩

---

① 《明神宗实录》卷109第1页下，台北"中研院"历史语言研究所校印本；《国榷》卷71，第4383页。
② 《明神宗实录》卷110第6页下。
③ 《明神宗实录》卷110第9页下。
④ 《明神宗实录》卷111第5页上。
⑤ 《明神宗实录》卷111第9页下。
⑥ 《国榷》卷71第4389页。
⑦ 《明神宗实录》卷112第4页上、下。
⑧ 《明神宗实录》卷112第4页下。
⑨ 《明神宗实录》卷113第7页下。
⑩ 《明神宗实录》卷114第5页下。

七月己酉，裁革广西司府州县佐贰杂职等官四十九员。①

九月乙丑，裁革直隶苏州等府递运所等官八员及云南临安等府知事等官三员。②

万历九年十月至万历十年六月张居正去世，是张居正大力推行裁革冗官活动的第四个阶段，这是这一活动的最后一个阶段。其特点是一方面仍在继续裁革冗官，而另一方面裁革数量已明显减少，并且对提出来的裁革建议，并非全部采纳，不宜采纳者即断然拒绝，甚至出现了增设官职或通过调整而提高所设官职级别的现象。其裁革冗官的事例有：

万历九年十月壬子，裁革宁夏镇领班都司二员。③

万历十年二月庚寅，裁革山东德州左卫、莱州卫各知事一员。④

万历十年二月甲辰，裁革湖广澧州顺林驿官。⑤

万历十年三月丙戌，裁革苏松常镇所属各将领部下诸色把总等官三十九员。⑥

万历十年四月甲午，裁革福建林燉驿官。⑦

万历十年四月己亥，裁革湖广新店把总。⑧

其拒绝不适当的裁革建议的事例有：

万历九年十二月甲寅，拒绝户科给事中叶时新关于罢浙中募

---

① 《明神宗实录》卷114第7页上。
② 《明神宗实录》卷116第2页上。
③ 《明神宗实录》卷117第6页下。
④ 《明神宗实录》卷121第1页下。
⑤ 《明神宗实录》卷121第6页下。
⑥ 《明神宗实录》卷122第11页上。
⑦ 《明神宗实录》卷123第2页上。
⑧ 《明神宗实录》卷123第4页下。

兵并裁有关总兵、参将等官职的建议。拒绝的理由是：当时"浙兵缺额过半，益以募兵，尚不满旧，海寇叵测，防御当周，理难遽罢。定海总兵及嘉湖参将俱不可裁"。所可裁者，仅"总兵标下官兵四百八十余名"，以及"定海、海宁把总各一员"。①

万历十年五月癸酉，拒绝福建巡抚劳堪关于裁革设于上杭河头坪的汀州府捕盗抚民通判的建议。拒绝的理由是："河头坪路通两广山峒，素为盗薮"，数年前经"两省抚臣会题"而"设城加兵，专官坐镇"，此官"事关地方"安危。②

其增设官职的事例有：

万历九年十月辛丑，设宜善巡检司于广东连山县。③

万历十年三月壬午，添设宁夏镇城广裕库库官一员。④

其通过调整而提高所设官职级别的事例有：

万历十年正月乙酉，由于"陕西监苑官职专蕃牧，关系边方马政，而圉长秩卑，不能控驭"，决定裁革开城、广宁、黑水、安定、清平、万安、武安七苑圉长，改七苑为七监，每监设监正一员。圉长官秩为从九品，监正为正九品。经过这次调整，该处设官品秩皆升一级。⑤

万历九年十月至万历十年六月张居正大力推行裁革冗官活动的第四阶段的特点，反映出这一活动这时已进入收尾时期，其任务已大体完成。从历史现象讲，张居正去世于万历十年六月，他所推行的大力裁革冗官的活动是因之至此结束。而如果张居正之

---

① 《明神宗实录》卷119第6页下。
② 《明神宗实录》卷124第7页。
③ 《明神宗实录》卷117第4页上。
④ 《明神宗实录》卷122第10页下。
⑤ 《明神宗实录》卷120第9页下；《明史》卷75《职官》4，第1846页，1974年4月中华书局点校本，北京。

死晚于此时，这一活动大概也会于此时完结。

五 善后措施

被裁革的官员虽系冗员，但被裁以前或多或少都担负一定的职责，因此，在裁革冗官时，一方面要考虑所裁官员的去向问题，另一方面还要考虑对被裁官员原来所担负的政务如何处理的问题。分析张居正大力推行裁革冗官活动的有关史料记载，可以大概弄清这两方面的情形。

对于被裁冗官的去向，其时的处理办法是另行安排职位。如大同左卫兵备副使邓乔林，原来的官缺被裁革，于万历八年六月甲寅被改派管理西中二路兵备事。① 其另行安排职位，难免要有一段等候的时间。如万历八年六月己未裁革湖广总兵官时，同时命令时任其职的怀宁侯孙世忠"回京听用"。② 万历八年七月己丑，由于广州兵巡佥事一职被裁革，时任其职的张克家被命令"回籍听补"。③ 而其时的主政者则是尽量从速对被裁革者进行安排。如万历八年六月丙午裁革湖广屯田水利副使时，张居正曾在给湖广巡抚王之垣的信中说："屯田道事简，并之驿传，诚为省便，沈君有缺即补，必不久淹。若俸资已及，他转亦可。"④ 这里所说的沈君乃指时任湖广屯田水利副使的沈伯龙，所谓"有缺即补，必不久淹"，正是反映了尽量从速安排被裁革冗官新职务

---

① 《明神宗实录》卷101第4页下。
② 《明神宗实录》卷101第6页上。
③ 《明神宗实录》卷102第6页下。
④ 《张文忠公全集》《书牍》十二《答楚抚院王见峰》，第442页。

的指导思想。① 万历九年正月辛未裁革在京各衙门冗官时，吏部提出："今应裁官员携家跋涉，若尽令回籍守候，计二三年除补方毕。各官多系始进，向用方新，空延岁月，不无向隅之悲，合无各令照旧在任供事，待有升迁事故，原缺停补。"明神宗回答："各官既已裁革，又令照旧管事，殊非政体。姑着在任候裁，以后有缺，每三员以二员尽候裁填补，务在一年之内尽数补完，以称朕省官责实之意。"② 这里的"务在一年之内尽数补完"，同样是表现了尽量从速安排被裁革冗官新职务的主张。从笔者查到的资料看，事实上当时这种安排确实多在一年之内得以完成。如万历九年六月丁巳裁大同正兵标下游击，当即将时以参将管该游击事的尤继先改任大同中路参将。③ 万历八年九月壬辰裁革广西昭平参将，同月丙申即改原广西昭平参将杨桂分守本省柳庆等处，前后只差四天。④ 万历九年正月辛巳裁革南京太常寺少卿一员，同年六月己亥即以南京太常寺候裁少卿陆树德为南京太仆寺卿，前后历时五个月。⑤ 万历八年闰四月辛酉，裁革浙江驿传道副使一员，次年二月癸丑即以该被裁革的浙江副使刘浑成改补山东副使，前后历时十个月。⑥ 万历九年正月辛未裁革尚宝司司丞一员，同年十一月癸酉即以候裁尚宝司司丞韩必显填补未被裁革但同月升任他职的原尚宝司司丞周继所遗留下的尚宝司司丞空缺，韩

---

① 据《明神宗实录》卷105第5页下，万历八年十月己未，沈伯龙由湖广调往江西，仍任副使。
② 《明神宗实录》卷108第3页上、下。
③ 《明神宗实录》卷113第7页下。
④ 《明神宗实录》卷104第6页下、第7页下。
⑤ 《明神宗实录》卷108第7页上，卷113第3页上。
⑥ 《明神宗实录》卷99第6页下，卷109第7页下至8页上。

必显由被裁革到重新安排职务也是历时十个月。① 这种安排也有一年之内未能完成的，但超时并不太多。如万历八年六月丙午，裁革四川督粮右参政一员，至万历九年十月丁巳这位被裁革的官员赵睿得改任云南右参政，历时十六个月，超一年之限仅四个月。② 万历八年六月丙午，裁革山东督粮左参政一员，至万历九年十一月癸酉，这位被裁革的官员陶大顺得改任湖广左参政，历时十七个月，超一年之限仅五个月。③

对于被裁冗官原来所担负的政务，其时的处理办法多是归并给未被裁革的其他官员。如万历八年七月戊辰，"兵部议革陕西固原中路游击一员，所遗兵马分拨军门标下游击管领"④。万历八年十一月丙子，由于裁革了四川督粮右参政、盐茶水利驿传佥事和叙马泸兵备佥事，决定"粮务归并右布政，盐茶水利驿传归

---

① 《明神宗实录》卷108第3页下，卷118第3页下及第4页上。
② 《明神宗实录》卷101第3页下，卷117第7页下。
③ 《明神宗实录》卷101第2页下，卷118第4页上。1987年4月上海书店出版的《献征录》卷62陶大顺墓志铭第112页称："（陶大顺）迁山东粮储道参政，会裁冗员，官在裁中，归居四年，复补湖广，治屯田盐法。"由此观之，陶大顺之由裁革山东督粮左参政而离职，至重新安排于湖广左参政之任，历时似为四年，与《明神宗实录》之记载相矛盾。其实，陶大顺之"归居四年"，当是由于其于万历九年十一月被重新任命新职湖广左参政后，因故没有及时到任所致；其因故没有及时到任，不能认为是尚未为之安排新职务；所以计算其被裁革到被任命新职所用的时间，应以朝廷作出安排新职的时间为依据，而不是以其实际到任的时间为依据，在记载中，应将任命新职的时间与实际赴任的时间分别清楚。由此看来，墓志铭的行文"归居四年，复补湖广"，实有不妥，将实际赴新任的时间与安排新职的时间混而为一，未加分别，从而造成了歧义。
④ 《明神宗实录》卷102第2页上。

并清军副使,叙马泸兵备归并分巡副使"。① 万历九年正月辛未裁革在京各衙门冗官时,规定"遗下事务,各衙门归并兼管"。② 万历九年正月庚辰,由于裁革了淮凤营田金事之职,其原来承担的政务都分配给了相应的地方官,即"一应钱粮文卷归并徐、海、颖三道,各照所辖州县,划地督率招垦,年终抚按核实具奏"。③ 万历九年四月己未裁革顺天巡抚时,吏部建议有关政务"归并(蓟辽保定)总督兼管",此议即得批准。④ 万历九年十月壬子裁革宁夏镇领班都司二员时,根据巡抚萧大亨的建议,其所负责的"春秋上下班军","悉归并操捕都司"率领。⑤

六 裁革规模

张居正大力推行的历时两年半的裁革冗官活动取得了明显的效果,裁减了数量颇多的冗官。

关于这一活动所裁革冗官的数量,文献记载中存在三类数字。第一类为某次裁官个案所裁的具体数字。这类记载在前文已有多处引用。第二类为某一部门或某一地区在某一时期所裁各种冗官或某几种冗官的统计数字。这类记载在前文也有多处引用,但有一例前文没有谈及,而其具有一定的重要性,不应忽视,这里特予提出:万历九年十二月壬辰,兵部报告:"裁过大小文武京职一百六十五员。"⑥ 第三类为约略估计这场活动的裁官总数

---

① 《明神宗实录》卷106第2页下。
② 《明神宗实录》卷108第3页上。
③ 《明神宗实录》卷108第6页下。
④ 《明神宗实录》卷111第10页。
⑤ 《明神宗实录》卷117第6页下。
⑥ 《明神宗实录》卷119第1页下。

在其时官员总数中所占的比例。这类数字笔者发现过两个。一为张居正的儿子张敬修等撰《文忠公行实》所称，其中说："日久，官属既盛，则出令者多，任事者甚少，今汰冗员什二三，用一事权，绝人观望之私。"① 一为《万历邸抄》所载工科给事中叶遵的奏疏所称，其中说："近年两京各省文武官员裁革几半。"② 以上三类数字，皆不能直接反映这场裁革冗官活动所裁冗官的确切总量，但后人可据之对这一总量进行大略推测。

其中第一类和第二类记载如果没有遗漏，即对这场裁员活动的每一次裁员个案和所有部门、所有地区在这场裁官活动的每个时期所进行的各种裁官事件都记载了下来，那么将其所记数字加在一起，剔去重复，而后所得结果即为这场裁官活动所裁冗官的确切总数。但事实是，这些记载并非没有遗漏。因此将这些记载中的有关数字加在一起，剔去重复，而后所得结果肯定要小于这场裁官活动所裁冗官的真正总数。前文笔者已将这两类记载的绝大部分罗列了出来，将这些罗列出来的资料进行统计，其结果当大体可以看作对这两类记载进行统计所得的结果。换言之，这场裁官活动所裁冗官的真正总数，应当大于将这些罗列出来的资料进行统计所得的结果。那么将这些罗列出来的资料进行统计，其结果如何呢？笔者进行实际统计，所得结果为约六百员。至此，根据第一类和第二类记载来推测这场裁官活动的裁官总数，即可得出结论了，这个结论便是大于六百员。

第三类记载提供的数字是这场裁官活动所裁冗官总数在其时官员总数中所占的两个比例数：十分之二到三和近二分之一。欲

---

① 《张文忠公全集》附录一《文忠公行实》，第789页。
② 《万历邸抄》上册151页万历十一年正月记事，1991年5月江苏广陵古籍刻印社影印，扬州。

由之推测这场裁官活动所裁冗官的具体数量，需要先搞清其时官员的总数，而关于其时官员的总数在史料中并无记载。这样，对其时官员总数加以推测就是必须首先解决的事情了。幸好，这个事情可以大体解决。前文述及，嘉靖八年詹事霍韬曾指出，成化五年明朝的文武官员总数"已逾十万"。在不得已的情况下，我们可以姑且以这个数字当作张居正大力推行裁革冗官活动时明朝文武官员的总数。由这个总数乘以十分之二到三和二分之一，所得结果当起码为二万到三万员和五万员。这就是说，按第三类记载提供的数字去计算，这场裁官活动所裁冗官当不少于二万到三万员或五万员。

以上两个推测，所得结果差别甚大：一个大于六百员，一个不少于二万到三万员或五万员，两者相差数十倍到近百倍，哪一个是正确的呢？笔者的意见是前者正确，但不理想，后者绝不准确。前者的大于六百员之说，是从统计一件件可靠资料而得出的，因而应属正确之列，但此说易于被误解为虽比六百员多，但应不会多得太多，甚至易于被误解为可以约略看作六百员。而据《明史》卷40《地理志》的统计，除土司、羁縻府州县及两个京城外，明朝所设的行政单位和军事单位即有布政十三个、府一百四十个、州一百九十三个、县一千一百三十八个、都司十六个、行都司五个、留守司二个、卫四百九十三个、所二千五百九十三个、守御千户所三百一十五个、重要边镇九个，总共四千九百二十八个①；如果再加上两个京城的军事行政机构、各地的巡检司和驿传机构等，总数则应在八千个左右；综合有关记载来推测，当时几乎每一个军事和行政机构都在裁官；由此看来，区区六百员之数，显然离实际太远。后者的两个估计数字之所以不能

---

① 《明史》卷40《地理志》1第882页。

认为正确，乃是因为其根据的资料都不可信。不少于二万到三万员之说所根据的资料，出自张居正之子张敬修等为张居正所写的"行实"。作为张居正的后人，张敬修等之撰写张居正"行实"，自然要为张居正隐恶扬善，将其善事尽量说足，甚至夸大，而在他们眼中，张居正之裁革冗官正是一桩善事，由此看来，这个"行实"中关于这场裁官活动所裁冗官总数的记载，难免有夸大之处。不少于五万员之说所根据的资料，出自工科给事中叶遵的奏疏。叶遵写这篇奏疏的原因，是在张居正死后、这场裁官活动业已停止之时，站在反对这场裁官活动的立场，要求恢复这场裁官活动所裁革的冗官。这样的立场和目的，使之对这场裁官活动所裁冗官的数量，也不可能采取客观的态度，虚夸其数成为其很可能采用的作法，因为把其数说得越大，就越容易使人认为这场活动搞得着实过火，从而为实现其目的开辟道路。此外，即使用后者所提数字的最小者二万员来计算，明朝八千个左右的军事、行政机构在这场裁官活动中应是每个机构平均裁二点五员，这个数字显然是太大了。由这一点看来，后者的两个估计也应认为是不正确的。

那么，这场裁官活动所裁冗官的总数究竟应是多少呢？笔者认为，姑妄言之，可取一万员之说。这个说法是前面两种估计即大于六百员和不少于二万到三万员或五万员的中间数，照顾了两种估计的衔接；另外，按照此说，明朝八千个左右的军事、行政机构在这场裁官活动中应是每个机构平均裁一点二五员，这个数字似乎与各种有关记载所反映的实际情况大体相近。毋庸讳言，这样的推测还不敢说肯定正确，历史的真相尚待继续发掘。

七　冗官之恢复

万历十年六月张居正去世后，切切实实掌握了朝中大权的万历皇帝与他提拔起来的新贵将张居正执政期间所推行的许多举措予以废弃，于是张居正所推行的裁革冗官的方针随之被抛弃，而且不仅如此，张居正执政期间所裁革的冗官，也被一一重新恢复起来。

万历十年七月辛酉，张居正的尸骨未寒，已经发生了"复设山东济南府、东昌府各管马通判"的事件。① 万历十一年正月，又发生了照旧恢复太仓总督、京营协理二部臣和顺天、郧阳二巡抚的事件。② 万历十一年闰二月丁丑，再次发生"复南京兵部右侍郎"的事件。③

万历十一年闰二月辛巳，吏科给事中袁国臣条陈四事，其一为"内外官裁革数多，宜酌量议复。"吏部回复如议。④ 如果说在这个条陈奏上之前所发生的恢复被裁冗官的事件尚属间或发生的个案的话，那么，这个条陈奏上之后，恢复被裁冗官则被当作一条原则性的方针确定下来，从此为恢复被裁冗官大开方便之门，使这一复旧活动渐入高潮，进一步发展起来。其复旧事例主要有：

---

　① 《明神宗实录》卷126第3页上。
　② 《万历邸抄》上册151页万历十一年正月记事；《明神宗实录》卷132第10页下万历十一年正月壬午记事。
　③ 《明神宗实录》卷134第6页上，台北"中研院"历史语言研究所校印本。
　④ 《明神宗实录》卷134第8页上，台北"中研院"历史语言研究所校印本。

万历十一年三月丁酉,"复设南京各部右侍郎一员,并南京太常寺少卿、怀隆兵备道"。①

万历十一年七月乙酉,命户部浙江司、江西司、福建司、山东司、山西司、河南司、四川司、陕西司、云南司、贵州司,礼部仪制司、祠祭司、主客司,兵部武选司、职方司,各复设主事一员,车驾司添设主事一员,刑部浙江司、江西司、广东司、广西司、河南司、山西司、四川司、云南司、贵州司,各复设主事一员,工部营缮司复设重城员外郎一员,屯田司复设台基厂主事一员,通政司复设右通政一员,大理寺左寺复设左评事一员,太常寺复设博士一员、典籍一员、协律郎一员、赞礼郎三员、司乐七员,顺天府复设管军匠通判一员,光禄寺复设典簿一员、大官署署丞一员、监事一员,太仆寺复设西路少卿一员、寺丞一员,尚宝司复设司丞一员,上林苑监蕃育署、良牧署各复设录事一员,户科、兵科、刑科复设给事中各二员,礼科复设给事中一员,行人司复设右司副一员、行人五员,中书科复设中书舍人二员,詹事府复设录事一员;其各衙门原裁革归并事务,令照依原分职掌管理。②

万历十一年七月丙戌,复设南京户部湖广司、江西司员外郎各一员,户部山西司、云南司及礼部仪制司、祠祭司、刑部浙江司、湖广司、广西司主事各一员,工部营缮司员外郎一员,虞衡司主事一员,通政使司右参议一员,大理寺右寺丞一员、左寺左评事及右寺右评事各一员,太常寺赞礼郎一员、山川坛祠祭署奉祀一员,鸿胪寺鸣赞一员、序班三员,应天府管马通判一员。③

---

① 《明神宗实录》卷135第9页。
② 《明神宗实录》卷139第3页。
③ 《明神宗实录》卷139第3页下至4页上。

万历十一年七月己丑，复设山东督粮道左参政一员、兖州府管马兼捕务通判一员；复设山西布政司粮屯道右参政一员、太原府监收同知一员，代州监收同知一员，绛州管粮判官一员，沁州巡捕判官一员。①

万历十一年八月辛亥，复设福建布政司督粮右参政一员；复设山西按察司大同兵备副使一员，驻扎左卫，仍管北西中威远三路城堡，整饬边备。②

万历十一年九月癸未，复设陕西布政司督粮道左参政，平凉府监收雄赡仓通判，同州判官，富平县、郃阳县县丞，盩厔县、澄城县主簿，华亭县马铺岭巡检司巡检，各一员。③

万历十一年九月甲午，复设南京中、左二府佥书。④

万历十一年九月癸卯，复设淮安府管河同知一员。⑤

万历十一年九月丁未，复设宁夏镇屯田都司一员。⑥

万历十一年十月甲子，复设顺天府宛平县、大兴县各县丞一员，通州本州递运所、三河关递运所、蓟州南关递运所、玉田县蓝田递运所、丰润县东关递运所各大使一员，保定清苑县管粮主簿一员。复设凤阳府知事一员、简校一员，寿州仓副使一员，徐州永成库大使一员，霍山县巡检一员。又复设凤阳府太和县倪丘集已革巡检司于洪山庙，改名洪山巡检司，置巡检一员，于庐州

---

① 《明神宗实录》卷139第4页下，台北"中研院"历史语言研究所校印本。
② 《明神宗实录》卷140第2页下。
③ 《明神宗实录》卷141第2页下。
④ 《明神宗实录》卷141第5页下。
⑤ 《明神宗实录》卷141第9页下。
⑥ 《明神宗实录》卷141第12页上。

府焦湖已革河泊所复焦湖巡检司，置巡检一员。①

万历十一年十一月乙巳，复设湖广郧阳府房县县丞、上津县主簿、本府大丰仓副使、郧县郧阳水驿驿丞、襄阳府知事、均州均阳水驿驿丞、河南南阳府内乡县县丞，各一员。② 同月戊申，复设大同威远参将。③

万历十一年十二月丙辰，复设云南临元参将一员。④

万历十二年正月己丑，复设湖广总兵官。⑤

万历十二年五月己卯，复设湖广按察司屯盐道副使、京山县县丞、祁阳县主簿、归阳驿驿丞、应城县崎山镇巡检、衡州府永丰仓副使、辽东铁岭卫训导，各一员。⑥

万历十二年六月丁未，复广东粮储参议及广州府清军同知。⑦

万历十二年九月甲戌，复任命浙江布政司都事、都司副断事、温州府盐捕通判、遂安及龙泉各县丞、许村盐课司副使。⑧

万历十二年十一月乙酉，复设云南布政使司督粮盐法道。⑨

万历十三年七月戊子，复四川建武兵备佥事。⑩

万历十三年八月庚申，复城堡同知二员，一驻榆林镇，一驻

---

① 《明神宗实录》卷142第7页。
② 《明神宗实录》卷143第12页上。
③ 《明神宗实录》卷143第12页下。
④ 《明神宗实录》卷144第4页上。
⑤ 《国榷》卷72第4465页。
⑥ 《明神宗实录》卷149第3页下。
⑦ 《明神宗实录》卷150第1页下。
⑧ 《明神宗实录》卷153第1页下，台北"中研院"历史语言研究所校印本。
⑨ 《明神宗实录》卷155第3页上。
⑩ 《明神宗实录》卷163第8页下。

靖边营。①

万历十三年十月癸酉，复旧州地方守备。②

万历十三年十二月辛巳，复蓟镇遵化辎重营及其将领等官。③

以上恢复张居正掌权期间所裁冗官的活动，至万历十四年由于万历帝的叫停而停止下来，以下两例即反映了这种历史事实：

万历十四年四月甲申，四川抚按官奏请恢复所裁布政司督粮道、按察司驿传盐茶水利道等官，万历帝不予批准，仅令有职位而无人在任者"上紧推补，已补未到者严限督催到任"。④

万历十四年六月庚辰，云南道御史毛在条陈贵州四事，其一为"督粮道减之当复"，吏部议覆同意，而万历帝却批示："督粮道既裁革，不必复设。"⑤

由于万历帝的叫停，张居正大力推行的裁革冗官活动所取得的成果没有完全付之东流，而是得以部分保存了下来。但可惜的是保存下来的部分并不太多，从总体上讲，不能不说张居正大力推行的裁革冗官活动，最终是失败了。

八　失败的原因和教训

裁革冗官，从来都是有利于社会的，因为省官即可省俸及其他有关开支，对于减轻社会负担、安定社会、稳固政权，能产生直接的效益。张居正所大力推行的裁革冗官活动自不例外，史料

---

① 《明神宗实录》卷164第7页上。
② 《明神宗实录》第167第6页上。
③ 《明神宗实录》卷169第5页上。
④ 《明神宗实录》卷173第4页。
⑤ 《明神宗实录》卷179第9页。

中对此有许多明确的记载。如：

万历九年六月乙未，南京兵部尚书潘季驯报告，南京各衙门节次裁革官员，直堂银应减二千二十五两，宜行各省直，审极冲疲州县免编，这个报告得到朝廷的批准。①

万历九年十二月壬辰，兵部报告，裁过大小文武京职一百六十五员，应减柴薪、直堂五百八十九名，岁省银六千九百七十四两，建议行直隶、山东、山西、河南四省直，照例免派，此报告所提建议得到朝廷的批准。②

然而张居正大力推行的裁革冗官这一有利于社会的活动，从总体上讲最终却是失败了。其原因何在呢？

张居正死后朝廷政局的变化应认作是不可忽视的原因。张居正死后，朝中大权落入了已长大成人的万历皇帝手中，而这时的万历皇帝，对于张居正这位多年来对之严厉管束、对其尊严多有冒犯的恩师早已厌而嫌之，于是他听信张居正执政时期所得罪的官僚们的言辞，罢黜原与张居正关系密切之人，重用不喜欢和反对张居正的官僚，从而使朝廷政局发生翻天覆地的变化。朝廷政局的变化，导致张居正形象的变化，原来被认为是朝廷须臾不可离开的"太师张太岳先生"，现在则变成了被认为是"宝藏逾天府"、与大宦官冯保"交结恣横"的祸害朝廷的权臣。③ 在这种情况下，张居正执政时期所采取的举措，很自然要被从批评否定的角度进行重新审视。其时，张居正执政时期所采取的举措，有很多项被先后否定。由此看来，这时张居正所大力推行的裁革冗官活动之遭到否定，实是势之易然，毫不足怪。

---

① 《明神宗实录》卷113第2页上。
② 《明神宗实录》卷119第6页下。
③ 《明史》卷213《张居正传》第5650页至5651页。

不过，关于张居正大力推行的裁革冗官活动为何从总体上讲最终遭到失败的回答，不能仅讲到这里为止。张居正执政时期所采取的举措，在他死后虽然有很多项被先后否定了，但并不是全部遭到了否定，例如一条鞭法就仍在继续推行，其推行高潮一直继续到万历二十年。① 为什么所处政局相同，张居正采取的各项举措的结果却不尽相同？显然其中尚有其他原因存在着。由此可见，对于张居正大力推行的裁革冗官活动从总体上讲最终失败的原因，除了政局一项外，还应进一步寻找。笔者发现，进一步寻找后，起码如下两个原因是不应忽视的。

第一，张居正大力推行裁革冗官活动时发生了一些失误，裁革了一些不应裁革的非冗官。如万历十一年正月壬午恢复万历九年四月己未所裁顺天、郧阳二巡抚时，建议者御史王国所提出的理由为："顺天迩邻北虏，郧阳叛乱之区，两镇抚臣必不可缺。"② 治明史者都知道，顺天府地区是京师所在地，北距经常威胁明朝的蒙古势力极近，而郧阳地区界连湖广、河南、陕西与四川，山势连绵，是明代流民聚集之区，反政府武装活动方便，因而这两处实为明朝重点防御之地，王国的说法完全符合实际。由此看来，万历九年之裁革顺天、郧阳二巡抚，不利于加强这两个地区的防御力量，从巩固明朝政权的角度讲，这个裁革确实是个失误，万历十一年正月之恢复，正是为了纠正这一不得不纠正的失误。又如万历十一年闰二月丁丑恢复万历九年正月辛巳所裁南京兵部右侍郎时，奏请恢复者为南京兵部尚书潘季驯，其提出

---

① 参见南炳文、汤纲著《明史》上册第422页，2003年4月上海人民出版社出版，上海。

② 《明神宗实录》卷132第10页下。

的理由为"枢务繁重"。①潘季驯所提理由也是符合实际的。首先,潘季驯其人对张居正没有私怨。张居正担任首辅期间,由于张居正的推荐和支持,潘季驯充分发挥自己的才能,在治水上取得了很大成绩;张居正死后被抄家时,潘季驯曾不顾反张风浪之险恶,挺身而出,要求万历帝"降特恩宥释"张居正年逾八旬的老母。②像潘季驯这样身世和品质的人,不可能在裁设官员之事上,昧着良心,浪言妄说,故意与张居正作对,以讨好反张者。其次,南京兵部确实是一个政务繁忙的衙门。永乐年间迁都北京后,设内外守备节制南京诸卫所,后又设协同守备、参赞机务。陪都南京"以守备及参赞机务为要职"③,而"成化二十二年始奉敕谕",专以南京兵部尚书"参赞机务,同内外守备官操练军马,抚恤人民,禁戢盗贼,振举庶务",故南京兵部尚书之职"视(南京其他)五部为特重"。④南京兵部尚书任务繁重,作为其助手的侍郎自然不会轻松。南京兵部侍郎既然政务繁多,万历九年正月辛巳之裁革这一职位,显然也是误裁,万历十一年闰二月丁丑之将其恢复同样是出于不得不进行的纠偏。

第二,张居正大力推行裁革冗官活动时,对官吏的利益考虑太少。张居正裁革冗官,有利于社会,但对官吏的利益却不能不说是很大的损害。被裁者虽重新安排职务,但毕竟要候补一段时间才能新职到手。未被裁革者表面看来未受损害,而实则不然,被裁者原来的职位被废除了,使可供官吏们升迁的职位总数减少下来,但被裁者未离开官僚队伍,官僚的总数并未减少,这势必

---

① 《明神宗实录》卷134第6页上,台北"中研院"历史语言研究所校印本。
② 《明史》卷223《潘季驯传》第5870页至5871页。
③ 《明史》卷76《职官》5第1864页。
④ 《明史》卷76《职官》4第1833页。

影响官吏人数与职位数量的比例关系，造成仕途的壅塞，使未被裁革者职位升迁的机会比以前减少许多。另外，裁革冗官后，所裁冗官原来负担政务之归并于未裁职位，加重了未裁职位的任务，这对官吏的利益也是一种损害。在这种情况下，为了减少官吏的不满情绪，以保证裁革冗官活动的正常进行和活动结束后不发生反复，张居正应该尽量采取措施为官吏谋取一些利益，作为裁革冗员中对官员利益多所损害的补偿。如裁革冗官时节省下来的柴薪银和直堂银等，可以只将一部分定为免向民间继续征收，其余一部分则继续征收，征收上来之后将之用于提高官吏的俸禄，使之在政务加重的同时，得到的报酬也有所增加，从而感到裁革冗官不仅仅对他们有坏处，而是也有好处。如果能够这样处理，官吏们对这场裁革冗官活动或许不会反感。但是，张居正没有想到这些，基本上是听凭这场裁革冗官活动损害官吏的利益而不作补偿。从笔者所看到的史料记载讲，张居正死后这场裁革冗官活动所裁冗官被纷纷恢复时，没有发现一个官吏出来加以阻止，叫停者唯有万历帝一人，所能看到的官吏表现，只有纷纷建议恢复所裁各官。这种现象的出现，实非偶然。众所周知，封建社会里对政令兴革最后裁决者是皇帝，但官吏们所起作用也不可忽视，因为他们是皇帝管辖百姓的助手和工具，为了稳固自己的最高统治者地位，皇帝对官吏们的态度不可不重视。从历史事实看，万历帝并不反对裁革冗官，张居正之裁革冗官一度得以实现，显然离不开万历帝的支持。但后来万历帝显然是来了个一百八十度大转弯，由支持裁官变为恢复所裁冗官，使张居正之裁革冗官活动最终失败。万历帝为什么发生这一变化？考虑到其时官吏们对这一活动的意见，当是根本原因之一。由此可以看出，张居正大力推行裁革冗官活动时对官吏的利益之考虑太少，不能不说是这场活动从总体上讲最终遭到失败的一个原因。

分析张居正大力推行裁革冗官活动最终遭到失败的原因，使后人看到了这场活动留下的经验教训：裁革冗官时既要大刀阔斧、勇于作为，又要仔细分析，不可过火，裁及非冗官；既要考虑社会利益，又要顾及官吏的利益，尽量减少对他们的冲击。

九　结　语

张居正大力推行的裁革冗官活动已经过去四百多年了，变成了历史的遗迹，但张居正在这场活动中所表现出的大刀阔斧精神以及这场活动留给后人的教训却是不应忘记的。产生冗官和裁革冗官，是中国历史上反复出现的一种政治现象，这种现象在将来也难说不会反复出现。记住张居正大力推行裁革冗官活动时所表现的积极精神与这场活动最终遭到失败的经验教训，把它们当成宝贵的历史借鉴，将对后人积极从事裁革冗官活动并避免弯路、取得全胜，具有重大作用。

明代寺观经济初探

明代对于佛道二教，大体上实行限制发展的政策，因而当时它们并非处于其历史途程的鼎盛时期，但发展程度也不太低，僧道人数不下于几十万①。二教寺观遍布各地，数量最多的是南北二京，其中北京尤多，"成化十七年以前，京城内外敕赐寺观至六百三十九所，反复增建，以至西山等处，相望不绝。"② 南京一带，据《金陵梵刹志》记载，仅佛寺就有"大寺三、次大寺五、中寺三十二、小寺一百二十，其最小不入志者百余"。③ 两京之外各省州县寺观数字也相当可观，如弘治时易州有"寺凡一百十四，观十七"④，保定府有寺七十二所，观十三所⑤，正德时大名府有寺观六十七所⑥，嘉靖时广平府有寺观五十二所⑦，太原县有寺观四十一所⑧。万历时通州有寺观庵堂三十七所⑨。佛道二教的发展，不仅使之在明代社会生活和文化思想方面产生了

---

① 《明经世文编》卷77。
② 《宪宗实录》卷260。
③ 见该书"凡例"。
④ 弘治《易州志》卷5。
⑤ 弘治《保定郡志》卷21。
⑥ 正德《大名府志》卷4。
⑦ 嘉靖《广平府志》卷7。
⑧ 嘉靖《太原县志》卷1。
⑨ 万历《通州志》卷5。

很大的影响，而且在当时的国民经济中，它也是一个不可忽视的方面。嘉靖时期有人甚至描写其经济实力说："今公署或圮陋不支，而仙宫佛殿乃蔽日造云，士人无百亩之入，而僧道之田遍天下。"① 可见，研究明代的寺观经济状况，应是探讨明代经济问题的一个重要方面。本文即试就明代的寺观经济作一初步探讨，而寺观经济包括僧道个人的私有经济和属于整个寺观的集体经济，这里所谈的，只限于集体经济一种。

一　来　源

寺观的集体财产包括殿堂像设、祭祀用品、庭院基址、僧道居室、山林果树、田地塘池、菜圃店铺以及布粟钱银等。它们的来源有许多渠道，其中主要的是：

第一，皇帝赏赐。

朱元璋定鼎南京后，认为佛教"暗助王纲，于国有利"，对南京附近的灵谷寺、天界寺等六七处名刹都赐有土地，其"赡僧田近五百顷"，另有赏赐芦洲，其数"亦几其半"。② 土地之外，又赏粮米，如洪武二十八年，曾赐"善世、天禧等寺粮米各三千石"。③ 洪武以后，朱元璋的继承者对南京的名刹大寺仍有赏赐，宣德三年四月宣宗曾下令"（大报恩）寺西越王台下有空地一段，原做木厂，如今空闲不用，就拨与大报恩寺种菜供众。"④ 有的名刹大寺，甚至是皇帝拨钱派人修造的。如始建于吴赤乌

---

① 嘉靖《太平县志》卷8。
② 《金陵梵刹志》卷16葛寅亮《八大寺定租碑记》。
③ 《金陵梵刹志》卷2《钦录集》。
④ 《金陵梵刹志》卷2《钦录集》。

(238—251)年间的古刹天禧寺在永乐初被人放火焚毁,"崇殿修廊,寸木不存"①,明成祖当即下令重修,并决定重修后改名"大报恩寺"。据记载,自永乐十年兴工,至宣德三年才竣工,历时十多年。兴工时,动用"军匠夫役十万人"。完工之后,御用监太监尚义因该寺"殿宇数多",又奏请"存留经手人匠五十六名在寺修理,应天府拨人夫五十名,常川打扫,疏通沟渠";明成祖完全同意这个奏请,他的批示为:"是,着该衙门拨用。钦此。"②

北京的佛寺和其他地方的名刹,也都得到过皇帝的赏赐。如万历时北京慈寿寺得到皇帝赏赐的"园一区、庄田三十顷"③,御马监太监党礼奉明神宗的差遣,前往天台山,赏赐国清寺藏经一套、饭僧内金千两、建藏阁内金四百两④,汉经厂太监张然奉明神宗的命令,赏赐杭州大昭庆律寺"大藏经全部、帑金千两,建阁供奉,敕名万寿戒坛"。⑤

道教的著名宫观,同样不断得到皇帝的赏赐。南昌逍遥山万寿宫,史载"列圣赐金修葺",其中嘉靖年间因两次发生火灾,"俱朝赉帑金为助"。⑥ 万历年间,明神宗因江西龙虎山上清宫三清等殿、演法观等处"殿宇房屋被水冲倒",心甚不安,下令"留本省税监潘相应解三十八年分内外税银三万两,著真人张国祥自行修理"。⑦ 明神宗在位期间,还曾"发诚心,印造道大藏

---

① 《金陵梵刹志》卷31永乐十一年《重修报恩寺敕》。
② 《金陵梵刹志》卷2《钦录集》。
③ 《宛署杂记》"志遗"。
④ 《天台山方外志》卷12《盛典考》。
⑤ 《大昭庆律寺志》卷2"兴建"下。
⑥ 《逍遥山万寿宫志》卷2、卷15。
⑦ 《龙虎山志》卷10。

经，颁施在京及天下名山宫观供奉"①。

第二，施舍。

向寺院宫观施舍财产的有处于不同地位的各阶级各阶层人士。如有太监：北京弘慈广济寺在创建过程中，曾得到尚衣监太监廖屏的大力资助，万安为该寺所撰的碑名记载，他"累捐己资为费，凡上所赐白金"，辄以付与该寺僧人。②有勋贵：成化时，宣诚伯卫颖，曾与主僧德广"捐资重建"南京清凉寺。③有官吏：《金陵梵刹志》记载，万历时南京宝光寺住持宗洪欲筹措资金修葺本殿宇，建昌饶孟岩对他说："吾闻先任水部大夫廖明河公，雅志好善，而其子为今比部大夫廖梦衡公，曷往告之?"宗洪如其言行事，"于是水部大夫捐金五十，为赎田四十亩，以资供馈，其他一切工料之费，则比部公悉心区画焉"。④《大昭庆律寺志》记载：万历时"仁和邑候周忠烈公买仁和田二十亩施寺"。⑤有一般富贾钜室：明人王士性说：杭州昭庆寺，"每岁上巳，律僧登坛说法，云水缁流托钵来受戒者，何啻千百，钜室富贾施金钱，计亦称是。"⑥《元妙观志》记载，万历时，吴县信士钱溥惠曾捐资重修苏州元妙观真武殿前面的六个亭子。⑦还有普通的劳动人民：成化年间句容县崇明寺修葺寺塔，在各位施者之中，有个名叫谢原兴的工匠，他的施舍办法不同于众，乃是"发

---

① 《龙虎山志》卷10。
② 《敕建弘慈广济寺新志》"建置"上。
③ 《金陵梵刹志》卷19钱溥《重建清凉寺碑略》。
④ 见该书卷34何思登《重修宝光寺记略》。
⑤ 见该书卷2"兴建"下。
⑥ 《大昭庆律寺志》卷2"兴建"下。
⑦ 见该书卷4、卷9。

心舍工"①。这个谢原兴显系普通的劳动人民。僧尼道冠由于其个人财产与寺院宫观的集体财产有所区别,所以也有把个人财产捐献出来交给寺院宫观集体的。《光孝寺志》卷8《檀越志》记载,天启年间至崇祯年间,广州光孝寺有本寺四个僧人先后向本寺捐置田产。嘉靖《江阴县志》记载,江阴县城内有个天寿观,由于风雨剥蚀,人力不修,残破不堪,"几同火毁",道士徐德清立意修复,"于是出其私钱若干万缗,陶甓选材,尽力以治。宝阁玄宫,三门邃宇,周庐曲迳,莫不秩尔具举,既涂采绘,焕然一新,辉照城郭"。②在文献记载中所看到的施舍,多是无条件的,但也有少数施舍附有条件。如万历三十年云南人杨维斗在南京南郊凤岭寺之右,葬了妻、子及媳三人,第二年,用二十两银子"置寺田三亩五分、地二亩"。这些土地交给凤岭寺之时,要求寺僧遇到祭祀时节,需为之祭墓。③

第三,募化。

寺院宫观向施主乞求布施叫募化。它们很重视募化,洪武二十七年朱元璋曾因此而批评说:"僧寺庵院,一切高明之人本欲与僧攀话,易扬佛教,奈何僧多不才,其人方与和狎,其僧便起求布施之心,为此人远不近。"④这种情况在明代文艺作品中也有反映。《醒世恒言》卷39《汪大尹火焚宝莲寺》中有一段说:"那和尚们,名虽出家,利心比俗人更狠。这(拿出招待客人的)几瓯清茶,几碟果品,便是钓鱼的香饵。不管贫富,就送过一个疏簿,募化钱粮,不是托言塑佛妆金,定是说重修殿宇。再没话

---

① 弘治《句容县志》卷10王韶《重修塔记》。
② 见该书卷19张衮《天寿观记》。
③ 《金陵梵刹志》卷40《凤岭寺》。
④ 《金陵梵刹志》卷2《钦录集》。

讲，便把佛前香、灯油为名。若遇着肯舍的，便道是可扰之家，面前十般谄谀，不时去说骗。设遇着不肯舍的，就道是鄙吝之徒，背后百样诋毁，走过去还要唾几口涎沫。所以僧家再无几个餍足之期。"这段话可说是入木三分地刻画了寺院贪求募化的情形。史料中寺院宫观募化的实例随处皆是。如《元妙观志》卷1引乾隆《长洲县志》的记载说："宣德间道士张果继募建（元妙观）弥罗宝阁，供祀玉皇。正统间，巡抚侍郎周忱、知府况钟因旱祷有验，捐建成阁。"弘治《句容县志》卷5《寺观》记载："成化五年，了净和尚募缘，义官凌伴作倡，修造（观音堂）殿堂廊庑，焕然一新。"《大昭庆律寺志》卷1《兴建》记载："（万历）十八年，（僧）成圆、智礼等募劝织造太监孙隆大捐资修增（大昭庆律寺）殿宇桥道，浚井潴池。"

第四，土地收益。

寺院道观占有许多土地，土地的收益便成为其经济收入的一个重要来源。

寺院道观对占有的土地一般不直接经营，而是出租给佃户，坐食田租。如南京天界寺在溧阳县有朱元璋钦赐的没官田3990亩，即全部出租，由于"田土肥瘠不等"，这些土地被分成上中下三等收租，上等每亩科米7斗9升，中等7斗5升，下等7斗2升，"各佃自运，付本寺交纳"。①

寺院道观所得田租数量极大。《金陵梵刹志》卷51载有明末南京三大寺及五次大寺的每年租粮收入数字，兹将之录出表列如下，由此可以得知寺院道观所得田租数量的一般状况：

---

① 《金陵梵刹志》卷2《钦录集》。

明末南京三大寺及五次大寺租粮收入表[1]

项目＼寺名	常住人数			禅堂人数			律堂人数	
	夏租银（两）	冬租银（两）	冬租米（石）	夏冬租银（两）	冬租米（石）	藏经板头银（两）	夏冬租银（两）	冬租米（石）
灵谷寺	481	286	2676	243	746		189	1046
天界寺	397		1553	186	153			
报恩寺	165	50	2067			280		
鸡鸣寺		93	380[2]	70				
能仁寺	101[3]		143					
栖霞寺	69[4]		235	22[5]	309[6]			
弘觉寺	22[7]		126	11	70			
静海寺	49[8]		49	4	72			

注：①本表所列为除去土地税、收租盘费等之后，各寺每年从地租中所得的纯收入。所列数字，银取到"两"，米取到"石"。以下尾数四舍五入。
②此系灵谷寺所给。
③④⑦⑧包括冬租银。
⑤⑥包括栖霞圆通禅院。

寺院宫观有的将山园所产拿出售卖，这也是其经济收益之一。如苏州邓尉山圣恩寺，"前后置山园二百余亩，敛其产贸迁以佚（供）岁用"。①

第五，出租房屋。

寺院宫观有的拥有专门用以出租的房屋，这种房屋多称"廊房"。这样，出租房屋又成为其经济来源之一。如南京承恩寺，"门侧列肆余七十楹，连櫩以达于西，皆俯临通衢。岁入儳费，

---

① 《邓尉山圣恩寺志》卷8《圣恩禅庵开山记》。

以滋焚修，而复其廛租。"① 据《金陵梵刹志》记载，南京寺院拥有出租房屋的，还有大报恩寺②、鸡鸣寺③、普惠寺④、鹫峰寺⑤、普利寺⑥、天界寺⑦。这些出租的房屋，有的出于皇帝的拨赐。如大报恩寺的廊房就是洪武年间拨赐的官廊房。永乐时这些原拨廊房因修建工程拆掉了，皇帝又"将本寺前面的廊房照数拨与他"。⑧

二　去　向

寺院宫观集体经济所获得的收入，被用于何处？从材料看，最主要的是用于寺院宫观的日常耗费，这些耗费包括公共事务的经费（殿堂焚修公费、常住事务公费）和各阶层僧道的薪俸与口粮等。《金陵梵刹志》卷51记载了明末南京三大寺田租的去向细目，可以反映当时日常耗费的一般状况。兹据之表列如下：

---

① 《金陵梵刹志》卷23。
② 卷2载：僦廊房四十二间，每间一年房租银三两六钱。
③ 卷2。
④ 卷28载：租房27间。
⑤ 卷22载：租房16间。
⑥ 卷21载：租房11间。
⑦ 卷2。
⑧ 《金陵梵刹志》卷2《钦录集》。

南京三大寺租粮支出表

项目 寺名	常住出数				禅堂 出数	律堂 出数	其他 出数
	殿堂焚修	常住事 务公费	官住教学 等俸粮	通经执 事口粮	众僧口粮			
灵谷寺	银75.8两	银50两	银181两 米84石	银38两 米190石	银380两 米2356石	每天米 3石4斗 2升	每天米 3石9斗 6升	
天界寺	银56.6两	银35两	银98两 米84石	银17两 米130石	银170两 米1300石	每天米 1石4斗 6升		
报恩寺	银49.8两	银39两	银98两 米134石		米175石 米1750石	每天银 7钱6分		银5两

注：本表除注明外，均为全年的支出数。

寺院宫观的收入，除去日常耗费外，还被用于对殿宇庭院的维修。如明末金陵的三大寺，《金陵梵刹志》卷51除了记载其每年各项租粮的收入及支出情况外，还记下了其支出后的各项剩余数字，并指明"凡余剩银米，年终开报，尽数为修理殿堂之用"。其具体数字如下表：

南京三大寺每年租粮剩余表

项目 寺名	夏租银 （两）	冬租银 （两）	冬租米 （石）	夏初收到冬租米 （石）
灵谷寺	25	17	46	
天界寺	20		6	33
报恩寺	19	11	18	

注：本表所列数字，银到两，米到石，其尾数四舍五入。

其他寺院也有以日常耗费外的剩余部分修葺殿宇庭院的记载，如泉州曾炉寺，万历时由于寺田遇到丰收，"故得以其羡及抄化所得者"用于修葺，使兵燹后几于荒废的该寺，变得"槐竹葱蒨，香花粉郁，面诸禅房，亦稍稍增葺"。①

向官府当差纳粮也是寺院宫观收入的一个去向。明代寺院宫观常被特许免征徭赋。有的徭赋全免，如南京灵谷寺等名刹六七处，朱元璋赐给它们许多土地，而且"蠲一切徭税，有司弗得问"②，有的虽不免税，但免差徭，如龙虎山上清宫并真人张国祥本户"正粮五百八十八石五斗，自万历三十七年为始，准令优免差徭，其南粮依例自运"。③ 为了使优免特许不致时久遗忘，有的还将之刻在石碑上，如苏州圣恩寺有免除徭役负担的饭僧田三百六十余亩，就特别由"抚按府县"立了"免役碑"。④ 但就通行的制度讲，寺院宫观对政府还是有赋役负担的。明初为了专门处理寺院的赋役事宜，朱元璋下令各寺院设置"砧基道人"，《金陵梵刹志》卷2记载其洪武十九年发布的一个命令说："敕天下寺院，有田粮者设砧基道人，一应差役，不许僧膺。"许多寺院宫观的志书，对其负担赋役的情况都有记载，如康熙时刊行的《新纂天童寺志》记载，浙东天童寺洪武年间因有大量寺田，"应役盐丁六十三名"，到了明末，"田已斥卖殆尽"，"而丁独存"，形成了"产归俗户，役占僧籍"的情形。⑤《光孝寺志》记载，广州光孝寺被官府下令"岁输草木之玩。当道恬而榷之，诸僧贩而供之，了无宁宇"⑥。这样，寺院宫观在经济上与官府就不能不产生矛盾，许多站在寺院宫观立场上的人常常为此而叫苦，这在历史文献中也不乏其例。如崇祯《泉州开元寺志》的作者，不

---

① 《泉州开元寺志》《重修曾炉寺记》。
② 《金陵梵刹志》卷16葛寅亮《八大寺定租碑记》。
③ 《龙虎山志》卷9。
④ 《邓尉山圣恩寺志》卷3。
⑤ 见该书卷8、卷9。
⑥ 见该书卷10王安舜《革除供应花草碑记》。

仅在该书中专门立了《田赋志》，而且为之加了如下的按语："紫云寺产，乃唐宋以来众檀所施，僧赖之以存活，而输官税，供里役，一如民间，非有耗于国也。至于近世，谓僧非民且耗国，忍为变卖之议及请给之谋，非独无以施之，且扼而夺之，产已失十之五矣。至嘉靖间防倭事起，当道抽其六饷军，巡抚金公且征其八，至于今日军已撤而饷不减，又有加焉。如之何僧不穷且窜也！"这位作者在为寺院之赋役负担叫苦时，简直可说是声泪俱下了。

檀越及其他势豪的侵夺是寺院宫观收入被消耗掉的又一个去向。檀越是向寺院施舍财物的人，因而是寺院经济收入的一个源泉。但明代有些人在向寺院施舍财物之后，却又依仗其施主身份，向寺院横加勒索，这样，他便又成了寺院财产的消耗者。万历年间泉州人杨道宾曾对此大发感慨地说："夫泉之为名山古刹者众矣，大都不废于废，而废于修。其当废也。栋宇虽颓，胜趾如故，壶觞可至，风月可共。一或修葺，便如平泉金谷，各有主者，甚且屈山灵而蒙姓氏，裂地而分，划界而守，即一草一木，莫自必其荣悴。斯不亦修者废之耶？此无异故，则檀越为之标耳。……夫古之施者，患不为檀越，今之施者，患其为檀越。岂非古之檀越施之，今之檀越攘之也！"① 泉州开元寺是唐人黄守恭舍宅创建的，万历时黄守恭的后裔黄文炳又重加修葺。黄文炳修葺之后，反而忧虑起来，因为他担心"异日者子姓弟侄谓吾祖实檀越是，是修又自吾族也，与僧竞尺寸之地，为私塾别墅，以充都（郡）人口实，曰是倚檀越为奸利。岂惟无所光于前人，且获戾焉。"为此，他专门在开元寺的墙壁上题辞，以告其"宗之

---

① 《泉州开元寺志》"碑记"《跋开元寺志后》。

与修是寺者，不必任以为德也"①。黄文炳的这个行动，在当时获得了"高谊"、"功德"无涯之誉②，但我们从中却可以充分体察出某些檀越侵夺寺院财产的情形。檀越之外，其他势豪亦往往侵夺寺院宫观的财产。《金陵梵刹志》的作者葛寅亮就曾在《诸刹常住田碑小引》中，提到过南京中小梵刹常住田土"侵之豪右"的现象。③

三 僧道上层与寺观财产

寺院宫观里的僧尼道冠并非统统地位平等，而是分有上层僧道和一般徒众。佛寺中的大住持、住持、首僧、堂主，道观中的提点、提举、住持等，都是高踞于一般徒众之上的僧道上层。上述僧道之下，还有许多"执事"僧道，如佛寺中有管事僧、书记僧、直库僧、直日僧、殿堂僧、管庄僧、堂司僧、净发僧、施茶僧、音乐僧等。其中有的职权很大，"力薄才短"者不许担任，这些执事僧道也属于僧道的上层。④ 与每个寺庙的掌管者同属于僧道上层的还有各级僧道官员。在中央掌管佛教的是僧录司，其中设左右善世、左右阐教、左右讲经、左右觉义等僧官。掌管道教的是道录司，其中设有左右正一、左右演法、左右至灵、左右玄义等道官。在地方，掌管佛教的，府有僧纲司，设都纲和副都纲，州有僧正司，设僧正，县有僧会司，设僧会。掌管道教的，府有道纪司，设都纪和副都纪，州有道正司，设道正，县有道会

---

① 《泉州开元寺志》"碑记"《开元寺题壁》。
② 《泉州开元寺志》"碑记"《跋开元寺志后》。
③ 《金陵梵刹志》卷16。
④ 《金陵梵刹志》卷50。

司，设道会。①

掌管、支配寺院宫观财产的是僧道上层。如管庄僧掌管田庄收租事宜，"每年正月初点定，各给一差票"，上面注明其所掌管田庄的"租额总数"等。② 书记僧"专管填写逐年租单、告示、月报、岁报及一应册籍疏结"，直库僧"专管收放银米"。③ 为了约束僧道上层对寺院宫观财产的管理，当时定有若干章程办法。如南京"名寺公费条例"规定："凡香烛斋供等项，管事僧按期照数领出，公同各殿堂僧买办应用。不许将银一并预支及径付殿堂僧手内。如有预支及破冒等弊，许众僧禀究。""至于公费逐时关支者，须管事僧具领，官住查照额例批发，管库僧将银送官住验封兑出，仍封固判押发收，书记僧即登报循环。买何物料，给何工役，仍听官住验过。盖官住查理而不经手，库僧收贮而不折封。用费不实，责在管事；登报不实，责在掌书。互相觉察，毋得党同。"④ 管理制度之外，还有考核规定，如南京"各寺僧规条例"中载有："官住管辖钱谷词讼，不别贤否，何以劝惩。今议每岁终照武职例考校一次。十一月终，本司（指南京礼部祠祭清吏司——引者注）先发簿一扇，将应考事列为条件：一、征租有无拖欠；一、给众有无足数；一、官粮有无完纳；一、公费有无合例；一、芦洲有无拨佃；一、公债有无揭借……各官住逐一登答，本司覆核，填注考语，呈堂定夺。过重革职，过轻罚俸。有贤能者奖赏，少则贰两，多则肆两，于该寺宫公费内动支。"⑤ 各寺院宫观设有各种财产簿籍，这也是为了加强管理。如南京的

---

① 参见《明史·职官志》。
② 《金陵梵刹志》卷50。
③ 《金陵梵刹志》卷51。
④ 《金陵梵刹志》卷51。
⑤ 《金陵梵刹志》卷52。

寺院所设财产簿籍有田形册（与鱼鳞图册相类）、实征册（与鼠尾册相类）、循环公费簿、散粮花名册及岁报租粮册等。①

僧道上层对寺院宫观财产的管理虽然受有约束，但实际上他们还是从中得到许多利益。他们因管理者的地位而可以得到大大高于一般僧众的俸粮或口粮。如明末南京灵谷寺大住持每年俸银十八两，米二十四石。②当时米"每石约变价四钱二分"③，这样，十八两俸银约折米四十二石八斗多，大住持全年的俸禄约为六十六石八斗多；而当时该寺一般僧众的全年口粮每人为银七钱六分，米三石八斗，折算之后，总共为米五石五斗多。可见，大住持每年的俸禄竟高达一般僧众口粮的十二倍之多。该寺执事僧的口粮比大住持要低得多，但也比一般僧众高，有的高出一倍，有的可拿到一般僧众的三倍。④僧道上层在管理寺院宫观财产时还大搞贪污侵吞，这更使他们得到无法计量的利益。如僧人如昇，本系高座寺僧，为希图南京衡阳寺利益，设法搞到了该寺住持之职，到任后"将荫寺古木尽数盗砍，打造桌椅家火，发回原出家高座寺私用，仍又盗卖价入己"。该寺"管事僧兴楷、僧真晓亦通同夥卖"。该寺"每年所收夏秋租粮，约该贰百余石。寺内僧众通共不过叁名。所食有限。其多余者，皆系如昇及兴楷、真晓等侵匿入己，并不为修理殿堂之用"。⑤有些寺院宫观的庄田收不上地租，也"多因一二奸僧恋役包管"所致。⑥由于"管事头目从中操权，多方作弊"，使得"民之纳租也未尝后期，而

---

① 见《金陵梵刹志》卷50、卷51。
② 《金陵梵刹志》卷51。
③ 同上书卷。
④ 同上书卷。
⑤ 《金陵梵刹志》卷50。
⑥ 同上书卷。

寺之得租也后期；民之纳租也未尝短少，而寺之得租也短少；民之纳租也未尝糠秕，而寺之得租也糠秕"。①

依靠"化公为私"，僧道上层积累有大量的私人财产。正统年间广州光孝寺住持广源，曾"出谷二千石，入官赈济"。② 可以想见，他的全部私产一定远远超过这个数字。依仗其优裕的经济条件，也依恃其权位，僧道上层过着"身居大厦、坐食烦人"的荒淫、豪华生活。③ 他们或者"买田筑圃，栽花种木"，经营安乐窝，或者每逢"良辰，召集朋知，为山水之乐"，或者未死即"自营寿藏"，连死后的生活也妥加安排。④ 崇祯年间天童寺的金粟老和尚，当有人前来相访时，过了很长时间他才出来相见，并且"二侍者执仗、执如意先导之"，真个是威风十足。⑤ 嘉靖年间的僧人雪浪，因生活淫乱被官府驱逐，此后仍旧"有侍者数人"，并且，"皆韶年丽质，被服纨绮，即裋衣亦必红紫，几同烟粉之饰"。⑥ 不难看出，僧道上层之腐朽奢侈，与当时世俗官僚地主相比，可说是不逊分毫。

四　寺观经济的社会影响

明代佛道二教的寺观经济在当时的社会生活中起着什么作用和影响？在研究了明代寺观经济的一般状况之后，这个问题是应予探讨的。只有探讨了这个问题，才能有助于了解明代寺观经济

---

① 《金陵梵刹志》卷50、卷51。
② 《光孝寺志》卷2、卷10。
③ 《金陵梵刹志》卷33。
④ 《元妙观志》卷9。
⑤ 《陶庵梦忆》卷6。
⑥ 《野获编》卷27。

的本质。关于这个问题，文献记载提供的材料表明，有三点特别值得注意。

第一，寺观经济是维持佛道二教鸦片烟的物质基础。

历史唯物主义认为："宗教是人民的鸦片。"① "对于工作一生而贫困一生的人，宗教教导他们在人间要顺从和忍耐，劝他们把希望寄托在天国的恩赐上。"② 这是千真万确的真理。明代的佛道二教毫不例外地也是麻醉劳动人民的鸦片烟。对于这一点，连明代的统治阶级，从皇帝到一般士大夫，都有不少人不同程度地予以承认。如关于佛教，明神宗曾在其敕谕南海普陀山普陀寺住持及僧众人等时说："仁慈清净，其功德不殊神道设教，于化诱为易。"③ 大官僚胡宗宪曾说："戒之律大若细凡二百五十种，犯得至配于五刑，今世之愚民，有不畏法，而怖以佛辄甘心焉，是佐刑政所不及。……世有冥愚，憃不畏死，一闻如来，志摄魂骇。"④

举办任何事业都需一定的物质条件，明代的佛道二教离开物质条件也不可能存在，而寺观经济正是为明代佛道二教提供了这个不可离开的物质条件。如无锡忍草庵僧慧声，鉴于该庵"贫无宿舂，难于展布，乃捐钵资，首置斋田二十亩"，又得檀越施舍二十五亩，从此之后该庵才"僧众得以果腹以辩道，晨钟暮鼓响振林樾"。⑤ 可见诚然是"庵以僧兴，僧以食聚，斋田之设，庵之兴替系焉"。⑥

---

① 《马克思恩格斯选集》第1卷第2页。
② 《列宁全集》第10卷《社会主义和宗教》。
③ 《重修南海普陀山志》卷13。
④ 《大昭庆律寺志》卷1。
⑤ 《忍草庵志》卷3。
⑥ 同上。

正是由于寺观经济是维持佛道二教鸦片烟的物质基础，所以明代统治者对寺观经济给予大力支持。如前所述，皇帝赏赐是寺观经济的一个重要来源。在檀越施舍中，地方官往往是倡导者。如《逍遥山万寿宫志》卷 15 记载天顺年间地方官倡导为万寿宫铸铜像的情形说："今钦差太监叶公达镇守于兹，监察御史刘公敬、吕公洪、苏公燮、陆公平按治于兹，暨兹方岳群公……见旧塑像弗称，谋铸铜像，各出俸赀，命副道纪刘一真募诸士夫长者，皆欣欣乐助。聚铜至万余斤，召巧冶铸真像，其形俨然，其神超然，形神俱妙，妙合自然。"再如《泉州开元寺志》"碑记"记载万历年间地方官倡导为开元寺修复紫云正殿的情形说："郡侯合肥窦公，以嵩祝诣寺，睹其陊剥不治，仅蔽风雨，则怒然骇曰：'天威咫尺之谓何？乃有司徒尔玩视也！'遂厚捐为倡，而郡丞清远杨公、别驾海盐陆公、司理江宁卜公、晋邑侯清远徐公、南邑侯东莞袁公，舍俸佐之，郡士民亦慕义响应焉。凡八阅月而工告竣。"即使在寺观募化之时，也多半是得到了官府的积极支持。如杭州大昭庆律寺于成化十四年毁于火，二十二年寺僧报告地方官，很快就转呈于朝廷，"许令劝募兴复"。这次应募者主要是湖州富民吴汝辉；而其之所以应募，乃是由于浙江的藩泉二司招来"谕劝"的结果。① 由于僧道多享有免除税役的优待。而且寺观多隐匿"逃军逃民"②，影响封建国家的利益，因而官府对寺观经济有时也加以限制，如"景泰三年令，各处寺观田土，每所置存六十亩为业，其余拨与小民佃种纳粮。"③ 但这些限制与上述支持相比，前者是远远赶不上后者的；而且，明代统治者往

---

① 《大昭庆律寺志》卷 1、《西湖梦寻》卷 1。
② 《明宣宗实录》卷 100。
③ 《明会典》卷 226。

往正是自己将对寺观的限制规定加以破坏。

第二，落后生产方式的维护者。

明代已进入封建社会的晚期。随着资本主义萌芽的产生，农业上的雇工经营越来越多，传统的召佃收租剥削方式开始走上逐渐被雇工经营剥削方式代替的道路。这个代替过程虽然仅是处于开端阶段，但却代表了历史前进的方向。此外，传统的召佃收租剥削方式本身也在发生变化，货币地租代替实物地租的现象日益增多，这也代表了历史前进的方向。对于上述两个代替，寺观经济都是处于逆历史潮流而动的地位。如南京天界寺和灵谷寺的"钦赐赡僧田地"，明初"一向自己用钞雇人耕种"，但不久却"因事务烦琐，另议召佃征租"。① 此后，这种召佃征租的方式在这两个寺中一直沿用下来。其他寺观基本上也都是采用这种剥削方式。明朝后期南京各寺院的"租额条例"规定：佃户所缴地租的"银、米额派已定，豆麦非急用，故从折色，以充杂费；米所必需，且不似银两之易于侵耗，故从本色，以赡僧徒。如有擅自更改者，即系官住及库僧、庄僧作弊，定行重究"。② 这种规定把地租中的米固定化起来，无疑严重地妨碍了它的货币化。寺观对佃户所征地租十分沉重，条件极为苛刻。如南京各寺规定，地租"每银壹两，照例加耗银叁分，每米壹石，加耗米叁升、脚米柒升"。"交寺务要上好净米、足数纹银，但有糠水夹杂，成色低欠"，"一概不准"。"不许过限迟交，过贰年不亮，追田另佃"。"即有水旱灾伤"，"不许告减"，"如遇灾重"，"必先经府县申报抚按"，"方差官住公同踏勘，分别被灾分数"上报，"候抚按果有钱粮题免"，租粮才"照灾减征"，"至于下田、荡田"，"虽遇

---

① 《金陵梵刹志》卷2《钦录集》。
② 《金陵梵刹志》卷50。

重灾,断不蠲免"。① 这样苛刻的规定,充分暴露了寺观经济的腐朽和反动。

第三,具有些微积极作用。

从主要方面看,寺观经济是落后、反动的,这是其本质性的社会影响。但是,正像世界上的一切事物都是复杂的一样,明代寺观经济的社会影响也不是极为简单的,其中存在着与本质性的东西相对立的因素,即是说,它也有应予肯定或不应简单否定的东西。这些东西起码有如下两点:一是使某些在封建赋役及地租剥削下走投无路的劳动群众,可以用"出家"的办法,找到一个托身之处。这个托身之处尽管不是理想的归宿——"出了家"的劳动群众要受僧道上层的压榨,"出了家"实质上是逃出虎口后又进了狼窝——但在一定的条件下,"出家"一途毕竟可以使之暂时摆脱面临的绝境,这对缓冲社会矛盾、稳定社会秩序不能不说有一定的积极作用。明人叶向高在其《八大寺定租碑记》中说过这样一段话:"后世民生日众,朘削日甚,饥不得食、寒不得衣、壮不得有室、鳏寡孤独不得自存者不知何限;而其人又率自私自利,同室之内漠如胡越,民有穷困以死无复之耳。于是佛氏得以其教群天下之穷民而养育其中,其稍有赀财者,又夺以福田利益之说,损其有余,以补不足,庶几于古者相收相恤之义。故自王政废而佛教行,虽其清言渺论足以入人,亦以为教之便利,势有必趋而不能止也。"② 叶向高的这段话是站在封建士大夫立场上讲的,观点错误之处极多;但它在一定程度上反映了寺观经济缓冲社会矛盾的作用,这一点应该说是可以批判地接受的。寺观经济社会影响中应予肯定的另一点是,为了增加寺观的经济收

---

① 《金陵梵刹志》卷50。
② 《金陵梵刹志》卷16。

入,在一定条件下,寺观可以组织一些有益的生产事宜。如洪武年间,明州阿育王山广利禅寺僧元舆曾组织围海造田工程,得田一千七百余亩,名报本庄,使"昔者蛟鼍鱼鳖之场",变成"膏土沃壤"。① 再如崇祯年间,戒僧玄峰看到邓尉山下山田百顷,由于"地高而湖流莫挽,山浅而溪涧无潴","向来草芜盈野",与其徒弘净决心"凿池畜水",以"广资一方灌溉",使原业主可以"充办税粮",并增加寺院的收入,遂在"乡宦申尚书"等人的帮助下,"买荒田三百余亩","每田十亩损一亩浚池,一亩堆土",使这里的山田大为受益。② 寺观经济社会影响中的上述应予肯定或不应简单否定的东西,无疑在寺观经济社会影响的整体中,只占很小的比重,是其次要部分。但不注意它们,就不能算全部了解了寺观经济。

---

① 《阿育王山志》卷7、卷4。
② 《邓尉山圣恩寺志》卷7《天寿圣恩禅寺万峰禅院免役碑》。

明代两畿鲁豫的民养官马制度

"国之大事在戎,戎之大用在马"①,历代封建王朝无不重视马政,明朝也不例外。明政府除了通过与边疆少数民族的通贡、互市等取得马匹之外,还组织喂养以大量繁殖。在明政府的养马制度中,有官府直接经营的监苑马,又有责成民间喂养的民养官马(明代户籍有民、军、匠等分别,相互间不得混淆改换,这里的"民"指民户),前者实行于西北和东北边疆地区,供应戍边部队所需马匹,后者实行在南、北两直隶和山东、河南等地,所得马匹主要供给京营骑操。"在陕西、辽东者畜于监苑,其数少,畿内及山东、河南者,养于民间,其数多。"②,可见,两畿鲁豫的民养官马制度是明代马政制度的重要组成部分,研究它是搞清明代马政的重要课题之一。为官府喂养马匹,是明政府加在两畿鲁豫地区劳动人民身上的沉重徭役,并带有赋税与地租合一的性质,它与南方人民被迫提供巨额漕粮一起,成为明代的两大社会问题。可见,研究两畿鲁豫地区的民养官马制度,也是搞清明代徭役制度的地租剥削、加深对明代社会的认识的重要课题之一。

两畿鲁豫的民养官马制度,存在于整个明代的二百多年中,前后变化纷纭,各地情况也不一致,在一篇论文中,不可能详为论述,兹就其梗概,作一初步探讨。

---

① 《明经世文编》卷202 夏言《议处下场马匹疏》。
② 《明经世文编》卷111 王琼《马政类序》。

一　户马、种马和寄养马

《明史》卷92《兵志》4说："其民牧皆视丁田授马，始曰户马，既曰种马。"这句话说得不完全，后面还应加上一句：后又有寄养马。就民养官马的种类而言，由户马而种马，又由种马分出寄养马，是明代两畿鲁豫地区民养官马制度变化的三部曲。

1. 户马

户马是洪武至永乐年间实行于两畿地区的养马办法。成书于万历时期的《皇朝马政纪》（以下简称《马政纪》）卷1说："户马者，编户养马，收以公厩，放以牧地，居则骒（课）驹，征伐则师行马从，《诸司职掌》所称厩牧者也。"按照这个说法，户马是编佥人户（包括军户和民户）进行牧养的，国家备有公用马厩和牧场，平时责成繁殖马匹，战时则跟随出征。这段话有的地方不太详细，但基本上说出了户马的主要特征。

户马包括这一时期的民养官马，但不全是民养官马，其中还有官牧制。《马政纪》在专门叙述"户马"的第一卷里，一共讲了四种户马：一、太仆寺牧监群户马，二、北平苑马寺监苑户马，三、太仆寺户马，四、北平行太仆寺户马。这四种户马，有的属于民养官马，有的却是官养马。

北平苑马寺于永乐三年下令设置。寺统六监，监统四苑。各苑视其辖地广狭分为上中下三等，上苑牧马万匹，中苑牧马七千匹，下苑牧马四千匹。苑有圉长，一圉长率五十夫，每夫牧马十匹，"悉用军士畜"。[①]——显然北平苑马寺监苑户马，是一种利用军士牧养的官牧制度，它不包括在本文所要叙述的两畿鲁豫民

---

① 《马政纪》卷1。

养官马制度之中。

北平行太仆寺户马设置在永乐十年。①《马政纪》卷1载，这一年"定顺天、保定、河间、真定、顺德、广平、太（大）名、永平八府土民，计丁粮编户，喂养孳生马匹，名曰户马。"——这种户马的性质也很明显，它将"土民""计丁粮编户"用以养马，是地地道道的民养官马。

关于太仆寺牧监群户马的性质，在史料记载中是互相矛盾的。《马政纪》卷1说："凡牧监、苑监皆为官牧。"这是把牧监群户马认作官牧。但同书邓炼万历二十五年写的序中却称："（明太祖）干戈甫定，即建置太仆寺，领监牧群，督理民间孳牧。"这是把牧监群户马认作民牧。为什么发生了这样的矛盾呢？为了解开这个谜，我们有必要考察一下太仆寺牧监群户马的具体情况。

《马政纪》卷1载："太祖高皇帝定都金陵，吴元年，凡兵马所在，屯聚放牧，在京师有典牧所。洪武六年，建太仆寺于滁州，设卿、少卿、寺丞等官，七年置属，有五牧监九十八群。"《诸司职掌·兵部·驾部·马政·厩牧》载：太仆寺所属牧监群，"专一提调牧养孳生马骡驴牛。其养户俱系近京民人，或五户、十户共养一匹，每骡马岁该生驹一匹。若人户不行用心孳牧，致有亏欠倒死，就便着令补买还官。每岁将上年所生驹起解赴京、调拨。本寺每遇年终比较，或群监官员怠惰，或人户奸顽，致有马匹瘦损，亏欠数多，依例坐罪。"

上引记载说明，太仆寺的牧监群户马都是"近京（此京指南京）民人"喂养的，负责领导的专门机构除了太仆寺之外，还有

---

① 此依《马政纪》卷1。《明史成祖纪》系于永乐十一年二月；《明史·兵志》系于永乐十二年。

太仆寺下面的牧监和群。就其民人喂养来说，它可以称为民养官马；但考察明代的管马机构可知，当时，其他民养官马的专门领导机构只有太仆寺，太仆寺下面有时虽设有官吏，不过都是附近在府和州县的衙门里，甚至不设专门官吏，只由府和州县的长官来兼理，可见官府对太仆寺牧监群户马的控制远比一般民养官马要严，从这点出发，称它为"官牧"，似乎又不能说绝无道理。史料中关于太仆寺牧监群户马性质的矛盾记载，大概就是这样产生的。今天倘要作一判断，我们认为，虽然官府控制较严，还是将它看作民养官马为好。

太仆寺牧监群户马的牧监、群数目时有变化，随马匹数字的增减而增减。洪武二十三年十一月，"罢牧监九，群五十四，改置大兴等牧监三，永安等群七"。① 洪武二十八年太仆寺所属共牧监十四，群九十七。② 在牧监群管理之下从事养马的民户，不能脱离府州县的管理，"府州县重民，牧监重马，各有所责，权势不一，法令牵掣，互争未定"。③ 这就使太仆寺牧监群户马的长期存在产生困难。洪武二十八年，牧监、群终于被革去，"令太仆寺专督有司提调民间孳牧"，"各府、设通判，各州、设判官，县、丞或主簿，俱一员"。④ 这样太仆寺牧监群户马便转变成了一种新户马，这种革去牧监群后由太仆寺专督有司提调的民间孳牧，就是上述《马政纪》卷1所讲的第三种户马——"太仆寺户马"。它与太仆寺牧监群户马相比，只有废除了专门管理机构牧监群一点不同，政府对它的控制已经减弱到一般民养官马的

---

① 《马政纪》卷1《户马》。
② 《续文献通考》卷133《兵》13。
③ 《马政纪》卷1《户马》。
④ 《马政纪》卷1《户马》。

程度，它的性质显然只能是一种民养官马。

综上所述，明代洪武永乐时期实行于两畿地区的四种户马中，有三种是民养马：太仆寺牧监群户马，太仆寺户马和北平行太仆寺户马。只有北平苑马寺监苑户马是官牧制。这三种户马正是明代两畿鲁豫地区民养官马的第一期形态。

2. 种马

种马也称孳牧马，其养马办法是"以马为种，视母课驹，选驹搭配，余则变卖"。① 自永乐十三年开始，两畿的民养官马"同改名种马"。② 就"视母课驹"而言，种马与前此的户马并无分别，但"当户马时，天下初定，尚取之征伐，不专孳息，故曰户马，亦曰厩牧。及种马时，天下大定，不用征伐，专主孳息，故称种马，亦曰孳牧"。③ 据《明会典》卷150载："洪武永乐年间，令民养官马者二岁纳驹一匹"。成化元年，改为"每三年纳一驹"，成化三年又恢复了"二年纳一驹"的制度。

除了是否专门用于孳息之外，作为民养官马的种马与户马还有一个区别：户马只实行于两畿，而种马则除了两畿之外，还实行于山东与河南。洪熙以后，由于"马日蕃"④，北畿"八府不赡养"，宣德四年分其种马于山东济南、兖州、东昌三府。⑤ 这是山东养马的开始。正统十一年，"马又日蕃"⑥，再令"河南彰

---

① 《马政纪》卷2《种马》。
② 《马政纪》卷2《种马》。
③ 《马政纪·凡例》。
④ 《明史》卷92《兵志》4。
⑤ 《马政纪》卷1、卷2，《明会要》卷62《兵》5。
⑥ 《马政纪》卷1《户马》。

德、卫辉、开封民养马"①。这是河南养马的开始。② 正统十四年，顺天府所属州县由种马改养寄养马。弘治七年，保定府易州等七州县、河间府静海等三县也由种马改养寄养马③，至此，两畿鲁豫民养种马的实行地区，大体确定下来。据《马政纪》卷2所载，这些地区包括有北直隶大名府、河南开封府、山东济南府、应天府、南直隶凤阳府等二十六府州。

各地的种马数额最初没有规定；永乐以后，种马越来越多，"辄责民牧，民年十五者即养马"。弘治六年太仆少卿彭礼"以户丁有限，而课驹无穷，请定种马额"。兵部尚书马文升支持这一意见，于是"奏行其请，乃定两京太仆种马，儿马二万五千（匹），骒马四之"。总数十二万五千匹。④《明会典》卷150、《马政纪》卷2以及各地的方志等载有各地的种马额数，兹以《明会典》为主，校以他书，将各府（州）在弘治年间所定的种马额数列下：

地区		弘治时所定种马额数	备考
北直隶	保定府	7945	《马政纪》卷2作5160，嘉靖《河间府志》载有该府十五州县各州县的原额数字，其和为5360。
	河间府	5360	
	真定府	17635	
	顺德府	3715	
	广平府	3770	
	大名府	10880	
	永平府	4670	

---

① 《明会要》卷62《兵》5。
② 《续文献通考》卷133《兵》13记山东河南开始养马的时间为宣德六年二月，并加按语指出，《明史·兵志》称山东三府养马自宣德四年始，河南三府养马自正统十一年始，考之《实录》，年份稍未符。
③ 《马政纪》卷4。
④ 《明史》卷92《兵志》4。

(续表)

地区		弘治时所定种马额数	备 考
应天府		4665	《马政纪》卷2作4660,《明经世文编》卷297翁大立《革种马以助军需以祛民害疏》作4660。
山东	济南府	13340	嘉靖《山东通志》8作12996。
	兖州府	14060	《马政纪》卷2作14056。嘉靖《山东通志》卷8作14038。
	东昌府	3380	嘉庆《东昌府志》卷9作3380。嘉靖《山东通志》卷8作3584。
南直隶	凤阳府	9435	《马政纪》卷2作9476。
	镇江府	2340	万历《镇江府志》卷9载,原牧种马4875匹,弘治十八年计原额种马2627匹,正德六年额养种马2340匹。
	扬州府	5220	《马政纪》卷2作5593,万历《扬州府志》卷4作5593且记有该府所属九州县各州县的数字,其和亦为5593,嘉靖《惟扬志》作20303。此志亦记有所属九州县各州县的数字,其和为6434。
	淮安府	5985	《马政纪》卷2作6310。
	庐州府	4380	《马政纪》卷2作4374。
	太平府	1465	
	宁国府	750	
	滁州	1075	
	和州	635	《马政纪》卷2作637。
	徐州	750	《马政纪》卷2记原无种马。
	广德州	800	
河南	开封府	1285	
	彰德府	1015	嘉靖《彰德府志》载有该府四州县各州县的数字,其和为:1010。
	卫辉府	415	
	归德府	30	

3. 寄养马

从喂养种马地区征取大马，然后寄养在北京附近，以备随时取用，这种马匹叫作寄养马。明朝初年，"种马课驹，俱搭配补种，余即变价入官"，并无寄养马。① 正统十四年，由于瓦剌内犯，马匹"遍在民间，猝不及调发"②，将顺天府所属"二十七州县原养孳牧马匹，尽数俵与附近直隶永平等府空闲人户领养孳牧"③。使之专门寄养各处起解来的备用马匹。弘治七年，以顺天府马多丁少，又令保定府所属易州、新城、雄、定兴、容城、新安、涞水七州县，河间所属静海、任丘、青三县，改养寄养马，其原养孳牧，另给沧州、肃宁等处领养。④ 寄养马主要是供给京营骑操，"拱卫京师"，但后来"各边有警"，亦往往调用。⑤

被编派喂养寄养马的马户，每户养马一匹。弘治七年，顺天、保定、河间三府编定寄养马户五万六百多。嘉靖十三年编户四万六十余。嘉靖四十二年，因"瘠地抛荒，穷民流移"，寄养马不易编派，决定减少派额，共派三万匹（户），第二年又减少到二万五千户。⑥ 万历年间仍有减少，据《明会典》卷150所载，仅为二万一千六百五十八户。顺天、保定、河间三府当中，寄养马主要集中在顺天府，其具体情况如下表⑦：

---

① 《马政纪》卷3。
② 《明会要》卷62《兵》5。
③ 《马政纪》卷4。
④ 《明会典》卷150，《马政纪》卷4。弘治《易州志》卷4载，"弘治九年除去孳牧马，限定地亩，给大马寄养"；涞水县亦是"弘治九年除去孳牧马，限以地亩，给大马寄养"；开始时间与《明会典》等所记不同。
⑤ 《明会要》卷62《兵》5。
⑥ 《马政纪》卷4。
⑦ 依据《马政纪》卷4所载作成，校以《明会典》等书。

地区	原定寄养马户编派数额	万历时实编数	备考
顺天府	41106 户	17296 户	1959 年北京市中国书店影印明修《顺天府志》卷 3 载有顺天府属二十七州县原定寄养马数额，其和为 40757 匹。
保定府	6476 户	3102 户	
河间府	3360 户	1400 户	《明会典》卷 150 所载原定数为 3036 户，万历时，实编数为 1460 户。

寄养马来自对种马养户的征取马匹。这种向种马养户征取马匹，而后解向寄养地区的活动，叫作俵马。每年俵马的数字不尽相同，据各书所载约略为：

正统十四年命岁取备用马二万匹。[1]

弘治三年议准，每岁取备用马一万匹。[2]

弘治十五年，兵部派取备用马一万五千匹。[3]

正德二年奏准，一年共取备用马二万五千匹。[4]

正德九年题准，加派三万匹。[5]

正德十年，增派四万匹。[6]

正德十一年，派取二万五千匹。[7]

正德十二年，令每年征解备用马以二万五千匹，立为定例。[8]

---

[1] 《明会典》卷 152。
[2] 《明会典》卷 152。
[3] 《马政纪》卷 3。
[4] 《明经世文编》卷 111 王琼《为开陈马政便宜事》。
[5] 《明经世文编》卷 111 王琼《为开陈马政便宜事》。
[6] 《明经世文编》卷 111 王琼《为开陈马政便宜事》。
[7] 《明经世文编》卷 111 王琼《为开陈马政便宜事》。
[8] 《明会典》卷 152。

嘉靖四年，令扣算寄养备用马匹，岁常有二万之数，不必多派。①

隆庆四年派备用马二万五千匹。②

万历二十一年题准："俵马务要足二万之数"。③

上述记载，有些年份并非实际起解的马匹数字，因其中包括部分折色，折色的部分以缴纳货币代替缴纳马匹实物。（折色情况见下）

各府州县每岁将应解马匹分为春秋两次解往寄养地区。由于灾荒等特殊情况，有时有减免、缓征或改折，但各地都有一个固定的额数（间或有变化），其额数据《明会典》卷152所载如下表：

	地区	额数	备考
北直隶	大名府	2176	内挤乳马7匹。挤乳马专供内府膳馐，最初取自御马监，后来才取自民养马。
	保定府	1589	内挤乳马8匹。
	顺德府	742	内挤乳马5匹。《马政纪》卷3作743。
	广平府	754	内挤乳马5匹。
	真定府	3527	内挤乳马10匹。
	河间府	1702	内挤乳马5匹。
	永平府	934	内挤乳马10匹。
河南	开封府	257	
	彰德府	203	
	卫辉府	83	
	归德府	6	
	考城县		

---

① 《马政纪》卷3。
② 《马政纪》卷3。
③ 《马政纪》卷3。

(续表)

地区		额数	备考
山东	济南府	2668	《马政纪》卷3作2812匹。
	兖州府	2812	《马政纪》卷3缺载。
	东昌府	676	
应天府		891.8	其中包括带征滁州卫马。《马政纪》卷3作共931匹，后减7匹，止924匹。
南直隶	凤阳府	1886	
	扬州府（除海门外九州县）	1045	万历《扬州志》卷1044。
	淮安府	1197	
	庐州府（除英山外七州县）	876	《马政纪》卷3作867匹。
	滁州（各县又带征滁州卫）	215	
	和州，（并含山县）	128	
	徐州（并萧、砀山、丰三县）	150	
	广德州建平县	160	
	宁国府南陵县	150	嘉靖《宁国府志》卷6作205匹。
	镇江府	468	
	太平府	290	

二 养马户的编派

户马、种马和寄养马的养马户的编派办法大体相沿，而前两者在交替之际尤其不见发生大改变，因之无法将之分开。这里对前两者不再硬为分别，依照时间顺序一起叙出，仅将寄养马的养马民户单独出来加以讨论。

1. 户马、种马养马民户的编派

嘉靖《惟扬志》卷 8 载："洪武六年，初置滁州太仆寺，提督两淮马政，其制：每家养马一匹，骒则免征田粮二百亩，骟则免征田粮三百亩"。这条材料，反映了明代最早的编派办法。这是对南畿的江北地区（以下简称江北）规定的办法。嘉靖《颍州志·赋产》、嘉靖《寿州志》卷 4 和顺治《六合志》卷 4 都记载了这一规定，可惜的是前两个没有指明实行的地区，也没有记下免征田粮的情况，而后一个仅作为六合一县的制度加以记载。但嘉靖《颍州志·赋产》和顺治《六合志》有一点很值得重视的补充，它们指出：洪武二十三年，这一规定改为"五家共养一马"。蔡方炳《历代马政志》载："洪武初，江南以十一户共养一马，江北凤阳、庐、滁、和户养一马，帝念其不均，命江北民增五户养一马，户仍给钞三百贯优之。"[①] 蔡氏的这个记载又将江南地区在洪武初的养马办法补叙出来，至此，洪武初期以至中期的编派办法全部概要地展现在了我们面前。《明会典》卷 150 在叙述这一问题时，第一条是"洪武二十八年，令江南十一户共养马一匹，北江五户共养一匹，内丁多之家充马头专一养马，余令津贴钱钞，以备倒失买补之用，不许轮流。"显然《明会典》对洪武

---

① 《学海类编》本。

二十八年以前的情况阙略了，不能将它的这条记载认为是明初关于养马的最初规定，它不过是对以前的规定作了重申。但是，它叙述出了马头和一般养马户的关系，这在以后的年代里仍旧继续实行，所不同的只是以后随编派办法的改变，马头的确定不再仅仅依照"丁多"一项，而是考虑其丁田等整个经济状况，选取其中最殷实者来充当。《明会典》的这个叙述是很重要的。

嘉靖《通州志》卷3和万历《通州志》卷4载：通州属扬州府，地处江北，由于洪武时期没有养马，因而没有养马免粮地，永乐元年开始养马，每儿马一匹佥丁十个，骡马一匹佥丁十五个。这个数字远比前述江北的其他州县为高。由此我们可以看出一个原则，有养马免粮地者，所佥户丁数字会相对少一些，反之就会多。《明会典》等书在记载江南地区每养马一匹佥户十一个、而江北只有五户时，没加解释，我们分析，其佥发数字的差别，大概就是根据这一原则确定的。从文献中，我们尚未发现江南地区在洪武时期设有养马免粮地的记载，这是一个有力的证据。永乐时期各地养马人户的编派，一般都有迹象说明这一原则在被执行着：

> 嘉靖《颍州志·赋产》："（永乐六年）每五丁养牝马一匹，三丁养牡马一匹。"
>
> 嘉靖《寿州志》卷4："（永乐六年）每五丁养骡马一匹，三丁养儿马一匹。"
>
> 《马政纪》卷2："永乐十五年，定南方养马例，江北每五丁养马一匹，江南十丁养马一匹。"

颍州和寿州都是凤阳府所属，地处江北。上面的几条材料说明，地处江北的颍州、寿州以及整个江北，养马一匹只佥三五丁，而江南却高出一倍，佥到十丁。有养马免粮地的地区比没有养马免粮地的地区，所佥丁数竟少一半！如果再观察一下北直隶的情况，这个原则的被执行就更加明显了：

> 《明会典》卷150："永乐十四年，令北方人户五丁养马一匹，免其粮草之半。"

永乐年间，北方只有北直隶养有马匹，这里《明会典》所称"北方人户"即是指北直隶的人户。这段材料记载着北直隶一方面免粮草一半，另一方面养马一匹佥丁五个，这与前面所述有养马免粮地的江北地区的数字完全一致，而不是与没有这项免粮地的江南地区相同。这种情形说明，编佥养马人户时，大概对有无免粮养马地的不同地区，各有一个既定的标准。

永乐末期到宣德时期，北方的佥丁数量有点变化：

> 嘉靖《藁城县志》卷2："永乐十一年，以民三户养一牡马，五户养一牝马。……至十三年，每民三丁养牡一、五丁养牝一。……十八年又一牡只一丁养之，牝用三丁。……养马之人，俱免粮草之半。"
>
> 嘉靖《南宫县志》卷2："永乐十八年议，一丁养牡马一，三丁养牝马一……并免税粮一半。"
>
> 《马政纪》卷2："宣德三年奏准，北直隶每三丁养骒马一匹，二丁养儿马一匹，免粮草之半。"

上引的三条材料说明，永乐末年到宣德时期，北直隶养马人户免粮草一半的情形没变，但所佥人丁已由三五个变成一到三个了，这是加重养马户负担的一种动向。这种动向大概是这个时期的特点。宣德六年,"行在兵部奏,北京行太仆寺近岁畿甸马多,尝奏遣人于河南、山东核实民丁,请先分给济南、东昌。然欲如直隶顺天府,每三丁养牝马一,二丁养牡马一,免粮刍之半;则所免多,恐不给。请无免其粮刍,但令五丁养一牝马,三丁养一牡马。"① 在山东这种新扩展的养马省份,不免粮草,每匹马佥用人丁竟只有三五个,相当于永乐中期以前有免粮地的地区的标准,这也是加重养马户负担的一个表现。

正统以后,北直隶、江北地区逐渐由免粮计丁养马变成计地养马,到弘治年间这个变化最为显著,但江南地区和山东、河南仍旧是计丁养马:

> 乾隆《安平县志》卷10:"永乐年间,安平乃畿内之地,军民之家钦免税粮一半,各养孳生马匹,每二丁养儿马一匹,三丁养骒马一匹。……至成化间更丁以地,每地一百亩养骒马一匹,每地五十亩养儿马一匹。"
>
> 《明会典》卷150:"弘治六年奏定,北直隶河间、大名、保定、顺德、广平、真定、永平七府,免粮养马,每地五十亩领儿马一匹,百亩领骒马一匹。……山东济南、兖州、东昌三府,河南开封、卫辉、彰德三府,计丁养马,每五丁领儿马一匹,十丁领骒马一匹。……南直隶应天、镇江、太平、宁国、广德五府州,每十丁领儿马二匹,十五丁领骒马一匹。……凤阳、扬州、淮安、庐州四府,滁、和二州,滁州一卫,每田二顷,领儿马一匹,三顷领骒马一匹。"

正统以后北直隶、江北关于养马人户的编佥,之所以逐渐由

---

① 《马政纪》卷2。

免粮计丁的二元制转向计地养马的一元制，主要是由于养马人户贫富不一，丁力不同，按计丁的办法编佥，贫丁往往无力承担，妨碍养马任务的完成，而计地编佥，富人较难逃避和转嫁，便于养马任务的落实。嘉靖《长垣县志》卷9所载长垣知县杜纬的《马政疏》就讲了这个道理：

> 本县先年论丁养马，计年科驹，后因养马人户贫富不一，以致负累不均，征俵不前。弘治八年吏科韩给事中等官，会同巡按御史，督同各掌印官，从长堪处，论地养马，……踏勘出本县养马二千七百六十七顷四十三亩，……儿马每匹编地五十亩，骒马每匹编地一顷。

由于计地养马比计丁养马有相对合理的方面，所以弘治以后由计丁养马向计地养马的转化在被规定为计丁养马的江南和河南等地，也有发生。如嘉靖初年编纂的《彰德府志》卷4，叙述了该府所属安阳、汤阴、临彰、磁州四州县的种马数额，并指出"此特以田赋者尔"。这便说明在嘉靖初，属于河南的这四个州县，此时已由计丁养马转变为计地养马了。再如，嘉靖时修《宁国府志》卷6记述了该府属南陵一县的种马编派情况，写道："每马一匹，牝用十五丁，牡用十丁。丁不足者，以田拟之。"在这里，计田养马只是一个后备，但它确实已经把触角伸进了这个新地域。这种"计地养马"对"计丁养马"地域的不断挺进，并没能取得最后的胜利，因为隆庆、万历以后，种马逐渐被废（见下），没给它以充分施展威力的机会。

隆庆、万历年间种马被彻底废掉以前，除了计地养马的不断扩展地盘之外，我们还看到了关于编派养马人户的另外一些小变化：有的地方，如镇江府在嘉靖年间佥派养马人丁时，已不再分牝牡，而是"每匹均定十四丁"①。这与当时的俵马与种马逐渐脱节有关，由于喂养马驹是养马户的极大负担，养马户多方抵制，致使明政府不能按照原定的办法取得优质备用马匹，只好自正德二年起决定："太仆寺岁取备用大马，止照种马定额，每群派取一匹（四骒一儿为一群）"，其种马是否生驹，生驹后用以起俵抑或变买，"悉听自便"②，只要按数缴纳即可。这时养马户的种马既已不再被要求必须生息马驹，这样喂养牝牡种马的繁难程度也就不再相异了。这反映在金派养马人丁上，就是两者不再加以区别。有的地方，如广平府在嘉靖年间发生了养马地与一般纳粮地的合并。广平府因属于北直隶，弘治年间已"免粮养马，每地五十亩领儿马一匹，百亩领骒马一匹"。到嘉靖初年该府实行度地均粮，"凡养马之田，皆收粮地之内，纳粮之地，皆输养马之银，故马无专田，必地数顷而养一马"③。这个变化，是为了消除养马地和不养马的一般纳粮地的负担悬殊现象而搞出来的，这是嘉靖时期均平赋役负担运动的一个内容。有的地方，如长垣县，在确定计地养马之后，所定养马土地的数量，有所变化。弘治十二年该县儿马一匹在原定五十亩外，又加不堪种地五十亩；骒马则在原定一百亩外，又加不堪种地一百九十亩。④ 这是为了调整养马人户的负担而采取的措施。

综上所述，明代两畿鲁豫的户马和种马养马民户的金派办法，大体上可分为两类地区、三大阶段。江北、北直隶为一类地区，江南和河南、山东为第二类地区。宣德以前为第一阶段，这

---

① 万历《镇江府志》卷9。
② 《马政纪》卷2。
③ 嘉靖《广平府志》卷6。
④ 《长垣县志》卷9。

时第一类地区实行免粮计丁（或户）的二元制佥派办法，第二类地区实行计丁（或户）的一元制佥派办法。正统至弘治初期为第二阶段，这时第一类地区逐渐完成了由免粮计丁二元制向计地养马一元制的过渡，第二类地区则无大变化。弘治初期以后为第三阶段，计地养马的办法开始向第二类地区发展地盘，是这一阶段的主要特点。

2. 寄养马养马民户的编派

寄养马人户的编佥办法，在其开始阶段，记载不太确切。《马政纪》卷4在谈到正统十四年顺天府开始派养寄养马时，用的字眼是"论粮分俵"，在弘治七年总述顺天、保定、河间三府编派寄养马方法时也称"计地编户"，但弘治七年谈到在保定、河间两府的部分州县派养寄养马时又说过"照丁给养"。这些互相矛盾的记载是怎样造成的呢？大概是由于这些记载都未及全豹所致。喂养寄养马的人户是由喂养种马的人户转变过来的，因而它不能不受到种马编佥方法的影响，而其所在的区域，属于上述种马的第一类，在其开始由种马喂养户变来时，正当正统至弘治初年种马第一类地区由免粮计丁二元制向计地养马一元制转化的时期，这样寄养马人户的编佥就很容易带有这种过渡的性质，从而有的直接从计地养马开始，有的则从免粮计丁开始，而后向计地养马过渡。上引《马政纪》中关于寄养马编佥方法的矛盾记载，应当是这种过渡性质的反映。弘治以后关于寄养马人户的编佥情况，在史料记载中就很清楚了，一般都是计地养马。如：

弘治《易州志》卷4："（本州）至弘治九年除去孳牧马，限定地亩，给大马寄养。"

《明经世文编》卷111："弘治十二年，又该本部奏差给事中等官王廷等，勘处过顺天等府所属霸等州、宛大等县人户,每免粮地五十亩,悉照旧例编养备用马一匹。"

《宛署杂记·马政》:"正德间,令宛大二县,每马编地一百五十亩,宛平养马地一千四百二十一顷四十三亩,养马九百一十六匹。"

计地养马的制度确立后,各州县寄养马每匹的编地数量也有变化,这造成了相互间的不平衡。如明修《顺天府志》载有明朝后期所属二十六州县每匹寄养马的编地数字,各州县的差别就极大,高者达655亩以上,少者仅有65亩,相差近十倍:

大兴县	260亩7分	宛平县	321亩2厘8毫
良乡县	180亩7分2厘5毫2丝	固安县	156亩6分6厘4毫1丝7忽6微8纤
永清县	443亩4分4毫4丝	东安县	384亩2分3厘8毫
香河县	65亩	通州	82亩8分
三河县	123亩	武清县	132亩8分7厘
宝坻县	118亩8分7厘5毫7丝	漷县	156亩1分
密云县	184亩	顺义县	175亩9分
怀柔县	183亩5分	涿州	119亩4分2厘2毫7丝
房山县	108亩6分8厘2毫2丝4忽5微	霸州	250亩6分2厘1毫4丝9忽
文安县	小亩90000亩5厘8毫 折大亩313亩8分6厘8毫	大城县	152亩3分4厘
保定县	655亩5分	蓟州	74亩7分
玉田县	58亩9分5厘3毫	丰润县	89亩
遵化县	75亩	平谷县	70亩

养马地和不养马的一般征粮地相互合并的现象,在寄养马人户的编佥中,这时也有发生。如宛平县"万历九年丈过养马地并

征粮地共二千八百八十三顷二十四亩零,一例征粮编马"①。

在寄养马人户中,也有马头与一般马户(贴户)的区别,马头是具体领养马匹的人户,而一般马户只是出资协助。马头要佥发殷实的上户或中户充当。如万历年间规定:"(寄养马)养马人户,五年一编,地方(丁)殷实者编为马头,领养为(马)匹,次者为贴户。地少户贫者听贴,务使贫富得均,正贴各当。"②《宛署杂记·马政》载有宛平万历十八年马头受贴养马的实际情况,对我们搞清当时编佥马头的办法很有帮助:

> (万历)十八年审编,查照见在额地二千八百六十六顷一十六亩五分,每马编地六顷四十九亩九分零,共编银贰拾伍两捌分玖厘,每亩每年定银叁分捌厘陆毫贰忽玖微柒纤伍沙,每日定银壹毫柒忽贰微叁纤伍尘,给贴付马头收执。(原注:万历十八年审编马头四百四十一名。……凡编审以地多者为正……如遇外州县解到官马,挨次领养。马头照帖计日收讨银数,不许轮派贴户喂养。如马兑出,截日住止。……惟兑出者,即为空户。

三 种马的变卖、俵马的折色化和经济利益原则的作用

1. 种马的变卖和俵马的折色化

明代两畿鲁豫的民养官马制度在不断发生变化,前述由户马而种马,又由种马里产生出寄养马,就是不断变化的表现。非唯如此,它还表现在种马的变卖和俵马的折色化之上;就社会经济

---

① 《宛署杂记·马政》。
② 《马政纪》卷4。

制度发展史的角度来考察,它们更为值得注意。

所谓变卖种马,是令养马户将其所养的官有种马卖掉,将价银交官,停止喂养。也就是将养户在自己家中喂养的官马,变成官库中的货币。这种变化主要发生在隆庆、万历时期。但在此以前,已有零星发生,或有相近的情况发生。所谓相近的情形,指种马倒失后责令赔偿货币。如"永乐十五年定:……凡种马倒死、孳生不及数①,例应赔偿,而遇灾荒,每群听以三分之一纳钞,即便入官。"②弘治十一年决定,弘治六年至弘治九年倒失、亏欠种儿骒马亦免追补本色。每儿马一匹追银六两,骒马一匹追银四两。③ 种马倒死如果赔实物,就会成为新的种马,这里准许在灾荒时节赔偿宝钞,或对几年前拖欠下来的应偿马匹赔偿银两,这个本应出现的新种马就不能再出现了。本应出现的种马未能出现而成为官库的货币,与原已存在的种马被出卖而后以货币的形式进入官库相比,有所差别,但却不能不说有些相近,前者可以说是后者的先驱形式,有了这种先驱形式的出现,才有后者的问世。隆庆、万历以前零星变卖种马的情形,可举徐州等七州县的例子。《明会典》卷150说:"弘治中奏免徐州种马,嘉靖间免通州、泗州、兴化县、凤阳、临淮、盱眙三县种马。不分见在、倒失,皆变价解部,发贮太仆寺。"④ 据《明经世文编》卷434冯时可《请变卖种马疏》,七州县共卖种马4186匹。隆庆、

---

① 指额定生驹数字。
② 《马政纪》卷2。
③ 《马政纪》卷2。
④ 原注:通州、兴化每匹二十两,凤阳等三县每匹十二两,泗州八两。

万历间的变卖种马，除了零星发生者外①，主要有两次大规模活动，一在隆庆二年：由于提督四夷馆太常少卿武金的建议，将两畿鲁豫的所有民养种马变卖一半。②"每匹变银十两，每年征草料银二两。"③一在万历九年，在首辅张居正的主持下，"议准将各处存留种马尽行变卖，上等马价无过八两，下等五两……每马岁征草料银一两……惟徐、通、泗、兴化等州县以先免种马，草料亦免征"④。在变卖种马的过程中，官吏中出现过反对的意见，甚至在万历十二年还有人提议将早已废尽的种马再行恢复。⑤但这些意见不能阻止这个变化的发生，万历十二年提议所得到的回答是：查革已久，不用再议。⑥

俵马的折色化指对种马养户不再征收实物马匹，改为征收货币银两。寄养马出现之前，无所谓俵马，因此没有俵马的折色化。但那时对于种马的课驹则是存在的，倘孳生不及额，有时亦责成养户向官府缴纳货币。如前面所引永乐十五年规定：种马倒死、孳生不及数，在灾荒年分"听以三分之一纳钞，即便入官"，其中关于孳生部分的规定就是一例。在永乐以前，这种情况也有发生，如嘉靖《颍州志》"赋产"载："（洪武）二十三年，始定五家共养一马，岁纳一驹，若缺一驹，纳钞七百贯。"如果说倒失种马赔偿货币是变卖种马的先驱形式，那么寄养马出现前种马孳生不及数而被征以货币，则是俵马折色化的先导。正统末年出

---

① 如万历六年安东等四县变卖 754 匹。见《明经世文编》卷 434 冯时可《请变卖种马疏》。
② 《明史》卷 92《兵志》4。
③ 《马政纪》卷 2。
④ 《马政纪》卷 2。
⑤ 《马政纪》卷 2。
⑥ 《马政纪》卷 2。

现了寄养马,俵马的折色化随即发生。"成化二年兵部奏准,南直隶府州县养马地方,递年起解儿马来京,多矮小不堪征操,今后江南该解马匹其不堪不敷之数,每匹征银十两,类解太仆寺收贮。"① 这是俵马折银的正式开始。

俵马的折色化是逐渐发展深化的。正德以前可算其第一阶段,这时折色主要实行在南方,其中又以江南为最突出,而北方则基本上仍旧俵解本色,就数量讲,折色在全部俵马中所占比率还很小。

《明会典》卷152:"弘治三年议准,每岁(备用马)取一万匹,北直隶、河南、山东并南(直隶)徐州所属俱解本色,内永平府折色本色中半;庐凤二府、滁和二州本色七分,折色三分;淮扬二府、江浦、六合二县本色四分,折色六分;应天各属、镇江、太平、南陵、建平俱解折色。"

《明会典》卷152:"正德二年奏准,派取各处备用马二万五千匹。太仆寺所属(按,包括北直隶、山东、河南)取七分,俱本色,南京太仆寺所属(南直隶、应天府)取三分,本折色中半。"

上述两例说明了在第一阶段折色主要实行于南方,特别是江南的事实。

《马政纪》卷3:正德十二年"题准,每年备用马匹额派本折色二万五千匹,内取本色马二万匹,折色马五千匹。"

折色马仅占总量的五分之一,这说明征取本色马仍是这时俵

---

① 《马政纪》卷3。

马的主要部分。

嘉靖年间俵马的折色化进入了第二个阶段。

《明会典》卷152："（嘉靖）七年题准，以地方灾场（伤），山东沂州、鱼台、郯、单、滕、费等六州县，备用马俱派折色，其余太仆寺所属地方，量派本色马三千匹，余马一万四千五百匹，亦征折色，每匹征银十五两。均作二运。南京太仆寺所属通派折色，每匹征银十四两。俱作一运。八年题准，见在寄养马数多，将岁派本色折色俱照七年例。原系折色者，每匹征银十八两。本改折者，每匹二十两。三十三年题准，北直隶山东河南灾伤，将予征七分马匹改派，灾重者改折色三分、仍征本色四分，次灾者改折色二分、仍征本色五分。每折色一匹征银二十四两。……（四十二年）又议准，沂、费、郯、滕、峄五州县备用马，以后俱改征折色。"

乾隆《淄川县志》卷3："嘉靖四十二年巡抚张，又请于解俵马内，济（南）东（昌）二府以十分为率，派取本色陆分，折色肆分，每折一匹征银贰拾肆两解京。"

上述记载说明，在第二阶段里北方三省有时甚至大部分俵马派为折色，山东的一些州县还被永远改征折色。

《马政纪》卷3：嘉靖十五年题准，"将淮扬庐凤四府、滁和二州嘉靖十六、十七年分该备用本色马匹，暂准照例折价，以后年丰照旧额本折中半。"

由这个记载来看，江北地区在第二阶段里有时也可全征折色了。

《马政纪》卷3："嘉靖三十年兵部题准，边陲多警，北方乏马收买。今后南直隶起解折色不分永改及暂改，俱征银二十四两，解部发寺收贮买马。"

在"北方乏马收买"的情况下，南直隶的折色不是改为本色，而只是提高折价，继续维持折色，这不能不说是折色化在这一阶段深入发展的一种表现。

隆庆时期是俵马折色化发展途程的第三阶段，这一阶段形势稍有逆转。隆庆元年十月，"兵部以军兴缺马，请量派各府州县加征本色，惟南直隶收折色。上从之。"① 隆庆四年，除了南直隶全派折色外，北方三省应派一万七千五百匹备用马中，折色只派五分之一，本色达五分之四之多，② 这个比率虽比第一阶段的折色率要高，但比第二阶段的某些年份，则要低很多。

隆、万之际到明末，是俵马折色化的第四阶段，这时，折色化的进程重新发展，并且达到了空前的程度。据记载，"万历元年题准，北直隶、山东、河南备用马本折均配。真定、大名、济南：开封、卫辉、彰德六府为一半，保定、顺德、广平、永平、河间、东昌、兖州、归德八府为一半，年半轮派，一半征解折色，一半征解本色。"③ "（万历）六年议准，庐州、滁、和与凤阳轮派，如北方例。"④ 当时庐凤滁和每年轮派的备用马只有二百多匹⑤，到万历十五年这二百多匹也尽行改折，每匹征银三十

---

① 《明会要》卷62《兵》5。
② 《明会典》卷152。
③ 《马政纪》卷3。
④ 《明会典》卷152。
⑤ 《马政纪》卷3第7页作223匹，第24页作272匹，第25页作283匹。

两。从此,南太仆寺所属各府只有银而不再有马解向太仆寺,①向太仆寺俵马的只剩下了北方三省。万历二十年北方三省停止各府轮半派征本色和折色的办法,改为通融派征,一般每年本色只派各该府俵马原额的十分之三,折色派十分之七,遇有特殊情况方适当调整。②

纵观俵马折色化的过程可知,尽管中间有曲折,但不断加深的总趋势是很明显的。从地区上看,南方(尤其是江南)的发展尤其迅速,开头的是这里,最后彻底折色化的也是这里。北方发展较慢,但到最后,折色马一般也达到了俵马总额的十分之七。

2. 经济利益原则在种马变卖和俵马折色化中的作用

种马的变卖和俵马的折色化,标志着两畿鲁豫地区大规模民养官马制度的衰落。明政府责令马户养马纳驹,是强加在人民身上的赋役剥削,也是一种封建地租——在这里赋役和地租是合二而一的。种马的强领喂养,带有劳役地租的性质,俵马的派征,可说是向养马户征收的实物地租。可见,种马的变卖和俵马的折色化,也标志着劳役地租和实物地租转向了货币地租。这在社会经济发展史上是一个大进步。这个大进步为什么能够发生呢?具体分析其原因,不仅是研究两畿鲁豫地区民养官马制度所必须解决的问题,而且有助于加深关于劳役地租、实物地租向货币地租转化这一规律的理解。

《明史》卷92《兵志》4说:"按明世马政,法久弊丛。其始盛终衰之故,大率由草场兴废。"这个说法是正确的,明初在大江南北、北边、北畿等地各设牧地草场,因而官牧和民养的马匹都很蕃息。但明中叶以后,豪右的"庄田日增,草场日削,军民

---

① 《马政纪》卷3。
② 《马政纪》卷3。

皆困于孳养"①。这里所讲的明代整个马政由盛而衰的原因,也是当时种马变卖和俵马折色化即两畿鲁豫民养官马制度由盛而衰的原因。但我们的认识不能至此为止,还应进一步分析:何以豪右将这些草场开垦为庄田,而不是设置马群利用这些草场进行放牧?《明史》卷92《兵志》4有一段话为我们提供了解决问题的线索:"(弘治初)南京诸卫牧场亦久废,兵部尚书张莹请复之。御史胡海言恐遗地利,遂止。"看来,利用这些土地进行农业生产比长草养马能更充分地利用地利,这就是草场变庄田、从而导致养马衰落这种现象的深刻原因。两畿鲁豫地区一般说都可以长草牧马,但多数土地还可以种植庄稼,就其土质、气候,以及当地人民的经营习惯等条件说,在这里倘搞农业所得收益要比长草牧马强得多。因此,除了特殊情况,在这里是不可能用牧放马匹来代替农业生产的,这是一个经济规律。宋末元初蒙古贵族曾企图在这里"空其人以为牧地",但遭到了失败,其原因就是违背了这个规律。明初,由于人口较少,劳动力不足,无法充分利用这里的自然条件,发展经营比较复杂的农业生产;这给明朝统治者设置牧场、发展养马留下了地盘。但后来人口增多了,劳动力充足起来,客观的经济规律开始发生作用,草场于是不得不变成农田。这正如明朝末年徐光启所说:"国初兵荒之后,江北土田,悉皆茂草,是故以为牧地,今生齿日繁,南冏寺无马,草场皆为民业。"②《马政纪》卷2也记载说:"国初草野甚广,刍牧既便,而免税资牧,民力更裕,故课种之马,俵驹岁以万计。嗣后生齿日繁,田野日辟,刍茭不继,孳养为难。"由此可见,明代两畿鲁豫地区民养官马制度的由盛转衰,即由劳役、实物地租转向货

---

① 《明史》卷92。
② 《明经世文编》卷492徐光启《与周子仪给谏》。

币地租，从表现形式看是由于草场变为庄田，而其本质原因则是由于在这个地区进行农业生产可以比牧马取得更大的收益。

养马和俵马给养马户带来很大负担和苦难，因而遭到他们的反对，这是种马变卖和俵马折色化的第二个原因。饲养种马要付出很大精力，另一方面有种马在家，养马户就不能抽出时间进行其他生产，这正如嘉靖《海州志》卷3所说："民间以养官马为累，一马在家，朝夕喂养，至束缚其身，不得奔走衣食。"此外，当时"养马之令，生必报数，死必责偿"①，官吏查验还乘机需索，这些也都成为养马户的极大负担。《明经世文编》卷81徐恪《宽民力以修马政疏》称："孳牧种马一有倒失，随即买补，相因无穷。孳生马驹今年印记，明年搭配，又明年算驹，相继不绝。算驹之中，有定驹而未成者，有显驹而堕胎者，总为亏欠，俱在赔偿。官吏畏责，未免追并。小民卖田产鬻男女以充其数，苦不可言。"《明经世文编》卷297翁大立《革种马以助军需以祛民害疏》载："每季点视印烙，管马之官皆有常例，而吏胥里老又以纸札罚赎供应之类，科扰穷民。"实行俵马制度后，马驹生下并不马上起解，要养到"三岁以上、八岁以下"②，这自然是养户的又一个负担。起解的备用马规定有一定的标准，不合规定的要出钱另买。乾隆《夏津县志》卷4载：该县"宣德、成化间，令计丁养马，岁俵所孳驹备用。正德间敕御史按视，有司病驹小，令市大马，匹费伍、陆拾金，不中格辄令更市，马户往往破产。"向京城起解备用马，要跋山涉水、凌寒冒暑，中途多有倒死，勉强到京者，又往往以不合标准而被验退。《明经世文编》卷111王琼《为议处马政大纲兴革官民利病事》充分描述了俵马之苦：

---

① 蔡方炳《历代马政志》。
② 《马政纪》卷2。

"备用马匹近来堪俵者少,往往朋合买补。况收买之际,价值颇高,多者或十六七两,次者或十三四两。至于路途草料之资,马户往来之费,计马一匹,用银二十余两。乃其到京赴寺听验,十退四五。往来之程,动以千计,弱民羸马,相向而泣。归候来年再俵,劳费如前。若其齿岁稍过,终摈不用,又转而求之他矣。民被俵马之害,有何纪极!"万历《镇江府志》卷9特别记下了江北地区俵马之苦,它对俵马一匹所费银两的估计,比王琼所估还高:"江北列郡岁派起俵大马,每马直价至六十余两,炎月征行,中途倒死,因而破产补解,恒又以失期被逮,民不堪命。"喂养种马和俵马既是这样大的负担,养马户当然不会有积极性,相反要千方百计加以抵制和反对,他们宁肯出钱代役,不肯继续养马。嘉靖《海州志》卷3载当地人民为了解决养马"束缚其身,不得奔走衣食"的问题"一马而数家均日输(轮)养,任其饥饿瘦损,以至马多倒死,或听其失亡,亦不追寻。"崇祯《蠡县志》卷4载:"因马头以生驹为累,不以群盖为事,间有所生,亦不用心喂养……马政坏之矣。"《马政纪》卷2载:正德初御史王济说:"百姓惟恐一有孳生,故将骒马饥饿作践,瘦病倒死,即今各处额数,亏损太多。其见在者间有定驹,则又谋买群医人为之隐讳,有显驹则饮以凉水酸泔,为之冲落,永(求)为亏欠,照例不过纳银二两。亏欠不得,孳生既出,虽报在官,饥饿作践,求为倒死,不过照例纳银三两。倒死不得,则骒马既瘦,虽有孳生,终皆矮小。"《明经世文编》卷195张充《题为酌处时宜以期修马政疏》载:"民困于马,莫知所逃,生驹则求为倒死,无驹则欣以相庆。此其故何也?积有生驹,则刍牧重大,差点频繁,宁复出银备用,不愿养马。"这些记载无不说明,由于养马户的抵制和反对,民养官马制度不能不逐渐衰落下去。

两畿鲁豫地区虽然大部分地方可以养马,但也有些地方自然条件并不适于养马。明政府对某些不适于养马的地方，硬是派下了牧养任务，违背了因地制宜的原则；最初依靠政治强力勉强实行起来，后来却因实在无法喂养，只好作罢。这也是导致这里的种马变卖和俵马折色化的一个原因。如通州"地斥卤，不宜孳牧"，明初没有派养马匹，但永乐时却不顾自然条件的不相宜，硬性派养种马八百五十匹。种马虽然勉强喂养起来，然而"缘地碱水咸，草土不服，虽称种马，并不产驹，而瘦损倒死，十常八九，一经费补之期，动至倾家卖子买自他乡，不数月间，瘦死赔买又复如前。及至起解赴京备用马匹百无一选。每年部寺文移，不过行令征价前往北方产马去处，收买解俵，费用不赀，艰苦万状。"嘉靖年间，该州"种马八百五十匹，府给由帖内开，每马一日草料银三分，共草料银九千一百八十七两。其倒死者一年常百余匹，虽死亡买补价数不等，每年只以百匹、每匹只以银十二两计之，该银一千二百余两。二项共银一万三百八十七两。外，每年坐派征解备用马价银三千二百二十四两，合前三项，总一万三千五百余两"。这一万三千多两费用中，只有三千多两备用马价银"为朝廷实用"，其余的一万三百余两都白白地消耗在喂养或赔补并不生驹的种马上。这样的情形，自然不能久长，早在永乐年间，该州已有"耆民白镛"赴京要求停止，因中途病故未能达到目的。嘉靖年间又有该州判官乔祺和史立模、本州人御史钱嵘相继奏请，终于在嘉靖十九年得允变卖种马。① 通州之外，海门、兴化等地也有类似情形。② 通州等地种马的被变卖，是因地制宜的经济原则对封建官府随意摆弄的胜利。

明朝边境的少数民族，多半经营畜牧业，其产品需要与内地

---

① 万历《通州志》卷4。
② 见万历《通州志》卷4，万历《兴化县志》卷3。

交换，而内地由此也可以得到廉价的马匹。这又是造成明代两畿鲁豫地区种马变卖和俵马折色化的一个因素。这个因素在隆庆五年蒙古族的首领俺答与明政府和好之后，表现尤为明显。据《明经世文编》卷320方逢时《为恳乞议处疏通市马疏》，这时蒙古的马匹一年比一年加多地向宣府、大同、山西三镇涌来，在宣府隆庆元年交易过1993匹，万历二年激增至14500匹以上，在山西、大同则分别由2941匹和2096匹增加到5000匹以上和7670匹以上。万历二年三镇交易马匹加在一起达27000匹以上，价格也很便宜。据《明经世文编》卷318王崇古《条覆收胡马疏》的记载，一匹上等蒙古马只用八两多银子，中等者七两余，下等者六两余。而当时内地"民间折价一马二十四两"。这样，将内地民间俵马折为银两发到边镇买马，一匹可换二三匹。这样的便宜事，自然应该办。当时不少大臣建议在边镇买马供应"京营官军骑征，将直隶、山东、河南等处府州县应解大马，酌量分数征收折色，照依原定价例，类发各镇，以备互市之用"。这种建议得到了采纳，《马政纪》卷5载："（隆庆）六年，山西镇将市夷马七百匹解京，发太仆寺寄养。……（万历）二年议准，将胡马先调一千匹兑给京营，以后渐次议增。……万历十年题准，每年太仆寺给银为市本，其所市马解京，发为本寺寄养马。"万历《恩县志》卷3对此曾热烈地赞颂说："迨虏王款贡，腾霜凝露充牣口闲，而内地之孳生无庸矣，编户省刍秣，外藩备驰驱，此咸宾盛事也。慎德以风之，岂徒赤县苍生之幸！"万历《恩县志》的作者将内地养马的衰落完全归之于与少数民族的互市，无疑是夸大了互市在这方面所起的作用。由于少数民族的商人在互市中免不了"以驽驺充数"①，而且政治局势发生变故，互市就会大受

---

① 《马政纪》卷5。

影响，因此明政府在筹措马匹时，不能把自己的赌注完全下在互市上。如万历十年所定的太仆寺给银为市本一事，不久就"奏停止"。① 可是此后俵马的折色化仍旧存在。可见，互市在种马变卖和俵马折色化中所起的作用不是唯一的。不过，它的作用也是不容忽视的。就这个意义说，万历《恩县志》的说法并无大错。

种马的变卖和俵马折色化，可以给明政府增加财政收入，这是它得以出现的另一个原因。隆庆二年武金提议变卖种马时，一个重要理由就是，"如壹马定价银拾两，则北直隶六府、河南四府、山东三府，约有种马壹拾贰万匹，可得银壹百贰拾万两矣。种马既去，则养马草料当收，仍每马一匹折草料银贰两，则每年又得银贰拾肆万两矣"。御史谢廷杰反对这个建议，担心种马变卖之后，"万一有警，骤行调发，无所措置"。但其他大臣都"方以内帑缺乏"、"用武金有卖种马可得百贰拾万之言，遽请"皇帝批准将种马变卖一半。② 万历九年第二次变卖种马时，明政府的动机主要也是因为看到可捞一大笔货币："若尽数变卖价银收贮太仆寺，以苏山东、河南、南北直隶困穷之众，草料折征每年计拾贰万伍千有奇，积至十年，可得百万。"③ 当时的首辅张居正正以与少数民族互市"市本不足"而忧虑，"欲藉此以立市本，于是力主尽卖"。④ 种马的变卖和俵马的折色化，确实为明政府带来了可观的收入。早在成化四年，即俵马正式开始搞折色后的第三年，太仆寺就专门建立了贮放银两的常盈库存，嘉靖十三年又建了新库。⑤ 太仆寺常盈库中所贮银两，除了变卖种马银，折

---

① 《马政纪》卷5。
② 《马政纪》卷2。
③ 《明经世文编》卷434冯时可《请变卖种马疏》。
④ 《马政纪》卷2。
⑤ 《马政纪》卷8。

征种马草料银和俵马折色银外，还有京营子粒银、各卫子粒银、各州县地租及余地银等。① 但主要的是变卖种马银、折征种马草料银和俵马折色银。据万历二十二年太仆寺卿报告，如不灾、不挪，该寺每年收入俵马折色银可达六十万有余。② 据《明经世文编》卷451周孔教《明职掌以重军国大计疏》，自嘉靖、隆庆至万历，太仆寺老库积银"几至千万"，这些银两主要是变卖种马和俵马折色化而积累下来的。明中叶以后，特别是嘉靖以后，明朝的各种开支增加很大，其中有不少支出是依靠太仆寺的这些储藏而解决的。《马政纪》卷8说："祖宗朝（太仆寺）原未有银，自成弘间改折马银，至正、嘉间（各边镇）陆续（向太仆寺）奏讨，及隆庆四年互市给银为市本，后遂为定例，十余年间岁一给发者为年例买马银，间或奏讨者加给不等。又近日（万历中期）有所谓户七兵三银，又有请为修城者，皆近日边镇多事之后与两卖种马之后，见有积银如此也。"万历时有人指出："近自款市，东西征讨，费马价数百万"，"非革者（按：指变卖种马）安得此用！"③ 各个时期太仆寺为解决明政府财政需要而支出的银两数字，我们看到一些片断记载，从中可以约略窥出其梗概。如《明经世文编》卷96储罐《马政利病疏》记载了从成化到正德元年各边镇奏讨太仆寺银两的情况，将所记各笔加在一起，其总数达84万两之多。《马政纪》卷8记载：万历十四年兵部报告，"往岁谒陵赏赉、陕西赈荒、甘肃赏'虏'、辽东买补战马，共发过银八十余万两；各边年例市本每年二十余万毫不可少"。《马政纪》卷6记载：万历二十二年太仆寺卿王汝训等报告：太仆寺的

---

① 《马政纪》卷8。
② 《马政纪》卷6。
③ 《马政纪》卷2。

银两"往年兵部支请以为例,今年各部借请以为例,往者年例请于边镇,今者年例请于腹里。如天津蓟辽等处动支四十万,是本寺为户部代饷也,如修城、造船等项动支五十万余两,是本寺为工部代营造也。如淮扬等处为募兵事请银五万两,是本寺义为腹里开年例也。"《明经世文编》卷451周孔教《明职掌以重军国大计疏》记载:到万历时期,户部所借太仆寺的银两,高达七百余万两。上述片断记载说明,变卖种马和俵马折色化给明政府所带来的经济利益,是相当大的。这样的好处,怎能不吸引明政府欣然同意进行这些改革呢!

上述五个方面就是明代两畿鲁豫地区种马变卖和俵马折色化的主要原因。分析这些原因可以发现,它们虽然具有不同的内容,但却具有一个共同的本质和灵魂:讲求经济利益、提高经济效果。牧场的改营农业,是要充分利用地力;养马户反对民养官马制度,是要减少对自己切身利益的损害;因地制宜的规律战胜封建官府的随意摆弄,可以维护当地民户的经济利益;边境地区的马市交易影响内地养马的变化,植根于它可以发挥各地区专业分工的降低成本的优越性;明政府通过变卖种马和俵马折色化征收到货币,则有利于其财政问题的解决。可见,讲求经济利益和提高经济效果才是明代两畿鲁豫地区民养官马制度衰落下去的最后原因,它是明政府通过养马向养马户征收的地租,实现出劳役、实物转向货币这一形态进步的原动力。

小 结

上面所述就是明代两畿鲁豫地区民养官马制度的概况,兹归纳数语,作为对上述内容的回顾,并结束本文:

两畿鲁豫地区的民养官马制度,是明代马政制度的重要组成部分。两畿鲁豫地区的民养官马，先后出现过三种类型：户马、种马和寄养马。户马在洪武至永乐年间实行于两畿，其特征是"编户养马，收以公廐，放以牧地，居则骒（课）驹，征伐则师行马从"。户马并非全是民养官马，这时的户马共有四种，其中属于民养官马范畴者，有太仆寺牧监群户马、太仆寺户马和北平行太仆寺户马三种。种马是永乐十三年由民养户马演变而来，其特征为"以马为种，视母课驹，选驹搭配，余马变卖"。其"视母课驹"一点与户马相同；但它与户马也有不同之处："不用征伐，专主孳息"；其实行的地域也比户马广泛，除两畿之外，还包括有河南和山东的部分地区。各地的种马数额最初没有规定，弘治六年始定儿马二万五千匹，骒马十万匹，共十二万五千匹。正统末年，北京附近州县停养种马，而从各喂养种马地区征取大马调来喂养，以备随时兑军骑操征战，这就是寄养马。寄养马的额数，弘治年间编定为五万多户，后来渐渐减少，万历年间仅及二万一千多户。由种马养户征取马匹而后解往寄养地区的活动叫作俵马。每年的俵马数字不尽相同，大体在一万至四万匹之间。

户马和种马养马人户的编佥办法，大体可按两类地区和三大阶段来考察。江北、北直隶为一类地区，江南和河南、山东为第二类地区。宣德以前为第一阶段，第一类地区实行免粮计丁（或户）的二元制佥派办法，第二类地区实行计丁（或户）的一元制佥派办法。正统至弘治初为第二阶段，第一类地区逐渐完成了由免粮计丁二元制向计地养马一元制的过渡，第二类地区则无大变化。弘治初期以后为第三阶段，计地养马的办法开始向第二类地区发展地盘。寄养马养马人户由北畿种马养马人户转变而来，其编佥办法实即随同北畿地区种马养马户的变化而变化。从正统末年开始到弘治初，它也发生了由免粮计丁二元制向计地养马的过渡，弘治以后便全为计地养马了。明代养马人户的佥派，无不发生由计丁向计地的变化，其原因乃是由于养马人户贫富不一，按计丁的办法编佥，贫丁往往无力承担，妨碍养马任务的完成，而计地编佥，富人较难逃避和转嫁，便于养马任务的落实，这对于明政府有好处，对于贫苦人民也感到方便。

明代两畿鲁豫地区的民养官马制度在发展过程中出现的最值得注意的事情，是种马的变卖和俵马的折色化。种马的变卖主要发生在隆庆、万历时期，隆庆二年卖掉一半，万历九年全部卖光。俵马的折色化正式开始于成化二年，此后经过了四个阶段的变化，到万历以后，南方彻底折色化，而北方三省在一般情况下，折色也达到了十分之七。种马的变卖和俵马的折色化，标志着两畿鲁豫地区大规模民养官马制度的衰落，也标志着明政府通过养马加在养马户身上的劳役地租和实物地租，变成了货币地租，在社会经济发展史上是一大进步。

明代两畿鲁豫地区民养官马制度的上述变化，主要出自五个原因：一、由牧场变农田可以充分利用地力；二、养马和俵马给养马户带来很大负担和苦难遭到他们的反对和抵制；三、明政府强令不适于养马的地方养马，违背了因地制宜的经济规律；四、可用变卖种马银和俵马折色银与边境少数族互市，取得廉价的马匹；五、种马的变卖和俵马的折色化，可给明政府增加财政收入。这五个原因具有共同的本质和灵魂：讲求经济利益和提高经济效果。可见，经济效益乃是明政府通过养马加在养马户身上的地租，是实现由徭役和实物转向货币这一形态进步的决定因素。

明代的苑监官牧

两年前,郑天挺先生在指导我写出《明代两畿鲁豫的民养官马制度》一文后,曾勉励我继续努力,在适当的时候,对明代的官养制度也写出论文。今遵照先生的遗言,写出此文,以资纪念。

一 苑监官牧的一般状况及其渊源

为了保证军马的供应,明政府很重视马匹的繁殖,实行了民养和官牧两种办法。在民养与官牧两者当中,民养数量较大,但官牧也有相当的规模,而官牧之中,主要的是苑监官牧。

苑监官牧是一种设立专门的管理机构来组织军卒养马的制度。管理苑监官牧的机构有苑马寺、监和苑。各苑马寺属兵部领导,设卿一人,从三品;少卿一人,正四品;寺丞无定员,正六品;主簿一人,从七品。每个苑马寺通常下设六监,每监设监正一人,正九品;监副一人,从九品;录事一人,未入流。每监额设四苑,各苑设有圉长,从九品。一个圉长率领牧马军丁五十名,每名军丁牧马十匹。根据水草多寡、地面大小,各苑具有不同的规模,牧马万匹者称上苑,七千匹者称中苑,四千匹者称下苑①。

---

① 以上参见《明史》卷75《职官》4,《明太宗实录》卷45永乐四年九月壬戌条。

苑监官牧主要在西北和东北的边远地区进行。苑马寺共有四个，包括：北京苑马寺、辽东苑马寺、陕西苑马寺和甘肃苑马寺。北京、甘肃两苑马寺所辖苑监所在的地区，未见明确记载，但从其苑监名称等推测可知，前者大约在今北京市以及河北省和天津市两省市的北部，后者在今甘肃和青海省的黄河以西部分。陕西、辽东两苑马寺所辖苑苑监的所在地区，史料中有明确说明。关于陕西苑马寺，明人杨一清指出，在平凉府开城县、隆德县，庆阳府安化县，延安府保安县，巩昌府陇西县、会宁县、通渭县和临洮府狄道县、金县①。这些府县都在今甘肃东部和陕西西北部一带。关于辽东苑马寺，明人张鏊说，北起辽阳城西关外昇平桥，南至盖、复②。这就是说，在今辽东半岛地区。上述四个苑马寺的各苑监，都有专门的牧马草场，即所谓"各有分拨草场、水草、地方坐落四至"③，"严禁令而封表之"④。又"量其马数，起盖马厩"⑤。春天到来之后，青草发荣滋长，即"放马入苑"，冬季来临之际，草枯水寒，则收马入厩而"饲之"⑥。

苑监官牧的主要任务是繁殖马匹，供应边防军的需要，这与两畿鲁豫地区的民养官马主要供应京师的驻军，恰相配合。明人丘濬说："内地则民牧以给京师之用，外地则官牧以给边方之用"⑦。《明史》卷92《兵志》4说："官牧给边镇，民牧给京军，

---

① 《明经世文编》卷114杨一清《为修举马政事》。
② 嘉靖《全辽志》卷5张鏊《辽东苑马寺兴修记》；《西园闻见录》卷70载凌相语。
③ 《明经世文编》卷114杨一清《为修举马政事》。
④ 《明史》卷75《职官》4。
⑤ 《明经世文编》卷114杨一清《为处置马营城堡事》。
⑥ 《马政纪》卷12，第4页。
⑦ 《明经世文编》卷75丘濬《牧马之政》。

皆有孳生驹。"这些话都明确地指出了苑监官牧与内畿鲁豫民养官马的上述任务分工。史籍中关于苑监牧养的马匹调给边防部队操练征战的记载，数量很多，这里只举一例：

（宣德六年十一月甲戌，以）陕西苑马寺马一千匹，给陕西行都司军士操备。①

苑监牧养的马匹，除来自苑监内部孳生外，其来源主要有二：一是通过与边疆少数族或邻国的通贡、茶马互市而取得，二是从民间购买。其通贡的事例，如永乐五年十二月初五日，"朝鲜国王李芳远贡马三千匹，至辽东。敕保定侯孟善遣送北京苑马寺"②。茶马互市是与西北少数族进行的交换，明朝以茶叶交换少数民族的马匹，为了管理此事，洪武以来，明朝曾先后设立过洮州、秦州、河州、永宁、碉门等茶马司③。茶马司交换来的马匹，除了直接调发边防军操练征战之外，也有一部分解送苑马寺牧养繁殖。如正德十六年九月二十三日，由于陕西苑马寺所属监苑种马不足，兵部建议"以洮、河二卫所易番马，量择堪作种者，以次发牧"④。苑马寺从民间购买马匹时所用的资金，来项很多，有的是支取太仆寺的马价银，如弘治年间督理陕西马政都御史杨一清为整顿陕西马政，提议"支取太仆寺马价银四万二千两，差官于平（凉）、庆（阳）、临（洮）、巩（昌）等府卫地方

---

① 《明宣宗实录》卷84。
② 《明太宗实录》卷54。
③ 《明史》卷75《职官》4，卷80《食货》4。
④ 《明世宗实录》卷6。

官员军民之家，收买堪以作种好马七千匹，派发各苑孳牧。"①有的是通过卖掉苑监内的老弱马匹而换得，如嘉靖三十九年"议准，陕西各苑马老疾矮小不堪作种、给征者，各用'退'字火印，照依时估定价变卖，就将前卖过价银，另买膘马，分发各苑无马军丁领养。仍将卖过马骡收过价银，造册奏缴，每三年变卖一次"②。此外还有其他一些来项，不具述。

明朝以前，历代王朝都注重牧养繁殖官马，其办法也与明朝一样，有民养、官牧两种；但有一点与明朝不同，即民养少，官牧多。历代民养官马，明朝以前主要的只有两次，一为汉武帝之时，因"伐胡，马少"，而有"假母归息之令"；另一次是北宋王安石变法时的新法③。而官牧制度在历代王朝都很普遍，其中唐代尤为兴盛。据记载，唐初得突厥马二千匹和隋马三千匹，遂开始实行官牧性质的监牧之制，用太仆少卿张万岁主管其事，自唐太宗贞观年间到唐高宗麟德年间，历时四十年，牧马发展到七十万六千匹，置八坊四十八监，占地跨越陇右、金城、平凉、天水四郡，广袤千里，然而犹嫌"地狭不能容"，于是"更析八监，布于河曲丰旷之野"④。可见，明代的苑监官牧，正是继承了历代王朝的成法。明人归有光说："我国家苑马之设，即其（按，指历代王朝的官牧制度）遗意"⑤，正确地指出了两者的源流关系。

---

① 《明经民文编》卷114杨一清《为修举马政事》；《明孝宗实录》卷207弘治十七年正月甲戌条。

② 《马政纪》卷6，《明世宗实录》卷483嘉靖三十九年四月甲辰条。

③ 《明经世文编》卷294归有光《马政议》。

④ 《新唐书》卷50《兵志》；《唐会要》卷72。

⑤ 《明经世文编》卷294《马政议》。

二 各苑马寺的兴衰演变

明代各苑马寺的机构编制和养马额数，虽有一般规定，但由于具体条件因时因地而有差异，各苑马寺相互间以及同一苑马寺在不同的时期，都有不小的差别和变化。为了真正了解明代苑监官牧的实际情形，还必须把握各苑马寺在各个阶段的兴衰演变。根据明代各苑马寺的兴衰演变，大体可以分成四个阶段。第一阶段，创立兴盛期（永乐四年至十八年）；第二阶段，衰落期（永乐十八年至弘治十六年）；第三阶段，整顿期（弘治十六年至嘉靖二十三年）；第四阶段，再次衰落期（嘉靖二十三年至明朝灭亡）。

1. 创立兴盛期（永乐四年至十八年）

这一时期明代的四个苑马寺先后建立，而且养马数量也比较多。

首先设立的是陕西和甘肃二苑马寺。据《明太宗实录》卷45，它们是永乐四年九月初六一起设立的。每寺计划下设六监，而当时"每寺先设二监"，每监计划下设四苑，而当时"每监先设二苑"。陕西苑马寺所设的二监是长乐监和灵武监，长乐监暂统开城、安定二苑，灵武监暂统清平、万安二苑。甘肃苑马寺所设的二监是祁连监和甘泉监，祁连监暂统西宁、大通二苑，甘泉监暂统广牧、麒麟（原文误作"麟麒"）二苑。暂缺的八监四十苑，明太宗命令甘肃总兵官西宁侯宋晟和宁夏总兵官左都督何福调查"水草便利可立处"，"次第设置"。

以后陕西和甘肃二苑马寺的暂缺监苑陆续设置。据《明太宗实录》卷58，甘肃苑马寺于永乐六年八月二十一日设齐了六监二十四苑，其具体名称是：甘泉监统广牧、麒麟、温泉、红岸四苑、祈连监统西宁、大通、古城、永安四苑，武威监统和宁、大川、宁番、洪水四苑，安定监统武胜、永宁、青山、大山四苑，临川监统暖川、岔水、巴川、大河四苑，宗水监统清水、美都、永川、黑城四苑。据《明太宗实录》卷60，陕西苑马寺于永乐六年十二月二十五日设全了六监二十四苑，其具体名称是：长乐监统开城、安定、弼隆、广宁四苑，灵武监统清平、庆阳、安边、万安四苑，威远监统武安、陇阳、保川、泰和四苑，同川监统天兴、永康、嘉靖、安胜四苑，熙春监统康乐、凤林、香泉、会宁四苑，顺宁监统云骥、昇平、延宁、永昌四苑。

关于陕西、甘肃二苑马寺及其所属监、苑的设置时间，史料中尚有不同于上述说法的记载。那些不同说法的出现，有的是出于误记，有的则是因为着眼点不同而造成的。《马政纪》卷12第4页说："永乐三年，初设陕西及甘肃二苑马寺"。这条记载把这两个苑马寺的始设时间提前了一年，这便是一个误记。因为有大量记载说明其始设时间是永乐四年，如《明经世文编》卷114杨一清《为修举马政事》、《明经世文编》卷294归有光《本朝马志》、《明史》卷42《地理志》3、《明史》卷92《兵志》4等，都是如此；另外，即使在《马政纪》卷1之中，也是把它记为永乐四年。《明太宗实录》卷61记载，何福于永乐七年正月初八请求设置属于陕西苑马寺顺宁监的永昌苑，"置官给印"，得到批准。这与前面所述《明太宗实录》卷60关于永乐六年十二月二十五日陕西苑马寺所属机构设置齐全的说法，互相矛盾。这两个记载只差十几天，大概就是因为着眼点不同而造成了差别。朝廷之上皇帝与有关大臣研究此事，以及各部门具体办理各种手续，要用一段时间，前面的记载大概是就最后一批监苑的设置作出决定的日子，后面的记载则可能是实际办理永昌苑设置手续的时间。

永乐四年九月二十六日，北京苑马寺和辽东苑马寺继陕、甘两苑马寺设立之后而同时设立。两寺也拟定各辖六监①。永乐五年十月十八日，北京苑马寺下属监、苑设置齐全，其名称为：清河监统顺义、常春、咸和、驯良四苑，金台监统永川、隆骅、大牧、遂宁四苑，涿鹿监统沺池、鹿鸣、龙河、长兴四苑，卢龙监统辽阳、龙山、万安、蕃昌四苑，香山监统清流、广蕃、龙泉、松林四苑，通川监统河阳、崇兴、义宁、永成四苑。②永乐六年八月二十一日，辽东苑马寺下属监、苑设置齐全，其名称为：永宁监统复州、龙潭、深河、清河四苑，新吕监统夹河、龙台、耀州、驼山四苑，昇平监统甘泉、安山、河阴、古城四苑，长平监统平川、新安、广安、平山四苑，安市监统南丰、高平、长川、名山四苑，辽河监统黄山、沙河、马鞍、石城四苑。③

上述四个苑马寺的治所，陕西苑马寺在平凉④，甘肃苑马寺在甘州城⑤，北京苑马寺在通州⑥，辽东苑马寺在辽阳⑦。弘治年间辽东苑马寺的治所移往位于辽阳城南四百六十里的永宁监，正德间搬回辽阳⑧，嘉靖三十一年再次迁出辽阳，驻扎于盖州⑨。

关于这一阶段各苑马寺的养马数字，史籍中缺乏详尽的资料，有的甚至绝无记载，目前找到的，主要有下面几条：《明孝宗实

---

① 《明太宗实录》卷45永乐四年九月壬午条。
② 《明太宗实录》卷53永乐五年十月戊戌条；参见《明经世文编》卷294归有光《本朝马志》。
③ 《明太宗实录》卷58；嘉靖《辽东志》卷2；嘉靖《全辽志》卷2。
④ 《马政纪》卷12。
⑤ 《马政纪》卷12。
⑥ 《马政记》卷17。
⑦ 嘉靖《全辽志》卷5张鏊《辽东苑马寺兴修记》。
⑧ 《马政纪》卷12。
⑨ 嘉靖《全辽志》卷5《敕苑马寺》。

录》卷24弘治二年三月丙寅条:"永乐间复于平凉设苑马寺……平凉地广,善水草,马大蕃息,收(牧)常数万匹,足充边用。"《明孝宗实录》卷37弘治三年四月丙申条:"洪武、永乐间,陕西、辽东各设苑马寺,专领孳牧,当时官得其人,提督有方,每寺所畜官马,不下二三万匹,足供各边用。"从上引记载来看,当时一个苑马寺大体养马二三万匹,四个苑马寺合在一起估计在五万至十万之谱。这个数字在此后的各阶段都没有再达到过。

2. 衰落期(永乐十八年至弘治十六年)

永乐十八年,北京苑马寺的牧马军士被调往保安守备,其牧养马匹"悉散民间畜牧,遂罢苑马寺及六监二十四苑"①。这件事情可以看作明代苑监官牧由盛至衰的转折点,从此它进入了以衰颓不振为特征的第二阶段。在这一阶段里,苑马寺及其所属监、苑纷纷裁撤,养马的数字也大为减少。

除了北京苑马寺被裁撤外,甘肃苑马寺也很快被撤销。《明英宗实录》卷27记载甘肃苑马寺被撤销的时间是正统二年二月二十八日,但《明史》卷42《地理志》3和《马政纪》卷12第3页将此事记为正统三年,《明史》卷75《职官》4和《马政纪》卷12第9页又记为正统四年。究竟哪一个记载是准确的,现在已经不易判断,这里可以笼统地称为正统初年。陕西和辽东两个苑马寺在这一阶段继续存在了下来,但其所辖监、苑数目也大大减少了。陕西苑马寺于宣德年间裁革同川、威远、熙春、顺宁四监及其所属十六苑,长乐监和灵武监虽然保留了,其所属八苑也裁掉了三个,保存下来的只剩下了长乐监所辖开城、安定、广宁三苑和灵武监所辖清平、万安二苑。成化年间巡抚都御史余子俊奏请,将前此裁革的甘肃苑马寺养马军丁一百名,拨归陕西苑马

---

① 《马政纪》卷1。

寺，另设黑水苑，附于长乐监之下，这样，陕西苑马寺所辖监苑总数才达到了二监六苑①。辽东苑马寺于永乐十九年曾经有人建议撤销，由于朝廷认为，"苑马，旧例，不可革"，这一建议才没被采纳，但其所设官职则进行了裁减，不久又裁去其所属六监中的五个监、二十四苑中的二十二个苑。正统十一年，被裁去的复州、龙潭二苑恢复建制，景泰四年再次被裁，至此，辽东苑马寺所属只有永宁一监及其所辖清河、深河二苑②。

关于这一阶段各苑马寺养马数字的资料，保留下来的仍很残缺，引起我们注意的是如下几条：《西园闻见录》卷七十载凌相奏疏说："正统以来……（辽东苑马寺）马匹尚及万数。"《明孝宗实录》卷134弘治十一年二月戊子条："辽东苑马寺卿梁泽寺奏：本寺……以二苑三百之军，而养积年近万之马。"上述两条记载说明，在这一阶段辽东苑马寺所养马匹大约在万匹左右，与第一阶段相比，下降了百分之五十以上。

《明经世文编》卷114杨一清《为修举马政事》说："查得该寺（指陕西苑马寺），奏报册内，弘治十五年终，实在马三千八百一十四匹。"又说：弘治十六年检点陕西苑马寺二监六苑，得知"见在牧养儿骗骡马，并孳生马驹，止有二千二百八十匹。"关于弘治十六年陕西苑马寺的养马数字，蔡方炳《历代马政志》和《明书》卷72所记，均为二千八百，与上引《明经世文编》的记载不同；不过，差别并不太大。综合所有记载可知，陕西苑马寺在第二阶段所养马匹的数量，比辽东苑马寺减少的还多，只

---

① 《马政纪》卷12；《明经世文编》卷114杨一清《为修举马政事》。

② 《马政纪》卷12；《明孝宗实录》卷134弘治十一年二月戊子条。

相当于本寺第一阶段的十分之一左右。这充分反映了第二阶段苑监官牧的衰落。

3. 整顿期（弘治十六年至嘉靖二十三年）

苑监官牧的衰落，使明政府得不到充足的马匹供应；而边境上不断发生的战事，更加显露了这一矛盾。于是，明政府不得不着手解决。弘治十五年冬，兵部尚书刘大夏推荐南京太常卿杨一清为副都御史，督理马政。第二年，杨一清在陕西视察了二监六苑的详细情况，并开始对陕西苑马寺进行大刀阔斧的整顿。不久，辽东苑马寺也有一些主管官员相继进行整顿。这一系列整顿，大体发生在弘治十六年至嘉靖二十三年之间，使衰颓不振的苑监官牧出现了一定程度的振兴景象。

杨一清整顿陕西苑马寺的办法很多，其中主要的是：把豪强势力侵吞的草场清理出来；设法增加苑监的种马、牧军；增修城堡、马厩，改良收养条件。在他的苦心经营下，陕西苑马寺中止了江河日下的颓势，情况大有好转。被裁革多年的武安苑于弘治十八年三月十三日恢复①，从此，所属机构由二监六苑增为二监七苑。据杨一清正德二年四月的报告，所属草场，其原来的二监六苑由弘治十六年视察时的六万六千八百多顷，上升为十二万八千四百多顷，几乎增加一倍，新增的武安苑草场地也有二千九百多顷；牧马军丁，其原来的二监六苑增加了二千三百四十三名，比弘治十六年视察时的七百四十五名，猛增三倍；新恢复的武安苑，牧马军丁也调配了三百四十五名；此外，还"修完马营城堡共一十九处，衙门仓厫马厩屋宇共四千一百余间"②。牧养马匹

---

① 《明孝宗实录》卷222弘治十八年三月戊戌条。
② 《明武宗实录》卷25正德二年四月丁酉条；《明史》卷92《兵志》4。

总数随着上述条件的改变而改变,弘治十七年种马已达一万三千余匹①;正德二年,"银买、茶易、追补、孳生马匹并驹,共一万一千八百七十一匹"②;正德三年,"孳牧马数计一万三千八百二十六匹"③。这些数字虽然与第一阶段的二三万匹相比还有差距,但比第二阶段显然是大大增加了。对于杨一清整顿后的陕西苑马寺养马情形,史书中曾描写说:"当是时,草场地复,牧军数增,城堡相望,苑厩罗列,稽考、孳生之法甚设,边马岁俵给甚夥,而边以大纾。"④这个描写应该说是大体符合实际的。

辽东苑马寺的整顿,早在第二阶段的末期即见记载。弘治十三年,兵部主事黄清曾来清理草场,丈得土地三千七百六十二顷多,分配军丁领用牧马,并"立碑存照"。但这次整顿的成果不久即被破坏,因"地接盖、复屯种军余,于前项清出之数,陆续侵占千余亩,连年互相告争"⑤,所以养马数字并未发现增多。而且,从保留下来的资料看,甚至在继续下降。如嘉靖改元时的数字只有二千二百七十五匹⑥。在辽东苑马寺发生了明显效果的整顿,是嘉靖初期之后的一系列整顿,它们是主管官员侯纶、冯时雍、张鏊等人先后进行的。侯纶于"嘉靖初任苑马寺卿,持身清约,凡孳牧之政,巨细究心,畜马蕃庶,足供武用"⑦。嘉靖十六年,苑马寺卿冯时雍提出改革意见十余条,在辽东苑马寺清理牧地,确定种马数额,选留优良种马,盖造马厩,增加牧军人

---

① 《明经世文编》卷386 褚铁《条议茶马事宜疏》。
② 《明武宗实录》卷25 正德二年四月丁酉条。
③ 《明武宗实录》卷45 正德三年十二月庚辰条。
④ 蔡方炳《历代马政志》。
⑤ 嘉靖《辽东志》卷7《苑马寺卿冯时雍马政奏》。
⑥ 《西园闻见录》卷70 载凌相奏疏。
⑦ 嘉靖《全辽志》卷4《宦业》。

数，修订军丁牧养办法，充实各级官吏①。嘉靖二十三年，苑马寺卿张鏊"修复马政，稽查弊端"，"辟宣城海堧汙莱一千五百余顷"，建成东山草场，给永宁监牧马军丁牧种②。这些不断进行的整顿，争得了牧养马匹数目的逐步回升。嘉靖十六年的数字是三千九百二十七匹③，嘉靖二十三年又增加到六千匹④。这些数字虽然远远赶不上第一阶段，甚至也赶不上第二阶段，但嘉靖初期以前逐步下降的趋势却被改变为逐步上升了。

4. 再次衰落期（嘉靖二十三年至明朝灭亡）

这一阶段的苑监官牧，再一次出现了衰颓不振的情景。养马的数字急剧下降，陕西苑马寺在隆庆五年只有七八千匹⑤。在隆庆六年稍有增加，也只有八千七百七十匹⑥。辽东苑马寺养马数量更是少得可怜，据嘉靖《全辽志》卷2《马政志》，嘉靖四十四年时，竟至"不盈数百"。这时曾有人写诗感叹辽东苑监官牧

---

① 嘉靖《全辽志》卷5张鏊《辽东苑马寺兴修记》；嘉靖《辽东志》卷7冯时雍《马政奏》。

② 嘉靖《全辽志》卷2《马政志》，卷4《宦业》，卷5张鏊《辽东苑马寺兴修记》。

③ 见嘉靖《辽东志》卷7冯时雍《马政奏》，志书卷3《兵食》说："见牧儿、骒种马二千五百余匹，马驹骡一千三百余匹头。"其总数与卷7冯时雍《马政奏》所记大体相同。嘉靖《全辽志》卷2《马政志》说：嘉靖十六年"本寺卿冯时雍点视二苑，见牧儿、骒种马，并驹骡，仅二千九百二十有七"。此殆误记。

④ 嘉靖《全辽志》卷5张鏊《辽东苑马寺兴修记》。

⑤ 《明穆宗实录》卷57隆庆五年五月庚午条记作七千匹，《明经世文编》卷386褚铁《乞勘新增牧地银两疏》记作七千九百四十匹，《明经世文编》卷386褚铁《条议茶马事宜疏》记作八千七十九匹。

⑥ 《明神宗实录》卷7隆庆六年十一月癸未条。另，雍正《陕西通志》卷42《茶马》记载，隆庆六年陕西苑马寺"册开见在马一万六百七十四匹"。此数不知确否。不过，即使准确，也比第三阶段为少。

的衰落说:"黄金难买燕台骏,赤汗空思渥水骊。铁骑况逢征战尽,年来戎马倍堪忧。"① 监、苑的设置数目,陕西和辽东两个苑马寺在这一阶段均未减少②,但陕西苑马寺所属监苑也有一些与不景气相适应的变化。如万历十年正月,为了通过提高监苑负责官吏的地位来阻止苑监官牧颓势的继续发展,明政府将七个苑改成了七个监③。万历四十三年,由于苑监官牧几乎没有收效,又有人提议"废监为县,改监正为县令,赋牧地以为民田"④。这个建议虽未被采纳,但却说明苑监能否继续存在已经大成问题了。陕西和辽东两个苑马寺寺等级官员的设置,在这一阶段也发生了变动。辽东苑马寺的寺卿,在嘉靖三十二年被确定兼辖"金、复、盖州三卫军民",嘉靖四十二年"又命带理兵备事",这说明,从此这里专门管理牧马的苑马寺卿被取消了⑤。隆庆年间,陕西苑马寺裁减了寺丞。这些变动显然也标志着苑监官牧的颓运。

纵观明代苑监官牧的四个阶段,可以看出,这一制度从永乐初期开始实行之后,虽然一直到明末没有取消,其变化也有起伏,但总的趋势是日益衰落。如前所述,明政府对军马的需要是很迫切的;那么为什么苑监官牧却呈现出这样的趋势呢?这是值得探讨的问题。

---

① 嘉靖《全辽志》卷6李辅诗《杪秋永宁监道中》。
② 见《明世宗实录》卷456嘉靖三十七年二月甲午条,《明经世文编》卷386褚铁《乞勘新增牧地银两疏》,《明神宗实录》卷7隆庆六年十一月癸未条,嘉靖《全辽志》卷2,《马政纪》卷12。
③ 《明神宗实录》卷120万历十年正月乙酉条。
④ 《明神宗实录》卷538万历四十三年十月戊申条。
⑤ 《明史》卷75《职官》。

三　苑监官牧衰落的原因

明代苑监官牧日益衰落的原因主要有三个：草场被占，边境地区战争频繁，牧军太苦。

《明史》卷92《兵志》4说："按明世马政，法久弊丛。其始盛终衰之故，大率由草场兴废。"这段话是对整个明代马政说的，而对于苑监官牧来说也是恰当的。监苑的牧马草场是军官和其他豪强地主侵吞兼并的目标之一，史籍中关于当时牧场被"豪猾所侵"、"豪强之家""私相买卖"的记载层出不穷①。在军官和豪强地主的侵吞下，监苑牧场大为缩小。如陕西苑马寺二监六苑在弘治四年到弘治十三年的十年当中，被侵占土地达二千五百余顷②；截止到弘治十六年八月，这二监六苑的草场地由原额十三万多顷，减少到六万多顷，即被侵占者超过二分之一③。此后杨一清进行了清理，其土地恢复得与原额已相差无几④。但后来又被侵占，隆庆五年整个苑马寺所属草场剩下的不到八万顷⑤，隆庆六年又减到五万五千多顷⑥。没有牧场，养马就缺乏必要的物质条件，苑监官牧的牧场既然不断被军官和豪强地主霸占而去，这便使它不能不一天天走上衰落的道路。

苑监官牧设置在明朝的东北和西北边境地带，而边境之外的

---

① 《明孝宗实录》卷219弘治十七年十二月庚申条；《明世宗实录》卷6正德十六年九月辛未条；《西园闻见录》卷70载凌相奏疏。
② 《明孝宗实录》卷168弘治十三年十一月丁卯条。
③ 《明经世文编》卷114杨一清《为修举马政事》。
④ 《明武宗实录》卷25正德二年四月丁酉条。
⑤ 《明穆宗实录》卷57隆庆五年五月庚午条。
⑥ 《明神宗实录》卷7隆庆六十一年癸未条。

少数族与明朝和战不常,这种政治形势的变幻无常,对于苑监养马无疑要造成重大的影响。这在史籍中也有很多记载。如陕西苑马寺第二阶段以后的衰落,史籍中就明确地将之与正统之后边境上的不安定联系在一起。如《明孝宗实录》卷24曾说:"正统以后,边备渐弛,北虏知平凉饶马,屡入寇,掠马以去,马遂日耗。"① 有的记载虽然并不是专论边境局势与苑监官牧兴衰的关系的,但却从中透露出了前者对后者的这种影响。如《明世宗实录》卷6正德十六年九月辛未条说:"频年(陕西各苑)官马报房掠者,不下数千。"

在探讨明代苑监官牧衰落原因时尤应注意的是牧马军丁生活太苦,逃亡相继。在苑监养马的军丁有许多种,包括恩军、队军、改编军、充发军、抽发军、招募军等②,其中主要的是恩军和队军。恩军是充的罪犯,队军是从各卫所丁多军户中选拔而来的③。牧军的待遇和负担因苑马寺和时间的不同而不同。在陕西苑马寺,旧例每军一名,养马十匹,月支口粮六斗④;骒马一匹,三年中责成孳生马驹二匹;正德三年规定,"骒马飘沙亏欠一驹,准纳银三两"⑤。但实际上牧军所养马匹高出了规定数额,如宣德六年,"人养牝马十匹至十二三匹者,又养陕西行太仆寺孳生马"⑥。约在嘉靖末至隆庆年间,原有的月粮也被取消了⑦。

---

① 见弘治二年三月丙寅条。
② 《明史》卷92《兵志》4;蔡方炳《历代马政志》;《明书》卷72。
③ 《明经世文编》卷114杨一清《为修举马政事》。
④ 同上。
⑤ 《明经世文编》卷386褚铁《条议茶马事宜疏》。
⑥ 《明宣宗实录》卷84宣德六年十一月庚辰条。
⑦ 《明经世文编》卷386褚铁《乞勘新增收地银两疏》。

牧军的生活条件极为艰苦,杨一清在叙述这里的情况时曾说:"各苑天气高寒,地土硗燥,生理素少,又鲜有居室,多在崖窑堡洞住坐。"① 在辽东苑马寺,额定每军养马二匹,余丁(明代服役军士除本身为正军外,其子弟称为余丁)每名一匹②,两年中每匹种马责成孳生马驹一匹,无驹者要征银一两五钱③。嘉靖十六年苑马寺卿冯时雍上疏,建议改为"每五人为伍,共攒一槽,领养骒马四匹,搭配儿马一匹",另外,又"拨与余丁五名贴养,遇本槽种马倒死及亏欠驹子,十人均派陪(赔)补。"如果马匹倒死的原因是马匹年老或偶患急症,"儿马令本伍十人均派银七两,骒马五两",纳官买补;马驹亏欠者"追银三两"④。在这里,牧军实际牧养的马匹,跟陕西苑马寺一样,也往往高于额定数字,其中贫弱军丁尤其如此。如嘉靖初的苑马寺卿凌相曾指出:有些"柔弱"、"不善夤缘"的军丁甚至被迫"养骒马一二匹,而复带驹二三匹"⑤。此外,这里的军丁一方面要养马,另一方面还需承担其他徭役。嘉靖十六年苑马寺卿冯时雍的奏疏就明确叙述道:"各军余丁,多系养马身役,每年轮当寺厅监苑力差,贴并伙食,轮当小甲,倒死亏欠买补马匹,是以一人之身,当此重并之役。"⑥ 从上述可知,不管陕西苑马寺,还是辽东苑马寺,牧马军丁的处境都是十分痛苦的。这使他们经常逃亡,各苑马寺的牧马军丁数目因之不断减少。据记载,永乐时辽东苑马

---

① 《明经世文编》卷114杨一清《为修举马政事》。
② 《西园闻见录》卷70载凌相奏疏。
③ 嘉靖《辽东志》卷5《职官》。
④ 嘉靖《全辽志》卷5冯时雍《马政奏》。
⑤ 《西园闻见录》卷70载凌相奏疏。
⑥ 嘉靖《全辽志》卷5冯时雍《马政奏》。

寺永宁监原额牧马恩军四百六十余名①，而到了弘治十一年，只存有三百名②。陕西苑马寺自弘治四年至弘治十三年十一月，牧马军丁逃亡四百二十余人③。到弘治十六年八月，二监六苑的养马恩军和队军总数，由原额一千二百二十名，下降至七百四十五名，缺员达四百七十五名。④弘治末到正德初，经过杨一清的整顿，陕西苑马军丁大有增加，但到正德十六年，又大大减员，所有人数不过相当于杨一清整顿后的十分之二⑤。牧马军丁是苑监官牧必不可少的人力条件。既然牧马军丁在日益减少，苑监官就必然要日就衰微。

① 嘉靖《辽东志》卷7冯时雍《马政奏》。
② 《明孝宗实录》卷134弘治十一年二月戊子条。
③ 《明孝宗实录》卷168弘治十三年十一月丁卯条。
④ 《明经世文编》卷114杨一清《为修举马政事》。
⑤ 《明世宗实录》卷6正德十六年九月。

明代的不良牙人及其防范

牙人是买卖双方的中间说合人。明代的牙人称为"牙"、"牙人"、"牙行"、"主"、"主人"、"主家"、"主人家"、"东"、"侩"、"驵侩"、"经纪"、"牙侩"、"牙家"、"行家"、"行人"等。其时的牙人,"权贵贱,别精粗,衡重轻,革伪妄"[①],对于保证公平交易、促进商业的繁荣,发挥了积极的作用。但是,由于商业流通领域中欺诈行为比比皆是,身处其中的牙人,难免有部分成员受其熏染,进行坑害交易双方、图谋个人私利的不法活动,从而成为不良牙人。为了保护交易者的利益,保证商业活动的正常进行,明朝政府以及其时的商业活动参与者,包括商人和商品生产者,与不良牙人的不法活动进行了长期的斗争,采取了多种防范措施。研究这些不良牙人的不法活动以及明朝政府、商人和商品生产者防范不良牙人的措施,不仅有利于了解明代商品交换的实况和明代的社会风气,而且有利于今人借鉴历史、规范现实生活中的市场行为。笔者因而草成此文,不当之处,敬请方家指正。

明代不良牙人坑害交易双方、图谋个人私利的不法活动,种类甚多,而就其经常发生、影响较大者言,主要有如下数种。

1. 强截货物。

如《太仓州志》记载太仓州的情形为:"州为小民害者,旧

---

① 《士商类要》卷2《买卖机关》,1994年6月上海古籍出版社《明代驿站考》附录本。

时棍徒……私立牙店,曰行坝。贫民持物入市,如花布米麦之类,不许自交易,横主价值,肆意勒索,曰用钱。今则离市镇几里外,令群不逞要诸路,曰白赖。乡人持物,不论买卖与否,辄攫去,曰至某店(牙行)领价。乡民且无奈,则随往。有候至日暮半价者,有徒手哭归者,有饥馁嗟怨被殴伤者。"①

2. 玩弄花招,骗客来投。

不良牙人玩弄的骗客来投的花招中,极为常用的一种是谎报货价和成交的快慢。如《客商一览醒迷》中说:"许多卖少,接新客之常情,说快返迟,哄起货之旧套(虽作客者,惟图高价,若不许多,安肯入彀。货迟便直曰迟,客必他适。欲坚其意,起货虽迟,亦曰可行)。"② 不良牙人另一种骗客来投的花招,是彰扬门面,伪装实力雄厚的架势,使客商敢于大胆相托。如《客商一览醒迷》中如下一段话就反映出这种情况:"门面彰扬广招摇,须疑内空(摆大架子,弄虚头,其内多主不实)。多因行大放胆,十有九危(客因见牙侩行事彰大,财货放胆托付,不为疑虑。一值倾坏,所负不啻万金,安可以大行而息意哉)。"③ 贿赂客商的雇工奴仆或为之操舟的艄公等,使之帮助诱骗客商,也是不良牙人常用的一种骗客来投的花招。如文献中记载说:"毁誉中,防家奴误主。指示处,恐梢子利私(雇工奴仆私图口腹,誉其好未为真,毁其短恐非是;船家私受经纪贿赂,推荐其家。陷客丧

---

① 《太仓州志》卷5《流习》,转引自《明清资本主义萌芽研究论文集》第200页,上海人民出版社1981年8月。

② 《客商一览醒迷》第一节《商贾醒迷》,1992年9月山西人民出版社。引文中括号"( )"里的文字,是原文中的注释语,下同。

③ 《客商一览醒迷》第一节《商贾醒迷》,1992年9月山西人民出版社。

本，皆由此辈，不可信其言也)。"①

3. 逾格招待，施放钓饵。

如《客商一览醒迷》中说："终日设筵防有意，不时侏戏岂无图（主之待宾，自有常礼。若不时唱戏筵宴，及佳肴美酝，私邀享之，此皆买结客心，计在钓饵，得谓无所图耶)。"② 由于过分热情招待，乃在施放钓饵，谋取分外利益，因而其逾格招待的对象，就只能是刚刚到来有希望给其带来利益之客、拥有畅销货物之客、能带来巨大利益的富有大客、可把利益从其他牙人手中转给自己的别店之客。这样，在其对待客商的态度上，很自然地形成送客与接客不同、滞销货主与畅销货主相异、富商大贾与小本经营者不一、本店客商与别店之商有别，如文献中记载：

送客与接客情殊，完货与到货待异（客货初到，款待恭敬，无所不备。及货已卖，送客将行，情礼疏略)。③

客逢落薄牙须漫（货若当时，主甚恭客。若消乏本钱，主家相待自然简略。若货锋快，主家款敬自是不同)。④

（贩漆的徐老仆阿寄，最初是小本经营，所以在庆云山通过牙人收购时，为了让牙人照雇自己、提前上货，只好招

---

① 《士商类要》卷 2《买卖机关》，1994 年 6 月上海古籍出版社《明代驿站考》附录本。引文中括号"（）"里的文字，是原文中的注释语，下同。
② 《客商一览醒迷》第一节《商贾醒迷》，1992 年 9 月山西人民出版社。
③ 《客商一览醒迷》第一节《商贾醒迷》，1992 年 9 月山西人民出版社。
④ 《客商一览醒迷》第一节《商贾醒迷》，1992 年 9 月山西人民出版社。

待牙人喝几杯酒，送些礼物。）那主人家却正撞着是个贪杯的，吃了他的软口汤，不好回得，（只好）一口应承……（但后来阿寄发了大财），那时到山中收漆，便是大客人了，主人家好不奉承。①

前朝（指明朝）标布盛行。富商巨贾操重资而来市者，白银动以数万计，多或数十万两，少亦以万计，以故牙行奉布商如王侯。②

己商当厚，别客休顾（有等无耻经纪，厌自老客，返恣刻薄，贪谋别店之商，百计奉承。及哄到家，至再至三，遂不如前）。③

为官府采购的官员，能够支配的资金，其数目有的比富商大贾还多，所以这些采购大员尤其是牙人逾格招待的首选目标。如到松江采购布匹的北方边防官员，就受到松江布匹牙人的这种待遇。文献中记载："松民善织，故布为易办……今北边每岁赏军市房，合用布匹无虑数万。朝廷以帑藏赴督抚，督抚以帑藏发边官，边官以帑藏赍至松郡。而牙行辈指为奇货，置酒邀请边官，然后分领其银，贸易上海平湖希布，染各样颜色，搪塞官府。"④

4. 公然勒掯。

如《客商一览醒迷》中说："恣意掯勒，乃狼牙所素（……

---

① 《醒世恒言》卷35《徐老仆义愤成家》，1956年8月人民文学出版社。

② 叶梦珠《阅世编》卷7《食货》5，1981年6月上海古籍出版社。

③ 《客商一览醒迷》第一节《商贾醒迷》，1992年9月山西人民出版社。

④ 范濂《云间据目抄》卷4《赋役》，《申报馆小丛书》本。

贸易之间，公然勒掯，乃牙人之所素行)。"①

5. 惟图牙钱，不顾客商得失，撺令买卖。

如《客商一览醒迷》中说："撺掇买，撺掇卖，岂良主之心。不强人，不强货，是贤东之德（有等经纪惟图牙用，不当买之物，撺令客买，不可卖之货，撺令客卖，以致折本徒劳，其过岂小。彼贤东主者，既不募人邀客，又不强客起货，在客自投，听其自便)。"②

6. 操纵物价。

这种行为，往往是在客商遇到某种困难时，乘危施行，趁火打劫。如洪武年间，南京的牙人就曾利用商人贮货乏地的困难，迫其就范，把持物价。《明太祖实录》记其事说："初，京师辐辏，军民居室皆官所给。连廊栉比，无复隙地。商人货物至京者，或止于舟，或贮于城外民居。驵侩之徒从而持其价，高低悉听断于彼，商人病之。"③

7. 背地讲价，暗中取利。

如《士商类要》中说："隔面讲盘须有弊，当场唱价定无欺（公平正直者，当交易之场，高唱其价，而牙用是其分内，良客必不争也。阴险奸猾，背地诲议，其间得无弊乎)。"④《客商一览醒迷》中说："买主私谈，不扣银定然夹帐（主家与买主私地密言，恐其旧有所欠，扣我货银抵补。不然，货价腾长，背后定

---

① 《客商一览醒迷》第一节《商贾醒迷》，1992年9月山西人民出版社。
② 《客商一览醒迷》第一节《商贾醒迷》，1992年9月山西人民出版社。
③ 《明太祖实录》卷211，洪武二十四年八月。
④ 《士商类要》卷2《买卖机关》，1994年6月上海古籍出版社《明代驿站考》附录本。

议，瞒匿我价钱也）。"①

8. 故意迟滞交易，逼取私自发卖权。

如《客商一览醒迷》中说："物须过秤，方知经纪之狠（客货之到主家，坐守日久，不为卖出，要令讲明价钱过秤，方行私自发卖。希图多得秤头，又好多卖价值，此为最狠之牙也）。"②

9. 旁敲侧击，施压挟制。

如《客商一览醒迷》中说："夸他钜钞，暗挟此人（对此客而夸别客本大货多，使此客不能自安，于中有暗挟之意也）。羡某至诚，意讥本客（对我谈他人忠厚，必有刺我刻薄之意）。"③

10. 诱使客商嫖赌，乘机诓骗。

如《客商一览醒迷》中说："哄诱嫖娼，娼恋则骗端由起（主诱客嫖，乘客贪恋花酒，迷而不醒，客之货财，恣其鱼肉。仍蓦主嫁主娶，陷客堕套，因而悉利其有。及至迷醒之日与算，则谓嫖费殆尽。然客本或来日变产，或假贷于人，或受伙计所托，而主不为体恤劝止，返为贼害之谋，诚宜痛绝）。"④ 有的牙人，甚至不惜以其妻女相勾引。《客商一览醒迷》中说："妻女声傅体露，难谓循良（妇女投于内室，岂宜招摇显露，以炫人目，彰大声音，以扬人耳。此奔淫之态，安得谓良人之妇乎）。痴心偷觑，终无益于正情（为客者当廉洁自持，不可因主妇之美，偷

---

① 《客商一览醒迷》第一节《商贾醒迷》，1992年9月山西人民出版社。
② 《客商一览醒迷》第一节《商贾醒迷》，1992年9月山西人民出版社。
③ 《客商一览醒迷》第一节《商贾醒迷》，1992年9月山西人民出版社。
④ 《客商一览醒迷》第一节《商贾醒迷》，1992年9月山西人民出版社。

情调觑。彼贞妇岂易失身，虽情关恐成假意。间有无耻下流，纵妻勾引，苟堕其术，本钱遭骗。勉之戒之）。锐志坚持，必不堕于勾引（花街柳巷，原谓客妻，所嫖尚可做节。若邪心贪恋主家之妇，明不索钱，暗诓货本，缄口不敢与算。计其所费，返更多矣。凡客必须坚持其心，鲜不入其彀也）。"① 有的牙人本人不出面，而由其弟侄伙计等对客商具体实施诱骗勾当。《客商一览醒迷》中说："非正主，不可听其撺瞒。若衬丁，切忌计来勾引（经纪若非正人，或弟、侄、家僮、帮行伙计，专一哄客嫖饮，以迷其撺买货物，以私其利；或哄赊货，或托借银，至于结账临行，正主不认，耽搁行程，写约记账，破面伤情。故作客者，先宜识之）。"②

11. 那移、侵用客商钱货。

如《客商一览醒迷》中说："买者生疏，应是主家之弊（经纪因债，要扯本家客货支偿。拴同外人微执样银来买，不辨货之精粗，不争价之高下，秤短不竞，银纹不搭，行藏不似买主，讲论又非老成，经纪务须逼从，同店又来撺掇，若此体态，乃主家那扯我货之弊也）。"③ 又说："移李补张，在处主家俱是有。扯头盖脚，通塵牙侩敢云无（那缓以应急，犹借支钱粮，惟与有数抵补，不至空虚，是亦常事。若侵用无偿，非在那借之比，是移后以填前穴也）。堆钞满前应付，敢云悭吝。揩银不会因循，毕竟推那（手头盈余丰足，应会客钱，自然随收随与。若只口应，

---

① 《客商一览醒迷》第一节《商贾醒迷》，1992 年 9 月山西人民出版社。

② 《客商一览醒迷》第一节《商贾醒迷》，1992 年 9 月山西人民出版社。

③ 《客商一览醒迷》第一节《商贾醒迷》，1992 年 9 月山西人民出版社。

因循不付，则其那扯别用，亦未可知）。"①

12. 牙用之外寻找更多盘剥机会。

只要有可利用的机会，不良牙人就会紧紧抓住，在牙用之外，以不正当手段从交易双方攫取更多的利益。如武进的米牙，就曾乘米舟堵塞交通的机会，买田凿河，而后擅向停泊其中的米舟抽取税金，勒索牙用之外的收入。《天下郡国利病书》所收《武进县志》记其事说："武进之西陲，有米市焉，适当孔道。岁暮水涸，而米舟凑集，颇梗行者。米侩诸奸藉为口实，买田二十亩，凿以为河，拟括米舟于中，石税银四厘，岁计三千金，永以为例。米舟实非二十亩所可括，诸侩亦不能皆家于此，不过私开一税局，攘夺乡民尔。前此牙用明抽暗骗，乡民已不胜病，况益以此乎。武进尹晏公文辉持之不行，且为解其额赋。"② 武进米牙的如意算盘没能打久；但其他牙人长期实现类似勒索的，可以推想，当不在少数。

牙人中之所以有部分成员成为不良牙人，从其个人方面讲，主要是由其素质决定的。修养差、道德水准低是导致其从事坑害交易双方、图谋个人私利不法活动的基本原因。但是，其个人的特殊身世和处境，也往往在其中发生一定的影响。例如在世代担当牙人的家庭中，子孙往往比父祖成为不良牙人的为数要多；合伙共开一行而又每个成员轮年管事的，要比独自开行的易于成为不良牙人；贫乏而急需金钱的牙人，也常常加入不良牙人之例。如下三段摘自《客商一览醒迷》第一节《商贾醒迷》的记载，清楚地反映出了这些情况：

---

① 《客商一览醒迷》第一节《商贾醒迷》，1992年9月山西人民出版社。

② 《天下郡国利病书》原编第7册《常镇·武进县志·征榷》。

父聚分，子骄必欺（经纪之家，若客蜂聚乐投，为其忠厚笃实，勤谨志诚，资本可托，则相传喧呼而至。及其子孙，视为恒产，不修父业，以为岁岁皆然。惟务奢侈，骄傲待人，不知客苦，不恤客财，任意任情，公然勒掯，一旦客心解离，不能复合也必矣）。

轮宝如同打劫，独任尚顾门风（毋论兄弟叔侄，合伙共开一行，若轮流管年管事，各要顾己赚钱，不肯推让牙用，妄施本文，知客再来，落于谁手？与其独自开行，尚图下年，百凡宽让，以顾门面也）。

夫妻至好，饥寒未免埋怨……（有等痴客，动论某主家不敢用我客钱。然父子夫妻至亲，事急亦须离卖，汝之客本与其妻子孰亲焉）。

不良牙人给交易双方带来的危害是非常严重的，甚至可使落其陷阱的客商血本全无。《客商一览醒迷》说："货物低假，尚可获五七之偿；牙侩空虚，落套无万一之稳（货低货假，虽无利钱，肯亏折尚可卖出，或换货挨，亦不至于全无。若投空虚牙家，一落其套，不惟本钱尽亡，求归之盘缠亦不可得）。"[①] 这不能不引起商业活动参加者对其不法活动的防范，从稳定社会秩序出发，明朝政府也不能不防范这些不法活动。

明朝政府对不良牙人不法活动的防范，主要是采取了如下措施：

---

① 《客商一览醒迷》第一节《商贾醒迷》，1992年9月山西人民出版社。

1. 牙人之充当，要由官府选用拥有一定财产、为人公平谨慎者，严禁私充。

这一措施，明确地记载于《大明律集解附例》之中和有关文献中。如前者记载：

> 凡城市乡村诸色牙行及船埠头，并选有抵业人户充应……私充者杖六十，所得牙钱入官。官牙、埠头容隐者，笞五十，革去（纂注："有抵业人户"，谓其人有家业而可以抵当客货也。在城市乡村买卖去处，则有牙行；在聚泊客船去处，则有埠头。此二项之人，凡客商货物皆凭藉以贸易者也。故有司必并选有抵业人户充应，取其有恒产恒心之意也……其有牙行埠头不由官选而私充者，杖六十，仍追所得牙钱入官。若官牙埠头容隐私充者，笞五十，乃将各牙行埠头各役革去。夫禁私充，又恐其有罔利害人之意也）①

如后者《福安县志》记载：

> （富溪津市，在）邑西南三十里廉村，旧名石矶津，海舟鱼货并集。远通建宁府诸县，近通县城及各村。明设巡拦，复改设官牙，以平贸易，择公慎者为为……②

2. 注意管束。

如洪武元年十二月，朱元璋曾下令中书省，"命在京兵马指

---

① 《大明律集解附例》卷10《户律·市廛·私充牙行埠头》，光绪戊申重刊本。
② 张景祁等纂修《福安县志》卷3《疆域·街市》。

挥司并管市司,每三日一次校勘街市斛斗秤尺,稽考牙侩姓名,平其物价。在外府州各城门兵马司,一体兼领市司"①。

3. 惩治不法行为。

如规定"各处客商辐辏去处,若牙行及无藉之徒,用强邀截客货者,不论有无诓赊货物,问罪俱枷号一个月。如有诓赊货物,仍监追完足发落。若监追年久、无从赔还、累死客商,属军卫者发边卫,属有司者发附近,并充军"②。

又如规定"凡诸物行人评估物价,或贵或贱、令价不平者,计所增减之价坐赃论,入己者准窃盗论,免刺"③。

商业交换参加者防范不良牙人坑害的措施,常见的有如下几种:

1. 选择为人诚信的牙人,不与不良牙人打交道。

如《客商一览醒迷》总结客商的经验说:"托付不的,纵介物未可云轻(财托亲友,货投牙侩,不在论其家计,惟在察其诚信。老实则付之无虞,彼好胜繁华之徒,虽介物至轻,不宜投托)。"④ 正是由于选择诚信牙人而不与不良牙人打交道,是客商防范不良牙人坑害的措施之一,因而其时供客商使用的介绍各地状况的书籍,往往注意记载各地牙人的诚信可靠程度。如《天下水陆路程》中记载:"饶州牙行用筐子船出湖接客,好恶难分,切不可上。"⑤《一统路程图记》记载:"南北商人交易于此(指

---

① 《明太祖实录》卷37,洪武元年十二月壬午条。
② 《大明律集解附例》卷10《户律·市廛·把持行市·条例》。
③ 万历重修《大明会典》卷164《市廛·市司评物价》。
④ 《客商一览醒迷》第一节《商贾醒迷》,1992年9月山西人民出版社。
⑤ 《天下水陆路程》卷7"祁门县至湖口县水"条,1992年9月山西人民出版社。

芜湖——引者注），有聚无产，牙行诚实，利心轻……（瓜洲）牙行诚实。"①

2. 尽量选择富有财产的牙人。

如《客商一览醒迷》总结客商的经验说："合伙开行，择能者是从。分头管事，以值者可托（一行若有数人合伙，客当择其殷厚者托之本，能事者托之鬻，他日分伙相投亦如是也）。"②

3. 尽量选择熟悉的牙人。

彼此熟悉的人，一方面知其底细，另一方面有面子相拘，因而一般不便于狠心坑害。这使得选择熟悉牙人，成为商业交换参加者避免不良牙人坑害相加的又一个常用措施。明人所写的小说中，当描写商品交换参加者选择牙人时，往往写其寻找熟悉的牙人打交道；这正是反映了这种社会现实。如《醒世恒言》中描写苏州府吴江县盛泽镇小商品生产者施复出卖自织丝绸的情况说："施复是个小户儿，本钱少，织得三四匹，便去上市出脱。一日，已积了四匹，逐匹把来方方折好，将个布袱儿包裹，一径来到市中。只见人烟辏集，语话喧阗，甚是热闹。施复到个相熟行家来卖。"③ 又如《型世言》中描写武昌米商蒋誉让儿子蒋日休随其舅父柳长茂到汉阳籴米的情况说："汉阳原有蒋誉旧相与主人熊汉江……甥舅两个便渡江来到汉阳，寻着熊汉江寓下。这熊汉江住在大别山前，专与客人收米。与蒋誉极其相好，便是蒋日休也

---

① 《一统路程图记》卷7《江南水路·大江上水由洞庭湖东路至云贵》，1994年6月上海古籍出版社《明代驿站考》附录本。

② 《客商一览醒迷》第一节《商贾醒迷》，1992年9月山西人民出版社。

③ 《醒世恒言》卷18《施润泽滩阙遇友》。

自小儿在他家里歇落,里面都走惯的。"①

4. 针对牙人的不同状况,采取不同的方法,与之搞好关系。

如《士商类要》一书总结客商的经验说:"有势主家,宜以心结;无钱牙侩,要在利予(宦家及豪杰经纪,钱入其手,难与角力。须推心置腹,隆施优遇,不可轻口乱言,彼必愈加公道报我。若贫穷窘迫之主,凡事相益扶持,有利于彼,使怀我恩我,事未必无济也)。"②

5. 对牙人的言行处境仔细观察,尽早分别情况,搞清底细,以判断其是否可信可托,有否欺诈。

不良牙人额头上没有"不良"二字,外表与普通牙人没有相异之处,其坑害行为也不是一下子将其实情一股脑儿暴露在世人面前。因此,通过对牙人的言行处境仔细观察,尽早分别情况,搞清底细,以判断其是否可信可托、有否欺诈,成为客商面对新接触的牙人时避免遭受坑害的重要办法。其时的商人用书中,往往记载有观察、分析牙人的要点和方法。这是客商观察、分析牙人的经验总结,也是其时客商重视对牙人进行观察、分析以免受损的反映。如《士商类要》中说:

> 到彼投主,须当审择。不可听其中途邀接之言,须要察其貌言行动。好讼者,人虽硬而心必险,反面无情。嗜饮者,性虽和而事多疏,见人有义。好赌者,起倒不常终有失。爱嫖者,飘蓬不定或遭颠。以上之人,恐难重寄。骄奢

---

① 《型世言》卷38《妖狐巧合良缘,蒋郎终偕侁俪》,1993年7月第1版,1993年8月北京第2次印刷,中华书局。

② 《士商类要》卷2《买卖机关》,1994年6月上海古籍出版社《明代驿站考》附录本。

者性必懒，富盛者必托人，此二等非有弊，而多误营生。直实者言必忤，勤俭者必自行，此二般拟着实，而多成买卖。语言便佞扑绰者，必是诓徒；行动朴素安藏者，定然诚实。予先访问客中，还要临时通变①。

又如《客商一览醒迷》中说：

投牙三相：相物、相屋、相人。入坐试言：言直、言公、言诈（此皆释于下文）。物古不狼，老实节俭（凡观人家所用物件，不可因其古旧，即云为贫。但物不至狼藉破坏不堪者，必是节俭老实、不务奢华之家，而内财充溢可知）。屋新而焕，标致奢华（人家屋宇精致，山节藻棁，物件研明，分外巧样，多是好奢华、务外之人，其内必不能积聚）。百结鹑衣，贫穷之辈（非老实而真贫者，则衣垂补结，油腻研光，履袜不完，裙裤褴褛，人形猥缩，肩耸目光。巾帽寒暑不处，衣袂冬夏无替。此皆穷寒之极矣）。异妆服饰，花子之流（衣冠随世，不古不华。若巧异妆扮，服色变常，此皆花子下流，终非守业受用者）。不以布衣而曰贫，天然质朴。若以丝罗而曰富，多是虚头（各省虽富贵之家，惟布衣布服。两京吴越之地，以绮罗为常服。布者，富贵悠长。衣帛者，储无隔宿。所以贫多在市，富多在乡。饥寒生于大厦，饱暖处于草茅。此皆奢俭之效也）。左右顾而呼号，矜夸卖富（对客坐谈而大声呼喝奴婢，或左顾右盼，如有所事，此皆卖弄豪华、夸逞骄侈之态也）。上下视而吐语，料量算人（乍见会语之间，便不出口，以目上下估看，方露微

---

① 《士商类要》卷2《客商规略》。

言，则其心中打量，必有所计较耳）。礼貌谦逾，心中叵测。起坐真率，面亦无阿（廉逾重礼之人，其心中必诈。面颜不能谄媚，则起坐无恭）。问价即言，大都不远。论物口慢，毕竟怀欺（初到牙家问货，价值随口而答，则亦相近不差多少。若口慢，应对含糊，非迟即快，其间必怀欺诈也）。相见恭而席丰，货锋有价（主人初会，恭敬盎然，出于分外，酒席破格丰盛，跟从欢腾，情意甚炽，则知货有价而锋快也）。跟随缓而款略，本少且迟（客到主家，而主仆不甚紧随，款待疏略，不以为意，非货迟而因本少也）……门虽无货，但物精地洁，不妨。店纵有人，若臃网凳尘，可惧（观人家之盛衰，在宅居之垢洁。行中虽无货物，但精洁不尘，必是兴旺之家。若莓苔满地，尘网盈庭，纵有人居，必为废败无人拘管之室）。唧哕语言，家中有事，掩藏出入，内里多艰（对客坐间，或与家人耳边唧哕，言不出声；或家仆之类，掩藏撮拾、衣包背携、低头邪视出入者，非家中有事，即易换饮食、艰难辗转物件也）[①]。

牙人与客商是互动的一对，一方的举措行为必然影响另一方，因此新到的客商可把老客商的表现作为了解牙人的一个途径。《客商一览醒迷》中就向客商介绍过许多种这类方法。如其中一段说："空客劝盘，求为替代（客被经纪诓骗，不得起身，若来劝盘交易，则是求我之成，以补他之格眼。大凡行中诸客，

[①]《客商一览醒迷》第一节《商贾醒迷》，1992年9月山西人民出版社。

察他有无货卖,何事居店,即知动静)。"①

  明朝政府以及其时的商业活动参与者对不良牙人所采取的上述防范措施,不可能彻底防止不良牙人坑害交易双方、图谋个人私利的不法活动,但它们无疑对其发生了抑制作用。明代不良牙人的不法活动虽然时有发生,但其产生的危害毕竟没能超过其时其他牙人的正常经营所发挥的积极作用。整个明代牙人一直存在了下来,就是证明。这种状况的形成,不言而喻,有明朝政府以及其时的商业活动参与者对不良牙人所采取的上述防范措施的一份功劳。

---

① 《客商一览醒迷》第一节《商贾醒迷》,山西人民出版社1992年9月。

明代经济领域诓骗窃夺现象的盛行及其防范

一 诓骗窃夺现象出现的社会背景

明代的大一统局面持续了二百多年,大体和平安定的社会环境使生产力有所提高,农业生产增加了新品种,手工业技艺更加精美,商品经济空前繁荣,预示古代农业社会行将转型的新因素纷纷出现,社会财富总量大大增加,而财产私有制度的存在,造成贫富差距空前加大,一方面是人口绝对数字相对较少的贵族、官僚、地主、商人占有社会财富的绝大部分,过着骄奢淫逸的生活,另一方面是数量庞大的下层群众终年辛勤却缺衣少穿,挣扎在死亡线上。这样的社会存在对于社会思想意识不可能不产生重大影响。一些标志着社会发展新趋势的宝贵思想产生、传播了起来,诸如工商皆本、看重商人、鼓励消费、强调个性解放、主张独抒性灵之类理论、观点,令人耳目一新,意义重大。但是,崇拜金钱财富的思想也恶性泛滥起来,所谓"金令司天、钱神卓地"即是对这一情景的准确概括[①]。许多文艺作品描述了金钱财富的威力。时人朱载堉所撰《醒世词》中《山坡羊·钱是好汉》称:"世间人睁眼观见,论英雄钱是好汉。有了他诸般趁意,没了他寸步也难。拐子有钱,走歪步合款。哑巴有钱,打手势好

---

① 《天下郡国利病书》原编第 9 册《凤宁徽》第 76 页下。

看，如今人敬的是有钱，蒯文通无钱也说不过潼关。"① 时人薛论道所撰《林石逸兴》卷5《沉醉东风·题钱》称："有你时人人见喜，有你时事事出奇，有你时坐上席，有你时居高位。有一朝运去时移，垂首缩肩雨内鸡，想从前交情有几？"② 于是追逐金钱成了人们的重要活动，人们连做梦也离不开这一内容，甚至人们为此而背信弃义、胡作非为。朱载堉所撰《醒世词》中《山坡羊·做好梦》称："正三更，我做个好梦儿。我梦见银共钱无边无岸，霎是间盖高楼起大厦。喀咱，我也方便！些须出几股本钱，置地土，买下庄院，干监生，成门乡宦，众亲友，齐来瞧看。我家下骡马成群，喜地欢天。我的银钱，被那不材的妻儿，把我一足蹬散！我的银钱，再想做这好梦难上又难。"③ 薛论道所撰《林石逸兴》卷5《沉醉东风·题钱》称："人为你名亏行损，人为你断义辜恩，人为你失孝廉，人为你忘忠信。细思量多少不仁，铜臭明知是祸根，一个个将他务本。"④ 在这种崇拜、追逐金钱财富的思想泛滥如同狂潮冲岸的情形下，为获得金钱财富而诓骗窃夺的现象自然而然地盛行起来，成为其时社会多种色彩中的一种令人厌恶畏惧的冷黑之色。

二　诓骗窃夺现象面面观

明代经济领域的诓骗窃夺现象，广泛地发生在各种社会群体之间。有商人坑骗顾客者。如福建、徽州的书商，"专以货利为

---

① 路工编《明代歌曲选》第77页，中华书局1959年1月。
② 路工编《明代歌曲选》第97页。
③ 路工编《明代歌曲选》第74页。
④ 路工编《明代歌曲选》第97页。

计,但遇各省所刻好书,闻价高,即便翻刊,卷数目录相同,而于篇中多所减去,使人不知,故一部止货半部之价,人争购之"。①

有轿夫坑骗顾客者。如自福建瓯宁县城西驿至建溪,陆路120里,平素轿价银0.16两,客人少时减价为0.14两或0.12两也能成交,但须先缴费,而后则5里一放,略有小坡又放下不抬,使之大抵坐轿行者只占路程的2/3,凡往来旅客,无不受其坑骗。时当考期,应试士子来乘时,轿价则被涨至0.24两,并且仍是须先缴费,而后抬上20里被低价转雇其他轿夫。接手之轿夫借口价低,仍旧5里一放,士子不得已,只好再加费用。②

有船户劫杀乘客者。如淮安卫指挥蔡武因升为湖广荆襄等处游击将军,雇淮安府船户陈小四之船,携家眷沿水路前往上任。陈小四见其行李甚多,而且家眷中有一个貌美的女儿,遂起歹心,行至黄州地面,伙同水手趁夜将蔡武全家杀死,仅留下其女,并劫光蔡家所有行李③(此事出于明代小说《今古奇观》,事属虚构,但可将之看作其时社会现实的反映,因而用以说明其时之社会现象实无不可。以下凡遇类似情况不再说明)。

有商人互相坑骗者。如时人曾指出:客商吹嘘其所投靠的牙人,"邀我同投,彼非契厚",即因牙人欠账,企图扯我相補,"宜察其故"。又指出:客商虽系同来,并且"相处最厚",投靠

---

① 郎瑛《七修类稿》卷45《事物类·书册》,乾隆耕烟草堂刊本。
② 张应俞《杜骗新书》第四类《诈哄骗·诈以寻柄耍轿夫》第30页,春风文艺出版社1996年《中国古代珍稀本小说》本;杨正泰《明代驿站考》第27页,上海古籍出版社1994年。
③ 抱瓮老人辑《绘图今古奇观》卷26《蔡小姐忍辱报仇》,齐鲁书社1985年。

牙人后,也会分别向牙人讨好,述说同来者之短处,进行竞争。①

有牙人坑骗客商者。如福建大安纸商施守训,以价值银 800 余两之千余篓纸运往苏州出售,投寓牙人翁滨二之店,翁牙从事牙侩之业多年,积欠前客货款甚多,施商来后,即将其纸之价全数挪还前客,令施商空候半年。施商又发来纸 500 余篓,翁牙始将其价银以旧账之名给施,使施商再候半年②。时人曾指出:"有等经纪惟图牙用,不当买之物,撺令客买,不可卖之货,撺令客卖,以致折本徒劳,其过岂小!"③

有歹徒坑骗商人者。如南京一持伞歹徒,假称回家取银买马,骗得卖马者牵马跟随其后。行至一缎铺,令卖马者在门口相等,并将伞交其代看,本人则入铺中假装挑选缎匹,而后以请人帮助鉴定质量为借口要求将部分缎匹拿出铺外,缎铺主人有所顾虑,歹徒即说:"我之马及马伕留在此处,你有何担心。"缎铺主人注意到门口有马及所谓马伕,遂放下心来,准其将缎匹携出。歹徒遂一去不返。卖马者初以其伞尚在,亦以为歹徒会马上返回,而久等不归,终悟受其诓骗。卖马者牵马离开,缎铺主人前来相阻,卖马者说明前情,缎铺主人始亦发现上当。④

有歹徒坑骗农民者。如有一农民,见识不广,又有贪心。某外地歹徒知其状况,探得其于某日将于某处耕田,预先将重 100 两之假银元宝二个埋藏其处。俟该农耕田之时,歹徒故意在其附近作寻觅之状。该农发现后,询问缘故,歹徒假称其父曾在此处

---

① 李晋德著、杨正泰校注《客商一览醒迷·商贾醒迷》第 277—278 页,山西人民出版社 1992 年。
② 《杜骗新书》第 6 类《牙行骗·狡牙脱纸以女偿》。
③ 《客商一览醒迷·商贾醒迷》第 283 页。
④ 《杜骗新书》第 1 类《脱剥骗·假马脱缎》。

埋有多个银元宝，今照所留记载相寻，并答应倘能相助，可将寻得者一部相谢。两人遂共同寻找，并挖出前此所埋的两个假银元宝。歹徒佯作甚喜之态，建议先将之贮存于该农之家，待寻得其余埋藏者后，一并致谢。该农信以为真，领歹徒回到家中，杀鸡烹鲜热情招待。歹徒称说眼前急需零碎银两使用，而无槌凿元宝之工具，请该农借给碎银十余两。该农以为有两个大元宝放在家中，借给其区区十余两碎银毫无危险，遂满足其要求。数日后，歹徒借口再次到埋藏元宝处搜寻，带上骗到手之十余两银子脱身而去。①

有衙役骗诉讼者。如有富人甘澍，拒绝同乡路五借贷银谷之请，路五与妻胡氏到分巡道衙门诬告其图谋强奸胡氏，并托朋友支九为证。甘澍辩解，以乡邻为证。分巡道怀疑甘澍以金钱买通乡邻，责打甘澍及乡邻各二十板。而退堂后，细思此事，忽悟错判，不禁自语"错矣，错矣"。此语恰被衙役涂山听到，预知第二天将会重审翻案，遂出外找到甘澍，假称分巡道之内弟来到，其可通过该内弟打通关节，将案翻转，但需白银百两以为谢礼。甘澍应允出此谢礼。第二天，果得翻案。涂山不仅向甘澍要走百两白银以"谢"该内弟，而且索得谢己报信之银若干两。②

有诓骗报考秀才者。如富人钱一，欲为子买得秀才资格，为所驻店家孙丙得知，孙即宣称当地乡宦李某，原与主考之学道为同僚，关系密切，可为打通关节。钱一表示愿走李某之门路。李乡官实际上与主考学道并无关系，榜出后，钱一之子名落孙山，钱家被孙丙与李乡官、李乡官之仆人一起玩弄手段，白白骗去白

---

① 《杜骗新书》第14类《假银骗·设假元宝骗乡农》。
② 《杜骗新书》第15类《衙役骗·入闻官言而出骗》。

银二百两。①

明代在经济领域实行诓骗窃夺的人,为了达到目的,采取了许许多多非常狡猾、甚至极为残忍的手段。其中常见者有:

丢包术。如江西临川人江贤,自七月至年底在福建崇安绱鞋,得银十余两。返家途中,拾到一包银子,约二三两。正在高兴,前面忽有一人对他说:"见者有分,不许独得。"并要求先藏在江贤箱中,而后一起到僻静处瓜分。两人共同走出数十步,又有一人赶来,声称银子为其所失,要求归还。前面之人即表示同情,也劝江贤拿出所拾银两。江贤无奈,只好开箱让失银者拿去。失银者在拿去刚才拾到的二三两银子的同时,还乘机将江贤的十几两银子用包着的铜铁置换出去。原来失银者与前面之人为同伙,共同设计对江贤实施了诓骗。②

调包术。如泉州府商人孙滔携银乘船至南京买布,同船汪廷兰称有成色甚好之十二两银锭一个,愿换孙滔成色较低之碎银。为使孙乐从,汪还故意高估孙滔碎银之成色。当双方称完银子分量后,汪将两分银子用同样绵纸包好,而后故意误收其原银入袖,孙滔提醒其所收有误,汪马上从袖中拿出预放其中之一包与所误收者包装相同之银包,交给孙滔。孙滔未防其诈,仅看包装相同即误以为是汪刚才所误收者,将之接到手中,放进箱内。下船后孙拆开银包,方发现其成色极低,远远不如其所付汪廷兰之碎银。③

伪交术。如山西人毕和,欲买族弟毕松田地一块,被拒,即诈与交好,屡请宴饮,旦夕游戏。取得毕松信任后,又故意引诱

---

① 《杜骗新书》第20类《买学骗·乡官房中押封条》。
② 《杜骗新书》第2类《丢包骗·路途丢包行脱换》。
③ 《杜骗新书》第3类《换银骗·成锭假银换真银》。

之与有夫之妇通奸，并暗中告诉其夫，令其捉奸，迫使毕松因一时无银，只好以田作押，请毕和垫银消祸。后来毕松备足本息赎田，毕和不肯答应，田地遂入毕和之手。①

引赌术。如好赌者王荻溪在妓院嫖妓李细卿，有一歹徒与李细卿相勾结，假扮公子至妓院引王荻溪相赌。其始，赌注甚低，王荻溪屡次获胜。后公子提议加大赌注，李细卿故意执骰不与，公子佯怒，李细卿假装无奈而交出骰子，但所交并非原物，乃为预先备下可以作弊之药骰。藉此药骰之助，假公子连胜数局，将王荻溪所携银两全部赢去，而后用计离开妓院。②

假冒高官子弟。山东商人陈栋，万历年间带银一千余两往福建建阳长埂买机布。途遇一歹徒，窥其银多，欲谋之，而陈栋关防甚严，无从下手。歹徒乃诈称福建分巡建南道之公子，带领仆人随陈旅行而不与交语。至江西铅山，其县丞蔡渊虽与巡道素不相识，但为同府之老乡，歹徒即往拜访蔡渊。蔡闻其为巡道公子，待之甚厚，且特至店中回拜。陈栋见蔡回拜，误信其为真公子。当夜歹徒请陈吃饭，陈接受。后至崇安县，陈栋以为离长埂已不远，第二天将与歹徒相别，决定回请歹徒吃饭。时陈已彻底放松警惕，终被歹徒劝醉，所带白银全遭偷窃。③

使用假银。如苏州府嘉定县，奸诈商人常用赝银欺骗愚讷者，这些赝银中往往搀铜、灌铅。④

提罐术。时人指出：有些所谓烧丹炼汞之人，哄骗贪夫痴客，假称能以药草炼成丹药，铅化为金，汞化为银，名为黄白之

---

① 《杜骗新书》第5类《伪交骗·哄友犯奸谋其田》。
② 《杜骗新书》第7类《引赌骗·装公子套妓脱赌》。
③ 《杜骗新书》第8类《露财骗·诈称公子盗商银》。
④ 万历《嘉定县志》卷2《疆域考》下《风俗》。

术，又名炉火之事。炼时，要先将求炼者之银两作母。而在烧炼之过程中，他们会设立圈套，找个机会，偷了银子便走。这一骗术，叫做"提罐"。①

以残疾儿童行乞。时人指出：浙江有一种歹徒，利用常人之同情心，专拐迷路失归之儿童，或刺瞎其双眼，或刖断其足掌，而后令其叫乞于路。所得财物多者，方令饱食，少者则痛打，歹徒则坐享其成。②

骗婚术。如绍兴人胡悦与妾蔡瑞虹流落京师，生活艰难，两人商定假称蔡为胡之妹，设下美人局，以一百两财礼允许同在京师之温州人朱源娶之为妻。原本准备白天送蔡到朱寓，晚上再邀人将之抢出。待蔡瑞虹来到朱寓，发现朱源其人为盛德君子，不忍心骗他，又想及胡悦一味花言巧语，不足为靠，遂向朱源说明真相，两人当即搬家而去，最终结为夫妇。③这场骗婚圈套虽未成功，但却由此可见其时骗婚诓骗之一斑。

色骗术。如京师某人，靠着老婆吃饭。其妻涂脂抹粉，惯卖风情，专门挑逗富家郎君。一旦被挑逗者上了圈套，其夫即假装偶然撞见，作出要杀要剐之态，直至被骗者哀求苦告，出财买命，令其餍足，方肯罢休。落其术者，不止一人。④

下药术。如徽州府人游天生，携银五百两，乘船往建宁府贩铁。船户李雅发现其携带财物甚多，因生贪心。一天晚上，天生托李代买酒馔，李即暗将陀陀花放进酒中。所谓陀陀花，乃三年茄花，人服之则昏迷不能语。当夜天生中毒昏迷，李雅将之推入

---

① 《绘图今古奇观》卷39《夸妙术丹客提金》。
② 《杜骗新书》第19类《拐带骗·刺眼刖脚陷残疾》。
③ 《绘图今古奇观》卷26《蔡小姐忍辱报仇》。
④ 《绘图今古奇观》卷38《赵县君乔送黄柑子》。

水中淹死，霸占了其钱财。①

公开抢劫。如山东桃园驿附近有个高冈，名叫黄泥岑，盗贼甚多。广西太守杨琦由此经过，盗贼得知其新得白银三百两，即公开拦路抢之。太守之轿夫见状，丢下轿尽皆躲去，杨太守吓得魂飞九天外，眼睁睁看着强盗们将行李尽行劫去。②

三 对诓骗窃夺丑恶现象的防范

经济领域的诓骗窃夺，使经济秩序混乱，给社会各阶层造成财产损失，以至伤害生命，不利于社会稳定。因而明朝政府、各阶层人士，特别是有社会责任心的知识分子，从不同的目的出发，共同对这一社会弊病进行斗争，尽量防范其发生。

明朝政府对经济领域诓骗窃夺现象的防范，主要是加强管理和制定法律，处罚违犯者。

如由官府选用拥有一定财产、为人公平谨慎者充当牙人，严禁私充。明初规定："凡城市乡村诸色牙行及船埠头，并选有抵业人户充应。官给印信文簿，附写客商船户住贯姓名、路引字号、物价数目，每月赴官查照。私充者杖六十，所得牙钱入官，官牙埠头容隐者，笞五十，革去。"③

如命令京城兵马指挥司和在外府州各城门兵马司兼管市司。洪武元年十二月明太祖朱元璋下令中书省，要"在京兵马指挥司并管市司，每三日一次校勘街市斛斗称尺，稽考牙侩姓名，平其

---

① 《杜骗新书》第8类《炫耀衣妆启盗心》。
② 金木敢人编《鼓掌绝尘》月集第38回《乘月夜水魂托梦，报深恩驿使遭诛》，江苏古籍出版社1994年。
③ 《大明律》卷10《户律》7《市廛·私充牙行埠头》，辽沈书社1990年。

物价。在外府州各城门兵马司，一体兼领市司"。①

如惩处诈欺取财者。明初规定，"凡用计诈欺官私以取财物者，并计赃，准窃盗论，免刺"。②

如惩处抢人财物者。明初规定，"凡白昼抢夺人财物者，杖一百，徒三年，计赃重者，加窃盗罪二等。伤人者，斩"。③

如惩处伪造假银者。万历十三年舒化等辑《问刑条例》载："伪造假银及知情买使之人，俱问罪，于本地方枷号一个月发落。"④

如惩处强截商客货物者。万历十三年舒化等辑《问刑条例》载："各处客商辐辏去处，若牙行及无籍之徒用强邀截客货者，不论有无诓赊货物，问罪，俱枷号一个月。如有诓赊货物，仍监追完足发落。若监追年久，无从赔还，累死客商，属军卫者发边卫，属有司者发附近，俱充军。"⑤

明代普通群众对经济领域诓骗窃夺现象的防范，主要是提高警惕。这主要发生在洞悉诓骗窃夺弊风的聪明人身上。如福建有一人士，其妻极为机灵，当歹徒企图以假银元宝来骗丈夫时，妻子即将其元宝凿开检验，以防受骗，结果发现实为锡镴假银，使其骗局不能得逞。⑥又如有一富人名叫熊镐章，带领仆人满起到

---

① 《明太祖实录》卷37洪武元年十二月壬午条，台北"中研院"历史语言研究所校印本。
② 《大明律》卷18《刑律》1《贼盗·诈欺官私取财》。
③ 《大明律》卷18《刑律》1《贼盗·白昼抢夺》。
④ 《大明律》附录万历十三年舒化等辑《问刑条例》之《刑律》7《诈伪·私铸铜钱条例》第340条。
⑤ 《大明律》附录万历十三年舒化等辑《问刑条例》之《户律》7《市廛·把持行市条例》第189条。
⑥ 《杜骗新书》第14类《假银骗·设假元宝骗乡农》之篇末按语。

广东、浙江等处游玩，所带银子几乎用尽，临归用二十两银子购买笔墨、镜子装成两小箱，以备到家赠人。及搭船而归，船家见其穿戴不凡，仆从齐整，两箱行李体积不大，而重量不轻，遂怀疑其中必是白银，产生谋财害命之心。下船时，船户热情相留，坚邀其饮宴，以表"敬意"。熊某为其"真诚"所感，开怀畅饮。而满起却心怀警惕，起初诈推生平不会饮酒，后难辞其劝，少饮数杯，即推醉去睡。后来熊某大醉不醒，满起当即起床对船户讲："我非真醉，今将近家，心中忧闷，故吃酒不下。主人为酒色之徒，路上嫖妓将数百两银子用尽，归家只带若干笔墨、几面镜子作赠人礼品。今蒙热情招待，无以相报，主人已醉，我作主以镜子两面相赠。"说着打开箱子，取出镜子，并特意让船家看清箱中确无他物。由此，船家打消其谋财害命之念头。①

有社会责任感的知识分子在明代防范经济领域诓骗窃夺现象中所起的作用，非常引人注目。他们主要是通过著书立说，与这种社会弊病作斗争。

有的为商人和社会各群体编写书籍，提醒防范诓骗窃夺的注意点。福建能文之商人李晋德所著《客商一览醒迷》即是这样一部书。如其中的《商贾醒迷》篇指出："若路逢素非熟识之人，同舟同宿，未必他心似我，一切贵细之物，宜谨慎防护，夜恐盗而昼恐拐也。"② 又如同篇指出："为客（指客商——引者注）者当廉洁自持，不可因主妇（指牙店主人之妻——引者注）之美，偷情调觑。彼贞妇岂易失身，虽情关恐成假意。间有无耻下流，纵妻勾引，苟堕其术，本钱遭骗。勉之，戒之。"③ 新安能文之

---

① 《杜骗新书》第12类《在船骗·带镜船中引谋害》。
② 《客商一览醒迷·商贾醒迷》第294页。
③ 《客商一览醒迷·商贾醒迷》第274页。

商人程春宇所著《士商类要》也是这样一部书。如其卷2《买卖机关》指出："买卖要牙，装载须埠。买货无牙，称轻物假。卖货无牙，银伪价盲。所谓牙者，权贵贱，别精粗，衡重轻，革伪妄也。卸船不可无埠头，车马不可无脚头。船无埠头，小人乘奸为盗。车无脚头，脚子弃货中途。此皆因小而失其大。"[1] 又如同卷同篇还指出："守己不贪终是稳，利人所有定遭亏。吊白、打拐、诓赚、掣哄之流，智过君子，狡诈莫测，或假妆乡里讲乡谈，称有寄托，哄出我银，却将铅石抵换。或狗皮裹泥充麝香。或竹筒筑土充水银。或水晶、玛瑙、宝石、溜金奇巧之具，执立冲衢，自谓客仆盗出主物，不求高价，惟求现卖，诱人僻巷，强令买之，及觉物伪寻觅，则拐子变易巾帽衣服，虽立前不复识认。或丢锡锭于地，令人拾之，而挟取贴分。或云能炼黄白，要银求买奇药。或云能通先天神数，善察幽隐，坐以致鬼，不用开言，诱人就学。似此种诡计，无非效抛砖引玉之谋，诓人财物。如老成惟守己有、不事贪求者，不能入彼奸套。若贪心利他所有，定然遭彼拐也。"[2]

有的编写路引之类书籍，结合叙述各地的交通路线，向世人具体指点何处有何种诓骗窃夺之风险。休宁能文之商人黄汴《一统路程图记》即是这样一部书。如其卷1《北京至十三省水陆路》1《北京至南京浙江福建驿路》记载："自北京至徐州，响马贼时出，必须防御。"卷5《江北水路》2《南京由漕河至北京各闸》记载："邵伯之北，湖荡多，人家少，西高而东卑……贼有

---

[1] 程春宇《士商类要》卷2《买卖机关》第299页，见杨正泰《明代驿站考》附录，上海古籍出版社1994年。

[2] 程春宇《士商类要》卷2《买卖机关》第298页，见杨正泰《明代驿站考》附录，上海古籍出版社1994年。

盐徒,晚不可行,船户不良,宜慎……淮安五壩过客货,闸通运船。凡写黄河大船进京,必须访实。或有欠债揽此长载,中途脱逃,客顾人夫而去,此常有者。"卷7《江南水路》1《大江源下水,由夏港至无锡县》记载:"往城陵矶之下,风盗宜防。自湖广至仪真,强盗出没不时,有夹洲处,贼尤甚。夏港口有斜沙入江心,未过沙而转尖者,浅其沙上,货无粗细,一例而掳。"卷7《江南水路》2《大江上水由洞庭湖东路至云贵》记载:"草鞋夹中,虽谨慎,无风浪之防。夜偷摸,粗细货皆要。日调包,闻贱休买。"卷7《江南水路》6《杭州迁路由烂溪至常州府水路》记载:"自常州至浙江,牙行须访,价值难听,接客之徒诓诱。闾门市上货杂,不识休买,剪绺宜防。"①

有的编写专门揭露经济领域诓骗窃夺手法的书籍,用以警示世人。浙江张应俞所著《杜骗新书》即是这样一部书。此书有万历年间刊本,书中收集了数十则关于诈骗的故事,按照骗术类型、诈骗者身份、诈骗场所等,分成"脱剥骗"、"丢包骗"、"换银骗"、"诈哄骗"、"伪交骗"、"牙行骗"、"引赌骗"、"露财骗"、"谋财骗"、"盗劫骗"、"强抢骗"、"在船骗"、"诗词骗"、"假银骗"、"衙役骗"、"婚娶骗"、"奸情骗"、"妇人骗"、"拐带骗"、"买学骗"、"僧道骗"、"炼丹骗"、"法术骗"、"引嫖骗"二十四类,加以记载。此书将各种诓骗窃夺的手法进行了相当全面、彻底的揭秘,对于世人辨明真相、避免上当是难得的教科书。上文许多事例即采自本书,这里对其他例证不再赘举。

明代小说之编纂十分盛行,其中不乏揭露经济领域诓骗窃夺

---

① 黄汴《一统路程图记》第146页上、第182页下、第200页下、第202页上、第203页下,见杨正泰《明代驿站考》附录,上海古籍出版社1994年。

黑幕之作。前文所引，即是明证。它们使读者在欣赏文学作品的同时，接受了防范经济领域诓骗窃夺的教育，作用不可忽视。这是明代有社会责任感的知识分子，通过著书立说与经济领域诓骗窃夺这一社会弊病作斗争的一个重要表现。

四 结 语

明代对经济领域诓骗窃夺现象的防范，所下力量不可谓不大，也发挥了不小的作用。但并没能彻底解决问题，这一丑恶现象直至明朝灭亡仍很盛行。这表明它实为一项社会痼疾。其实它不是明代所独有的现象，在历史上各朝各代皆有存在。《论语·颜渊十二》载："季康子患盗，问于孔子。孔子对曰：'苟子之不欲，虽赏之不窃。'"①《太平御览》于卷499《人事部》专门设有"盗窃"一目，辑录了历代关于盗窃的许多记载②。《古今图书集成》之《牙侩部记事》引五代范资撰《玉堂闲话》，记载下洛中一大僚买马时受到驵侩欺哄的一个实例③。这些记载反映了经济领域诓骗窃夺确是历代所共有的现象。其之所以如此，深究起来，无非是它植根于财产私有制度的土壤之中，只要存在着私有财产制度，这一现象就会存在。不过，各朝各代的具体情况不同，其盛行与否及盛行的程度则有所差异。明人认为明代去古遥远，风俗大坏，所以"作伪日滋"，他们将其时经济领域诓骗窃

---

① 《论语注疏》卷12第2504页，中华书局1982年《十三经注疏》本。
② 《太平御览》卷499，中华书局1985年。
③ 《古今图书集成》第48册第59700页，中华书局、巴蜀书社。

夺现象之空前盛行，看作是"季世之伪芽"①。其实，明代这一社会丑恶现象之空前盛行，并非是出于时处季世，乃是由于其时有使之空前盛行的客观社会条件，如商品经济的空前发达，使得社会财富在社会成员间的转移空前迅速，贫富分化空前加剧，就是各种条件中的一个，这种社会现实刺激了各阶层对金钱财富的空前渴求和追逐，从而导致经济领域诓骗窃夺现象的空前恶性泛滥。财产私有制度在今后相当长的时期内不可能退出历史舞台，经济领域中诓骗窃夺的社会弊病在今后相当长的时期内因而不会根绝，并且刺激其盛行起来的各种因素也存在时或发生的可能。不忘明代经济领域诓骗窃夺盛行及其防范的历史、经验与教训，对于今人和后人当是具有重大意义的。

---

① 《中国古代珍稀小说》本《杜骗新书》前言，春风文艺出版社1996年。

明初军制初探

明代军制具有独特的体制，这已为许多史家所揭示，但关于其独特体制的形成过程，尚少见具体的阐述，而这个过程倘能彻底搞清，则对于明代军制的理解将大有裨益。洪武十三年正月五军都督府的设立，标志着明代军制的基本定型，自至正十五年朱元璋率兵渡江到洪武十三年正月是明代军制独特体制的形成时期；本文试就这一时期的明代军制作初步探讨，不当之处，望专家和同志们不吝指教。

一 诸翼统军元帅府的置废

至正十五年六月，朱元璋率兵下江南，于所下"太平诸郡"，陆续设立翼元帅府，"以统诸道兵"。这个制度一直存在到至正二十四年，才被废除，前后达九年之久。其所设诸翼如下表[①]：

---

① 表中除注明出处者外，皆据《洪武实录》。

诸翼统军元帅府表

设置时间（设置时间不详者,系于《洪武实录》等文献中最早出现的年月）	名称	长官（设置或提及的时间与该翼相同者,不再注明）	所在地点	备考
至正十五年六月置	太平兴国翼元帅府	以赵忠为元帅（于至正十六年三月任命）。	太平府	
至正十五年八月置	永昌翼	以伯容为万户。	芜湖	
至正十五年九月提及	天宁翼	元帅宋国兴。		此条据《国榷》卷1。
至正十六年三月置	天兴建康翼统军大元帅府	以廖永安为统军元帅。	应天	
至正十六年三月置	淮兴镇江翼元帅府	以徐达、汤和为统军元帅。	镇江	
至正十六年三月置	秦淮翼元帅府	以俞通海为元帅。		
至正十六年六月置	广兴翼行军元帅府	以邓愈、邵成为元帅,以汤昌为行军总管。	广兴（广德）	
至正十六年七月置	左、右等翼元帅府	以华云龙、唐胜宗、陆仲亨、邓愈、陈兆先、张彪、王玉、陈本等为元帅。		《明通鉴》作"左、右、前、后、中五翼元帅府。"《洪武实录》至正十七年三月记事载,以常遇春为中翼大元帅,胡大海为右翼统军元帅。据《洪武实录》至正二十三年五月记事,至正二十一年四月赵德胜为后翼统军元帅。据《洪武实录》洪武三年九月记事及《明史》卷134《蔡迁传》,蔡迁曾任左翼元帅。

(续表)

设置时间	名称	长官	所在地点	备考
至正十七年三月立	永兴翼元帅府	以耿炳文为总兵元帅，刘成为左副元帅，李景先为右副元帅。	长兴州（长安州）	至正二十四年九月改为长兴卫。
至正十七年七月立	雄峰翼元帅府	命邓愈守之。	兴安府（徽州）	至正二十四年十二月改为兴安卫。
至正十七年十月置	淮海翼元帅府	命元帅张德林、耿再成守之。	扬州	至正二十年三月改为江南等处分枢密院。
至正十八年三月立	德兴翼元帅府		建安（建德）	
至正十八年十月立	闽越翼元帅府			此据《国榷》，在《明实录》中作"闽翼元帅府"。
至正十八年十月立	全吴翼	以元帅杨国兴等守之。	宜兴	
至正十八年十二月立	金华翼元帅府	以袁贵为元帅，吴德真副之。	婺州	
至正十八年十二月立	浦江翼元帅府	以蒋可为左副元帅、吴志得、叶子祥为右副元帅。	浦江	
至正十九年二月置	明海翼元帅府	以王玉等为元帅。	诸全	
至正十九年九月立	金斗翼元帅府	以唐君用为元帅，夏义为副元帅。	衢州	
至正十九年十一月立	安南翼元帅府	以朱文刚为元帅，李祐之为副元帅。	安南府（处州）	
至正二十年闰五月立	龙虎翼元帅府	以葛俊为元帅，周隆为副元帅。	广信府	
至正二十年六月提及	安庆翼	以童敬先兼统兵元帅。		
至正二十年七月提及	徽州永平翼	以行枢密院判官于光成之。		

(续表)

设置时间	名称	长官	所在地点	备考
至正二十一年八月立	宁江翼		安庆	
至正二十三年闰三月提及	处州翼	总制胡深。		《明实录》洪武五年七月记事提及至正二十二年章存道授处州翼元帅副使。

把"翼"和"元帅府"用于军队的编制,把"元帅"、"万户"等用作军官的名称,这在元代早已有之。如《元史》卷86《百官》2载有"左右翼屯田万户府";卷87《百官》3载有"洮州元帅府,秩从三品,达鲁花赤一员,元帅二员,知事一员";卷98《兵》1载有"世祖之时,颇修官制,内立五卫,以总宿卫诸军,卫设亲军都指挥使,外则万户之下置总管,千户之下置总把,……万户、千户死阵者,子孙袭爵"。但像上面所列的诸翼元帅府,在元代都未见设立。可见,朱元璋之设立诸翼元帅府,是其对元代军制的沿用加改造。

至正二十四年三月初四日,朱元璋为元帅府官员规定了品级:元帅正三品,同知元帅从三品,副使正四品,经历正七品,知事从八品,照磨正九品。① 从这个规定看,各翼元帅府是官秩相当高的一级衙门。各翼元帅府的重要职责是统军打仗。但除此之外,还要处理民事。《续文献通考》卷122说:"太祖自和州渡江,所下之地,置各翼元帅府,以总制军民。"这正好道出了它的双重责任。在打天下的阶段,军事机构之兼管行政,是一般的通例,各翼元帅府之担任双重责任毫不足怪。可以想见,各翼元帅府地位如此高、责任如此重,它们在朱元璋起义过程中所发挥

---

① 《洪武实录》卷14。

的作用是极其是极其重要的。

至正二十四年三月六日,即在为元帅府官员规定品级的第三天,朱元璋宣布废掉各翼的编制,改设卫所。① 这是朱元璋所率部队在编制上的一个大变革。这一变革虽然使起过重要作用的各翼元帅府不复存在,但他的队伍却因此而更有战斗力。

在谈到至正二十四年三月初六日各翼编制之被宣布废除时,不要理解为这一命令马上在朱元璋的队伍中完全生效。实际上为使之彻底执行,需要一定的时间。如永兴翼之改为长兴卫,时在至正二十四年九月。②《洪武实录》卷14在至正二十四年十月记事的末尾,又记有该月革统军元帅府的内容,这也反映了上述命令之执行需要一定时间这个客观事实。十月份的这一记事,应当理解为上述命令在执行过程中的又一次重申。

二 卫所制度的确立

卫所制度是明代军制的基干。早在至正二十四年以前,朱元璋的队伍中即已存在这种编制,如《洪武实录》卷11至正二十二年记事中,即已提及"以元帅吴复为振武卫指挥同知",《国榷》至正二十二年十二月记事中,已提及"千户王华",《洪武实录》卷12至正二十三年五月记事中,已提及"百户徐明"。但大规模地建卫,始于至正二十四年三月"罢诸翼元帅府,置十七卫亲军指挥使司"③;同年四月又"立部伍法",此后卫所编制才成为朱元璋起义队伍以至后来整个明朝军队的基本编制。

---

① 见《洪武实录》卷14。
② 《洪武实录》卷14。
③ 《明通鉴》前编卷3。

卫所作为军队的编制单位，早在元代即被使用在部分军队之中。如《元史》卷99《兵志》2就载有右卫、左卫、中卫、前卫、后卫、武卫、左都威卫、右都威卫、右阿速卫、左阿速卫、宗仁卫、右钦察卫、左钦察卫、龙翊侍卫等，同书同卷还载有钦察卫于"至元中立卫时，设行军千户十有九所，屯田三所。大德中置只儿哈郎、铁哥纳两千户所。至大元年，复设四千户所"。不过在元代卫所还不是各种军队编制的通例，并且其细节与朱元璋起义时及以后的明代卫所，也不尽相同。可见，把卫所制规定为军队的基本编制，又是朱元璋对元代制度的一个改造。

朱元璋之罢诸翼元帅府和"立部伍法"，把卫所当作基本的军队编制，是对草创之始混乱的军制的一次大整顿。《洪武实录》卷14记载这次大整顿说：

> 初上（指朱元璋）招来降附，凡将校至者，皆仍其旧官，而名称不同。至是下令曰：为国当先正名，今诸将有称枢密、平章、元帅、总管、万户者，名不称实，甚无谓。其核诸将所部，有兵五千者为指挥，满千者为千户，百人为百户，五十人为总旗，十人为小旗。令既下，部伍严明，名实相副，众皆悦服，以为良法。

从这条记载看，至正二十四年三月罢诸翼元帅府和同年四月"立部伍法"以前，朱元璋军队的编制是极其混乱的。当时，朱元璋没有急于对它进行整顿，凡来降的将校，均使"仍其旧官"，这在当时是必要的；因为保持了他们的旧有地位，可以使之对朱元璋感恩戴德，加强他们的向心力，同时对于其他尚未投降的人也有吸引作用。但这种办法无疑是有副作用的，它使部队的编制名不符实，不便于掌握各部的实力，使将校们的地位和待遇，不能根据实际率领士兵的多少来确定，从而出现了相互间的厚薄不均，容易产生矛盾。所以，这种状况不能长期存在下去，否则就会影响部队的战斗力。经过至正二十四年的这次整顿，"悉罢枢密、平章、元帅、总管、万户等名"①，部队的编制统一在卫所之上，从此内部更加团结，大大提高了战斗力；《洪武实录》说"令既下，名实相副，众皆悦服，以为良法"，正是反映了这次整顿改革的积极作用。

至正二十四年以后，随着朱元璋所领导的队伍的扩大，卫所的设置愈来愈多。文献中记有洪武十三年正月以前卫所的两个统计数字。一是洪武六年正月的，"内外见设卫百三十有九，任指挥者三百六十五人"，② 一是洪武六年八月的，"内外军卫一百六十四，千户所八十四，计大小武官一万二千九百八十人"。③ 在这些卫所中，除了包括一般军队外，还包括有其他特殊部队。如皇帝的亲军是按卫所编制的，如洪武三年六月设置了亲军都尉府，其下所属的军士有左右中前后五卫。④ 保卫亲王的部队也是按卫所编制的，如洪武五年正月，置亲王护卫指挥使司，规定"每王府设三护卫，卫设左右前后中五所，所千户二人，百户十人；又设团子手二所，每所千户一人"。⑤ 甚至在边疆少数民族地区所设立的不同于内地的特殊管辖机构，也是以卫所来命名的。如洪武七年十二月设有朵甘思、剌宗等十七个千户所，⑥ 洪

---

① 《国榷》卷2。
② 《洪武实录》卷78。
③ 《洪武实录》卷84。
④ 《洪武实录》卷53。
⑤ 《洪武实录》卷71。
⑥ 《洪武实录》卷95。

武八年正月设有罕东等百户所、安定和阿端等卫。①

洪武十三年以前,《洪武实录》记有三次关于卫所军官品级的规定。一是至正二十四年三月,规定:"各卫亲军指挥使司指挥使正三品,同知指挥从三品,副使正四品,经历正七品,知事从八品,照磨正九品。"② 二是至正二十七年(吴元年)十一月,规定:"内外各卫指挥使司佥事、宿卫镇抚从四品,各卫镇抚从五品,千户所镇抚从六品,各卫知事正八品,宿卫知事从八品,断事官提控案牍省注,余官仍旧。"③ 三是洪武九年闰九月,规定:"各卫指挥使为正三品,各卫指挥同知为从三品,各卫指挥佥事为正四品。"④ 上述三次规定出入不大,只有个别职务的品级与其后面的规定比以前稍有提高,如各卫指挥佥事在至正二十七年规定为从四品,而洪武九年则提高到正四品。大体上看,在官员的品级上,卫与以前的各翼元帅府是相同的。但实际上卫指挥使的地位要比元帅府元帅高一些。这从当时许多将领的职务变化上可以看出这个事实。如严德于至正十九年授金斗翼同知元帅,至正二十四年转统军元帅,后来因屡次立功才升到了比卫指挥使地位还低的海宁卫指挥同知。⑤ 陈德因"同诸将取宁、徽、衢、婺诸城,擢元帅",后在鄱阳湖大战及攻打武昌中立了功,才又于至正二十六年被"擢天策卫亲军指挥使"。⑥ 蔡迁先任帐前左翼元帅,后来在征武昌、讨新淦邓克明余党及攻克寿州时立

---

① 《洪武实录》卷96。
② 《洪武实录》卷14。
③ 《洪武实录》卷22。
④ 《洪武实录》卷109。
⑤ 《洪武实录》卷20。
⑥ 《明史》卷131《陈德传》,《洪武实录》卷16。

了功，才经过升迁，前后担任了武德卫、黄州卫、荆州卫的指挥使。① 从职务的品级看，京城的卫所官与其他地区的卫所官并无区别，但他们的岁禄待遇却不相同，如洪武七年八月规定，在京指挥使八百石，同知六百石，佥事五百石，而在外各卫指挥使是六百石，同知是五百石，佥事是四百石。② 可见，京城的卫所官与其他地区的卫所官实际地位仍有不同。

随着卫所设置的增多，朱元璋对其设立章程更加注意，洪武七年八月搞过一次规模较大的修订，使卫所制度更趋完善。《洪武实录》卷92详细记下了这次修订情况，它说：

> 先是，上（指朱元璋）以前代兵多虚数，乃监（鉴）其失，设置内外卫所，凡一卫统十千户，一千户统十百户，百户领总旗二，总旗领小旗五，小旗领军十，皆有实。至是重定其制，大率以五千六百人为一卫，而千百户总小旗所领之数则同。遇有事征调，则分统于诸将，无事则散还各卫，管军官员不许擅自调军，操练抚绥务在得宜，违者俱论如律。

这次关于卫所设立章程的修订，使一卫统五千六百人这一存在于整个有明一代的制度被确定下来，这是应予注意的；但更值得注意的却是，它确定了卫所士兵的调动统帅权与平时管理训练权的分离。战时被任命的将领有调动统帅的权力，但平时的管理训练权却不在其手，这样，将领们与士兵便不易结成亲密的关系，互相结合起来反叛朝廷的事情便不易发生。卫所的管军官员平时负责管理训练，对士兵比较熟悉，但他们无权调动军队，这使之也

---

① 《洪武实录》卷56，《明史》卷134《蔡迁传》。
② 《洪武实录》卷92。

不易利用士兵搞反叛。显然，这次对卫所设立章程的修订，是加强皇权、巩固朱氏朝廷的一个重要措施。

《诸司职掌》、《大明会典》和《明史·兵制》等，都有关于明代卫所制度的集中记载，但对各卫所设立的具体时间都记载不详，这对于了解各卫所的沿革甚为不便。兹就阅读所及，将分散于各种文献中的关于洪武十三年正月十一日以前各卫与各千户所的置废情景等，搜集在一起，分别列表于下。凡据《洪武实录》而且依时间很易检出者，不再注明出处；根据其他资料者，皆注明出处。

洪武十三年正月十一日以前各卫情况表

设置时间（不详者系于《洪武实录》等文献中最早提及的年月）	名　称	长　官（设置或提及的时间与该卫相同者，不再注明。且只录出现较早的长官）	备　考
至正二十二年提及	振武卫	以吴复为指挥同知。《洪武实录》卷47提及于光于至正二十四年二月攻下武昌后曾任指挥同知。	至正二十四年三月和洪武四年八月又记置此卫。洪武五年十一月记此卫合并于兴武卫，但洪武九年四月记事又提及此卫。
至正二十四年三月置	武德卫	至正二十六年十一月提及副使茅成。《洪武实录》卷74提及常荣于至正二十七年九月攻下苏州后升指挥佥事，洪武三年升指挥同知。洪武三年九月记事提及蔡迁曾任指挥使（此条参见《明史》卷134《蔡迁传》）。	洪武十一年十月改为府军前卫。洪武十一年十月改兴武卫为武德卫。

(续表)

设置时间	名称	长官	备考
至正二十四年三月置	龙骧卫	至正二十四年三月置龙骧卫后不久,以金朝兴为指挥同知。至正二十七年十二月升金朝兴为指挥使。	洪武八年正月置此卫。此后不久又改定远卫为龙骧卫。洪武十一年十月提及龙骧卫指挥使萧成。
至正二十四年三月置	豹韬卫	《洪武实录》90卷提及华云龙曾任指挥使。	
至正二十四年三月置	飞熊卫	至正二十四年八月以王志为指挥使。	洪武元年八月此卫改为大兴左卫。但洪武六年六月、洪武七年六月和洪武八年十月等又提及此卫。
至正二十四年三月置	威武卫	洪武元年五月提及指挥金兴旺。	
至正二十四年三月置	广武卫	《洪武实录》卷119提及至正二十四年以李琛为指挥副使,洪武四年升指挥同知。	
至正二十四年三月置	兴武卫	洪武二年六月提及指挥张四。	洪武十一年十月改此卫为武德卫。洪武十一年十二月复置兴武卫。
至正二十四年三月置	英武卫	洪武八年六月冯震以荫袭指挥同知。	
至正二十四年三月置	鹰扬卫	至正二十四年三月置卫后不久,以郭子兴为指挥使。	

(续表)

设置时间	名 称	长 官	备 考
至正二十四年三月置	骁骑卫	《洪武实录》卷128提及汪广洋曾知骁骑卫指挥使司事。	至正二十七年三月记事载,改此卫为骁骑右卫。但同年四月记事又提及骁骑卫指挥葛俊。同年六月记事也提及骁骑卫。洪武二年八月记事又载改骁骑卫为龙虎卫。而洪武五年五月、洪武七年四月等记事,又皆提到骁骑卫。
至正二十四年三月置	神武卫	至正二十五年二月以康茂才为指挥使。	
至正二十四年三月置	雄武卫	至正二十四年三月置卫后不久,以傅友德为指挥使。	洪武八年正月置。
至正二十四年三月置	凤翔卫	至正二十七年九月记事提及故指挥使丁德兴。至正二十七年九月以韦正为指挥副使。	
至正二十四年三月置	天策卫	至正二十六年十二月以陈德为指挥使。	
至正二十四年三月置	宣武卫	洪武四年十二月提及张德胜子张宣承袭指挥同知。	洪武四年十二月又载于河南置宣武卫。待考。
至正二十四年三月置	羽林卫	洪武三年十二月提及指挥使叶升。	《洪武实录》卷20载,至正二十七年九月改此卫为羽林左、右二卫。误。因为此后《洪武实录》中又多次提及羽林卫(如洪武元年二月、二年四月、三年十一月、五年五月、六年六月、九年六月等记事)。《国榷》于至正二十七年九月记羽林左右卫之置,未提及羽林卫改置,殆得其实。

(续表)

设置时间	名称	长官	备考
至正二十四年九月置	合肥卫	至正二十七年二月以陈恒为指挥同知。	设于庐州。洪武三年正月改为庐州守御千户所。
至正二十四年九月置	六安卫		在庐州。洪武三年四月改为守御千户所。
至正二十四年九月改置	长兴卫	以耿炳文为指挥使。	在长兴州。由永兴翼置。
至正二十四年十二月置	兴安卫→徽州卫	至正二十五年十二月提及指挥王克恭。	在徽州。由雄峰翼改置为兴安卫，不久又改为徽州卫。洪武三年四月改为守御千户所。
至正二十五年四月置	衡州卫	洪武元年四月提及指挥同知丁玉。	
至正二十五年五月提及	广信卫	指挥王文英、朱亮祖。	
至正二十五年五月提及	沔阳卫	指挥吴复。	洪武六年九月记事又载置沔阳卫。
至正二十五年十二月置	安陆卫	以王志为指挥使。	
至正二十五年十二月置	襄阳卫	洪武元年三月提及指挥副使王遇成、孙茂先。洪武十一年九月提及指挥使李琛。	
至正二十六年二月提及	潭州卫	指挥同知严广（原作"严黄"；据《国榷》及《洪武实录》卷118改）	
至正二十六年四月立	安丰卫	指挥唐胜宗。	

(续表)

设置时间	名 称	长 官	备 考
至正二十六年八月置	常德卫	洪武九年四月提及指挥佥事张胜。	
至正二十七年正月置	宁国卫	以陈德成为指挥同知，刘仲才为副使。	洪武四年十二月记事又载置宁国卫于河南。待考。
至正二十七年正月置	辰州卫	洪武三年正月提及指挥副使刘宣武。洪武五年五月提及指挥同知谷继先。洪武十一年六月提及指挥杨仲名。	
至正二十七年二月置	昆山卫	以常守道为指挥同知。	
至正二十七年二月置	吴兴卫	以刘宁为指挥使。	洪武五年十一月并龙骧卫。
至正二十七年二月置	安吉卫	洪武元年十一月提及指挥赵兴贵。	洪武三年正月记事提及以安吉卫军隶通州卫。洪武四年十二月记事又载于河南置安吉卫。待考。
至正二十七年三月置	应天卫	以朱明、李命为指挥佥事。洪武元年十一月记朱明为指挥。	洪武四年八月徙卫治于江浦。
至正二十七年三月改置	骁骑右卫	以郭子英、张林为指挥佥事。	以骁骑卫设置（此后骁骑卫仍屡见记载，其故待考。参见本表至正二十四年三月置骁骑卫部分的备考）。
至正二十七年四月提及	海宁卫	指挥孙虎。	洪武三年十一月记事又载置此卫。
至正二十七年四月提及	钱塘卫	指挥同知袁洪。洪武八年六月记事提及指挥佥事贾珍。	洪武三年十一月记事又载置此卫。洪武八年十月改为杭州左卫。

(续表)

设置时间	名　称	长　官	备　考
至正二十七年四月置	太仓卫	以朱禹为指挥副使、蒲仲亨为指挥佥事。	
至正二十七年六月提及	虎贲卫	洪武三年三月提及指挥潘毅。	
至正二十七年七月置	徐州卫	洪武元年十月提及镇抚程信。洪武四年正月提及指挥佥事司整、李彬。	
至正二十七年七月置	济南卫	洪武四年正月提及指挥佥事盛熙。	
至正二十七年七月提及	衢州卫		
至正二十七年九月提及	金华卫		洪武三年十一月记事又载置此卫，并载以后改为守御千户所。但洪武七年正月记事又提及金华卫。
至正二十七年九月提及	常州卫		洪武三年四月罢此卫。
至正二十七年九月提及	宜兴卫		洪武三年六月改为守御千户所。
至正二十七年九月提及	虎贲左卫	副使张兴。洪武二年十二月又提及指挥同知何德。	《洪武实录》最早提及虎贲左卫为至正二十七年九月十日；同月三十日记事又载置虎贲左卫。两者之正误待考。
至正二十七年九月提及	江淮卫		

(续表)

设置时间	名 称	长 官	备 考
至正二十七年九月置	金吾左卫		置后不久改金吾前卫。（但《洪武实录》以后仍多次记载到金吾左卫，如洪武六年三月提及金吾左卫、洪武八年十月以茅羽为金吾左卫指挥佥事。待考）
至正二十七年九月后不久改置	金吾前卫	洪武十二年十一月提及指挥同知储杰，以汪信为指挥使。	由金吾左卫改。洪武十一年十二月改金吾前卫为羽林左卫。羽林左卫改为金吾前卫。
至正二十七年九月置	金吾右卫		置后不久改金吾后卫。（但《洪武实录》以后仍多次记载到金吾右卫。如卷74载洪武二年以前周显任金吾右卫指挥同知；再如洪武五年八月记事载以孙正通为金吾右卫亲军指挥使，洪武六年三月记事也提及金吾右卫。待考）
至正二十七年九月后不久改置	金吾后卫		由金吾右卫改。
至正二十七年九月置	虎贲右卫	洪武十二年十一月提及指挥同知何德。	
至正二十七年九月置	羽林左卫	洪武四年八月提及指挥佥事戴雄。洪武四年十二月以本卫指挥同知毛骧为指挥使。	《洪武实录》记载羽林左卫为由羽林卫设置，《国榷》未提设置之事。《国榷》所记得其实，兹从之。参见本表羽林卫部分的备考。洪武十一年十二月羽林左卫改为金吾前卫，金吾前卫改为羽林左卫。

(续表)

设置时间	名称	长官	备考
至正二十七年九月置	羽林右卫	洪武四年八月提及指挥同知陈方。洪武四年十二月以指挥同知陈方亮为指挥使。	《洪武实录》记载羽林右卫为右羽林卫改置，《国榷》未提改置之事。《国榷》所记得其实，兹从之。参见本表羽林卫部分的备考。
至正二十七年九月置	兴化卫	洪武四年十一月提及指挥使聂纬。	洪武五年十一月记事载并兴化卫于钟山卫。但洪武六年三月、洪武八年四月等记事又提及兴化卫，洪武十一年四月提及兴化卫指挥佥事赵端。待考。
至正二十七年九月置	和阳卫	洪武四年九月提及指挥黄荣。	洪武五年十一月并入神策卫，不久复设。
至正二十七年九月置	广陵卫		
至正二十七年九月置	通州卫		洪武三年正月记事又载置通州卫。待考。洪武五年十一月记事载此卫并入龙骧卫。但洪武七年九月又提及通州卫指挥佥事郑治。待考。
至正二十七年九月置	天长卫		洪武五年十一月并入定远卫。
至正二十七年九月置	怀远卫	洪武二年十月提及指挥使许良。	洪武四年三月记事又载置怀远卫于临濠。待考。
至正二十七年九月置	崇仁卫		
至正二十七年九月置	长河卫		

(续表)

设置时间	名 称	长 官	备 考
至正二十七年九月置	神策卫	《洪武实录》卷74载张耀于洪武三年任指挥同知、洪武四至五年任指挥使。	
至正二十七年十月置	苏州卫	洪武三年三月提及指挥使吴良。	
至正二十七年二月置	长淮卫		设于临濠。洪武四年四月记事又载置长淮卫于临濠。待考。洪武五年二月此卫并于大河卫。但洪武五年八月记事又提及此卫。待考。
至正二十七年十月置	定远卫	以庞龙、戈矛为指挥佥事。	洪武八年正月二十七日后不久,改此卫为龙骧卫。
至正二十七年十月提及	南昌卫		《洪武实录》卷106载,何文辉于至正二十三年鄱阳湖之战后,升任同知南昌卫指挥使司事。可见南昌卫之始设时间当甚早。洪武三年十二月记事载改江西卫为都卫指挥使司,不知这里的江西卫是否即南昌卫。待考。
至正二十七年十月提及	袁州卫	洪武八年四月提及指挥同知常福。	
至正二十七年十月提及	赣州卫	洪武元年二月提及指挥使陆仲亨、副使胡通。	《洪武实录》及《国榷》五年二月记事都载置赣州卫。待考。
至正二十七年十月提及	滁州卫		

(续表)

设置时间	名 称	长 官	备 考
至正二十七年十月提及	无为卫		
至正二十七年十月提及	和州卫		
至正二十七年十月提及	武昌卫		
至正二十七年十月提及	荆州卫		
至正二十七年十月提及	益阳卫		
至正二十七年十月提及	岳州卫		洪武四年四月记事又载置岳州卫，以指挥佥事音亮镇守。待考。
至正二十七年十月提及	澧州卫		
至正二十七年十月提及	茶陵卫		
至正二十七年十二月提及	金吾卫	洪武七年六月提及指挥佥事陆龄。洪武七年八月以李世昌为指挥同知。	《洪武实录》卷93载李世昌为金吾右卫指挥同知。待考。
洪武元年正月提及	宝庆卫	洪武二年十月提及指挥佥事胡海。	曾一度徙卫于益阳，至洪武五年十一月又在宝庆复置宝庆卫、于益阳置守御千户所。洪武六年正月提及指挥使胡海。
洪武元年正月置	中山卫	以周立为指挥使。	
洪武元年正月置	济宁左卫	洪武四年正月提及指挥房宽、厉达。	

(续表)

设置时间	名　称	长　官	备　考
洪武元年正月置	济宁右卫		
洪武元年正月提及	景陵卫		
洪武元年正月提及	仁和卫	指挥徐兴安。	洪武四年闰三月记事又载置仁和卫。待考。洪武八年十月改此卫为杭州右卫。
洪武元年正月置	建昌卫		洪武二年二月及二年四月记事，皆载改此卫为守御千户所。待考。
洪武元年正月置	沅州卫		
洪武元年二月提及	南雄卫		
洪武元年二月提及	韶州卫		
洪武元年三月置	泉州卫	以李山为指挥同知，徐玉、周渊为指挥佥事。洪武五年十一月提及指挥周渊。	
洪武元年三月置	汝宁卫	以李成、杨威为指挥佥事。	
洪武元年三月置	建宁卫	以沐英为指挥使。	
洪武元年三月置	乐安卫		洪武元年八月改为燕山左卫。
洪武元年三月置	温州卫	洪武元年八月提及指挥佥事吴广。	洪武元年十二月记事又提及置此卫。待考。
洪武元年四月置	汀州卫	以王珪为指挥同知，秦友谅为指挥佥事。	

(续表)

设置时间	名称	长官	备考
洪武元年五月置	沂州卫	以徐崇礼、张云□为指挥金事。	洪武五年六月记事又提及置此卫。待考。
洪武元年五月提及	骐骥卫		《洪武实录》卷56提及蔡仙于至正二十四年前任此卫指挥同知,此卫之设当甚早。
洪武元年五月提及	河南卫	以何文辉为指挥使。	在《洪武实录》洪武元年五月记事中,"河南卫"作"河南",兹参照《明史》卷134《何文辉传》及《洪武实录》卷106改。《洪武实录》洪武五年正月记事又载合并河南左、右二卫为河南卫。待考。
洪武元年五月置	漳州卫	洪武四年二十月以徐玉为指挥同知。	
洪武元年八月改置	大兴左卫	洪武三年五月提及指挥庞桱。	由飞熊卫改。但此后记载中仍有飞熊卫,参见本表飞熊卫部分的备考。
洪武元年八月提及	淮安卫		该卫于洪武元年八月提及改为大兴右卫。但此后又有关于此卫的记载(如洪武四年正月记事提及淮安卫指挥使黄琛;洪武六年七月记事也提及此卫)。待考。
洪武元年八月改置	大兴右卫		由淮安卫改置。但此后记载中仍有此卫,参见本表淮安卫部分的备考。
洪武元年八月改置	燕山左卫		由乐安卫改置。

(续表)

设置时间	名　称	长　官	备　考
洪武元年八月提及	济宁卫		该卫于洪武元年八月提及改为燕山右卫。
洪武元年八月改置	燕山右卫	洪武三年五月提及指挥平定。	由济宁卫改置。
洪武元年八月提及	青州卫		洪武元年八月提及改为永清左卫。但此后仍有关于青州卫的记载，如洪武三年九月提及青州卫，洪武三年十二月以青州卫为都卫指挥使司，洪武四年正月提及青州卫指挥佥事周兴，洪武八年十月改青州卫为山东都司，洪武十一年十二月提及青州卫。待考。
洪武元年八月改置	永清左卫		由青州卫改置。但此后仍有关于青州卫的记载。待考。参见本表青卫部分的备考。
洪武元年八月改置	永清右卫		由徐州五所改置。
洪武元年八月置	广洋卫	以李员为指挥佥事。洪武六年三月提及指挥于显。	
洪武元年八月置	江阴卫	以王贞为指挥佥事。洪武六年九月提及指挥同知朱辅。	由江阴千户所升为卫。
洪武元年九月置	雷州卫	洪武三年十二月提及指挥同知张秉彝。洪武七年四月提及指挥佥事朱永。	

(续表)

设置时间	名 称	长 官	备 考
洪武元年九月置	广西卫	洪武二年十月提及指挥佥事左君弼。洪武三年六月提及指挥使蔡佲。	参照《洪武实录》卷56及《明史》卷134《蔡迁传》。《洪武实录》洪武三年六月记事所提及之广西卫指挥使蔡佲当为蔡迁。
洪武元年十月置	永州卫	洪武三年八月提及指挥同知丁玉。	
洪武元年十月置	陈州卫		
洪武元年十一月置	颍州卫	命指挥佥事李胜守之。	
洪武元年十一月提及	横海卫	洪武六年三月提及指挥使朱寿。	洪武四年十二月记事又载置横海卫。待考。
洪武二年二月立	骁骑前卫	《洪武实录》卷74载：洪武二年周显为指挥同知，洪武三年为指挥使。	洪武五年十二月并于骁骑左卫。但洪武九年正月又载有以本卫副千户沙不丁为指挥佥事。待考。
洪武二年二月置	莱州卫	洪武四年正月提及指挥同知胡泉。	
洪武二年三月立	密云卫	洪武七年九月提及指挥佥事张斌。	
洪武二年四月提及	青州右卫		洪武八年十月记事又载置此卫。待考。
洪武二年四月立	临洮卫	洪武十二年十二月提及指挥赵琦。	
洪武二年五月立	皇陵卫		此条据《国榷》卷3。
洪武二年五月提及	处州卫	指挥副使章存道。	洪武八年十二月记事又载置处州卫。待考。

(续表)

设置时间	名　称	长　官	备　考
洪武二年六月置	平阳卫	洪武三年十一月提及指挥使王志。	
洪武二年八月置	海南卫	以指挥佥事孙安守之。洪武六年十一月提及指挥王玙。	
洪武二年八月改置	龙虎卫		由骁骑卫改置。但此后记载中仍有骁骑卫。待考。参见本表骁骑卫部分的备考。洪武五年正月龙虎卫又改置燕山护卫。同年十月复置龙虎卫于浦子口。
洪武二年八月置	燕山前卫		洪武八年十月记事又载改北平卫为燕山前卫。待考。
洪武二年八月置	燕山后卫		
洪武二年十月提及	海北卫		
洪武二年十月置	延安卫	命怀远卫指挥使许良领兵守之。洪武三年十二月提及指挥李恪。	
洪武二年十一月置	骁骑中卫		洪武五年十二月并于骁骑右卫。
洪武二年十一月置	骁骑后卫		
洪武三年正月置	巩昌卫	洪武三年十二月提及指挥佥事陈德成。同年同月记事又提及以指挥佥事周房为指挥使。	

(续表)

设置时间	名称	长官	备考
洪武三年正月置	平凉卫	洪武四年四月提及指挥秦虎。	
洪武三年正月提及	永平卫	洪武五年十一月以仇成为指挥使。	《洪武实录》卷48于洪武三年正月初四日提及永平卫,但又于洪武三年正月二十七日载置永平卫。待考。
洪武三年正月置	蔚川卫		
洪武三年正月置	大同左卫	洪武六年十二月提及指挥使薛寿。	
洪武三年正月置	大同右卫	洪武十二年七月提及指挥魏平。	
洪武三年二月提及	大河卫		
洪武三年二月提及	太原卫	以指挥曹兴才为山西行省参政,兼领太原卫事。洪武三年六月提及指挥桑桂。	
洪武三年二月立	太原左卫	以陈桓为指挥使。	洪武四年闰三月记事又载置太原左卫。待考。
洪武三年二月立	太原右卫	以谢得成为指挥使。	洪武四年闰三月记事又载置太原右卫。待考。
洪武三年二月提及	泰州卫		

(续表)

设置时间	名　称	长　官	备　考
洪武三年二月置	留守卫		升宿卫镇抚司而来。《洪武实录》洪武五年正月载：改留守司为留守卫都指挥使司。此外"留守司"疑为留守卫之误。洪武八年十月记事载，改留守都卫为留守卫。洪武九年十一月提及留守卫指挥佥事李新。洪武十一年五月丁酉（二十六日）记事载，改留守卫为留守中卫。同年同月己亥（二十八日）记事却又提及留守卫指挥使谢熊。待考。
洪武三年三月置	南宁卫	洪武五年三月以单发为指挥佥事。	
洪武三年三月置	柳州卫		
洪武三年三月置	靖州卫	命指挥同知刘才、佥事孙维、刘福等筑城戍守。	
洪武三年三月提及	蕲州卫		洪武十二年八月记事载，改蕲州守御千户所为蕲州卫。待考。
洪武三年四月置	兰州卫	洪武三年五月提及指挥使张温。	
洪武三年四月置	龙江左卫		
洪武三年六月提及	亲军都尉府左卫		

(续表)

设置时间	名称	长官	备考
洪武三年六月提及	亲军都尉府右卫		
洪武三年六月提及	亲军都尉府中卫		
洪武三年六月提及	亲军都尉府前卫		
洪武三年六月提及	亲军都尉府后卫		
洪武三年六月提及	福州卫	洪武四年正月提及指挥使王克恭。	洪武四年正月记事又载置福州卫。待考。
洪武三年六月提及	濠梁卫	洪武四年六月记事提及吴元年（即至正二十七年）授朱显忠指挥佥事。	
洪武三年七月置	水军卫		洪武四年十二月改水军卫为左、右二卫。但以后的记载如洪武六年正月、洪武七年正月，仍提及水军卫。待考。
洪武三年七月提及	绥德卫	洪武三年十二月提及指挥朱明。	洪武六年正月记事又载置绥德卫。待考。
洪武三年八月置	朔州卫	洪武三年十一月提及指挥使司副使郑遇春。	
洪武三年八月改设	彭城卫		设于北平。洪武四年六月记事又载，于北平设彭城卫。待考。
洪武三年八月改设	济阳卫		设于北平。洪武四年六月记事又载于北平设济阳卫。待考。

(续表)

设置时间	名　称	长　官	备　考
洪武三年八月改设	济州卫		设于北平。洪武四年六月记事又载于北平设济川（济州）卫。待考。
洪武三年九月提及	黄州卫	指挥使蔡迁。	蔡仙任黄州卫指挥使在洪武三年九月以前，具体时间不详，参见《明史》卷134《蔡迁传》。又《洪武实录》卷56，"蔡迁"作"蔡仙"，待考。洪武二十年六月记事载，改黄州守御千户所为黄州卫，待考。
洪武三年九月提及	河州卫	指挥韦正。	
洪武三年十一月置	杭州卫		洪武三年十二月升为都卫指挥使司。但洪武六年正月、洪武七年正月、洪武七年十一月等又提及杭州卫。洪武八年十月载改杭州卫为浙江都司。待考。
洪武三年十一月置	严州卫		后来改为守御千户所。
洪武三年十一月置	崇德卫		后来罢去。
洪武三年十一月置	德清卫		后来罢去。
洪武三年十二月提及	江西卫		洪武三年十二月记事载，升江西卫为都卫指挥使司。

(续表)

设置时间	名称	长官	备考
洪武三年十二月提及	燕山卫		洪武三年十二月升燕山卫为都卫指挥使司。但洪武六年三月又提及燕山卫指挥朱果。洪武八年正月及洪武十二年六月又都提及燕山卫。待考。
洪武四年正月置	武靖卫	以卜纳剌为指挥同知。洪武九年九月提及指挥卜纳剌。	
洪武四年正月置	岐山卫	据《国榷》卷4置卫时以朵儿只班为指挥同知。	
洪武四年正月置	高昌卫	据《国榷》卷4置卫时以和尚为同知。	《洪武实录》洪武四年正月记事载,以桑加朵儿只为指挥同知。待考。
洪武四年正月提及	东胜卫	指挥佥事程遑。	
洪武四年二月提及	潞州卫		
洪武四年二月置	辽东卫	以刘益为指挥同知。洪武七年正月提及指挥佥事房嵩。洪武七年十月提及指挥张良佐。	洪武四年六月提及此卫设于得利赢城。洪武八年十月改为定辽后卫指挥使司。
洪武四年三月置	濠梁后卫		洪武七年九月改为凤阳卫。
洪武四年三月置	南阳卫	洪武七年六月提及指挥佥事郭云。	
洪武四年闰三月置	延平卫		

(续表)

设置时间	名 称	长 官	备 考
洪武四年正月置	太原前卫		此据《国榷》卷4。《洪武实录》于洪武四年五月记事作"置太原前卫指挥使司",又于洪武八年十月记事载置太原前卫。待考。
洪武四年六月置	平山卫		设在山东。
洪武四年七月置	蓟州卫		
洪武四年九月置	成都右卫		
洪武四年九月置	右都中卫		洪武八年十月记事又载置此卫。待考。
洪武四年九月置	成都前卫		
洪武四年九月置	成都后卫		
洪武四年十月置	朵甘卫	洪武六年十月升本卫指挥佥事琐南兀即尔为指挥同知。	洪武六年二月记事又载置此卫。待考。洪武七年七月此卫升行都司。
洪武四年十月提及	福建兴化卫	指挥同知刘悦。洪武四年十二月提及指挥李兴、李春。	
洪武四年十一月提及	广东卫	以指挥同知胡通为指挥使。	
洪武四年十一月提及	骁骑左卫	指挥使郭英。	洪武十一年十月改骁骑左卫为府军后卫。但洪武十三年正月记事又提及骁骑左卫。待考。
洪武四年十二月改置	高邮卫		由高邮守御千户所改置。
洪武四年十二月置	扬州卫		

(续表)

设置时间	名 称	长 官	备 考
洪武四年十二月置	永宁卫	洪武八年二月提及指挥使杨广。	洪武十二年九月记事又载置北平永宁卫。待考。
洪武四年十二月置	贵州卫	洪武五年七月提及纪雄任指挥同知。洪武六年闰十一月提及指挥佥事张垈（岱）。洪武九年十二月提及指挥顾成。	
洪武四年十二月改置	水军左卫		由水军卫改置。但此后仍在记事中载有水军卫。待考。参见本表水军卫部分的备考。
洪武四年十二月改置	水军右卫	洪武五年二月以蔡椿为指挥使。	由水军卫改置。但此后仍在记事中载有水军卫。待考。参见本表水军卫部分的备考。
洪武四年十二月提及	河南右卫		洪武五年正月与河南左卫合并为河南卫。参见本表河南卫部分的备考。
洪武五年正月提及	河南左卫		洪武五年正月与河南右卫合并为河南卫。参见本表河南卫部分的备考。
洪武五年正月提及	大同卫	指挥佥事蔡端。洪武六年八月记事提及指挥王约。	
洪武五年正月提及	秦州卫	指挥佥事王薄。	
洪武五年正月置	蒙古卫	以答失里为佥事。	
洪武五年正月改置	燕山护卫	洪武九年正月以燕山护卫指挥佥事刘集为本卫指挥使。	由龙虎卫改置。同年十月又复置龙虎卫。参见本表龙虎卫部分的备考。

(续表)

设置时间	名　称	长　官	备　考
洪武五年正月置	西安护卫		
洪武五年正月置	太原护卫	洪武七年二月提及指挥同知王城。洪武九年正月提及指挥使袁洪。	据《国榷》，洪武十一年四月此卫改为太原中护卫。
洪武五年正月置	广西护卫	洪武六年四月提及指挥佥事阎鉴。	洪武十二年六月改为桂林左卫。
洪武五年二月提及	潮阳卫	指挥佥事王友。	
洪武五年二月提及	龙江卫		
洪武五年二月提及	西安卫	洪武八年九月提及指挥使濮英。	
洪武五年六月提及	定辽东卫	指挥同知冯祥。	
洪武五年七月提及	平阳左卫		《洪武实录》洪武五年七月记事载，章存道自洪武四年起任平阳左卫指挥同知。可见此卫之设不会晚于洪武四年。
洪武五年七月提及	永清卫		
洪武五年八月置	台州卫		同时置台州守御千户所。
洪武五年八月提及	明州卫	指挥佥事张亿。	
洪武五年十一月提及	广州卫		《洪武实录》卷102载，张秉彝曾任该卫指挥同知。
洪武五年十一月提及	钟山卫		洪武八年正月罢此卫。

(续表)

设置时间	名称	长官	备考
洪武五年十一月置	庄浪卫		
洪武五年十二月提及	定辽卫	以吴祯为指挥使。	
洪武六年正月置	西宁卫	以朵儿只失结为指挥佥事。	
洪武六年正月提及	成都卫	指挥袁洪。	
洪武六年正月提及	宁夏卫	指挥佥事马鉴。洪武十一年四月提及指挥耿忠。	
洪武六年二月置	乌思藏卫		洪武七年七月升行都司。
洪武六年四月置	西平卫	以撒尔札拜为指挥佥事。	洪武六年十二月记事中，"撒尔札拜"作"撒尔只拜"。
洪武六年四月置	怀庆卫	以广西护卫指挥佥事阎鉴权卫事。	
洪武六年五月置	西安前卫		
洪武六年六月置	秦川卫		在西安城下。
洪武六年六月置	华山卫		在西安城下。
洪武六年七月提及	洮州卫	指挥副使阿都儿。	此条据《国榷》卷5。《洪武实录》洪武十二年二月记事又载置洮州卫。以指挥聂纬等领兵守之。待考。
洪武六年十月置	西安后卫		
洪武六年十一月改置	重庆卫	命指挥戴鼎守之。	由重庆守御千户所改置。

(续表)

设置时间	名　称	长　官	备　考
洪武六年闰十一月置	定辽右卫	命定辽都卫指挥佥事王才等屯守。	在辽阳城北。
洪武七年正月提及	绍兴卫		洪武十二年四月记事又载置此卫。待考。
洪武七年正月提及	定辽左卫	洪武九年十月提及指挥佥事张山。	
洪武七年正月提及	庆阳卫		
洪武七年正月提及	长安卫	指挥佥事李义。	
洪武七年二月提及	西安左卫		
洪武七年二月置	歧宁卫	以答立麻、买的为指挥同知。	
洪武七年三月置	杭州护卫	洪武七年十一月提及指挥使赵圭。	
洪武七年六月提及	长沙卫	指挥同知丘广。	
洪武七年七月立	察罕脑儿卫	以塔剌海等二人为指挥佥事。	
洪武七年九月改置	凤阳卫	洪武八年十二月提及指挥使瞿通。	由濠梁后卫改置。
洪武七年十月置	凉州卫	以脱林为指挥佥事。洪武十二年十二月以宋晟为指挥使。	洪武九年十月记事又载置此卫。待考。
洪武七年十一月置	镇西卫	洪武十一年三月提及指挥同知张兴。	置于岢岚州。

(续表)

设置时间	名称	长官	备考
洪武八年正月提及	潮州卫	指挥同知俞辅。洪武八年十二月提及指挥佥事李德。洪武十二年三月提及指挥崔延。	
洪武八年正月置	安定卫		
洪武八年正月置	阿端卫		
洪武八年二月提及	成都左卫	指挥同知何诚。	
洪武八年三月置	官山卫	以乃儿不花为指挥同知。	
洪武八年四月置	金州卫	以袁州卫指挥同知常福、赣州卫指挥佥事王胜领兵屯守。	
洪武八年五月提及	蒙古右卫	以保咱为指挥佥事。	洪武八年六月载,改蒙古左卫、调保咱为指挥佥事,仍置蒙古右卫。
洪武八年六月改置	蒙古左卫	以保咱为指挥佥事。	参见本表蒙古右卫部分的备考。
洪武八年十月改置	彰德卫		以彰德千户所改置。
洪武八年十月提及	北平卫		洪武八年十月改北平卫为燕山前卫。参见本表"燕山前卫"部分的备考。
洪武八年十月改置	杭州左卫		由钱塘卫改置。
洪武八年十月改置	杭州右卫		由仁和卫改置。
洪武八年十月置	南昌左卫		
洪武八年十月置	青州左卫		

(续表)

设置时间	名 称	长 官	备 考
洪武八年十月置	福州左卫		
洪武八年十月置	福州右卫		
洪武八年十月置	建宁左卫		
洪武八年十月置	建宁右卫		
洪武八年十月置	武昌左卫		
洪武八年十月置	武昌右卫		
洪武八年十月置	广州左卫		
洪武八年十月置	广州右卫		
洪武八年十月置	桂林左卫		洪武十二年六月改为桂林中卫,而广西护卫改为桂林左卫。
洪武八年十月置	桂林右卫		
洪武八年十月置	定辽前卫	洪武八年十二月提及指挥周鹗。	
洪武八年十月改置	定辽后卫		由辽东卫改置。洪武九年十月,改定后卫为盖州卫,复置定辽后卫于辽阳城北,以定辽左卫指挥金事张山统兵屯戍。
洪武八年十一月提及	登州卫		洪武九年十二月罢。
洪武八年十二月置	西安中护卫		
洪武八年十二月提及	盖州卫	指挥吴立、张良佐、房嵩等。	洪武九年十月记事又载改定辽后卫为盖州卫。待考。
洪武九年二月提及	宁海卫		洪武十一年四月记事又载置宁海卫于山东宁海州。待考。

(续表)

设置时间	名 称	长 官	备 考
洪武九年三月提及	桂林卫	指挥姜旺。	
洪武九年四月置	大庸卫	以常德卫指挥佥事张胜署卫事。	
洪武九年八月提及	大兴卫		
洪武九年九月提及	海州卫	指挥同知刘成。	
洪武九年十月提及	甘肃卫		
洪武九年十月提及	西凉卫		
洪武九年十月提及	斡端卫		
洪武九年十一月提及	潼关卫		由潼关守御千户所改置。
洪武九年十二月提及	杭州前卫		
洪武十年四月提及	威州卫	耿瑜曾任指挥佥事。	洪武十二年九月记事又载置四川威州卫。待考。
洪武十年四月提及	廉州卫	耿瑜曾任指挥佥事。	
洪武十年四月提及	曲先卫	指挥沙剌。	
洪武十年七月置	叙南卫	以安陆卫指挥佥事王承署卫事。	

(续表)

设置时间	名称	长官	备考
洪武十一年二月置	茂州卫	以指挥楚华守之。	
洪武十一年三月置	庄浪分卫	命指挥佥事李景守之。	设于碾北。
洪武十一年四月置	宁川卫	洪武十二年十一月提及指挥佥事高显。	设于成都。
洪武十一年四月置	太原右护卫	以韦善为指挥使。	
洪武十一年四月改置	太原中护卫		此条据《国榷》卷6。在《洪武实录》中,在洪武十二年八月记事时,始提及太原中护卫。
洪武十一年五月置	府军卫	洪武十二年十一月提及指挥佥事张翼。	
洪武十一年五月改置	留守中卫		洪武十一年五月丁酉(二十六日)记事载,改留守卫为留守中卫。但同年同月己亥(二十八日)记事又提及留守卫指挥使谢熊。待考。
洪武十一年五月置	留守左卫		
洪武十一年五月置	留守右卫	洪武十二年七月提及指挥仇成。	
洪武十一年五月置	留守前卫		
洪武十一年五月置	留守后卫		
洪武十一年五月提及	河州右卫	指挥徐景。	洪武十二年七月改为河州军民指挥使司。

(续表)

设置时间	名称	长官	备考
洪武十一年六月置	燕山中护卫		
洪武十一年六月置	燕山左护卫		
洪武十一年七月置	岷州卫		
洪武十一年七月置	碾北卫		
洪武十一年七月置	宁山卫		
洪武十一年七月置	弘农卫		
洪武十一年八月置	凤阳中卫		
洪武十一年八月置	凤阳右卫		
洪武十一年九月置	遵化卫		
洪武十一年九月置	府军右卫		
洪武十一年九月置	府军右卫	洪武十二年六月提及指挥佥事茆鼎。	
洪武十一年十月改置	府军后卫		由骁骑左卫改置,但洪武十三年正月记事又提及骁骑左卫。待考。
洪武十一年十月改置	府军前卫		由武德卫改置。

(续表)

设置时间	名 称	长 官	备 考
洪武十一年十一月置	太原左护卫		
洪武十一年十二月置	崇山卫		崇山卫设于湖广孟洞之地。
洪武十二年三月	兖州护卫		
洪武十二年四月设	松州卫		
洪武十二年四月提及	宁州卫		
洪武十二年六月改置	桂林中卫		由桂林左卫改。
洪武十二年七月改置	瞿塘卫		由瞿塘守御千户所改置。
洪武十二年九月改置	凤阳留守中卫		由凤阳行大都督府改置。此条据《国榷》卷6。另外《洪武实录》洪武十二年九月记事载,当时以指挥金事舒皖、王贵陆续领卫事。
洪武十二年九月置	凤阳留守左卫		
洪武十二年十月置	镇海卫		设于太仓海口。
洪武十三年正月提及	凤阳左卫		

洪武十三年正月十一日以前各千户所情况表

设置时间	名称	备考
至正二十四年四月改置	京城各门千户所	由各门总管府改置。此条据《国榷》卷2。
至正二十四年九月置	滁州千户所	
至正二十五年闰十月立	永新守御千户所	
洪武元年三月置	广信守御千户所	
洪武元年五月置	道州守御千户所	
洪武元年闰七月置	高邮守御千户所	洪武四年十二月改为高邮卫。
洪武元年八月提及	江阴千户所	洪武元年八月升江阴千户所为江阴卫。洪武十一年正月又置江阴守御千户所。
洪武元年八月提及	邳州千户所	
洪武元年九月置	洪武门千户所	
洪武二年正月置	全州守御千户所	
洪武二年二月改置	建昌守御千户所	由建昌卫改置。洪武二年四月记事也载此事。待考。
洪武二年六月置	天平千户所	设置时以陇丁寨土酋覃顺为千户。
洪武二年七月置	麻寮千户所	设置时以唐勇为千户。
洪武三年正月改置	庐州守御千户所	由合淝卫所置。
洪武三年四月改置	六安守御千户所	由六安卫改置。
洪武三年四月改置	徽州守御千户所	由徽州卫改置。
洪武三年六月改置	宜兴守御千户所	由宜兴卫改置。
洪武三年六月提及	安丰千户所	
洪武三年七月置	忙忽军民千户所	隶绥德卫。
洪武三年九月	官山等处军民千户所	设立千户所时,以把都为正千户。

(续表)

设置时间	名　称	备　考
洪武三年十一月置	衢州守御千户所	
洪武三年十一月后改置	严州守御千户所	由严州卫改置。
洪武三年十一月改置	金华守御千户所	由金华卫改置。
洪武三年十二月置	滕县守御千户所	
洪武四年正月置	铁城千户所	属河州卫。
洪武四年正月置	岷州千户所	属河州卫。设置时以坚敦肖为岷州府千户所副千户。
洪武四年正月置	十八族千户所	设置时以包完卜瓜为正千户，七汪肖为副千户。属河州卫。洪武六年二月记事又载置此千户所。待考。
洪武四年正月置	常阳千户所	属河州卫。洪武六年二月记事又载置此千户所。待考。
武洪四年正月置	积石州千户所	属河州卫。
洪武四年正月置	蒙古军千户所	属河州卫。
洪武四年正月置	灭乞军千户所	属河州卫。
洪武四年正月置	招藏军千户所	属河州卫。
洪武四年正月置	洮州军民千户所	属河州卫。洪武六年二月记事又载置此千户所。待考。
洪武四年正月置	失宝赤千户所	
洪武四年正月置	五花城千户所	
洪武四年正月置	斡鲁忽奴千户所	
洪武四年正月置	燕只千户所	
洪武四年正月置	瓮吉剌千户所	
洪武四年闰三月置	泰州守御千户所	
洪武四年四月置	梧州府守御千户所	
洪武四年四月置	京城金川门千户所	

(续表)

设置时间	名称	备考
洪武四年四月置	京城太平门千户所	
洪武四年四月置	文州汉蕃千户所	
洪武四年九月置	保宁守御千户所	
洪武四年十月置	重庆守御千户所	设千户所时，命千户左辅守之。洪武六年十一月改为重庆卫。
洪武四年十月置	雅州守御千户所	设千户所时，调千户佘真镇守。
洪武四年十月置	秦州守御千户所	设千户所时，以千户成辉守之。洪武六年五月记事又载置此千户所。待考。
洪武四年十月置	叙南守御千户所	设千户所时，以千户何鼎守之。
洪武四年十月置	青州守御千户所	设千户所时以副千户朱铭守之。据《洪武实录》洪武七年八月记事，此千户所曾一度改置安州千户所，至洪武七年八月才罢安州千户所，仍置青州千户所。
洪武四年十一月置	礼店千户所	设千户所时，以孙忠谅、赵伯寿为正千户。
洪武四年十一月置	必里千户所	属河州卫。设置时以朵儿只星吉为世袭千户。
洪武四年十二月置	瞿塘关守御千户所	洪武十二年七月改瞿塘守御千户所为瞿塘卫。
洪武四年十二月置	汉中守御千户所	
洪武四年十二月置	阶文守御千户所	
洪武四年十二月置	诸城守御千户所	
洪武五年正月置	陕州守御千户所	
洪武五年三月置	靖州武冈守御千户所	设置时以周顺为千户。

(续表)

设置时间	名　称	备　考
洪武五年三月置	胶州守御千户所	
洪武五年八月提及	仪真千户所	
洪武五年八月提及	台州守御千户所	洪武五年八月罢台州守御千户所，置台州卫。
洪武五年九月置	通州守御千户所	
洪武五年十一月置	益阳守御千户所	
洪武六年二月置	乌思藏朵甘的四个千户所	
洪武六年七月置	儋州守御千户所	
洪武六年七月置	万州守御千户所	
洪武六年八月置	德庆千户所	
洪武六年八月置	惠州千户所	
洪武六年八月置	肇庆千户所	
洪武六年八月置	南雄千户所	
洪武六年八月置	韶州千户所	
洪武六年八月置	阳江千户所	
洪武七年正月置	定辽都卫八个千户所	洪武七年正月定辽都卫并卫所官军。以余军分为八千户所。
洪武七年正月置	马鞍门千户所（定淮门千户所）	洪武七年正月设置时称马鞍门千户所，不久改为定淮门。
洪武七年三月置	巩昌西固城等处千户所	设置时以韩文质为正千户。
洪武七年八月提及	安州千户所	据《洪武实录》洪武七年八月记事，青州守御千户所曾一度改为安州千户所，至洪武七年八月罢安州千户所，仍置青州千户所。
洪武七年十二月置	朵甘思千户所	

(续表)

设置时间	名　称	备　考
洪武七年十二月置	剌宗千户所	
洪武七年十二月置	孛里加千户所	
洪武七年十二月置	长河西千户所	
洪武七年十二月置	朵甘思多八参孙等处千户所	
洪武七年十二月置	加巴千户所	
洪武七年十二月置	兆日千户所	
洪武七年十二月置	纳竹千户所	
洪武七年十二月置	伦答千户所	洪武八年正月提及乌思藏笼答千户所，似即洪武七年十二月所置之伦答千户所。
洪武七年十二月置	沙里可哈思的千户所	
洪武七年十二月置	孛里加思束千户所	
洪武七年十二月置	果由千户所	
洪武七年十二月置	参卜郎千户所	
洪武七年十二月置	剌错牙千户所	
洪武七年十二月置	泄里壩千户所	参照《洪武实录》卷95、《明史》卷90确定。
洪武七年十二月置	润则鲁孙千户所	参照《洪武实录》卷95、《明史》卷90确定。
洪武七年十二月置	撒里土儿千户所	参照《洪武实录》卷95、《明史》卷90确定。
洪武八年正月置	陕西归德守御千户所	设置时以端竹星吉、玉伦管卜答儿三人为千户。
洪武八年正月置	喃加巴千户所	设置时以阿乩等六人为千百户。
洪武八年正月置	失保赤千户所	设置时以答儿木为正千户。隶河州卫。

(续表)

设置时间	名　称	备　考
洪武八年二月置	湖州守御千户所	
洪武八年十月提及	彰德千户所	洪武八年十月改此所为卫。
洪武九年四月提及	澧州千户所	洪武九年四月罢此所。
洪武九年九月置	河州西番木哑些儿孙等处千户所	设置时以锁南巴等充正副千户。
洪武九年九月置	三山门千户所	《国榷》卷6作"玉山门"。待考。
洪武九年九月置	神策门千户所	
洪武九年十月提及	黄平千户所	洪武十一年正月记事又载置黄平守御千户所。待考。
洪武九年十一月提及	潼关守御千户所	洪武九年十一月改此所为卫。
洪武十年五月置	宿州守御千户所	
洪武十年十二月提及	威州千户所	
洪武十一年九月置	黔江守御千户所	
洪武十一年十一月置	宁化守御千户所	设于山西靖乐县。
洪武十二年四月提及	绍兴千户所	
洪武十二年六月提及	黄州守御千户所	洪武十二年六月记事载改黄州守御千户所为黄州卫。但洪武三年九月记事已经提及黄州卫。待考。
洪武十二年七月置	梁山守御千户所	隶瞿塘卫。洪武十二年九月罢。
洪武十二年七月置	大竹守御千户所	隶瞿塘卫。
洪武十二年七月置	忠州守御千户所	隶瞿塘卫。洪武十二年九月罢。
洪武十二年七月置	达朵守御千户所	隶瞿塘卫。
洪武十二年八月提及	蕲州守御千户所	洪武十二年八月记事载改蕲州守御千户所为蕲州卫，而洪武三年三月记事早已提及蕲州卫。待考。

(续表)

设置时间	名 称	备 考
洪武十二年九月置	山西广昌守御千户所	
洪武十二年九月置	古北口守御千户所	
洪武十二年十月置	浙江昌国守御千户所	
洪武十二年十一月置	雁门守御千户所	
洪武十二年十二月提及	凤翔千户所	
洪武十三年正月提及	镇江千户所	
洪武十三年正月提及	信阳千户所	
洪武十三年正月提及	洪塘千户所	

三 从行枢密院和枢密分院到大都督府

《续文献通考》卷122《兵考》说：洪武元年立军卫法，"自京师达于郡县，皆立军卫。度天下要害之地，系一郡者设所，连郡者设卫。"可见，卫所以及大体相当于卫的诸翼统军元帅府是一府和数府之下的地域的基层军事行政单位。在朱元璋的军队里，在此之上的军事机构是什么呢？有明最初是行枢密院和枢密分院，而后又改为大都督府和行都督府。

行枢密院和枢密分院都是元朝的旧制。元朝在中央机构中设有枢密院，职掌"天下兵甲机密之务，凡宫禁宿卫、边庭军翼、征讨戍守、简阅差遣、举功转官、节制调度，无不由之"，其所设官员有知院、同知、副枢、佥院、同佥、院判、参议等，[①] 而一旦发生战事，便设置行枢密院，"大征伐曰行院，为一方一事而设称某处行枢密院"，"事已则罢"。到元朝末年，为了处理卫

---

① 《续文献通考》卷56《职官》6。

辉等地区的用兵事宜,还在卫辉等地分别设过枢密分院。① 可见行枢密院和枢密分院,都是为解决对某一或大或小地区的用兵事宜而专门设立的军事领导机构。朱元璋自从至正十五年六月率兵下江南之后,为了"总制各翼军马",便模仿元朝的旧制,设立了行枢密院和枢密分院。

关于行枢密院之设,《洪武实录》于卷4记有两条,一在至正十六年六月丁酉(十二)日:"置行枢密院于太平,以总(管)花云为院判";一在至正十六年七月己卯朔:"置江南行枢密院,以元帅汤和摄同佥枢密事"。而《国榷》卷一和《续文献通考》卷122只记了至正十六年六月的一次,《明史纪事本末》卷2和《明通鉴》前编卷1只记了至正十六年七月的一次。大概朱元璋之设立行枢密院最初在至正十六年六月,当时机构极不健全,到同年七月又作了一次健全机构的工作。《洪武实录》对这一逐步建立健全的过程记得不太清楚,而其他文献只记了这一全过程的一个环节。

朱元璋所设立的枢密分院,在《洪武实录》的记载中有七个,其具体情况是:

一、至正十七年五月五日记事提及"江淮分枢密院副使张鉴、佥院何文正"。②

二、至正十七年五月二十二日记事部及"兴国翼分院院判赵忠"。

三、至正十七年六月记事提及"长春枢密分院判官赵继祖"。(常州当时曾称长春。)

四、至正十八年十二月记事载,"立星源翼分院于婺源,以

---

① 《续文献通考》卷56《职官》6。
② 《明史纪事本末》卷4作"两淮分院副使张鉴、同佥何文正"。

元帅汪同为院判。"

五、至正十九年二月记事载,"立枢密分院于诸全州","升谢再兴为院判"。(当时诸暨改称诸全州。)

六、至正十九年四月记事载,"立枢密分司院①于宁越府,以常遇春为镇国上将军,同金枢密分院事。"②

七、至正二十年三月记事载,"改淮海翼元帅府为江南等处分枢密院,以缪大亨同金枢密院事,总制军民。"③

朱元璋军队中的行枢密院和枢密分院机构到至正二十一年初突然全部废除,其枢密分院在这一年二月改为中书分省,④ 其行枢密院在这一年三月改为大都督府。⑤ 为什么发生这一改变呢?对此文献中没有明确说明。分析当时的形势,似乎与朱元璋对小明王的态度有关。

朱元璋在刚刚渡江之时,接受着小明王韩林儿的龙凤政权的领导,他不仅"用其年号以令军中",⑥ 而且接受了其所授予的大丞相之官。⑦ 但到至正二十一年初,随着自己势力的发展,朱元璋对于这种状况已经不满意了,决定改变。《明通鉴》前编卷2至正二十一年春正月癸丑朔条载:

---

① 《国榷》卷1记此时无"司"字。
② 宁越府治所在今金华。
③ 《明通鉴》前编卷1于至正十七年十月记事下附记此事,其"总制军民"作"总制扬州、镇江"。
④ 《洪武实录》卷9,《国榷》卷1。
⑤ 《洪武实录》卷9,《明史》卷1,《明通鉴》前编卷2,《国榷》卷1,《续文献通考》卷122。各书所记"行枢密院"皆作"枢密院",而史料中并无朱元璋曾设"枢密院"的记载,其所记"枢密院"显然是"行枢密院"之误。
⑥ 《明史》卷1。
⑦ 《明通鉴》前编卷1,黄云眉《明史考证》1,第6页。

>　　江南行中书省设御座，奉小明王行庆贺礼。参谋刘基怒曰，"彼牧竖耳，奉之何为！"不拜。太祖召基入，问之，基遂陈天命有在。太祖大感悟，乃定西征之计。

所谓"太祖大感悟"，就是说朱元璋从此彻底下定了摆脱龙凤政权领导、自己独自建立"王业"的决心。① 这样，原来的"行枢密院"这一机构名称，便不符合需要了；因为它虽然是很高级的军事领导机构名称，但不是中央的最高军事领导机关的名号，把它作为自己的部队的最高领导机关的称呼，就意味着自己所主持的这支势力，还要接受这支势力之外的另一势力的领导；当时龙凤政权的建置中，主管军事的机构，沿用了宋元以来中央负责军事的衙门的名称"枢密院"②，这更使朱元璋不能不去改变它。怎样改变呢？当时最简便的方法是去掉"行枢密院"一词中的"行"字，直称"枢密院"；枢密院作为自己部队的最高领导机构的名称，就可以表达出自己独立建立"王业"的志向。但朱元璋没有这样做，如上所述，他把"行枢密院"一名废掉后，改称的是"大都督府"。朱元璋为什么这样做呢？这大概是为了把事情做得比较委婉。他当时虽然下定了摆脱龙凤政权领导、自己独立建立王业的决心，但又感到自己的羽毛还不甚丰满，还需要借用龙凤政权的声势，因此不便于一下子把事情做绝，要稳妥行事。他之使用龙凤年号一直继续到至正二十六年，当即出于这种考虑。在这种情况下，他在改换"行枢密院"的名称时，就不能做得过分张扬，要既达到消除不标志中央军事领导机构这一不便之处的

---

① 《明史·刘基传》。
② 《明史》卷122《韩林儿传》称：龙凤政权以"刘六知枢密院事。"

目的,又不刺激其他政治势力(特别是龙凤政权)给自己带来不利的影响。这样,"枢密院"这一名称就不便于采用了——当时它作为中央军事领导机构的"身份"太引人注目了,尤其是龙凤政权当时正以之作为主管军事的机构的名称,朱元璋如果采用它,那就无异于公开表示要与龙凤政权平起平坐。而"大都督府"这一名称却非常适合。

大都督府与行枢密院一样,也是早在元朝就已存在的机构。《续文献通考》卷57《职官》7称:"元大都督府,管领左右钦察两卫、龙翊侍卫、东路蒙古军元帅府、东路蒙古军万户府、哈喇娄万户府,官有大都督三人、同知二人、副都督三人、佥都督事二人、经历督事各二人,管勾、照磨各一人。"当时它并非中央的最高军事机构,但它的名称不像"行枢密院"一名那样本身不适于充当最高军事机构的名号。而它在元代并非中央最高军事机构的客观事实,当朱元璋将其名称规定为最高军事机构的名称时,正好可以在一定程度上起掩盖形迹、麻痹视听、减少影响的作用。朱元璋当时采用以大都督府代替行枢密院的策略,真可说是巧妙至极,既在军事机构的设置上,从实际到名称都取得了独立发展的便利,又避免了如果采用"枢密院"一名将要产生的强烈刺激龙凤政权及其他政治势力的后果。

"行枢密院"之称既要废除,"枢密院"之名又不能采用,这便使"枢密分院"之存在失去了基础,它之改置中书分省成为顺理成章的事情。中书分省对军事并非不加过问,但它主要是管民政的机构,所以经过至正二十一年初的改革,在朱元璋所设置的军事机构中,其高于数府地域的军事行政机构的机构,就只剩下了大都督府一种。

至正二十一年三月行枢密院改为大都督府时,朱元璋的侄子原枢密院同佥朱文正被任为大都督,"节制中外诸军事",同时还任命了司马、参军、经历、都事等助手。① 后来，大都督府的官员改置越来越多，品秩规定也有不断的修订，据《洪武实录》的记载，主要有下列两次较大的变化。一是至正二十四年三月规定大都督府的官制：大都督从一品，左右都督正二品，同知都督从二品②，副都督正三品，佥都督从三品，经历从五品，都事从七品。③ 二是至正二十七年十一月规定大都督府官制：左右都督正一品，同知都督从一品，副都督正二品，佥都督从二品，参议正四品，经历、断事官从五品，都事正七品，照磨从七品。④ 以后又有一些小变动，如洪武九年，"罢副都督，改参议为掌判官"，⑤ 洪武十二年九月，"升都督府佥事为正二品。"⑥ 大都督府的官员设置之所以越来越多，其中一个重要原因就是要限制大都督的权力。《续文献通考》卷122对此曾明确地说："以其（指大都督）权太重，设左右都督、都督同知、都督佥事。"后来朱元璋认为这样还不能解决问题，到至正二十五年正月又寻找借口把大都督朱文正免官，⑦ 到至正二十七年十一月规定大都督府官制时，更"罢大都督不设，以左右都督为长官"。⑧ 前面已经谈到，洪武七年八月朱元璋在修订卫所的设置章程时，很注意对军官权力的限制和加强皇权；而这里所叙述的事实说明，早在明朝建立之前，朱元璋就已经注意到这个问题了。

① 《洪武实录》卷9。
② 原文作"二品"。
③ 《洪武实录》卷14。
④ 《洪武实录》卷22。
⑤ 《续文献通考》卷57《职官》7。
⑥ 《洪武实录》卷126。
⑦ 《国榷》卷2。
⑧ 《续文献通考》卷57《职官》7。

四 行都督府、都卫、都司和五军都督府

大都督府在刚刚设置时由于所辖地域不广，可以担当直接领导诸翼元帅府或各卫的任务，但随着军事斗争的胜利发展，朱元璋管辖的地盘日益扩大，到洪武十三年正月以前，整个中国几乎被他统一起来，军卫的数目也迅速增加起来。这样，由大都督府这样一个机构去直接领导各军卫就不再能完成任务，于是行都督府和都卫等新的军事领导机构应运而生。

行都督府是大都督府在地方上的派出机构。按照《续文献通考》卷61《职官》11的说法，它设于"各行省"。但《洪武实录》中记载下来的只有四个：该书卷53载，洪武三年六月"设陕西、北平、山西行都督府"，以"都督佥事郭子兴为秦王府武傅，仍兼陕西行都督府佥事，都督同知汪兴祖为晋王府武傅，兼山西都督府同知"，以都督佥事张温兼陕西行都督府佥事。另外，《洪武实录》卷93还记载了凤阳行都督府。在上述四个行都督府中，其凤阳行都督府原来叫"行大都督府"，设于洪武四年四月，称"临濠行大都督府"，① 洪武六年九月改称"中立行大都督府"，② 到洪武七年九月，才最后改称为"凤阳行都督府"。③ 据《洪武实录》卷31洪武元年九月记事载，当时北平曾"置大都督分府"并"以都督副使孙兴祖领府事，升指挥华云龙为分府都督佥事"。关于这个设于北平的大都督分府与洪武三年六月改立的北平行都督府的关系，史料中不见明文记载，而根据凤阳行都督

---

① 《洪武实录》卷64。
② 《洪武实录》卷85。
③ 《洪武实录》卷93。

府得名情况来推测，大概前者即后者的前身。由于"行大都督府"与"大都督分府"的名称都是只用于一地，而且后来又都改作"行都督府"，因而史籍中一般不再提及它们，而只谈"行都督府"。陕西、北平、山西和凤阳四地之外，是否还设过"行都督府"，以及这四地的行都督府各存在了多长时间，史籍中皆未见记载；估计这种机构设立得不多，已经设立的存在时间也不长，它们在明初兵制史上不是具有很大影响的机构。

普遍设立而且影响深远的机构是都卫。都卫设于各行省，[①]始于洪武三年十二月。都卫职司"节制方面，职系甚重"，因而其长官要"从朝廷选调，不许世袭"。[②] 洪武八年十月，各都卫改为都指挥使司（简称都司）和行都指挥使司（简称行都司），当时都司共十三个，行都司三个。[③] 关于都卫和都司、行都司的设置情况，《洪武实录》中有详细记载，兹据之列表综述如下，凡依时间很易检出者，不再注明出处。

[①] 《续文献通考》卷61《职官》11。
[②] 《续文献通考》卷61《职官》11。
[③] 《明史》卷90称行都司两个，误。

都卫、都司、行都司表

设置都卫时间（不详者系于《洪武实录》中最早提及的时间）	都卫名称	改为都司或行都司时间	都司或行都司名称	都卫、都司或行都司长官（只录出现较早者）	备 考
洪武三年十二月置	杭州都卫	洪武八年十月改	浙江都司	洪武六年正月以卜纳剌为都卫指挥同知。洪武七年八月提及杭州都卫指挥使徐司马。	徐司马的官衔在《洪武实录》中原作"杭州都督指挥使"，据《明史》卷134改为"杭州都卫指挥使"。杭州都卫系洪武三年十二月由杭州卫升来。但《洪武实录》中在洪武三年十二月后仍有关于杭州卫的记载。待考。参见《洪武十三年正月十一日以前各卫情况表》的杭州卫部分备考。《洪武实录》在记载"杭州都卫"改为"浙江都司"时，杭州都卫误为"杭州卫"。
洪武三年十二月置	江西都卫	洪武八年十月改	江西都司	洪武四年十一月以宋晟为都指挥使。	江西都卫系由江西卫升来。
洪武三年十二月置	燕山都卫	洪武八年十月改	北平都司	洪武七年九月提及燕山都卫指挥使朱杲。洪武七年七月以曹兴为都指挥使。	燕山都卫系由燕山卫升来。但《洪武实录》中在洪武三年十二月后仍有关于燕山卫的记载。待考。参见《洪武十三年正月十一日以前各卫情况表》的燕山卫部分备考。

(续表)

设置都卫时间（不详者系于《洪武实录》中最早提及的时间）	都卫名称	改为都司或行都司时间	都司或行都司名称	都卫、都司或行都司长官（只录出现较早者）	备 考
洪武三年十二月置	青州都卫	洪武八年十月改	山东都司	洪武四年闰三月以叶大旺为青州卫都指挥使。	青州都卫系由青州卫升来。但《洪武实录》中的洪武三年十二月以后，仍有关于青州卫的记载。待考。参见《洪武十三年正月十一日以前各卫情况表》的青州表部分备考。《洪武实录》在记载青州都卫改为山东都司时，"青州都卫"误为"青州卫"。
洪武三年十二月置	河南都卫	洪武八年十月改	河南都司	洪武四年十一月以孙世为都指挥使。	
洪武三年十二月置	西安都卫	洪武八年十月改	陕西都司	洪武六年七月提及都指挥使濮英。	
洪武三年十二月置	太原都卫	洪武八年十月改	山西都司	洪武五年十月以谢成为都指挥使。	《洪武实录》于洪武六年五月记事提及"山西都卫"，当即指"太原都卫"。
洪武三年十二月置	武昌都卫	洪武八年十月改	湖广都司	洪武八年八月以胡汝为都指挥使。	
洪武四年正月置	建宁都卫	洪武八年十月改	福建行都司	洪武四年正月以宋晟为都指挥同知。	

（续表）

设置都卫时间（不详者系于《洪武实录》中最早提及的时间）	都卫名称	改为都司或行都司时间	都司或行都司名称	都卫、都司或行都司长官（只录出现较早者）	备 考
洪武四年正月置	大同都卫	洪武八年十月改	山西行都司	洪武四年正月以耿忠为都指挥使。	
洪武四年七月置	定辽都卫	洪武八年十月改	辽东都司	洪武四年七月以马云、叶旺为都指挥使。	
洪武四年九月置	成都都卫	洪武八年十月改	四川都司	洪武十一年正月以朱辅为都指挥使。	
洪武四年十一月提及	广东都卫	洪武八年十月改	广东都司	洪武四年十一月以聂纬为都指挥使。	《洪武实录》洪武五年正月记事又载设广东都指挥使司。待考。
洪武五年正月置	留守都卫			洪武五年正月以周贤为都指挥使。	留守都卫系由留守司改置而来。洪武八年十月留守都卫改为留守卫。
洪武六年三月提及	贵州都卫				《明史》卷90载洪武十四年置贵州都司，《续文献通考》卷122载洪武十五年置贵州都司，均未提及贵州都卫。《洪武实录》在洪武八年十月记事中记载都卫改置都司时，也未提及贵州都卫。可见，贵州都卫曾否开设待考。

(续表)

设置都卫时间（不详者系于《洪武实录》中最早提及的时间）	都卫名称	改为都司或行都司时间	都司或行都司名称	都卫、都司或行都司长官（只录出现较早者）	备　考
洪武六年四月置	广西都卫	洪武八年十月改	广西都司	洪武六年四月以王真为都指挥使。	
洪武七年二月提及	福州都卫	洪武八年十月改	福建都司	洪武七年二月以曹兴为都指挥使。	
		洪武七年七月置	西安行都司	洪武七年七月以韦正为都指挥使。	西安行都司是直接设立的，非由都卫改置。设于河州。洪武八年十月西安行都司改为陕西行都司。《洪武实录》九年十二月记事载，罢西安行都司。当即罢陕西行都司。《洪武实录》洪武十二年正月记事载，复置陕西行都司于庄浪，后徙于甘州。
		洪武七年七月置	朵甘行都司	洪武七年十二月以赏竺监藏为指挥司同知。	朵甘行都司由朵甘卫升来。
		洪武七年七月置	乌思藏行都司		乌思藏行都司由乌思藏卫升来。

都司设置之后，明朝军队的各级机构形成了完整的系统，所统于卫，卫统于都司，都司最后统于大都督府。只有个别情况是

例外，如"其守御千户所不隶于卫，而自达于都司"。① 这对于军队的管理和统率，是非常便利的。但朱元璋并未到此止步。洪武十三年正月，他决定"改大都督府为五军都督府"，使五军都督府分领天下军卫。② 在这年的正月十一日，他正式下令决定了五军都督府的职责范围，其诏书说：

> 其左军都督府统属在京骁骑左、水军左、留守左、龙虎、兴武五卫，在外山东、辽东、浙江、广东四都司，并所辖卫所；右军都督府统属在京虎贲右、水军右、留守右、武德、广武五卫，在外陕西、四川、江西三都司，并所辖卫所；中军都督府统属在京神策、广洋、留守中、应天、和阳五卫，在外苏州、太仓、镇海、扬州、高邮、大河、淮安、沂州、凤阳左、凤阳右、凤阳中、皇陵、长淮、怀远、留守中、留守左、徐州十七卫，滁州、徽州、六安、庐州、镇江、安丰、信阳、宿州、洪塘九千户所，及河南都司所辖卫所；前军都督府统属在京天策、豹韬、龙骧、飞雄、龙江五卫，在外湖广、福建、广西三都司及福建行都司，并所辖卫所；后军都督府统属在京鹰扬、江阴、兴武、横海、蒙古左、蒙古右六卫，在外北平、山西二都司及山西行都司，并所辖卫所。③

这样，大都督府被一分为五，权力比以前大为削弱，而这正是朱元璋的目的所在。当时，除了对掌握军权的大都督府采取上述措

---

① 《续文献通考》卷61《职官》11。
② 《洪武实录》卷129。
③ 《洪武实录》卷129。

施外,朱元璋还对掌握行政权力的中书省开了刀。就在宣布改大都督府为五军都督府的同一道诏书中,中书省被宣告废除,六部的地位被提高一步,代替中书省分管各项行政事务。这两项措施构成了朱元璋加强专制主义皇权的一次大改革。这次大改革,在明朝历史上是突出的事件,在整个中国封建社会专制主义中央集权制度的发展史上,也是一个里程碑。

大都督府被五军都督府代替后,明朝初期的军制大体固定下来。明代中、后期所发生的变化,都是在这时形成的状况的基础上发生的。

结　语

综观洪武十三年正月以前的明代军制,可以得出如下的几点结论:

一、明代军制是在沿袭和改造元代军制的基础上形成的。

二、明初的军事机构经过了兼管军民到单纯管军的变化。

三、明初的军制,最初编制混乱不统一,后来经过整顿,才形成了明确划一的卫所制。

四、朱元璋在规定军队章程时,非常注意不使军官的权力过大,对于高级军官尤为注意控制。

明初军制的各种规定及其变化,既有客观根据,又受当事者(朱元璋及其助手)主观因素的影响,它可以说是朱元璋凭借客观现实的舞台而演出的一场有声有色的多幕剧。从中可以看出,朱元璋不仅是历史上有成就的政治家,而且是一个有眼光的军事家。

中国古代的鸟枪与日本

一　中国古代鸟枪的特点、历史地位和演变

鸟枪也叫鸟铳或鸟嘴铳，是古代的一种单兵射击性管形武器。其特点是依靠火药燃烧时急剧放出大量气体从而形成的推动力，将管形枪（一般为金属制成）中的弹丸发射出去，击向目标；在管形枪体之下设有曲形木托（枪床，长约五至七尺）便于射手把握，使射击时枪体能保持稳定，有利于提高命中率；管形枪体上设有准星，照门，射手射击时使照门、准星和目标三者形成一条直线，便可命中目标；火门设有发火的枪机，使引燃时不需用手，而手被解放出来后，即可专门用于持枪，这也是保持枪体稳定以提高命中率的一个条件；管形枪体长度较长（约三尺），这对于增大射程和增大弹丸的穿透力大有帮助。据说它"十发有八九中，即飞鸟之在林，皆可身落，因是得名"[①]。

具有上述特点的鸟枪，在古代兵器中来说，已算是威力较大、相当进步的兵器了。根据学者们的一般看法，中国以前的兵器，经过了冷兵器、旧式火器和冷兵器并用、近代火器三个时期。三个时期的时间分界线为北宋和清中叶，北宋以前为冷兵器时期，北宋至清中叶为旧式火器和冷兵器并用时期，而清中叶以后则为近代火器时期。鸟枪的使用，正是在其中的第二个时期，

[①] 《练兵实纪·杂集》卷5《军器解》上。

是这个时期的主要单兵武器。

然而鸟枪并不是一进入第二时期就开始使用的，其在中国之开始使用，约在明中叶的明世宗嘉靖时期，在此以前，更原始的适合单兵使用的射击性管形火器已在中国使用了几百年。中国最早出现管形武器约在10世纪北宋建立前后。巴黎基迈博物馆收藏有一张关于佛教的横幅画，其年代约为公元950年。上面画着一个头上长有三条蛇的恶魔，在恶魔手中拿着一个用管子喷射火焰的武器，这当是迄今所知年代最早的火枪。这张画原出中国敦煌莫高窟藏经洞，它的存在标志着中国使用管形火器的开始。[1]中国早期的管形火器多用竹竿制作，内装火药，点燃后火焰前喷，以烧杀敌人。如陈规《德安守御录》记载，其在南宋绍兴二年防守德安府时，"以火炮药造下长竹竿火枪二十余条"。不过，中国最原始的管形武器尚不是射击性的，比较可靠的早期射击性管形火器，当是出现在13世纪中期。据《宋史·兵志》记载，南宋理宗开庆元年，寿春府（今安徽寿县）造了突火枪，用大竹作筒，内放子窠（弹丸），以火药发射，弹丸可以飞出击敌。到了元代，中国更出现了用金属制造的管形射击火器，其名称叫火铳。火铳由前膛、药室和尾銎三部分构成，药室上方造有火门。其操作方法是，将火药经由铳口装进药室，再将弹丸装进前膛，而后以火绳通过火门点火，火药燃烧后，即可射出弹丸。元代的火铳从形体上分共有两类，一类铳身较为细长，尾銎中空，可装上木柄，以便射手将之拿在手中。另一类形体比较粗大，要放在架上发射。如果说元代以前单兵使用的管形射击性武器还没有单独从管形射击性武器中分离出来的话，那么到了元代这种分离就

---

[1] 参见《科学史译丛》1982年第2辑李约瑟《关于中国文化领域内火药与火器史的新看法》。

已经出现了。上述的铳身较为细长的火铳,即是专门为单兵制造的。进入明代,火铳的使用更为普遍,随着这一变化,自明初以后,在元代存在两类火铳的基础上,各类火铳进一步分别向枪和炮的方向发展。向枪的方向发展者是铳身较为细长的一类,其身管由短向长发展,而口径则由大变小;向炮的方向发展者是形体比较粗大的一类,其身管也是由短向长发展,但口径却是由小变大。明代前期的那种向枪的方向发展的火铳,是鸟枪这种单兵射击性管形武器在中国使用前最后使用的单兵射击性管形武器。明代前期的那种向枪的方向发展的火铳,由其结构来看,无疑比更早的火铳以及突火枪之类射程要远,威力要大。但其命中率并不高,射程也并不太远,燃放又缓慢费时,所以仍不能满足战争中的实际需要。嘉靖年间更先进的鸟枪开始使用,它使火铳被迫逐渐让位,到了清代,更使之被彻底淘汰而退出作战的武器行列。由上述来看,鸟枪之开始使用,并非在旧式火器和冷兵器并用时期的开始阶段,在它开始使用前,中国还使用过更为原始的适合单兵使用的射击性管形火器,这一历史过程本身即表明了鸟枪在古代具有相当进步的历史地位。

鸟枪像世界上的一切事物一样,出现之后不是一成不变的,而是在不断变化。它从明嘉靖年间在中国被使用后,一直被使用到清朝中叶,鸦片战争后,才渐被更进步的单兵射击性火器步枪所取代,失去了原来在战争中的地位。鸟枪前后被使用约三百年,在这三百年中,它的变化是不断被改进。其所以不断被改进,乃是因为它虽然比以前的单兵射击性火器性能优越,但仍有缺点。其原因主要有两点:一为弹药采用前装形式,即经由枪口装入枪膛、药室,很费时间,作战时不能连续射击;二为发火枪机最初乃使用火绳点火,引发缓慢,于作战也很不利。针对这些缺点,兵器专家采取了许多措施,因而使之不断演变。兵器专家采取的措施中，重要者有：一、明朝万历年间，赵士桢发明掣电铳，它"前用溜嘴，后著子铳"①，即采用后装子铳的形式，共准备有子铳五个，能够轮流发射，从而大大加快射速。二、赵士桢还发明了迅雷铳，它"筒五门，各长二尺许……中著一木杆，总用一机，置之匣内，轮流运转"②。这种有轮流发射的五支枪管的迅雷铳，与近代多管式机关枪相近，其作用也在提高射速。三、明崇祯年间毕懋康所著《军器图说》记载有自生火铳，这是一种以燧石打火的击发装置代替原来的火绳枪机而对鸟枪进行的又一改进。《军器图说》中简述其改进情形说："铳遇风雨不便用，凡铳必先开火门，乃可对敌举放，往往有被风雨飘湿而不能一发者，有未及照星而误发者，须将龙头改造消息，令火石触机自击，而发药得石火自燃，风雨不及飘湿，缓急皆可应手。"（内阁文库藏本）四、清代鸟枪，有的在枪床下安装木叉，这有利于提高枪身的稳定性。五、清代康熙年间，戴梓仿制了"蟠肠鸟枪"，枪管内作了膛线③。上述改进，使鸟枪的性能在不断提高，不过其各种改进措施并未普遍推广，当时的鸟枪基本上作为前装枪的状况并没有发生根本变化，这使其性能的改进不能不大受局限，其之所以于鸦片战争后逐渐被后装且加有线膛的步枪所代替，其原因当在这里。

二　日本是中国古代鸟枪传入的途径之一

中国古代的鸟枪，特别是明代的鸟枪，与日本关系甚大。其

---

① 《神器谱》卷2《原铳》上。
② 《神器谱》卷2《原铳》上。
③ 参见刘旭《中国古代兵器图册》。

中主要者有两点：一为明代中国内地最初的鸟枪的来源之一是日本，并且明朝最初使用的鸟枪主要仿自日式鸟枪。二为明朝鸟枪得以改进的重要推动力，是受了日本鸟枪的质量及其使用情况的刺激。

关于中国鸟枪的起源，以前在学术界讨论甚多。但遗憾的是通常有意无意地未把明朝时期被地方政权管辖的一些边境地区，如新疆，考虑进来，结果是都只考察了中国内地鸟枪的起源问题。而从有关材料看，就中国的整体来讲，鸟枪的起源又恰好正是从这些被忽略的地区开始的，这使得学术界以前关于这个问题的说法都不能成为令人满意的正确答案。

明朝火器专家赵士祯于万历二十六年三月撰《原铳》上，其中说："臣祖大理寺寺副、先臣赵性鲁在日，倭奴初犯浙直，尚无鸟铳，六七年后方有兹器，臣祖语臣曰：'我闻先朝土鲁番吞并属番哈密，中国置经略大臣，征兵数万，分道出援，缘土鲁番借得噜蜜神器，天兵不能救，竟为所并。噜蜜密迩水西洋，岂此器从彼中传至西洋，西洋传至倭中邪？'"① 按：这里所说的"噜蜜"即今土耳其；"噜蜜神器"即土耳其制造的鸟枪；所讲土鲁番吞并哈密事，据《明史·哈密传》及《土鲁番传》发生在明宪宗成化至明武宗正德年间。由此看来，早在成化至正德间，鸟枪这种武器就已经传到了中国的新疆地区，这当是中国土地上出现鸟枪的开始。在这里我们据以立论的赵士祯的这段话，前辈中外史家已经注意到，如日本史家矢野仁一在《史林》第2卷第3号发表的论文《支那近世火器的传来》中就引用了它；但由于我们上面提到的原因，他们并没有由之而得出我们在这里所得出的结论，想来令人遗憾。

---

① 《神器谱》卷2。

如果单从前面我们关于中国鸟枪起源的论述来看，这个问题似乎与日本没有什么关系，但是，如果把眼光转移到中国内地即明朝所直接管辖的地区的鸟枪的起源，情况就大大改变了。

关于中国内地（过去误称为中国）鸟枪的起源，学术界和史料记载主要有两种说法：一为外来说，一为土生土长说。外来说又分为数种。

第一种外来说为安南（今越南）传来说。此说为清人赵翼根据《明史·兵志》的记载加以解释而提出的。《明史·兵志》说："至明成祖平交阯，得神机枪炮法，特置神机营肄习，制用生、熟赤铜相间，其用铁者，建铁柔为最，西铁次之。大小不等，大者发用车，次及小者用架、用桩、用托。大利于守，小利于战，随宜而用，为行军要器。"对此，赵翼在《陔余丛考》卷30解释说："所谓用车者，即今之大炮也，用架、用桩者，盖即今之鸟机炮也，其用托者，盖即今之鸟枪也。是鸟枪之制，永乐中已有之。"这种安南传来说，学术界已经证明其实属不确。永乐时由安南传来的，乃是没有照门、准星及枪床的"神枪"之类，与鸟枪绝非一类。①

第二种外来说为西番传来说。《筹海图编·经略·兵器》中有作者一段按语，其中说："予按鸟铳之制，自西番流入中国，其来远矣，然造者多未尽其妙。嘉靖廿七年，都御史朱纨谴都指挥卢镗破双屿，获番酋善铳者，命义士马宪制器，李槐制药，因得其传，而造作比西番尤为精绝云。"比《筹海图编》晚出的《登坛必究》在"火器"部分也记载说："鸟铳传目（南按'目'当为'自'之误）西番，未得其妙，岁戊申（嘉靖二十七年）卢镗破双屿，获善铳者，授其肯綮，命马宪制器，李槐制药，始精

---

① 见《武备志》"军资乘""火"8"火器图说"5"箭"。

绝云。"以上两段文字大同小异，后者殆为简括前者而成，这里的"西番"乃是指自欧洲东来的西方人，而在嘉靖及其以前来到明朝或其附近并能与明朝接触从而能将鸟枪传给明朝的西方人，只有葡萄牙，因此，这里的西番传来说，实即葡萄牙传来说。

第三种外来说为出自"南夷番鬼"。此说见于万历时成书的何良臣《陈纪》："鸟铳出自南夷，今作中华长技。"① 也见于明末成书的《武备集要》："鸟嘴铳之用，起自南夷番鬼，我兵战获番舶，得之舟中，遂仿此以造。"② 这里的"南夷番鬼"当指东南亚地区各国及当时占领这些国家的葡萄牙人。至于东南亚各国居民手中的鸟枪，则亦应为得自葡萄牙之手，可见这种外来说实际上与西番传来说基本相同。

第四种外来说为嘉靖时自日本传入。目前学术界中此说最流行，按照此说，鸟枪本为欧洲人所始创，嘉靖二十二年（日本纪年天文二十年）传至日本种子岛（根据为僧南浦《铁炮记》），而后传入明朝。中国的原始文献中记载鸟枪由日本传入明朝者也不少，但归纳起来，主要是嘉靖时人唐顺之和与之大约同时的戚继光的说法。《筹海图编·经略·兵器》引唐顺之的话说："佛狼机、子母炮、快枪、鸟嘴铳，皆出嘉靖间，鸟嘴铳最后出而最猛利……火技至此而极，是倭夷用以肆机巧于中国，习之者也。"其后《登坛必究·火器》及王圻《续文献通考》卷166皆载有这段话，只是个别文字有差异，这当是由于抄写之误。最早记载戚继光的说法的，是他本人所写的《练兵实纪》，其"杂集"卷5

---

① 见《珠丛别录》本卷2"技用"；亦见《长恩书室丛书》本及东洋文库所藏复印本，东洋文库复印本之原件为"国立北平图书馆收藏"万历本，但《惜阴轩丛书》本中"南夷"作"外夷"。

② 尊经阁藏本卷上。

"军器解"上说:"此器中国原无,传自倭寇始得之,此与各色火器不同,利能洞甲,射能命中,弓矢弗及也。"万历时何汝宾所作《兵录》及稍微晚出的《武备志》,皆沿其说,连文字的改动也不大。如《兵录》卷3说:"中国原无此器,传自倭夷始得之,此与各种火器不同,利能洞甲,射能命中,弓矢勿及也。"①《武备志》"军资乘""火"六"火器图说"三说:"此器中国原无,传自倭夷始得之。此与各色火器不同,利能洞甲,射能命中。"《兵录》及《武备志》皆有鸟枪所用的"铳药器"图,其说明文字为:"此物用角,乃倭制之巧,可省竹管。"这一段说明文字,似乎为说明鸟枪之传自日本,进一步提供了一个旁证。除了唐、戚两人的说法外,大约与唐、戚同时的郎瑛在其《七修类稿》中也提出了鸟枪传自日本的主张:"鸟嘴木铳,嘉靖间日本犯浙,倭奴被擒,得其器,遂使传造焉。"②

第五种外来说为笼统地提出"传自外夷"。此说见于明末毕懋康所写《军器图说》,其"鸟铳图"的说明文字为:"鸟铳,中国原无,传从外夷始得之。此与各色火器不同,利能洞甲,射能命中。"③ 这段文字实际上与《练兵实纪》的文字基本相同,显然是抄自《练兵实纪》。由此看来,此说殆可归入第四种外来说即可归入嘉靖时自日本传入之说。

以上五种外来说,除去其不足信的一种(安南传来说),再将其余的进行归并分析,实际上只剩下三种:一、葡萄牙人直接传来说;二、葡萄牙人传给东南亚人、东南亚人再传给明朝说;三、葡萄牙人传给日本、日本再传给明朝说。

---

① 尊经阁藏本。
② 卷45"事物类""倭国物"。
③ 内阁文库藏本。

关于土生土长说，出自今天的部分中国学者，如刘旭、李少一编著的《干戈春秋》第126页说："鸟枪是谁发明的？历来学者说法不一。某些国外学者说，鸟铳起源于欧洲，从日本种子岛传入日本；'倭变'时又传播到中国。还有一种说法是，明成祖征交阯时，从安南传入中国。也有人认为，鸟铳本原产于中国。据《续文献通考》说：抗倭名将戚继光在署理登州卫事时，已经在卫所武库中见到鸟枪。那时还没有发生'倭变'，不可能是从日本传入的。我们从梨花枪到鸟枪的演变过程来看，鸟枪是在上百年作战实践中逐步从突火枪、梨花枪、火枪改进而成，仅仅根据点滴不可靠的资料就断定鸟铳是'舶来品'，无论从史料上看，或是从逻辑推理上讲，都是站不住脚。"这种土生土长说，实际上是不正确的。其所根据的资料，只有王圻《续文献通考》一种。其原文是这样的："今人胥言佛郎机、鸟嘴铳传自番舶，鲁闻之参将戚继光云：昔署卫印时，尝发山东地窖佛郎机，乃成祖所蓄，年月铸文可稽。又于武库中见鸟嘴铳，皆倭变未作、中国所故有者。"① 由这段文字看，作者王圻写下的这段话的唯一根据乃是"闻之参将戚继光云"。但戚继光自己写下的《练兵实纪》却是明确记为来自日本。② 两个矛盾的说法哪个更可靠呢？显然戚继光自己写的著作的说法应比他人写的书中所引用的所谓"戚继光云"更为可靠。王圻的《续文献通考》关于鸟枪起源的说法的唯一根据既然不可靠，那么又以它为唯一资料依据的土生土长说就绝对不能成为可靠的说法了。

综合以上所说，我们关于明朝鸟枪的起源已可以得出结论，它不是中国所固有，乃是传自外国。而关于其之由外国传入，前

---

① 见卷166"兵考·军器"。
② 见上文。

面已经分析出了三种说法；这三种说法是否还有可以否定掉的呢？关于此，我们没有更详尽的资料可资依据，因而不能作出最后的肯定回答。但是，分析各种史料记载并按之当时的实际，在很大程度上可以断定：大概它们都是事实，哪一个也不可否认。具体说来，其理由如下：上述三种说法的最初提出者唐顺之、戚继光和何良臣，皆是嘉靖（有的直至万历时）时期的武将或与当时的军事有关的官吏，[①] 熟悉当时的各种武器及其有关掌故，因而其说法皆不可轻易否定，此其一；明朝地域广阔，鸟枪在一处传入后，难于在短时期内传遍所有辖区，在其他尚未传到的地区，即可能从另一途径再次传入，而这种再次传入，对于其传入之地说来，仍为首次传入，此其二；葡萄牙人、东南亚人及日本人，在嘉靖时期前后都有机会与明朝辖区的军民相接触，而且均拥有鸟枪，因而皆有向明朝军民传入鸟枪的可能，此其三。至此，我们大体可以这样说：中国内地即明朝辖区的鸟枪，最初阶段殆为葡萄牙、东南亚人及日本人所传进。至于这三者谁先向中国内地即明朝辖区传进鸟枪，目前不能断定，如果一定要加以推测的话，则很可能是葡萄牙人，因为他们在正德时期至嘉靖初即已来到中国，这时他们的先进的佛郎机炮随之传入中国，在这一传入过程中，鸟枪或许即同时传入。《筹海图编》说"鸟铳之制，自西番流入中国，其来远矣，然造者多未习其妙"，至嘉靖卄七年，双屿之战，"获番酋善铳者"，"因得其传，而造作比西番尤为精绝"。结合历史事实，体味其文义，其所谓"其来远矣"的"远"字，盖即指正德至嘉靖初期之时。前文说过，日本之拥有鸟枪，始于嘉靖二十二年；可见即使假定日本拥有鸟枪后马上传向

---

① 见《明史》"唐顺之传"、"戚继光传"及《神器谱》卷1、《四库全书总目提要》之《陈纪》一书提要。

了明朝辖区，那么，如果正德至嘉靖初鸟枪之由葡萄牙传给明朝军民为事实的话，日本之向明朝传入也比葡萄牙晚二十年以上。

三 中国初期的鸟枪主要仿自日本

前文说过，只要把眼光转向中国内地即明朝直辖区的鸟枪的起源，即立刻可以看出日本与这一起源具有密切关系。至此，这一断语可以说已经得到了证明，因为日本是明朝直辖区鸟枪的最初传来国家之一。但是，其关系还不仅仅限于这一点。日本不仅向明朝辖区传来了鸟枪，而且明朝在拥有鸟枪后的最初几十年中，其所使用的鸟枪主要是仿制日本式样的。关于此，学术界的看法是一致的。原始资料中的一些记载，也明确地反映了这一事实，如《神器谱》卷4《说铳》64条中有一条说："鸟铳能命中于数百步之外者，缘用机发火。即其机以品劣各国之器，是未有合机、轩辕、三长（南按：合机铳、轩辕铳及三长铳皆赵士祯所创制的火器，见《神器谱》）之先，噜蜜为最，大西洋次之，小西洋又次之，倭铳实属下品。……有谓先年南方鸟铳，其机与倭铳一般，毕竟不如倭铳之易发。嗟嗟，此机上毫厘丝忽之差，特造器用器者不肯究心耳。细观倭机发时，机头磕在火池之边，机煽药起，火星随落，下起之药与上落之火适会，自然举发。中国旧机，支离屡弱，发时机头磕在池中，火绳将门堵住，药又不精，士卒未经服习，忙迫之顷，所以不发。"这一条记载不是很明显地反映了当时中国之鸟枪仿于日本鸟枪、而又仿之为精的情况吗！如果说这条记载本身尚未明确提及仿造之事，那么万历二十六年王同轨为《神器谱》所作的"序"就连仿造之事也有明确写出了："自倭奴起海上，刀阵之外，最毒火器，蹂躏岁久，尸成京观，吴越人渐习其技，破刀阵皆有法，而又仿效其火器以击贼，贼如败蔑去不来。"① 这里的"火器",所讲的实际上就是日本的鸟枪。

四 明朝鸟枪的改进与日本

明朝进入中期以后：内战和对外战争皆有发生，如正德年间有遍及南北的农民起义，嘉靖年间有"南倭北虏"之扰。但这些内战和外战，皆未发展到危及明朝存在的程度，并且嘉靖末年到万历二十年以前，内战和外战皆趋平缓。因而从总体来看，这时的明朝仍属"承平"时期。面对这种情况，明朝从上到下，和平麻痹思想相当严重，重文轻武，加之明中叶以来政治腐败，造成军政管理混乱，社会风气不良，极不利于武器的改进、正常制造和使用。所以，当时刚刚传进的鸟枪，没有受到多数人的应有的重视，制造粗滥，甚至被滥加改制，士兵演习稀少，施放要领掌握不住，其制造质量和使用效果，与这方面比较先进的国家比差距极大。嘉靖后期与倭寇对战于东南地区时，这些弱点已经暴露出来，到万历二十年以后明朝与日本在朝鲜再次开战时，日本的鸟枪大显威力，更使明朝的许多有识之士对己方鸟枪的弱点大为震惊。这种状况，使得当时明朝的许多将领和兵器专家对日本的鸟枪制造和使用情况极为重视，对之进行了细致的观察和研究，将之当成了检验己方不足的标尺，这便导致了万历中期以后中国鸟枪的一系列改进。由此看来，日本的鸟枪质量及其使用情况，正是明朝鸟枪在万历中期以后得以改进的外来刺激因素。

反映当时明朝方面的将领或兵器专家细微观察、研究日本鸟枪，并以之当作衡量中国鸟枪不足的标尺，参照之改进中国鸟枪的记载，比比皆是，下面摘取数例，以见一斑。

---

① 见东洋文库藏文化五年版日本赤城山人清水正德校本《神器谱》。

兵器专家赵士祯在其上疏与著作中多次以日本鸟枪的威力为例，强调鸟枪的重要性。如万历三十一年八月他在《恭进合机铳疏》中说："东援（南按：指明朝于万历年间派兵赴朝抗倭）之时，调集人马十有余万，附以朝鲜土著，何止三十余万。倭奴止以飞峦岛鸟铳手三千凭为前驱，悬军深入，不劳余力，抗我两国。我以两国全力，不能制倭死命。飙驰电击而前，从容振旅而退，不但诸酋尽全首领，至于倭众亦觉无多损失。则鸟铳之种于军用也，亦甚彰彰明著矣。"① 赵士祯还曾引用日本重视鸟枪手的情形，要求当时的明朝皇帝神宗效仿之，重视鸟枪的研制。万历二十六年他在呈进西洋铳、噜蜜铳、掣电铳、迅雷铳等火器之时，写有奏疏一道，其中除要求明神宗下令工部按式制造外，并特别写有下面一段："臣又闻（噜蜜人）思麻言，其本国神器酋长，秩要职专，非艺精不予兹选，演习打放即寒暑不为少辍，前日经理奏报，亦称倭奴绝食之时，唯放铳者给米，余皆任其枵腹，盖重之也。是以西国假威神器，称雄东西。"②

在对比明朝与日本的鸟枪状况从而找出明朝鸟枪的差距时，有的着重在使用方面加以研究，如《筹海图编》"经略""兵器"中有一段作者的按语说："短兵相接，乃倭奴所长，非中国之民所易敌也，其所歉者火器耳。今鸟嘴铳反为彼之长技，而我兵鸟铳手虽多不能取胜，何耶？倭人忘命，我兵望之辄惧而走，或铅子堕地，或药线无法，手掉目眩，仰天空响。"但更多的记载是既对比制造质量，也对比使用情况，如《西园闻见录》卷56所记的一段议论说（按：发出这段议论的人，书上未记其名，而根据其议论所涉及的人物及这段议论在书中的排列顺序，可以判断

---

① 《神器谱》卷1。
② 《神器谱》卷1《万历二十六年恭进神器疏》。

这段议论当发于万历中期）："倭之火器，只有鸟铳，直百步而止；中国有鸟铳，又有大炮，去七百步，佛郎机，去三百步，又有神枪、火箭、飞天喷筒、埋火药筒、大蜂窝、火妖诸器，敌不足以当我明甚。第闻倭制火铳，其药极细，以火酒渍制之，故其发速，又人善使，故发必中。中国有长技，而制之不精，与无技同，谓宜严督制造，令中法，更熟演之，何忧乎不敌耶！"

由于日本的鸟枪在战争中表现出很大的威力，因而明朝将领或兵器专家很注意研究对付日本鸟枪的办法。如前引《西园闻见录》卷56中议论中，有一部分就是讲以鳔胶防御日本鸟枪的，其中说："倭铳发，每无声，人不及防，类能洞甲贯坚，诸物难御。惟是广中所产鳔胶，形如掌片，坚劲异常，较之浙中所产者不同，用钉连缀于架，造为防牌，铅弹始不能透，亦一策也。"宋应昌在担任抗倭经略期间，曾提出在水战中以布帏防御日本鸟枪，他在一篇奏疏中说："船上器具虽不外于野战，然而两船交锋，风潮迅迫，彼之长技不在倭刀，而在鸟铳，而吾所以御之者，是必船身之外，以竹木为架，以布帏为障，使有藏身之处。"[1] 此外，宋应昌还曾提出诱使日军先把鸟枪的子弹发射净尽，而后对付日军的办法，他在向日军所占领的朝鲜王京进军时给部下的一封信中说："我之火器固利，而彼之鸟铳亦足相当。如初角之时，当先施我火器，佯欲进兵，实且未进，诱其放尽鸟铳，然后一鼓下之（南按：指攻下王京），无难也。"[2] 以上所引，都属于消极防御的范围，更值得重视的是，这时的明朝将领

---

[1] 《经略复国要编》卷3万历二十年十一月十五日《议题水战陆战疏》。

[2] 《经略复国要编》卷6万历二十一年二月一日《与参军郑同知赵知县书》。

和兵器专家还特别重视如何想方设法搞到性能超过日本鸟枪的新鸟枪，以从根本上解决明朝鸟枪与日本鸟枪的差距。如兵器专家赵士祯于万历二十五年从嘉靖年间来到明朝、留居未返的原噜蜜"管理神器官"朵思麻处，见到噜蜜制鸟枪，发现"其机比倭机更便，试之，其远与毒加倭铳数倍"，于是大喜，"自谓有此则倭铳风斯下矣"，① 遂仿造献给朝廷。② 吸收日本鸟枪的优点对中国原有的兵器进行改造，从而创制出性能优于日本鸟枪的新武器，也是当时明朝将领和兵器专家设法缩小明朝鸟枪与日本鸟枪差距的一种途径。如赵士祯所创制的迅雷铳，即是"损益鸟铳、三眼铳之间"而造出的。③ 这里的"鸟铳"即指日本鸟枪，而"三眼铳"则为明朝原有的未设准星、照门而可以连发的多管铳。万历以后明朝鸟枪的不断改进，即是在这种情况下出现的。

由以上所述可知：中国古代鸟枪的传入和改进与日本实有重大关系。众所周知，在明朝中期是中日关系遇到波折、双方处于战争状态之时，但即使如此，双方在技术上还是互有影响的。这对于全面分析这一时期的中日关系，应是一个不容忽视的方面。

---

① 《神器谱》卷2"原铳"上。
② 《神器谱》卷1《万历二十六年恭进神器疏》。
③ 《神器谱》卷2《万历二十六年恭进神器疏》。

明代文化特色浅论

以李自成攻克北京为终结点计算长达277年的明王朝（1368—1644年），不仅政治、经济均有发展，而且文化上取得了很大的成绩，富有特色。对其进行总结，不仅在学术上有重要价值，而且对于吸取历史经验、发展今天的文化事业，也有重要意义。本文试就明代文化的特色及其形成原因、局限性等略作论述，恳祈读者不吝指正。

明代文化的特色，概括起来主要表现在七个方面。

第一，富于总结性。明代文化在许多领域，将中国人民在以前几千年中创造的成果，作了详细的回顾和整理，写出了许多大部头的总结性著作。如迄今部头之大仍居类书首位的《永乐大典》，采用唐宋以来形成的按韵收字、以字系事的体例，以3.7亿字的浩繁篇幅，对历代文献进行了分类大汇编，"凡书契以来，经、史、子、集百家之书，至于天文、地志、阴阳、医卜、僧道、技艺之言，备辑为一书"[①]。著名的农学巨著《农政全书》，引用文献225种，除历代重要农书外，尤其大量引用明代农书，全书十分之九的篇幅为对前人成果的引用、整理。著名的药物学巨著《本草纲目》，将作者当时能看到的有关中文药物学资料，作了相当完备的总结，所收1892种药物中，总结旧有本草著作而来者达1518种。这些著作的出现，不仅能够防止已有成就的

---

① 《明太宗实录》卷20。

失传、散失,便于后人学习和继承,而且温故可以知新,有利于新知识的进一步创造和获得。

第二,多有新进展。在继承、总结前人成就的同时,明代文化的各个领域,也取得了不少新成绩、新进展。如《本草纲目》中,所收药物有374种是前人未尝记述过的新品种,对于前人记载过的,也多有纠谬补遗之处。著名的科学技术百科全书《天工开物》,内容多是通过作者调查研究而获得的新知识。在文学艺术方面,写出了篇幅空前的《三国演义》、《水浒传》、《西游记》、《金瓶梅》等优秀的古典长篇小说,出现了清新真挚的民歌小曲的空前繁荣局面,创建了十二平均律,从而使音律学上的旋宫难题得以解决。

第三,反映和适应商品经济的发展及其需要。在明代文化的许多领域中,极为明显地受到了商品经济发展繁荣的影响。如明代数学书中收集的应用问题,与商品经济有关者甚多,或涉及利息计算,或涉及合伙经营,显示出商业数学的兴盛。适应商品经济发达、数学计算日益增多、对计算工具之快捷方便要求迫切的客观情势,明代珠算最终代替了古老的筹算。在"三言"、"二拍"以及其他文艺作品中,商贾和手工业者成了重要的角色,或描述其生活,或赞扬其相互间的友谊,或肯定其发财致富的事迹,这无疑是现实生活中商品生产和交换广泛存在的写照。在明代的出版物中,出现了许多商人编撰的士商用书:晋商李晋德编撰的《客商一览醒迷》,记述了从商的经验以及商人的训诫;徽商黄汴编撰的《天下水陆路程》,是根据各种程图和路引汇编而成的明代国内交通指南;徽商程春宇编撰的《士商类要》,既记载了水陆行程,又记载了经营知识和经商经验等。这类出版物的出现,显然是由于受到商品经济空前繁荣情况下走南闯北的大小商人的实际需要的驱动。

第四，带有浓厚的反传统、冲击封建网罗的近代启蒙色彩。这在哲学思想和文艺思想方面表现得尤其突出。如李贽反对把孔子的学说神化为万古不变的教条、是非的标准，提出"咸以孔子之是非为是非，故未尝有是非耳"①。反对封建礼教通过道学家们的仁义说教而绞杀"童心"，要求恢复"真心"，做"真人"②，即冲决封建伦常的束缚，实现个性解放。公安派诗文作家主张诗文创作要随时代而变化，要求表现作者的真感情、真性灵，反对复古模拟。为了维护封建等级制度，明初对各等级人士的服饰都有严格的规定，但是现实生活中不断出现逾制的现象，其在明中期之后尤其广泛，所谓"代变风移，人皆志于尊崇富侈，不复知有明禁"③。这类现象说明，在社会风俗方面，冲破封建网罗的潮流也颇为强劲。

第五，国内各民族互相影响、共同提高。如女真族（满族）最早的满文即老满文，是借用了蒙古文的字母来拼写女真族的词汇和句子。该族将辽、金、元三史以及其他许多汉文书籍翻译成满文（有的作了删削），加速了对汉族文化的吸收。蒙族人火源洁奉朱元璋之命以汉字翻译蒙古文，成《华夷译语》，大大方便了汉族人对蒙文的了解。蒙古族灵觉寺的壁画，带有汉族画家仇英、徐渭画风影响的明显痕迹。该寺的主体建筑经堂和大雄宝殿等，既有纯藏式的砖墙，又有明显的汉族宫廷建筑的种种特色。在明朝的钦天监中，有许多回族天文学家供职于回回历专科，对中华民族天文学的发展作出了贡献。西藏地区的许多寺院，在建筑材料、布局以及壁画等方面，既可看出藏族雄伟壮丽、热烈鲜

---

① 李贽：《藏书·世纪列传总目前论》。
② 李贽：《焚书》卷3《童心说》。
③ 张瀚：《松窗梦语》卷7。

艳的风格,又吸收了汉族斗拱、梁架、藻井等有特色的形式。李时珍的《本草纲目》中,记载有壮族的药物及其应用经验。汉族的中草药在壮族地区也有流传。

第六,中外交流,尤其是中西交流成效显著。中国与外国在文化上进行交流,具有悠久的历史传统,在明代仍在继续进行。与朝鲜、日本、越南等近邻的交流关系,跟明代以前状况大体相同,一方面是交流频繁而广泛,另一方面是以中国文化更多地影响对方为特征。随着郑和下西洋和明中叶以后大批中国人移向南洋,中国与东南亚、南亚、西亚以及东非各国的文化交流也超过了以往的规模,先进的中国文化对这些国家产生了有益的影响。而这时最引人注目的是中西交流开始大规模展开。伴随着耶稣会士大批来华,基督教第三次传入中国,西方的天文历法、数学、机械工程与物理、火器技术、地理、医药等自然科学,以及语言学、音乐、绘画、哲学等传入中国。为了使在华的传教活动在欧洲本土获得理解和支持,耶稣会士在来中国以后,也用写信、著书等方式,将了解到的中国国情,包括中国的文化成就,通报给欧洲,从而使中国文化得以传向西方。在这次东西文化的交流热潮中,更多的是西方文化传入中国,与同一时期中国与周边国家以及其他亚非国家的交流有所不同。由于耶稣会士来华的主要目的是传播基督教,其介绍西方科学知识是当作便于传教的一种手段,因而往往不尽所知,甚至为了宗教而曲解有关知识,加上明朝政府对西方科学知识缺乏全面的认识,所关心者只是与其行使政令及巩固政权有关的内容,至于对生产日用极有价值的部分往往漠不关心,这些因素严重影响了其时西学东渐的实际效果。但这次中西交流毕竟规模空前,其效果相当显著,对促进中国的生产发展和社会进步,对提高中国人的科学水平和文化素质,起了不可忽视的积极作用,其在启发中国知识分子的思想、开阔中国知识分子的眼界、使中国知识分子会通中西的意识渐趋强烈上，尤其功不可没。

第七，封建政府为推行政令、巩固政权积极参与文化事业。从推行政令、宣传封建思想、巩固封建王朝的统治出发，任何封建政府都积极参与文化事业，寓控制于推动、组织之中，明朝作为一个已经进入封建社会晚期的封建王朝，对此表现得尤为积极。如在史学方面，洪武时修有《元史》，有明一代每位新皇帝即位都为刚去世的老皇帝编修实录，万历时除修有《万历起居注》外，还开展了一次大规模的编修纪传体本朝史的活动，天启时修有《三朝会典》。在地理方面，景泰时修有《寰宇通志》。在制度专书方面，弘治时修有《大明会典》，而后此书又先后两次续修。在儒家经典方面，永乐时编有《性理大全》、《四书大全》、《五经大全》。在佛经方面，永乐时命南北两京刻印《大藏经》。在自然科学方面，崇祯时撰有《崇祯历书》。在类书方面，永乐时编有《永乐大典》。上述编修活动，规模都很大，对后世产生的影响相当深远，而其进行的动机几乎无不含有强烈的政治性。如编纂儒家经典，目的在于提倡朱理学，加强对知识分子的思想控制；编辑《永乐大典》，出发点主要在于藻饰太平，笼络文人。

有明一代的文化成就，为什么非常辉煌而且特色鲜明呢？其原因主要有五个：

第一，明朝在时代上讲较清朝以外的其他封建王朝都晚。文化事业的发展，不可能一蹴而就，只有经过长期的积累，才能根深叶茂。明朝在时间上的这一优势，使之在发展文化事业上可以席丰履厚，起点远远高于清朝以外的其他封建王朝。如在得以写出总结性的集大成著作的条件上，其以前的各个王朝都与之无法相比。

第二，明朝是一个存在时间近三百年的统一王朝。在这近三百年中，尽管发生过一些农民起义、统治阶级的内部拼杀以及其他武装冲突，但除了靖难之役期间及明朝末年的十几年外，总的说来各次武装冲突延续的时间都不长，规模有限，涉及的地区较小，从总体上看，全国大体处于和平安定的局面之中。这种局面为发展文化事业提供了良好的环境，其有关活动不易中断。

第三，明朝是中国封建社会的一个重要转折时期。明朝的生产力水平，比以前有所提高，元末战乱期间遭到破坏的农业、手工业生产在明初逐渐得到恢复，而后又逐渐发展到空前的高度。在生产发展的基础上，商品交换于明中叶以后出现相当繁荣的局面，并在若干地区和若干经济部门中产生了资本主义生产关系的萌芽。这样，当时的中国社会虽然从总体上看，仍是封建生产关系占主导地位的封建社会，但它已不是封建社会的全盛时期，已进入了晚期阶段。旧有的各种社会矛盾比以前变得更为尖锐，一些新的社会矛盾产生出来。明朝社会经济和社会性质的上述变化，不能不对其时的文化产生重大影响。经济的发展为文化上总结和创新的工作提供了比较充足的物质前提。商品经济的繁荣和资本主义生产关系的萌芽，显然是其时文化上反映商品经济发展、为商品经济服务以及带有浓厚的反传统、冲击封建网罗的近代启蒙色彩等特色的客观依据。至于社会矛盾的趋向尖锐和复杂化，则无疑与明朝政府更积极地参与文化事业、寓控制于推动和组织之中，息息相关。

第四，明朝对边疆少数民族地区的经营和管辖积极有效。这是自洪武时期就开始实行的国策，到了永乐时期，实行得更加坚定。这一国策使得明朝不仅政权存在的时间久，而且版图极为辽阔，其臣民从民族上看几乎包括了今天中华民族大家庭的所有成员，中国作为一个统一的多民族国家，这时得到了空前的发展和巩固。这么多的民族，在同一个政权的管辖之下，共同生活在祖国的土地上,其相互间的文化交流,不言而喻,是十分方便的,其时的中国文化具有国内各民族互相影响、共同提高的特色,实在是顺理成章的事情。

第五,明朝处于地理大发现的时代。15世纪末16世纪初,西欧资本主义进入原始资本积累时期,迫切需要发展海外贸易和殖民掠夺,包括中国在内的世界东方成为其重要目标,于是欧洲殖民者纷纷东来,实现了地理大发现。葡萄牙人沿大西洋东岸绕过非洲南端,经印度而至东方,1511年到达中国。西班牙支持意大利人哥伦布自大西洋西行,发现美洲新大陆,再经太平洋至菲律宾。1626年其势力侵入中国台湾。随后,荷兰人、英国人也先后东来,到达中国。西方传教士东来中国,正是借助欧洲殖民者东来的潮流。殖民者开其端的这次东西往来,在东西交流上规模之大、范围之广是空前的,这便为明朝中西交流的大规模展开并取得显著成效提供了难得的机会。

明代的文化诚然堪称成就辉煌、特色鲜明,令人自豪,但这主要是着眼于与明朝以前的中国历代文化相比,是从其自身有否发展上来肯定其成绩的,而如果从世界的角度来看,特别是从中国与西方的比较、从两者的发展趋势和速度的比较来看,则令人自豪的程度将有所折扣。明代的中国文化虽然比同时代的欧洲有进步的地方,但也有不少落后于欧洲的方面,特别是天文历法、世界地理、火器制造技术等若干自然科学技术部门,尤其有明显的差别,并且差距渐有日益扩大之势。究其原因,除了中国封建统治者政策的束缚和错误导向(如科举制度以束缚士子思想、要求代古代圣贤立言的八股文为考试内容)外,主要应从当时的中国社会经济状况中去寻找。其时中国的社会环境与西方相比,是相对安定的,这导致人们安土重迁,缺乏另辟新径的冒险意识和进取精神,而基本上不出国门,自然就妨碍了眼界的开阔,不易产生从事创造发明的新思路和欲望。就其时中国的社会形态讲，如前所述，资本主义萌芽虽已产生，但发展程度很微弱，占主导地位的仍是封建生产关系。在这种经济状态下，生产虽然随着时间的推移会有规模的扩大和技术的提高，但发展极为缓慢，这对科学的进步不可能提出迫切的强烈的要求，从而推动其迅猛前进。探讨明代中国文化与欧洲的差别，使我们不仅可以了解到国家政策对文化发展的重大影响，而且可以加深对唯物史观关于文化与物质生产相互关系的理解。

消极与积极并存：明朝建国前后祭祀活动述论

以国家机器为基础，导之以政，齐之以刑，化之以宣教礼乐，这是明太祖朱元璋从政建国的主要手段，而祭祀是其宣教礼乐中的重要组成部分。因而研究明朝建国前后的祭祀活动，对于加深了解明太祖的政治思想和活动，即对于加深了解明朝建国前后的政治方略和举措，极其必要。迄今为止，学术界关于这一课题的探讨尚不充分，为此笔者特作本文，将读书中获取的粗浅心得，呈奉给各位同好，敬祈批评指正。

一 明太祖对祭祀活动的重视

明太祖对祭祀非常重视。他曾说："百神之祀，乃国家之先务也"①；"国之大事，莫重于祭祀"②。在其为"开导后人"而亲自作序的《祖训录》中，更将"严祭祀"列作十三目中的一目。③

明太祖之重视祭祀，不是仅仅停留在口头上，而且表现在其具体作为上。他对与祭祀有关的活动往往大破常规给予特殊照

---

① 《明太祖洪武实录》第 1868 页。
② 《明太祖洪武实录》第 3233 页。
③ 《明太祖洪武实录》第 1470 页至 1472 页；张德信、毛佩琦主编《洪武御制全书》，黄山书社 1995 年 7 月，第 362 至 363 页、367 至 368 页。

顾。如洪武二十年十月颁布的《礼仪定式》一书，专门规定各级官员相处的种种礼仪，以分尊卑上下，而在其中关于官员途中相遇的八条规定内，特别用一条写明，祠祭官诣祠所，"在道虽遇应避之官"，可以不予相避。① 洪武二十九年十月，明太祖下诏规定朝廷各部门奏事的先后顺序，太常司在一般情况下被排在第十三位，但又特别规定，"若太常司奏祀事，则当在各司之先"②。明人黄景昉在其所著《国史唯疑》一书中，还写道："（明）太祖最重祠敬祭，所赡给神乐观道士甚优，钱粮不刷卷，曰：'要他事神明底人，不要与他计较。'常膳外，复予肉若干，曰：'毋使饥寒乱性。'"③

明太祖曾自称："一念事天之诚，不敢顷刻怠矣。"④ 此话当属甚确。洪武二年二月，礼部尚书崔亮为了让明太祖减轻负担，建议其最重要的大祀，可以亲自察看祭祀用的牲口⑤，"若中祀、小祀，请依旧典，令太常卿、礼部官省牲"。明太祖听后说："朕既斋戒以事神，于省牲朕岂惮劳耶！""于是凡亲祀"，其"皆躬省牲"。⑥ 洪武三年二月，合祀太岁、月将、风云雷雨、岳镇海渎、山川、城隍、旗纛诸神，太常司丞任以忠赞礼，他担心明太祖过于劳累，"颇简荐跪之仪"。礼毕，明太祖发觉而问故，"以忠以实对"。明太祖即批评说："人臣爱君以道，朕之于神，唯恐诚敬未尽，何敢惮劳！汝当悉朕意，勿复然。"⑦ 前代帝王祭天

---

① 《明太祖洪武实录》第 2794 页。
② 《明太祖洪武实录》第 3590 页。
③ 黄景昉《国史唯疑》，上海古籍出版社 2002 年 6 月，第 17 页。
④ 《明太祖洪武实录》第 414 页。
⑤ 即所谓"省牲"。
⑥ 《明太祖洪武实录》第 796 至 797 页。
⑦ 《明太祖洪武实录》第 963 至 964 页。

地,"或三岁一祀,或历年不举",而明太祖改为岁岁举行,洪武四年十一月群臣因之称赞他"敬天勤民,古未有也。"① 为了将祭祀活动搞得更好,他还亲自下手撰写祝文和乐章②,如祝文有"朝日祝文"、"夕月祝文"、"周天星辰祝文"、"先圣三皇历代帝王祝文"、"中都告祭天地祝文"等;③ 乐章有"圜丘乐章"、"方丘乐章"、"合祭天地乐章"、"先圣三皇历代帝王乐章"、"合祭社稷乐章"等。④

由于担心或有松懈发生,明太祖采取了若干措施以自我警示。洪武元年三月,他"以祭祀为国大事,念虑之间傲戒或怠,则无以交神明,乃命礼官及诸儒臣,编集郊社、宗庙、山川等仪,及历代帝王祭祀感应祥异可为鉴戒者,为书以进",四年七月书成,名"存心录"。⑤ 洪武三年,他想及"鬼神无常享,享于克诚"的古训,也想及"人心操舍无常,必有所警而后无所放",因而命礼部铸铜人一个,高一尺半,手中持简,简上书写"斋戒三日"之文,凡祭祀前致斋之时,则将此铜人置于其前,以使其心"有所警省而不敢放"。⑥ 洪武十年十月,工曹按照明太祖的命令,于宫城上造成观心亭。明太祖造此亭,为的是祭祀前"致斋之日,端居其中",以便"却虑凝神,精一不二",而适

---

① 《明太祖洪武实录》第1287页。
② 祭祀时所唱歌曲的文词。
③ 张德信、毛佩琦主编《洪武御制全书》,黄山书社1995年7月,第174至175页。
④ 张德信、毛佩琦主编《洪武御制全书》,黄山书社1995年7月,第166至173,281至282页;九第33至71页。
⑤ 《明太祖洪武实录》第540及1253页。
⑥ 《明太祖洪武实录》第1165至1166页;四第97页下。

应"有事于天地、宗庙、社稷,尤用祗惕"的需要。①

祭祀能否完满进行,有关官吏是否认真对待影响极大,因而明太祖对他们也严加要求。洪武元年正月三日,明太祖将告祀南郊,即严肃地戒饬百官执事:"人以一心对越上帝,毫发不诚,怠心必乘其机,瞬息不敬,私欲必投其隙","人莫不以天之高远、鬼神幽隐,而有忽心","然天虽高,所监甚迩,鬼神虽幽,所临则显","今当大祀,百官执事之人,各宜慎之"。②洪武五年五月,由于担心百官执事祭祀前斋戒之日,"亵慢弗谨",明太祖命诸司各置斋戒木牌,上刻"国有常宪,神有鉴焉"八字,每逢祭祀则设之,使"予为戒饬"而知警惕。③检查督促和厉行奖惩,是明太祖为达到官吏认真对待祭祀这一目标,所采取的两个重要办法。洪武七年八月在研究风云雷雨、岳镇海渎、历代帝王陵寝、社稷等的祭祀日期时,特别规定,"其祭日遣官监察,不敬失仪者罪之"④。洪武十五年十一月,明太祖下令都察院向各处提刑按察司颁发巡按地方的有关注意事宜,其中重要的被排在最前面的二条,即为"凡府州县社稷山川坛壝帝王陵庙,必令修洁","忠臣烈士未入祀典者""必巡访具实以闻"。⑤洪武十三年九月,明太祖发现溧水县祭社稷以牛醢代鹿醢,命令加以处罚,礼部为之辩护,说:"著令凡祭物缺者,许以他物代。"明太祖加以驳斥,称:"夫祭物所谓缺者,以非土地所产。溧水固有鹿,何得谓缺?是有司无诚心于祀神而故为是苟简也。夫百司所以能

---

① 《明太祖洪武实录》第1885页。
② 《明太祖洪武实录》第477页。
③ 《明太祖洪武实录》第1348页;王圻《续文献通考》,《续修四库全书》第764册,据万历三十年松江府刻本影印本,第97页下。
④ 《明太祖洪武实录》第1615页。
⑤ 《明太祖洪武实录》第2363页。

理其职而尽民事者,以其常存警惧之心耳。今溧水之官于神犹怠忽之,则于人事又何惧为?"最终坚持按律对当事人进行处罚。①

二 祭祀活动的开展状况

由于明太祖对祭祀十分重视,其祭祀活动进行得非常认真、频繁,而且从总体上看是成体系地、制度化地进行的。但是,祭祀活动是政治活动的一部分,因而祭祀活动不能不受政治形势的制约,随着政治形势的变化而变化。明太祖面临的政治形势无疑是日渐变好,因而其祭祀活动亦由最初的偶或进行,向着体系化、制度化而逐步发展。综观朱元璋自开始从政到建立政权、称王称帝,再到最后丢下其建立的庞大明王朝撒手死去,其进行的祭祀活动的发展演变大体可分成四个阶段。

(一) 从政初期的祭祀

从元至正十二年闰三月从军至二十三年是明太祖祭祀活动的第一阶段。这一阶段明太祖由据守濠州的郭子兴身边的一个普通士兵,逐渐成长为以应天(南京)为根据地的一大武装势力的首领,是其政治活动的初建时期。与之相适应,其祭祀活动大多数属于临时性的层面,经常性的制度化的祭祀数量有限,总次数也不多。据《明太祖洪武实录》的记载统计,这一阶段长达十二年,其本人及部下进行的祭祀活动不过刚十次,包括:元至正十四年七月,所据滁州大旱,人言滁之西南丰山阳谷柏子潭,有龙祠,"水旱祷之,辄应",明太祖因往祷之;② 元至正十六年九

---

① 《明太祖洪武实录》第2117页。
② 《明太祖洪武实录》第14至15页。

月,明太祖往江淮府(镇江),"入城,先谒孔子庙";① 元至正十七年夏,长春府(常州)旱,明太祖任命的权知府事高复祷于城隍庙;② 元至正二十年六月,明太祖遣使祭祀为元朝尽忠而死之元将石抹宜孙,并修复其在处州之生祠;③ 元至正二十二年正月,明太祖至龙兴(南昌),谒孔子庙;④ 元至正二十二年二月,江南分省参知政事胡大海被害于金华,明太祖亲为文以祭,且命有司塑像,配享于晋卞壸庙中;⑤ 元至正二十二年二月,枢密院判官耿再成、分省都事孙炎被害于处州,明太祖为耿立庙以祀,并塑孙之像于耿再成祠中;⑥ 元至正二十二年三月,洪都知府叶琛遇难,明太祖遣使至其家祭之,并塑像于耿再成之祠,令有司岁祀之;⑦ 元至正二十三年五月,明太祖"祭百神于覆舟山(在今南京市)";⑧ 元至正二十三年七月,为解救陈友谅对洪都之围,明太祖亲率大军往援,行前"祃纛于龙江";⑨ 元至正二十三年九月,明太祖西征陈友谅大胜而还至建康(南京),即行"告庙"之礼。⑩

(二)登上吴王宝座后的祭祀

从元至正二十四年至二十六年冬,是明太祖祭祀活动的第二

---

① 《明太祖洪武实录》第48页。
② 《明太祖洪武实录》第52页。
③ 《明太祖洪武实录》第107至108页。
④ 《明太祖洪武实录》第125页。
⑤ 《明太祖洪武实录》第128至131页。
⑥ 《明太祖洪武实录》第133至134页。
⑦ 《明太祖洪武实录》第138至139页。
⑧ 《明太祖洪武实录》第169页。
⑨ 《明太祖洪武实录》第157页。
⑩ 《明太祖洪武实录》第171页。

阶段。这一阶段明太祖的势力比前大为增强，其西邻强大的陈友谅势力，在上阶段的末尾已被其消灭，本阶段一进入，明太祖即在部下的拥戴下登上了吴王的宝座，在正式建立政权的道路上迈进了一大步，而后又对东邻强大的张士诚势力予以重创。① 与这种政治态势相适应，此时明太祖在仍然进行临时性祭祀的同时，所进行的经常性制度化祭祀的数量在明显增加，且层次在提高，祭祀的发生频率，比以前亦大有增加。查《明太祖洪武实录》，这一阶段的约三年间，有关记载达七条之多，频率相当于第一阶段的二倍。这些记载包括：元至正二十四年四月乙未，中书省臣进宗庙祭享及月朔荐新礼仪，明太祖览毕，"命并录皇考妣忌日，岁时享祀以为常"；② 元至正二十四年四月丙申，建忠臣祠于鄱阳湖之康郎山，以祭元至正二十三年与陈友谅战于鄱阳湖时效忠致死之枢密院同知丁普郎等三十五人；③ 元至正二十四年四月乙巳，建忠臣祠于江西南昌府，以祭平章赵德胜等十四人；④ 元至正二十四年九月辛巳，命中书省绘塑功臣像于晋卞壶及后汉蒋子文庙，以时遣官致祭，其南昌府及康郎山、处州府、金华府、太平府各功臣庙，亦令有司依期致祭；⑤ 元至正二十四年九月甲申，立庙长兴州，以祭前此为抵抗张士诚军来攻而战死之守将刘成；⑥ 元至正二十六年四月甲子，明太祖自建康出发，往濠州省陵墓，丁卯至濠州，庚午谒陵；⑦ 元至正二十六年八月庚戌朔，

---

① 张廷玉《明史》，中华书局1974年7月，第11至14页。
② 《明太祖洪武实录》第190页。
③ 《明太祖洪武实录》第190至191页。
④ 《明太祖洪武实录》第192页。
⑤ 《明太祖洪武实录》第203页。
⑥ 《明太祖洪武实录》第203页。
⑦ 《明太祖洪武实录》第282至284页。

为发兵与张士诚决战,明太祖祭告大江之神。①

(三)成体系的国家祭祀制度的全面确立

从元至正二十六年十二月至明洪武三年十二月,是明太祖祭祀活动的第三阶段。在这一阶段,明太祖所率部队在征战中取得决定性的胜利,不仅东邻张士诚的势力被彻底消灭,而且北伐中原,从大都(北京)赶跑了元朝君主,进而西取晋陕,南取福建两广,统一了全国的大部分地区;在军事上步步前进的同时,政治上于元至正二十六年十二月正式决定使用自己独立的年号,以次年为吴元年,再过一年又改元洪武,即皇帝位,定有天下之号为明,正式建立起一个新的封建王朝。② 在这种情势下,明太祖的祭祀活动遂进入了全面确立成体系的国家祭祀制度的时期。

元至正二十六年十二月,定议以明年为吴元年后,群臣建议制度亦宜早定,明太祖"以国之所重,莫先于宗庙社稷",即于是月命有司立圜丘于钟山之阳,以冬至祀昊天上帝,立方丘于钟山之阴,以夏至祀皇地祇,遂分立宗庙、社稷等。③ 吴元年八月,圜丘、方丘及社稷坛成。社稷坛在宫城之西南。④ 同年九月太庙成,在宫城东南。⑤ 洪武元年二月壬寅朔,决定冬至祀昊天上帝于圜丘时,要以大明、夜明、星辰、太岁从祀;夏至祀皇地祇于方丘时,要以五岳、五镇、四海、四渎从祀;太庙之祀以四

---

① 《明太祖洪武实录》第295至296页。
② 张廷玉《明史》,中华书局,1974年7月出版,第14至25页。
③ 王圻《续文献通考》,《续修四库全书》第764册据万历三十年松江府刻本影印本,第46页上;《明太祖洪武实录》第311页。
④ 《明太祖洪武实录》第354至357页。
⑤ 《明太祖洪武实录》第361页。

时孟月及岁除进行凡五祀，时太庙凡祭四祖，孟春各祖分别祭祀（即特祭），孟夏、孟秋、孟冬及岁除则在一起合祭；社稷之祭则以春秋二仲月之上戊日进行。① 三年五月癸丑，以大明、夜明、星辰、太岁及五岳、五镇、四海、四渎既已分别从祀于圜丘和方丘，而风云雷雨、天下山川不得以类从祀，非通敬于神明者，决定于圜丘、方丘分别增列风云雷雨、天下山川从祀。②

洪武元年二月丁未，下诏以太牢祀孔子于国学，仍遣使诣曲阜致祭。③ 不久，定制以每年仲春仲秋之二上丁日遣官祀孔子于国学。④ 三年八月丁巳，命来年为始曲阜孔庙由官府供给祭祀所用牲币，令衍圣公主持祀事，岁以为常。⑤

洪武元年二月壬子，规定宗庙月朔荐新仪物之名单，"著之常典，俾子孙世承之"。⑥ 二年正月癸丑，更定太庙时享日期为春以清明，夏以端午，秋以七月望日，冬以冬至。⑦ 至三年八月癸未，因这一改变与"古制不合"，且"冬至之日既行郊祀，又复庙享，难以兼举"，又改回四时孟月及岁除五祭之制，"其清明等节各备时物荐之"。⑧ 在三年八月癸未还规定了太庙五祭时寿春王等十九位亲王、亲王夫人从享及常遇春等八位功臣配享的礼仪。⑨

---

① 《明太祖洪武实录》第507至514页。
② 《明太祖洪武实录》第1027页。
③ 《明太祖洪武实录》第516页。
④ 《明太祖洪武实录》第606页。
⑤ 《明太祖洪武实录》第1073页。
⑥ 《明太祖洪武实录》第524至525页。
⑦ 《明太祖洪武实录》第775页。
⑧ 《明太祖洪武实录》第1081页。
⑨ 《明太祖洪武实录》第1081至1083页。

洪武元年三月癸酉，遣官致祭临濠仁祖（明太祖父）之陵。①

洪武元年三月癸酉，命以太牢祀三皇。② 二年三月丁酉，遣官祀三皇，以勾芒、祝融、力牧、风后配享。③ 洪武三年五月辛卯，因感于宋太祖诏修历代帝王陵寝，明太祖遣官往各地访历代帝王陵寝，并命各行省之臣同诣所在审视，若有庙祀并绘图上报。④ 三年十二月庚午，各地上报河南、陕西等境内帝王诸陵79个，礼官考其功德，选出昭著者36位帝王，即遣使往祭其陵寝，修葺庙宇，仍令有司禁樵采，随时祭祀以为常。⑤

洪武元年闰七月，规定亲征、遣将诸礼仪，包括皇帝亲征告祭天地庙社礼仪、福祭礼仪、祭所过山川礼仪、凯还告祭庙社礼仪，以及遣将告祭庙社礼仪、祭武成王庙礼仪、祸祭军牙六纛礼仪等。⑥

洪武元年十月丙子，命中书省下郡县访求应祀神祇，名山大川、圣帝明王、忠臣烈士，凡有功于国家及惠爱在民者，具实以闻，著于祀典，令有司岁时致祭。⑦ 元年十二月己丑，颁社稷坛制于天下郡邑，规定俱设于城西北，右社左稷。⑧ 二年正月辛丑，命天下凡祀典神祇，有司依时致祭，其不在祀典而尝有功德

---

① 《明太祖洪武实录》第536页。
② 《明太祖洪武实录》第536页。
③ 《明太祖洪武实录》第802页。
④ 《明太祖洪武实录》第1011页。
⑤ 《明太祖洪武实录》第1159至1161页。
⑥ 《明太祖洪武实录》第581至592页。
⑦ 《明太祖洪武实录》第632页。
⑧ 《明太祖洪武实录》第746页。

于民、事迹昭著者，虽不致祭，其祠宇禁人撤毁。① 三年六月戊寅，诏天下府州县立城隍庙。②

洪武元年十一月丙午，中书省及礼部定奏：天子亲祀圜丘、方丘、宗庙、社稷，若京师三皇、孔子、风云雷雨、圣帝明王、忠臣烈士、先贤等祀，则遣官致祭。郡县宜立社稷，有司春秋致祭。庶人祭里舍土谷之神，及祖父母、父母，并得祀灶，载诸祀典，余不当祀者并禁止。③

洪武元年十一月癸亥，决定以仲春择日皇帝躬耕藉田，并躬祀先农。④

洪武元年十二月乙酉，决定以立秋后辰日祀灵星，立冬后亥日祀司中、司命、司人、司禄，为坛于都城之内。⑤ 二年八月甲申，决定每年于明太祖生日（九月十八日）祭寿星，同日祭司中、司命、司民、司禄，八月望日祀灵星，皆遣官行礼。⑥ 二年九月乙巳，下诏以司中、司命、司民、司禄及寿星五神为中祀。⑦ 三年五月辛亥，罢寿星、司中、司命、司民、司禄等祀。⑧

洪武元年十二月丁亥，命筑坛于鸡笼山⑨，致祭故功臣胡大

---

① 《明太祖洪武实录》第760；参王圻《续文献通考》，《续修四库全书》第764册据万历二十年松江府刻本影印本，第126页下。
② 《明太祖洪武实录》第1050页。
③ 《明太祖洪武实录》第668页；王圻《续文献通考》，《续修四库全书》第764册据万历三十年松江府刻本影印本，第47页。
④ 《明太祖洪武实录》第671至674页。
⑤ 《明太祖洪武实录》第745至746页。
⑥ 《明太祖洪武实录》872页。
⑦ 《明太祖洪武实录》第882页。
⑧ 《明太祖洪武实录》第1027页。
⑨ 洪武十三年正月改名鸡鸣山。

海等，以没于王事之文臣参军李梦庚、郎中王恺，都事孙炎等祔祭。① 二年正月乙巳，命立功臣庙于鸡笼山，按功臣所获封爵为序，为像以祀。② 二年六月丙寅，功臣庙建成，列徐达至孙兴祖等21人功臣名单，已死者塑像于庙内，尚健在者虚其位以待之。③

洪武元年十二月庚寅，于京师及天下卫所皆令立旗纛庙，京师立于都督府治之后，天下卫所立于公署后，春秋遣官致祭，春用惊蛰日，秋用霜降日。④ 二年十二月戊子，改用惊蛰后致祭。⑤

洪武二年正月戊申，因明朝开创之初，以太岁、风云雷雨及岳镇海渎、山川、城隍诸神，止合祭于城南诸神享祀之所，"既非专祀，又屋而不坛，非礼所宜"，乃改为以太岁、风云雷雨诸天神合为一坛，岳镇海渎及天下山川、城隍诸地祇合为一坛，春秋专祀，以惊蛰、秋分祀太岁诸神，以清明、霜降祀岳渎诸神。⑥ 三年二月，又因认为"风云雷雨、岳镇海滨皆阴阳一气流行无间者"，分坛祭祀并不妥当，而改为"合二坛而一之"，并增祀四季月将、旗纛、战船、金鼓、铳炮、弓弩、飞枪、飞石、阵前、阵后诸神。⑦ 三年七月甲寅，决定此祭祭期，春用惊蛰后三日，秋用秋分后三日。⑧

---

① 《明太祖洪武实录》第746页。
② 《明太祖洪武实录》第760至761页。
③ 《明太祖洪武实录》第843页；参见王圻《续文献通考》，《续修四库全书》第764册据万历三十年松江府刻本影印本，第188页。
④ 《明太祖洪武实录》第747页。
⑤ 《明太祖洪武实录》第939页。
⑥ 《明太祖洪武实录》第762至769页。
⑦ 《明太祖洪武实录》第963至964页。
⑧ 《明太祖洪武实录》第1068页。

洪武二年正月癸丑，筑坛于后湖，祭马祖诸神。① 二年二月庚辰，决定以春秋二仲月甲戌庚日祭马祖、先牧、马步、马社诸神。②

洪武二年八月庚寅，规定皇帝通祭门、户、中霤、灶、井五神于太庙门外，时在岁终腊享之际，群臣则四品以上祀中霤、门、灶三神，五品以下祀门、灶二神。③

洪武三年正月甲午，因前此日、月仅从祀于冬至圜丘祭昊天上帝之时，尚缺正祀之礼，而决定设坛专祀，城东门外筑朝日坛，城西门外筑夕月坛，朝日以春分之日，夕月以秋分之日，月坛还袝祭星辰。④ 同年九月癸卯，又因认为日、月皆设坛专祭而星辰乃袝祭于月坛，不合礼制，而决定于城南诸神享祭坛正南，增造屋九间，朝日、夕月、祭周天星辰俱于此行礼，朝日、夕月仍以春分和秋分之日祭祀，周天星辰则于明太祖生日（九月十八日）前三天致祭。⑤

洪武三年十二月甲子，明太祖想及对其祖宗虽已岁时致享于太庙，但晨昏谒见、节序告奠尚无其所，遂决定于乾清宫左另建奉先殿以奉之，每日焚香，朔望荐新，节序及生辰皆于此祭祀。用常馔，行家人礼。⑥

洪武三年十二月戊辰，明太祖念及"兵革之余死无后者，其

---

① 《明太祖洪武实录》第775页。
② 《明太祖洪武实录》第792页；王圻《续文献通考》，《续修四库全书》第764册据万历三十年松江府刻本影印本，第126页。
③ 《明太祖洪武实录》第874页；王圻《续文献通考》，《续修四库全书》第764册据万历三十年松江府刻本影印本，第107页下。
④ 《明太祖洪武实录》第951至953页。
⑤ 《明太祖洪武实录》第1092至1093页。
⑥ 《明太祖洪武实录》第1151至1152页。

灵无所依"，乃命京都筑坛于玄武湖中，各府州县设坛于城北，各里内亦立祭坛，岁以三月清明、七月望日、十月朔日致祭，京都谓之泰厉，王国谓之国厉，府州谓之郡厉，县谓之邑厉，民间谓之乡厉，著为定式。①

以上叙述了明太祖祭祀活动第三阶段中，定期常行祭祀规定的出台过程，即成体系的国家祭祀制度的形成状况。在此之外，这一阶段亦有不少临时性的祭祀活动，其要者如下。

吴元年十月甲子，命中书右丞相信国公徐达率军由淮入河，北取中原，命中书平章胡廷瑞率军由江西取福建，命湖广平章杨璟率军取广西，明太祖因而亲祭上下神祇于北门之七里山。②

吴元年十一月己丑，因命御史大夫汤和、中书平章廖永忠帅师往讨遁入海岛之方国珍，明太祖乃祭海上诸神。③

洪武元年正月乙亥，为正式即皇帝之位，明太祖祀天地于南郊。④

洪武元年六月壬寅，明太祖至汴梁视察，躬祀汴梁诸神，并遣官致祭境内山川。⑤

洪武二年四月戊子，倭寇出没海岛，侵掠苏州崇明，沿海患之，太仓卫指挥佥事翁德出海捕之，获胜，遂升翁德为指挥副使，"仍命德领兵往捕未尽倭寇"，并遣使祭东海之神。⑥

洪武三年四月癸酉，遣翰林编修王廉出使安南，廉既行，又以汉伏波将军马援昔讨交趾，立铜柱为表，其功甚大，命廉往就

---

① 《明太祖洪武实录》第1155至1156页。
② 《明太祖洪武实录》第395至399页。
③ 《明太祖洪武实录》第412至413页。
④ 《明太祖洪武实录》第477至479页。
⑤ 《明太祖洪武实录》第564页。
⑥ 《明太祖洪武实录》第824至825页。

祭祀。廉至广西横州乌蛮滩，见其庙颓毁，乃令州民先修葺其祠，既毕而后致祭。①

洪武三年五月丁酉，以封建诸王，遣使告祭诸王国山川。②

（四）体系性国家祭祀制度的局部增删与调整

从洪武四年正月至三十一年闰五月明太祖驾崩，是明太祖祭祀活动的第四阶段。这一时期明太祖胜利进行了统一全国战争的最后阶段，通过各种休养生息政策的实施，使农业和手工业生产得到恢复，经济状况一天胜过一天，政治上亦逐步改革，荡除了元朝末年的若干积弊，吏治趋向清明，中央集权的新王朝呈现巩固的局面。与这种局面相伴随，在祭祀方面，明太祖继续向前推进，其特征是以上一阶段的成果为基础，根据实际情况的需要，进行了若干局部增删和调整，使成体系的国家祭祀制度更趋完备。其具体情况如下所述。

洪武四年正月庚寅，建圜丘、方丘、日月、社稷、山川坛及太庙于明太祖的家乡中都临濠。③同年五月丙寅，下诏立大社坛于中都。④六年三月，制成中都城隍神主，遣兵部尚书乐韶凤以本月十五日往行奉安之礼。⑤

洪武四年三月丁未，确定三皇、五帝、三王、汉以下创业英主及守成贤君凡三十五位，一体祭于陵寝，在河南者十，在山西者一，在山东者二，在北平者三，在湖广者二，在浙江者二，在

---

① 《明太祖洪武实录》第 1007 页。
② 《明太祖洪武实录》第 1018 页。
③ 《明太祖洪武实录》第 1170 页。洪武六年改称中立府，七年八月改曰凤阳府，参见张廷玉《明史》卷 40《地理》1。
④ 《明太祖洪武实录》第 1229 页。
⑤ 《明太祖洪武实录》第 1447 页。

陕西者十五，岁祭用仲春及仲秋之朔日。① 六年八月乙亥，有人建议皇帝躬祀三皇，明太祖纳其言，决定除三皇京师有庙外，五帝、三王及汉唐宋创业之君，俱宜于京师立庙致祭，其余守成贤君令有司祭于陵庙，皆每岁春秋祭之；② 十天后，建历代帝王庙于京师。③ 同年十一月癸丑，建历代帝王庙于中立府皇城西，并于北平立元世祖庙。④ 七年四月乙巳，准许高阳县整葺旧有高辛庙，岁时致祭。⑤ 九年八月己酉，定历代帝王陵寝每三年一遣使致祭。⑥ 十六年七月壬子，命在山西赵城县之娲皇氏陵自今一体致祭。⑦ 二十一年二月甲寅，下诏以历代名臣风后、力牧等三十七人从祀帝王庙。⑧

洪武五年二月庚子，批准礼部的建议，由原来之祭祀马祖、先牧、马步、马社诸神，改为只设一坛，祭司马一神，每岁只于仲春一祭。⑨ 六年二月辛巳，下令建司马神祠于滁州栢子潭，有司岁以春秋二仲祭以少牢。⑩

洪武四年十二月癸未，更定释奠孔子祭器礼物，并规定不许选京民之秀者充乐舞生，认为乐舞乃学者之事，且释奠所以追崇

---

① 《明太祖洪武实录》第1199至1201页；王圻《续文献通考》，《续修四库全书》第764册据万历三十年松江府刻本影印本，第191页。
② 《明太祖洪武实录》第1496至1498页。
③ 《明太祖洪武实录》第1500至1501页；王圻《续文献通考》，《续修四库全书》第764册据万历三十年松江府刻本影印本，第191页下。
④ 《明太祖洪武实录》1527页。
⑤ 《明太祖洪武实录》第1569页。
⑥ 《明太祖洪武实录》第1800页。
⑦ 《明太祖洪武实录》第2417至2418页。
⑧ 《明太祖洪武实录》第2820至2821页。
⑨ 《明太祖洪武实录》第1330页。
⑩ 《明太祖洪武实录》第1440页。

先师,故应择国子生及公卿子弟在学者予教充之。① 六年七月癸卯,命儒臣新撰释奠孔子乐章,以代替原先所沿用之宋朝之旧,② 同年八月撰成。③ 十五年四月丙戌,下令天下通祀孔子,祭期在每岁春秋之仲月,并命凡府州县学田租入官者悉归于学,使供祭祀等用。④ 五月,颁释奠孔子仪注于天下府州县学。⑤ 二十四年六月丁巳,定郡县有司朔望谒庙礼仪。⑥

洪武五年八月庚子,为功臣开平王常遇春建祠于北平,命有司岁时致祭。⑦ 六年七月己未,决定自今每年正月及七月享太庙之日,遣官祭功臣于鸡笼山功臣庙。⑧ 六年十月丁酉,为功臣常遇春立庙于中立府皇城西。⑨ 七年六月乙卯,命书鸡笼山功臣庙袝祭功臣姓名于册籍,每岁遇祭则制神主行三献礼,都督府官祭之堂上,各卫指挥祭之两庑,永为定式。⑩ 十八年二月己未,功臣徐达死,追封中山王,"塑像岁时祭于功臣庙"。⑪ 二十五年六月丁卯功臣沐英卒,至同年十月追封黔宁王,"命塑像祀于功臣庙",后岁余,又"立祀云南城中,岁时祀之"。⑫

洪武六年四月癸未,改以前天下山川皆统祀于京师之旧制,

---

① 《明太祖洪武实录》第 1296 至 1297 页。
② 《明太祖洪武实录》第 1485 页。
③ 《明太祖洪武实录》第 1498 至 1495 页。
④ 《明太祖洪武实录》第 2263 至 2264 页。
⑤ 《明太祖洪武实录》第 2282 至 2283 页。
⑥ 《明太祖洪武实录》第 3110 页。
⑦ 《明太祖洪武实录》第 1393 页。
⑧ 《明太祖洪武实录》第 1489 页。
⑨ 《明太祖洪武实录》第 1521 页。
⑩ 《明太祖洪武实录》第 1584 至 1585 页。
⑪ 《明太祖洪武实录》第 2616 页。
⑫ 《明太祖洪武实录》第 3209 页。

改定天下十二省山川皆各省自祭，与风云雷雨一起春用惊蛰后三日、秋用秋分后三日作祭期，各城隍之神祭日，春用三月三日，秋用九月九日。① 七年八月丙午定议风云雷雨、境内山川岳镇海渎，皆于春秋仲月上旬择日以祭，历代帝王陵寝仲春上旬甲日祭，城隍之神于山川后一日祭，社稷之神春秋二八月上戊日祭，无祀鬼神春于清明日、秋用七月望日、冬用十月一日。② 十四年七月壬子，命各布政司府州县凡祭祀社稷山川等神，以文职长官一人行礼，武官不与；③ 而十五年正月甲申又定，职兼军民之岷州等卫军民指挥使司，其祭则可由本司主之。④ 十八年正月癸未，规定在外官员到任，要首先斋宿三日，于第四日遍谒应祀神祇祠宇，祭毕才可正式到任，与一应人员见面。寻又增定，九年考满时也要首先辞神致祭，而后才可离去。⑤

洪武六年五月，《祖训录》成。此书规定了皇帝应亲祀天地、宗庙、社稷、日、月、星辰、太岁、风云雷雨师、岳镇、海渎、山川等神，历代帝王并旗纛、城隍、先农、孔子等庙则传制遣官代祀，遣内官致祭者包括户、灶、门、井、中霤等。此外，还具体规定了皇帝亲祀时的致斋天数。⑥

洪武六年五月癸卯，定公侯品官家庙礼仪。凡祭，于四仲之月择吉日进行，春、秋分日或冬、夏至日亦可。其仪前一日，主

---

① 《明太祖洪武实录》第 1460 至 1461 页。
② 《明太祖洪武实录》第 1615 页。
③ 《明太祖洪武实录》第 2179 页。
④ 《明太祖洪武实录》第 2223 页。
⑤ 《明太祖洪武实录》第 2586 至 2587 页。
⑥ 《明太祖洪武实录》第 1470 页；张德信、毛佩琦主编《洪武御制全书》，黄山书社，1995 年 7 月，第 367 至 368 页。

祭者致斋，加上祭日活动，历时凡二天。①

洪武八年三月丙子，命有司为唐朝忠臣张巡、许远立庙于归德州，岁时致祭。②二十年十月戊申朔，因历代忠臣汉蒋子文、晋卞壹、南唐刘仁赡、宋曹彬、元福寿等原先虽皆有祠庙，受到祭祀，但明太祖以其混处闾巷，祠宇卑陋，下令徙建于鸡鸣山之阳，至此时庙成，命应天府每岁以四孟月及岁除祭功臣日致祭，岁以为常。③二十七年正月，将原在玄津桥西之汉寿亭侯关羽庙改建于鸡鸣山之阳。④同年四月庚辰，下令陕西乾州为唐功臣浑瑊修葺祠庙，每岁春秋致祭。⑤

洪武八年四月甲辰，因明太祖巡视中都，由皇太子摄祭皇地祇于方丘，始用明太祖亲撰乐章代替过去使用之文辞深奥旧乐章。⑥八年十一月丁丑，冬至，祀昊天上帝于圜丘，其乐章用明太祖更撰者。⑦十年八月庚戌，面对圜丘在钟山之南、方丘在钟山之北、天地分别祭祀的旧制，明太祖认为皇帝以天地为父母，"揆之人情"，分祭天地，"有所未安"，因而决定改行天地合祭之新法，遂下令在圜丘旧址建新坛，而以屋相覆，并命名为大祀殿。⑧同年十一月丁亥，冬至，大祀殿尚未建成，乃于奉天殿首行天地合祀之礼，其祝文中表示：将来将"以春首合祭（天地）

---

① 《明太祖洪武实录》第1473至1474页；王圻《续文献通考》，《续修四库全书》第764册据万历三十年松江府刻本影印本，第216页。

② 《明太祖洪武实录》第1674页。

③ 《明太祖洪武实录》第2785页。

④ 《明太祖洪武实录》第3377页。

⑤ 《明太祖洪武实录》第3393至3394页；王圻《续文献通考》，《续修四库全书》第764册据万历三十年松江府刻本影印本，第127页上。

⑥ 《明太祖洪武实录》第1680至1681页。

⑦ 《明太祖洪武实录》第1722至1723页。

⑧ 《明太祖洪武实录》第1873页。

于南郊，永为定制"。① 十一年十月，大祀殿成。② 十二年正月己卯，始于大祀殿合祭天地。③

洪武八年七月甲申，定五祀之礼：以孟春祀司户之神，设坛于皇宫门左，司门主之；孟夏祭司灶之神，设坛于御厨，光禄寺官主之；季夏祀中霤之神，设坛于乾清宫丹墀，内官主之；孟秋祀司门之神，设坛于午门之左，司门主之；孟冬祀司井之神，设坛于井前，光禄寺官主之。祭期为，以有事太庙之日行四孟月之祭，季夏之祭则于土旺之日。自是五祀之礼，每岁按此进行。④

洪武八年十月乙卯，定仁祖皇陵朔望节序礼仪：自今每岁元旦、清明、七月望日、十月朔日、冬夏二至日，用太牢；其伏腊社、每月朔望日，用特羊；皆祠祭署官行礼；如节与朔望、伏腊社同日，则用节礼。⑤ 九年正月己未，皇陵朔望致祭改用少牢品物，著为令。⑥

洪武九年正月庚午，改变正阳门外山川坛合祭太岁、风云雷雨、岳镇海渎、山川、城隍、旗纛诸神之旧制，新建太岁、风云雷雨、岳镇海渎、钟山、京畿山川、月将、京都城隍诸神坛壝殿，将太岁、风云雷雨、岳镇海渎、钟山、京畿山川、四季月将、京都城隍分作十三坛祭祀，建正殿、拜殿各八楹；西南建先农坛，坛东建旗纛庙六楹。⑦ 自是，旗纛庙于皇帝躬祀山川之

---

① 《明太祖洪武实录》第1897页。
② 《明太祖洪武实录》第1956至1958页。
③ 《明太祖洪武实录》第1969至1972页。
④ 《明太祖洪武实录》第1701至1702页。
⑤ 《明太祖洪武实录》第1713至1714页。
⑥ 《明太祖洪武实录》第1732页。
⑦ 《明太祖洪武实录》第1735至1736页。

日,遣旗手卫官前来行礼。①

洪武九年正月壬午,定王国祭祀之制。规定王国宫城外,左立宗庙,右立社稷、风云雷雨山川坛和旗纛庙。又有依时遣官择日致祭之五祀:孟春于王正宫门左设坛祭司户之神,以门官行礼;孟夏于厨舍设坛祭司灶之神,以典膳所官行礼;季夏土旺日于宫前丹墀内近东设坛祭中霤之神,以承奉司官行礼;孟秋于承运门稍东设坛祭司门之神,以门官行礼;孟冬于井边设坛祭司井之神,以典膳所官行礼。此外,还于外城东南立先农坛,以仲春之月择日致祭。②十八年正月辛卯,定王国祭祀社稷、山川等礼仪,③二十三年二月庚子,规定王国有岳镇海渎者,其合祭山川诸神的次序为以岳为正,而后海、镇、渎、风云雷雨诸神依次排列。复命东海在燕、齐二王国皆祭祀,东岳(泰山)、东镇(沂山)在齐、鲁二王国皆祭祀,西海在秦、蜀二王国皆祭祀,北海由晋王国祭祀。④二十六年十月丁丑,定诸王来朝京师及还国祭祀礼仪。⑤

洪武十年八月癸丑,因认为原用社稷坛坛制及社、稷分祭等办法不尽合礼,决定改作新社稷坛于午门之右,改社、稷分祭为一坛合祭,且罢原来之配位勾龙、弃,改为由明太祖之父仁祖淳皇帝配享。⑥同年十月丙午朔,新建社稷坛成,行奉安神主礼,并由中祀升为上祀。⑦十一年六月壬戌,因京师社稷已改同坛合

---

① 《明太祖洪武实录》第1744至1746页。
② 《明太祖洪武实录》第1737至1738页。
③ 《明太祖洪武实录》第2589至2591页。
④ 《明太祖洪武实录》第2994页。
⑤ 《明太祖洪武实录》第3360页。
⑥ 《明太祖洪武实录》第1874至1879页。
⑦ 《明太祖洪武实录》第1884至1885页。

祭，决定各王国及各府州县亦改旧制，合为一坛。王国社称国社之神，稷称国稷之神，府称府社府稷，州称州社州稷，县称县社县稷。①

洪武十六年十一月壬子，从礼部言，将有功于国家、百姓之将相、地方官秦代李冰，汉代文翁、张詠、黄霸、卓茂，三国陆逊、陆抗、陆凯，梁代李龙迁，唐代狄仁杰、谢夷甫，元代李黼、李宗可等，皆允祭祀，著之祀典。② 十八年八月乙未，下诏将邠州有功于民之姜嫄与公刘二人之庙列入祀典。③ 二十一年正月壬午，曲江县有唐贤相张九龄及宋名臣余靖祠，历代致祭，今岁久祠废，决定恢复其祭祀。④

洪武二十一年三月乙酉，停止历代帝王及太岁、风云雷雨、岳镇海渎、山川、月将、城隍诸神之春祭，每岁八月中旬择日祭祀。日、月、星辰既已从祀，其朝日夕月禜星之祭，悉罢之，仍命礼部更定郊祀、享宗庙、祀社稷、祭山川、祭历代帝王、祭先师孔子、祭先农、祭旗纛等仪。⑤

洪武二十三年十月己巳，下令公侯府第皆立坛祭祀本处山川。⑥

明太祖这一阶段的祭祀，除上述定期常行者外，仍旧间或进行因特殊需要而来的临时性祭祀活动，举例如下。

洪武四年正月丁亥，明太祖亲祀上下神祇，告派中山侯汤和

---

① 《明太祖洪武实录》第1937页。
② 《明太祖洪武实录》第2441至2444页。
③ 《明太祖洪武实录》第2651页。
④ 《明太祖洪武实录》第2813页。
⑤ 《明太祖洪武实录》第2836至2855页。
⑥ 《明太祖洪武实录》第3062页。

等率军伐占据四川之明昇。①

洪武四年七月乙亥,因得明昇所献良马十匹,其中一白马尤高大难得,明太祖谓天生此英物,必有神以司之,乃命太常司以少牢祀马祖。②

洪武五年八月壬寅,明州卫指挥佥事张亿率兵讨来侵倭寇,中流矢而卒,明太祖遣使致祭。③

洪武八年正月辛巳,遣卫国公邓愈等往陕西、彰德、真定、汝宁、永平等地董兵屯田,开卫戍守,第二天,明太祖至龙江祭告江淮之神而遣行。④

洪武八年四月辛卯,明太祖赴中都,途经滁州,遣官祭滁阳王庙,感谢生前之"再生之恩"。⑤

洪武九年正月甲子,明太祖以诸子将赴封国,于圜丘告祀天地。⑥

洪武十四年四月壬戌,重铸朝钟,以少牢享司钟之神。⑦

洪武十五年八月丙申,因册谥马皇后而以牲醴告于太庙。⑧

洪武十九年八月甲辰,命皇太子至泗州盱眙县修缮祖陵,葬衣冠,并予祭奠。⑨

洪武二十一年六月辛未,因云南境内有讨叛战事,遣神乐观

---

① 《明太祖洪武实录》第1167页。
② 《明太祖洪武实录》第1259至1260页。
③ 《明太祖洪武实录》第1393页。
④ 《明太祖洪武实录》第1654页。
⑤ 《明太祖洪武实录》第1679至1680页。
⑥ 《明太祖洪武实录》第1732至1733页。
⑦ 《明太祖洪武实录》第2162页。
⑧ 《明太祖洪武实录》第2320页。
⑨ 《明太祖洪武实录》第2706至2707页。

道士解性初往祭云南各府州县山川。①

纵观明太祖的全部祭祀活动，可知这是一个自上而下有组织地推行，规定严格、内容复杂的制度化、体系化的事物。被纳入这个体系而参与祭祀活动的，从皇帝开始，经过诸王、大臣、府州县官吏，直至乡里民间，可说是包括了所有的贵族和各级臣民。其所祭祀的对象，从天地之上的各种自然存在，如天、地、日、月、岳、镇、海、渎，到人间出现的各种人造器物，如城、隍、战船、中霤、井、灶，从古今存在过的各种正面人物，如祖宗、功臣、名臣、历代帝王，到可能给人们带来灾害的神灵鬼怪，如"必为害"的无祀之鬼②、灾害于马的马步之神③，真可说是包罗广泛，洋洋大观。祭祀的时间有定期和随机举行的不同。祭祀的规格，有上祀、中祀、小祀、皇帝亲祀、大臣代祀、王国府州县乡里各级祭祀等种种区别。明太祖为什么肯花大力气进行这样庞杂的祭祀活动呢？其目的何在？这是值得探讨的。

三　从事祭祀的原因和目的

（一）历史环境的制约

人生在世，其处理各种事物的方式，通常是只能接受所处历史环境的制约，即将原有的、现存的方式，首先适应之、遵循之，而后对其内在的发展趋势，根据环境条件和自身的追求，进行力所能及的干涉。众所周知，明太祖生活的时代，中国国家祭祀制度已沿用几千年，而且尚为人们所普遍认同，面对的是其继

---

① 《明太祖洪武实录》第 2882 页。
② 《明太祖洪武实录》第 1155 页。
③ 《明太祖洪武实录》第 792 页。

续存在的强劲趋势；因此，当明太祖从政之后，其对祭祀制度的态度，只能是仿效古人，继续执行。

明太祖本人多次清清楚楚地表明，他在祭祀方面是效法前人的。如洪武六年正月壬子明太祖在亲自祭告太岁等神时说："前古帝王，治世安民，制礼作乐，典百神之祀，动作必合于礼焉"，"（朕）治安天下，典百神之祀，当力效前王"。① 洪武三年九月戊子，明太祖亲自撰写的告祭京师城隍庙文中称："（朕）统一天下，治民事神；惟稽古典，弗敢慢亵。"② 洪武十二年正月朱元璋合祀天地于大祀殿时所写的大祀文也说："及朕即位以来，命儒臣遍历群书，自周以至于宋、元，皆考祀事之典。既考之后，守而行之。"③

原始文献中，也明确记载了明太祖的某些具体祭祀活动是沿自前人的。如洪武元年二月戊申明太祖亲祀大社、大稷（包括配位后土、后稷），其所用祝文皆载："遵依古礼，设坛岁祀"。④ 元年十二月乙酉，明太祖批准太常司的建议："立秋后辰日祀灵星，立冬后亥日祀司中、司命、司人、司禄，如唐制。"⑤ 九年八月丙申，明太祖躬祀历代帝王时对群臣说：古昔圣帝哲王，被"载在祀典，历代钦崇"，"（朕）主宰天下，皆仰则旧章"，对历代帝王之"祭祀"，"岂可怠忽"！⑥

原始文献中，还详细记载了明太祖的某些祭祀活动，是怎样

---

① 《明太祖洪武实录》第1425页。
② 《明太祖洪武实录》第1088页。
③ 全明诗编纂委员会编《全明诗》，上海古籍出版社，1990年12月出版，第11页。
④ 《明太祖洪武实录》第520页。
⑤ 《明太祖洪武实录》第746页。
⑥ 《明太祖洪武实录》第1799页。

具体以前人之祭祀办法为参照而确定下来的。如关于洪武元年十二月庚寅明太祖立旗纛庙的情形，《明太祖实录》卷三七作如下记载：

> 先是，礼官奏："军行，旗纛所当祭者。考之于古，旗谓之牙旗，黄帝《出军诀》曰：'牙旗者，将军之精，一军之行候。凡始竖牙（旗），必祭之刚日。祭牙之日，吉气来应，大胜之征。'纛为旗头也。《太白阴经》曰：'大将军中营建纛。天子六军，故用六纛。以犛牛尾为之。在左骖马首。'秦置骑头，骑以先驱。汉武帝置灵旗，为兵祷，则太史奉以指所伐。孙权作黄龙大牙旗。后齐天子亲征，建牙旗。唐、宋及元，皆有旗纛之祭。今宜立庙，春秋遣官致祭，春用惊蛰日，秋用霜降日。"于是上命京师立庙于都督府治之后，仍令天下卫所于公署后立庙。①

此段记载，岂不是使明太祖进行祭祀活动之制约于历史环境，更清楚地展现于世人面前！

（二）相信鬼神的影响

明太祖从政前做过小和尚，这不能不影响其世界观。他最初面临是否参加反元部队而从政的抉择时，是犹豫不决的，经过多次向神祷告投卜，知"神意必欲从雄"，即要其投奔反元部队而从政，才最后拿定主意，投奔了时据濠城的郭子兴，开始了其从政生涯。② 这说明明太祖自选择从政开始，就已经表现出有神论

---

① 《明太祖洪武实录》第747页。
② 《明太祖洪武实录》第4至5页。

的世界观，而其后的言论行动，更说明他始终是一个有神论者。

他相信道士的异术。洪武二十四年六月，他曾命礼部清理释道二教，其所下敕书中称："道教始于老子，以至汉张道陵，能以异术役招鬼神，御灾捍患，其道益彰"，其教"历世久不磨灭者以此"。①

他对术士的意见往往确信无疑。元至正二十六年八月丙子，因得知"术者言今岁当旱"，他担心兵兴以来遭受连年饥馑的百姓，已经流离颠沛，"若又加以旱"，将"何以堪"，即下令中书省将其之担心谕"军中总兵者"，使"务在安辑"，以免加重百姓痛苦、"重伤天地之和"。②洪武三年三月戊午，因"乃者大军西征，术者言当有水警"，他即遣使往谕在西征前线领兵作战的大将军徐达等，要其"慎防毋忽。凡军士驻营临阵，须相度地宜，以备不虞。中原以西，山川阨塞，一或遇雨，暴水卒至，势不可测。昔唐裴行俭昼驻平川，暮复移于高阜，人莫解其意，其夜平川水溢丈余，而军营无患，此其验也。将军其慎之"③。洪武六年十月辛巳，明太祖根据"虏稍稍遁迹、携贰之民亦已入塞"的近况，下令在塞上将兵备御的大将军徐达等，于"冬尽还京"，但十四天后，即同月乙未，他因"近术士张铁冠言子月有战"，遣使命令徐达等"未可即还，凡出入塞上必常如遇敌，非数千骑不可行也，旷漠中如遇敌，当加慎焉"④。洪武十三年二月壬戌朔，为了任用术士，他还特地下令郡县将"精通术数者"，与"聪明正直、孝弟力田、贤良方正、文学之士"，一起加以举荐，

---

① 《明太祖洪武实录》第3109页；钱伯城等主编《全明文》第一册，上海古籍出版社，1992年12月出版，第541页。
② 《明太祖洪武实录》第300至301页。
③ 《明太祖洪武实录》第986至987页。
④ 《明太祖洪武实录》第1518至1521页。

"以名闻"。①

他尤其相信天人感应的一套说教。元至正二十六年八月壬子，明太祖命博士许存仁进讲经史，存仁讲《尚书》"洪范"篇，当讲至"休征咎征之应"，明太祖即对天人感应之说大发议论，说："天道微妙难知，人事感通易见，天人一理，必以类应。稽之往昔，君能修德，则七政顺度，雨旸应期，灾害不生，不能修德，则三辰失行，旱涝不时，乖异迭见，其应如响。箕子以是告武王，以为人君者之儆戒。今宜体此，下修人事，上合天道。然岂特为人上者当勉？为人臣者亦当修省以辅其君，上下交修，斯为格天之本。"②

由于相信天人感应之说，明太祖很注意观察天象。洪武十年三月丁未，他与群臣讨论天和日月五星运行之事时曾说："朕自起兵以来，与善推步者仰观天象二十有三年矣。"③ 同年九月戊寅，他还对侍臣说："朕自即位以来，常以勤勉自励"，"夜卧不能安席，披衣而起，或仰观天象，见一星失次，即为忧惕"。④

有时天象成为其指挥军事的依据。元至正二十一年八月庚寅，明太祖亲自率舟师攻伐陈友谅，时陈友谅势力颇大，明太祖之所以敢于如此决策，其原因之一即在于认为天象有利。据记载，在讨论决策时，谋臣刘基称："昨观天象，金星在前，火星在后，此师胜之兆。愿主公顺天应人，早行吊伐。"明太祖回答："吾亦夜观天象，正如尔言。"于是"遂率徐达、常遇春等各将舟师"出战。⑤ 洪武十二年四月乙丑（二十九日），明太祖下令曹

---

① 《明太祖洪武实录》第2059页。
② 《明太祖洪武实录》第298至299页。
③ 《明太祖洪武实录》第1850页。
④ 《明太祖洪武实录》第1882页。
⑤ 《明太祖洪武实录》第118页。

国公李文忠等在西北地区发动进攻,其原因也是因认为天象有利。史称:"遣使敕曹国公李文忠、西平侯沐英等曰:'四月庚申(二十四),日交晕,在秦分,主有战斗之事。己未(二十三日),太白见东方,至于甲子(二十八日),顺行而西,西征太(大)利,尔等宜顺天时追击番寇。'"①

对于其他政事,明太祖也常常依天象行事。如洪武十三年十月乙亥,明太祖遣使谕江阴侯吴良,称:"上天垂象,主土木之事。近令拓青州北城,恐劳民太重,宜罢其役。"②

明太祖不仅自己相信天人感应之说,而且教训其儿子照之行事。洪武三十年三月壬午(三十日),由于荧惑入太微,明太祖认为与楚有关,即借机教训其子楚王朱桢,称:

> 自古至今有土有众者,务谨身心,观天道,察人事,不敢自暇自逸。刘向云:"人君候五星出入,所舍何分,进退休咎,务必知之。"盖人事作于下,则天道应手上,可不谨哉!其分茅胙土之君,亦有一国之休咎,苟于神人之理漠然无知,如之何而能膺大贵而有土有众也!吾谕尔久矣,前者亲与天文书一帙,备载周天列宿,意在尔务知五星出入,洞烛祸福以修人事也。旧岁荧惑入太微,不可不虑。况太微居翼轸之度;翼轸,楚分野也;太微,天庭也。五星无故而入,灾必甚焉。自荧惑之入,吾忧不已。且荧惑径入而东往,犹可也,今顺入而逆出已八十日矣。在内庭十日,有死

---

① 《明太祖洪武实录》第1991页。
② 《明太祖洪武实录》第2123至2124页。

君者，有死后者，死宰相者，况八十日乎！今尔子因疾而逝①，天象岂不可信！灾非止此，更有甚焉；尔当省愆慎德，以回天心。②

上述叙述说明，明太祖的确是一个有神论者。众所周知，世上本无所谓鬼怪神灵，它是人们在面对不可抗拒的外部力量时，自己虚构的一种超自然的事物，并幻想这种超自然的事物，能够应其请求保佑自己，满足自己的种种需求，从而使自己在现实的困境中"找到"出路，精神得到寄托；因而有神论者必然走向鬼怪神灵祭告乞求的道路，而且会认为在祭告乞求时还应对鬼怪神灵这些祭祀对象虔诚无伪。讨论至此，如下结论当自然得出：相信鬼神应是明太祖从事祭祀的又一个重要原因。

（三）宣扬天命，自我神化

在中国古代，凡有称王称霸的愿望或已经登上皇帝宝座的人，无不自称得天命、为上天所眷顾，借以争取支持者，而进行祭祀则是宣扬其为天命所在的绝好办法。明太祖于元至正十二年投入郭子兴部后，发展很快，元至正十六年即攻入集庆，称吴国公，建立了稳步发展的根据地。元至正二十四年称吴王，基本摧垮西邻强大的陈友谅势力。元至正二十七年始称吴元年，并消灭了东邻强大的张士诚集团，第二年更正式即皇帝位，建立明王朝。其自从政到即皇帝位前后仅用十七个年头，而后又稳居皇帝宝座逾三十年。这样的经历使之起码在元至正十六年或二十四年

---

① 引者注：同年同月己巳十七日，楚王庶长子朱梦死，见《明太祖实录》卷251。

② 《明太祖洪武实录》第3634至3635页。

后，即已有了向称王称霸目标奔跑的条件，从而产生了向前人学习、宣扬天命、自我神化的需要，而其由无尺土一民的普通贫苦群众，迅速地发展成强大的政治势力，以至成为人间至高无上的皇帝，也会使其感到有几分难于自我理解，从而在一定程度上相信自己的确是得到了上天的眷顾。在这种背景下，明太祖之通过祭祀来宣扬天命、自我神化，实是自然之举。查看历史实际，明太祖正是将祭祀当作了其宣扬天命、自我神化的工具。

文献中有不少明太祖通过祭祀宣扬天命、自我神化的记录。如洪武元年正月乙亥，明太祖祀天地于南郊，即皇帝位，其祝文称："惟我中国人民之君，自宋运告终，帝命真人于沙漠，入中国为天下主，其君父子及孙百有余年。今运亦终，其天下土地人民，豪杰分争。惟臣帝赐英贤，为臣之辅，遂戡定采石水寨蛮子海牙……偃兵息民于田里。"① 洪武二年正月庚戌，明太祖命都督十八人祭天下岳镇海渎之神，其祭东岳的祝文中，有"朕允膺天命，肇造丕基"之语。② 洪武四年四月庚寅，明太祖因派永嘉侯朱亮祖往助汤和等伐蜀，躬祀太岁诸神，其祝文中有"予受命上穹，赖神阴佑，天下一统"之语。③ 洪武二十一年三月乙酉，更定郊祀仪，其迎神乐章的首句，为"荷蒙天地兮君主华夷"。④

查阅明太祖祭祀时所用的乐章，可知其在极力把自己塑造成与天地鬼神互通互动的超凡形象，这是明太祖通过祭祀宣扬天命、自我神化的典型例证。如洪武元年十一月庚子，明太祖因冬至而祀昊天上帝于圜丘，其迎神乐章称："昊天苍兮穹窿，广覆

---

① 《明太祖洪武实录》第478页。
② 《明太祖洪武实录》第771页。
③ 《明太祖洪武实录》第1214页。
④ 《明太祖洪武实录》第2841页。

焘兮庞洪。建圜丘兮国之阳,合众神兮来临之同。念蝼蚁兮微衷,莫自期兮感通。思神来兮金玉其容,驭龙鸾兮乘云驾风。顾南郊兮昭格,望至尊兮崇崇。"其初献乐章称:"眇眇微躬,何敢请于九重,以烦帝聪。帝心矜怜,有感而通。既俯临于几筵,神缤纷而景从。臣虽愚蒙,鼓舞欢容,乃子孙之亲祖宗。酌清酒兮在钟,仰至德兮玄功。"其送神乐章称:"神之去兮难延,想遐袂兮翩翩。万里从兮后先,卫神驾兮回旋。稽首兮瞻天,云之衢兮眇然。"①读这些乐章,仿佛见到应主祭者明太祖之请,上帝昊天真的驭龙鸾乘云驾风而至,俯临其几筵,接受其在钟之清酒,而后遐袂翩翩而去。尽管用词谦卑,自称"蝼蚁"、"微衷",但无疑是自我塑造了一位能与上天相互感通的非同凡人的真命天子形象,着着实实神化了主祭者明太祖本人。洪武二年五月癸卯,明太祖因夏至亲祀皇地祇于方丘,其迎神乐章称:"坤德博厚,物资以生。承天时行,光大且宁。穆穆皇祇,功化顺成。来御方丘,严恭奉迎。"其亚献乐章称:"至广无边,道全持载。山岳所凭,海渎咸赖。民资水土,既安且泰。酌酒揭虔,功德惟大。"其送神乐章云:"神化无方,妙用难量。其功显融,其祀悠长。飙轮云旋,龙控鸾翔。拜送稽首,瞻礼余光。"②听其歌,味其景,似乎皇地祇真的"来御方丘",明太祖真的"严恭奉迎",皇地祇真的享用过祭品后乘轮云旋,控龙而驾鸾,明太祖真的稽首拜送,极尽瞻礼之诚,总之,似乎两者真的相感而互通,明太祖真的是得天命的真龙天子。洪武四年九月甲子,明太祖躬祀周天星辰,其乐章有云:"谨候以迎,庶几来歆"(送神);"灵驭涖止,有赫其威"(奠帛);"神兮既留,品物斯荐"(初献);"神既

---

① 《明太祖洪武实录》第663至664页。
② 《明太祖洪武实录》第829至830页。

初享,亚献再拜"(亚献);"神既再享,终献斯备"(终献);"三献礼终,九成乐作,神人以和,既燕且乐"(送神)。① 其词句勾画出一幅神人呼应、一念相通的景象,同样神化了主祭者明太祖其人。

(四)维护等级秩序,强调君主至上

中国古代的社会,是一个以皇帝为顶端的等级制社会,明太祖居于其所处时代的社会等级的顶端,其本身的社会地位影响了其思想,使之对于维护等级秩序、特别是强调君主至上,特别热心。他在洪武三年八月庚申曾谕庭臣:"古昔帝王之治天下,必定礼制以辨贵贱,明等威。"② 洪武二十四年五月丁亥朔曾对兵部试尚书茹瑺说:"礼莫大于别贵贱、明等威。"③ 这表明了其维护等级秩序的主张。元至正二十四年正月,明太祖刚称吴王时,对左相国徐达等说:"建国之初,当先正纪纲。元氏昏乱,纪纲不立,主荒臣专,威福下移,由是法度不行,人心涣散,遂致天下骚乱。"又说:"礼法,国之纪纲,礼法立则人志定,上下安……今吾所任将帅,皆昔时同功一体之人,自其归心于我,即与之定名分,明号令,故诸将皆听命,无敢有异者。尔等为吾辅相,当守此道,无谨于始而忽于终也。"④ 洪武九年十月甲寅,明太祖对群臣说:"《书》云:'惟辟作福,惟辟作威,惟辟玉食,臣无有作福、作威、玉食。'君臣之分,如天尊地卑,不可逾越。故《春秋》有谨始之义,《诗》有陵分之讥,圣人著之于经,所以垂

---

① 《明太祖洪武实录》第1276至1277页。
② 《明太祖洪武实录》第1076页。
③ 《明太祖洪武实录》第3103页。
④ 《明太祖洪武实录》第176至177页。

训天下后世者至矣。尔在廷群臣，以道事朕，当有鉴于彼，毋擅作威福，逾越礼分，庶几上下相保，而身名垂于不朽也。"① 这表明了其强调君主至上的主张。为了贯彻其如上主张，明太祖不仅于平时利用颁发谕旨等手段，而且也把进行祭祀当成了重要的方法，而其利用祭祀作方法来贯彻其维护等级秩序、强调君主至上的主张，主要通过三个途径。

其一，崇祭孔子。明太祖对祭孔非常重视，给予很高的规格，此已见于前文。在这里应予注意者，为明太祖为什么崇祭孔子、其所强调的理由何在？孔子无疑是一个可尊敬的伟人，其可尊敬的内容领域甚广。孔子是哲学家、教育家，也是政治家、史学家等，其在许多领域的成就都是伟大的，可尊敬的。而明太祖所看重的，屡屡强调的，仅在于他"明先王之道，立教经世，万世之下，君君臣臣、父父子子实有赖焉"。② 洪武十四年九月辛丑，因袭封衍圣公孔希学卒，诏礼部遣官致祭，其祭文中明确写进了明太祖所认可的孔子得以千万古庙食不泯的理由，说："三纲五常之道，自上古列圣相承，率修明以育生民，亘万世而不可无者，非先师孔子孰能明之？今天下乂安，生民多福，惟先师此道明耳。夫世之大德者，天地不沦没，所以为帝者师，庙食千万古不泯，子孙存焉。"③ 洪武十五年四月丙戌，下诏天下通祀孔子时，明太祖又说出了其作此决定的原因："孔子明帝王之道，以教后世，使君君、臣臣、父父、子子，纲常以正，彝伦攸序，其功参于天地。今天下郡县庙学并建，而报祀之礼止行京师，岂

---

① 《明太祖洪武实录》第1819至1820页。
② 《明太祖洪武实录》第550页。
③ 《明太祖洪武实录》第2191页。

非阙典!"① 明太祖之一面崇祭孔子,一面反复强调崇祭孔子的上述理由,无疑是为了利用崇祭孔子的途径,向人们灌输其维护等级秩序、强调君主至上的思想主张。

其二,崇祭忠臣。明太祖之崇祭忠臣,可说是充斥于其从政的始终,不仅有单独的专门祭祀,还有进行于宗庙中的从祀配享,不仅对当代的忠臣进行祭祀,而且也施之于前代忠臣。在进行这些祭祀时,明太祖常常道出其目的。元至正二十四年四月丙申命建忠臣祠于鄱阳湖康郎山时,明太祖对中书省臣说:"崇德报功,国之大典。自古兵争,忠臣烈士以身殉国,英风义气,虽死犹生。予与陈友谅战于鄱阳湖,将臣效忠死敌,昭然可数。然有功不报,何以慰死者之心而激生者之志哉!尔中书其议行之。"② 元至正二十七年十月明太祖下令礼官为元忠臣右丞余阙、江州总管李黼建祠,其时他对礼官说:"自古忠臣义士舍生取义,身殁而名存,有以垂训于天下后世","自昔忠臣义士必见褒崇于后代,盖以励风教也"。③ 洪武九年七月,明太祖遣官祭功臣于鸡笼山庙,"谕礼官曰:'诸将臣始从朕征伐,宣力效劳,朕于爵赏不敢吝惜,大者公,小者侯,死则俾之庙食,以报其功。'"④ 上文叙及之洪武二十七年四月明太祖下令在陕西乾州为唐朝忠臣浑瑊立祠,其原因是乾州同知史孟通上言:此祀有缺,"甚非报功劝忠之义";而此议得到了明太祖的赞同。⑤ 当时的所谓忠臣,实即效忠于君主、以君主为至上之人。明太祖崇祭忠臣时之宣称

---

① 《明太祖洪武实录》第2263至2264页。
② 《明太祖洪武实录》第190至191页;参王圻《续文献通考》,《续修四库全书》第764册据万历三十年松江府刻本影印本,第208页下。
③ 《明太祖洪武实录》第385页。
④ 《明太祖洪武实录》第1779页。
⑤ 《明太祖洪武实录》第3393至3394页。

"报功劝忠"、"慰死者之心而激生者之志"、"垂训于天下后世"、"以励风教",无非是强调君主至上,要求臣民遵循之而已。

其三,在祭祀活动中构建鬼神世界的等级体系。明太祖在祭祀中精心构建鬼神世界等级的表现,有四个方面。首先,对不同的祭祀对象,给予尊卑不同的待遇。如在洪武六年五月壬寅编成的《祖训录》中,将祭祀对象分成亲祀(祀天地、祭社稷、享宗庙)、传制遣官代祀(历代帝王、旗纛、城隍、先农、孔子等祀)、内官致祭(户、灶、门、井、中霤等五祀)等不同祭祀等级。① 洪武四年九月乙亥,明太祖又规定,祭祀前的斋戒日期,祭祀对象不同长短各异,其中"亲祭天地、宗庙,斋戒五日;祀日月星辰、社稷、山川、风云雷雨,斋三日。降香,斋一日"②。洪武九年十一月丙戌,明太祖还规定,大祀天地、宗庙时于"饮福"、"受胙"等环节各行四拜礼,而日月星辰、社稷等一切中祀,于"饮福"、"受胙"等环节只行再拜礼,以"庶有品节"。③ 其次,对不同的祭祀者,给予高低不同的待遇规定。如洪武三年四月乙丑,册封朱樉、朱㭎、朱棣、朱橚、朱桢、朱榑、朱梓、朱杞、朱檀等分别为秦、晋、燕、吴、楚、齐、潭、赵、鲁等王,其册文中称:"今尔固其(有)国者,当敬天地在心,不可逾礼以祀;其宗社、山川,依时享之。"④ 洪武六年四月癸未,明太祖谕中书省及礼部,称:"始天下方定,其山川皆统祀于京师。然古者诸侯祭封内山川,今行省大臣任方面重寄,视古之方伯、连帅无异,而其境内山川所当祭者,其定制颁行之。"于是,

---

① 《明太祖洪武实录》第1470页;张德信、毛佩琦主编《洪武御制全书》,黄山书社1995年7月出版,第367至368页。
② 《明太祖洪武实录》第1278页。
③ 《明太祖洪武实录》第1827页。
④ 《明太祖洪武实录》第1001页。

礼部奏："五岳、五镇、四海、四渎，礼秩尊崇，及京师山川，皆国家常典，非诸侯所得预者，其各省惟祭风云雷雨及境内山川之神。"明太祖批准这一意见，"自是定天下十二省山川皆各省自祭，旧合祭京师及四夷山川皆罢之"。① 洪武九年九月戊辰，又"命凡在外百司祭祀百神，宜以品级尊卑为序。以都指挥使为初献，布政使为亚献，按察使为终献。都指挥使缺，则以布政使为初献。其余陪祭官亦宜序以品级，有越次者，以违制罪之"。② 第三，即使同一个祭祀对象，如祭祀者身份不同，其规格高低也给予不同的待遇。如洪武元年十二月庚寅，明太祖下令在京师和天下卫所皆立旗纛庙，而所用祭牲京师规定用太牢，天下卫所用少牢；其他仪物天下卫所也被规定视京师"有杀焉"。③ 洪武二年正月丙申朔，明太祖封京都及天下城隍神，其京都城隍为承天鉴国司民异福明灵王；其在北京开封府者为承天鉴国司民显圣王，临濠府为承天鉴国司民贞佑王，太平府为承天鉴国司民英烈王，和州为承天鉴国司民灵护王，滁州为承天鉴国司民灵佑王，五府州皆正一品；余在各府州县者，府为鉴察司民城隍威灵公，秩正二品，州为鉴察司民城隍灵佑侯，秩（正）三品，县为鉴察司民城隍显佑伯，秩（正）四品。各城隍神的封号品秩，皆因所在地区地位之差异而高低不同。④ 第四，突出上天的"至尊"地位。明太祖在祭祀中，很注意表现"至尊唯天"⑤的思想。如在

---

① 《明太祖洪武实录》第1460至1461页。
② 《明太祖洪武实录》第1805页。
③ 《明太祖洪武实录》第747至749页。
④ 《明太祖洪武实录》第755至756页。
⑤ 《明太祖洪武实录》第601页。

祭祀其他神灵时，他常常是明确地称其"奉天明命"、"代天行令"①、"赞辅皇祇"②。洪武三年十一月壬子，为了表示对天的特殊尊敬，他还特别命礼部改作了天地等坛的牲房。史载："先是，上③以郊祭之牲与群祀之牲混养，不足以别事天之敬，乃因其旧地改作而加绘饰，中为三间，以养郊祀牲④，左三间以养后土牲，右三间以养太庙、社稷牲，余屋以养山川百神之牲。"⑤鬼神世界是人们以现实世界为底本，加以想象而构建出来的虚幻世界，但虚幻的鬼神世界一旦被构建出来，反过来会影响人们的思想，从而对现实世界发生一定的反作用，影响现实世界的形态和发展走向。明太祖通过祭祀活动精心地构建出以上天为至尊的等级制的鬼神世界，无疑大大有利于其对现实社会等级秩序和君主至上的维护与强调，这当是其进行这一构建的目的之一。

（五）恐吓臣民，巩固统治秩序

以神道设教，用神权恐吓臣民，这是中国古代历朝统治者惯用的手段，其时文明发达水平不高，鬼神观念盛行，也使这种手段屡屡见效。这不能不使明太祖起而效之，而进行祭祀，就是其效法这一手段的一个举措。洪武二年九月乙巳，明太祖下诏以司中、司命、司民、司禄及寿星五神为中祀，当时其命翰林院所撰司命祝文称："乾道变化，各正性命，惟神正直，司其善恶。予

---

① 元至正二十六年八月祭大江之神语，见《明太祖洪武实录》第295页。
② 洪武二年二月戊辰祭大社之语，见《明太祖洪武实录》第784页。
③ 指明太祖——引者注。
④ 指祭天之牲——引者注。
⑤ 《明太祖洪武实录》第1144页。

统临天下之初，肇修祀事，神其顺天之令，赏善罚恶，使天下民知所劝戒。"所撰司民祝文称："上帝好生，育此下民，亿兆之数，神实司之。予统临天下之初，肇修祀事，神其布天之德，正直是与。"所撰寿星祝文称："天有赏罚，神实司之。惟神正直，善良者必增以寿，凶暴者比减（减）其算，故上帝任之，历代之所崇祀。予统临天下之初，考诸旧典，敬修祀事，惟神无私，以鉴以察，以体上帝之命。"① 这里的所谓"赏善罚恶"、"正直是与"、"惟神无私，以鉴以察"，是对诸神的祈请，也是对臣民的恐吓，警告臣民一定要行善，不可为恶，要作善良者，不可作凶暴者，换言之，即用鬼神作武器，威胁臣民遵守其时的法纪和道德，皆作顺民，以维护统治秩序的安定。洪武六年三月癸卯朔，明太祖对大臣宋濂说："朕立城隍神，使人知畏，人有所畏，则不敢妄为。"② 洪武二十六年六月辛丑，明太祖命礼部申严公侯制度僭侈之禁，下敕称："盖知畏神明，则知守礼法。"③ 这些话语更是直截了当、毫不遮掩地自我表明，其进行祭祀活动的重要目的，就在于以鬼神恐吓臣民，使守礼法，以巩固其时的统治秩序。

（六）宣泄对先祖的追慕情感

尊祖敬宗、孝敬父母是中国古代的一个好传统，也是其时主流意识形态所提倡者。在这种环境中长大的明太祖很易于重视孝道，而其十七岁遭遇旱蝗之灾，疾疫大起，父母与长兄三人在十几天中先后死去，这更使之痛惜父母的悲惨离去，在思念先人上

---

① 《明太祖洪武实录》第882至883页。
② 《明太祖洪武实录》第1447页。
③ 《明太祖洪武实录》第3328页。

尤过常人。这使其自然而然地重视对父母等先人的祭奠,换言之,宣泄对先祖的追慕情感成为其进行祭祀活动的又一个重要推动力。

明太祖曾写过一首诗名为《思亲歌》,其中说:"苑中高树枝叶云,上有慈乌乳雏勤。雏翎少乾呼教飞,腾翔哑哑朝与昏。有时力及随飞去,有时不及枝内存。呼来呼去羽翎硬,万里长风两翼振。父母双飞紧相随,雏知返哺天性真。歔欷慈乌恻恻仁,人而不如乌将何伸,将何伸!吾思昔日微庶民,苦哉憔悴堂上亲。有似不如乌之至孝精,歔欷歔欷梦寐心不泯。"①此诗真挚地抒发了其对亡故父母的强烈思念之情,反映了其虽贵为天子而不能反哺父母所造成的梦寐悲伤情景。由于人之生日,实母亲受难父亲奔忙之时,因而太祖遇到此日,每每倍感思念其父母,而且常不许臣下祝贺。洪武二年九月己酉,为明太祖生日,朝罢,他退御便殿,"谓侍臣曰:'朕昔丧亲,适值艰难之际,今富有天下,不能为一朝之养,此终身之痛也'"。②洪武五年八月庚辰,其生日将到,他又对侍臣说:"生辰,父母劬劳之日,朕皇考皇妣早逝,每于是日不胜悲悼,况忍受天下贺乎?"因"命罢天下进贺圣节"表笺。此年之后,"每岁圣节之日",明太祖皆"斋居素食,不受朝贺"。直至洪武十三年七月,他才因朝臣固请,而答应朝贺,但仍下令"尚从中制,惟礼当而已"。③由于明太祖本人有真诚的孝敬先人之心,当其遇到他人的有关事宜,总是推己

---

① 全明诗编纂委员会编《全明诗》,上海古籍出版社,1990年12月出版,第16页。
② 《明太祖洪武实录》第884页。
③ 《明太祖洪武实录》第1390页、1397页及2105页至2106页;参见王圻《续文献通考》,《续修四库全书》第764册据万历三十年松江府刻本影印本,第266页下。

及人，予以帮助。元至正二十七年十二月戊辰，蒲台民有供刍藁违令者，大将军徐达欲斩之，其子乞以身代，明太祖以其孝，并其父宥之。① 洪武二年八月庚寅，临川守御千户胡朝宗受赂，法当死。明太祖出至三山门，朝宗父母涕泣哀诉："唯有此子，死则老无所依。"明太祖"悯之，俾减死论，终养其父母"。② 洪武三年二月壬戌，明太祖行至后苑，见巢鹊卵翼之劳，喟然叹曰："禽鸟劬劳若是，况人母子之恩乎！"于是下令：群臣有亲老者，许归养。③ 洪武四年正月壬辰，河南府知府徐麟以母老居蕲州府之广济，请终养，明太祖改徐麟为蕲州府知府，俾就近养母。④ 洪武四年十二月壬寅，临濠人张纶任河南右卫百户，自陈父母年皆八十余，家远不可迎至，乞解职归养，明太祖喜其有孝心，即提拔其为濠梁卫副千户，使就近照料父母。⑤ 洪武八年七月戊辰，他下诏"百官闻父母丧者"，不待上报批准，即可离职，以免影响其尽送终之心。⑥ 此外，表彰孝子的命令，屡屡颁布，而臣下有不孝表现者，则往往受其批评而丢官，其例甚多，不一一列举。明太祖对他人孝行的帮助和鼓励，当是由于他人的孝敬感情，在他那里引起了共鸣，这进一步说明他的确是一个重视孝敬先人的大孝子。

明太祖遇与祭祀祖先有关的事宜，总会引发其大动感情。如元至正二十四年四月乙未，中书省臣进宗庙祭享及月朔荐新礼仪，明太祖在白虎殿审看，审毕出殿，行至戟门东，忽悲怆流

---

① 《明太祖洪武实录》第 472 页。
② 《明太祖洪武实录》第 875 页。
③ 《明太祖洪武实录》第 962 页。
④ 《明太祖洪武实录》第 1174 页。
⑤ 《明太祖洪武实录》第 1310 页。
⑥ 《明太祖洪武实录》第 1700 页。

涕,对大臣宋濂等说:"吾昔遭世艰苦,饥馑相仍,当时二亲俱在,吾欲养,其力不给。今赖祖宗之佑,化家为国,而二亲不及养,追念至此,痛何可言!"① 元至正二十七年四月辛亥为明太祖父亲之忌日,明太祖诣庙祭毕,退登便殿,"泣下不止",称"往者吾父以是月六日亡,兄以九日亡,母以二十二日亡,一月之间,三丧相继,人生值此,其何以堪!终天之痛,念之罔极"。时因其呜咽不胜,"左右皆不能仰视"。② 同年同月丁卯为明太祖母亲之忌日,明太祖祭毕对侍臣朱升说:"吾母终时,吾年甫十七,侍母病昼夜不离侧,吾次兄经营家事,母遣吾呼与偕来,嘱曰:'我今病度不起,汝兄弟善相扶持,以立家业。'言讫而终。今大业垂成,母不及见,语犹在耳,痛不能堪也。"又悲咽泣下,使"群臣莫不感恻"③。洪武元年二月壬子,太常又进宗庙月朔荐新礼,明太祖审查毕,对群臣说:"祭之于后,不若养之于先,朕今不及矣。尝闻为人子者愿为人兄,其意谓为兄侍膝下之日早,于养之日多也。朕于子为人弟,亲存而幼,不能以养,及长而富有天下,则亲没矣,虽欲以天下养,其可得乎!"说毕,"悲叹久之"。④ 洪武三十一年四月己丑,明太祖祭太庙,祭毕步出庙门,"徘徊,指桐梓谓太常寺臣曰:'往年种此,今不觉成林。凤阳陵⑤树当亦似此。'因感怆泣下"。明太祖无数次地如此大动感情,一方面再一次说明他是真孝子,另一方面也令人不得不强烈地感受到,他之所以进行祭祀,在其祖先祭祀部分,当肯定与

---

① 《明太祖洪武实录》第190页。
② 《明太祖洪武实录》第329页;王圻《续文献通考》,《续修四库全书》第764册据万历三十年松江府刻本影印本,第487页上。
③ 《明太祖洪武实录》第335至336页。
④ 《明太祖洪武实录》第524至525页。
⑤ 指其父母之陵——引者注。

其对祖先的深笃亲情有关,是其宣泄追慕祖先情感的一种方式。洪武二年正月丁未,明太祖享太庙,其祝文中有"以伸追慕之情"一语,① 洪武十九年八月甲辰,明太祖命皇太子至泗州盱眙县修缮祖陵,葬衣冠,其祝文中有"以伸孝思"一语。② 此为上述结论提供了有力的证据。

四 为民求福是祭祀活动中的一个大亮点

明太祖重视民众,在祭祀活动中注意为民祈求保佑,这是其祭祀活动很引人注目的一个特点。

他多次表示,其祭祀应该为民祈福,并自称其正是如此行事的。元至正二十七年十一月甲午,明太祖沐浴后出观圜丘,对起居注熊鼎等说:"郊祀之礼,非尚虚文,正为天下生灵祈福,予安敢不尽其诚!"③ 洪武元年十一月丙午,明太祖与中书省、礼部官吏研究祭祀时说:"若国家仓廪府库所积,乃生民脂膏,以此为尊醪俎馔,充实神庭,徼求福祉,以私于身,神可欺乎?惟为国为民祈祷,如水旱疾疫师旅之类可也。"④ 洪武二年三月戊戌,明太祖对中书省臣说:"朕每祭享天地百神,惟伸吾感戴之意,祈祷福祉以佑生民,未尝敢自徼惠也。"⑤ 洪武二年十一月乙巳冬至,明太祖祭天后对群臣说:"朕凡致祭,其实为国为民,

---

① 《明太祖洪武实录》第762页。
② 《明太祖洪武实录》第2707页;王圻《续文献通考》,《续修四库全书》第764册据万历三十年松江府刻本影印本,第487页下。
③ 《明太祖洪武实录》第414页。
④ 《明太祖洪武实录》第668至669页;王圻《续文献通考》,《续修四库全书》第764册据万历三十年松江府刻本影印本,第47页下。
⑤ 《明太祖洪武实录》第806页。

非有私求之福。"① 洪武二十年正月甲子大祀天地后，明太祖对侍臣说："祀天地非祈福于己，实为天下苍生也。"②

明太祖之祭祀为民，更表现于实际行动上。在其起兵的早期，已开始为民祭祀。元至正十四年七月，明太祖之祭滁州西南丰山阳谷栢子潭龙祠，即为民求雨，其祝文称："天旱如此，吾为民致祷。神食兹土，其可不恤民！吾今与神约，三日必雨，不然，神恐不得祠于此也。"③ 而后，其为民祈福之祭，几乎不断。有时为了祈福于民，甚至做出一些自虐的举动。洪武三年六月戊午朔，因天久不雨，为农之忧，明太祖亲为祈祷山川坛，且"素服草履"，露坐草席，"昼曝于日，顷刻不移，夜卧于地，衣不解带"，凡历三日。④ 有时为了换取百姓的福祉，他能祈求神灵降灾于自身。洪武七年五月天旱，明太祖因"仲夏当农民渴雨之期"，其心惶惶不安，躬祷太岁、风云雷雨、岳镇海渎、城隍诸神，求其"特降雨泽。神不我弃，为达上帝，苟有罪责，宜降朕躬，毋为民灾"。⑤ 洪武三年十二月戊辰，由于担心"兵革之余死无后者，其灵无所依"，"或依附土木，为民祸福"，明太祖还特别下令京都及天下府州县各立厉坛，专门祭祀这些"无依之鬼"，以"除民害"。⑥

明太祖祭祀时赞礼官所用的赞语，多为围绕广大民众的利益。如洪武元年四月丁未祫享太庙、同年十一月三日庚子冬至明太祖祭天及洪武三年二月丙子明太祖朝日于东郊时，在"饮福"

---

① 《明太祖洪武实录》第932页。
② 《明太祖洪武实录》第2724页。
③ 《明太祖洪武实录》第14页。
④ 《明太祖洪武实录》第1033页。
⑤ 《明太祖洪武实录》第1579页。
⑥ 《明太祖洪武实录》第1155至1156页。

环节，太常卿的赞语分别是："惟此殽羞，神之所与，赐以福庆，亿兆同霑"、①"惟此酒殽，神之所与，赐以福庆，亿兆同霜"、②"惟此殽羞，神之所与，赐以福庆，亿兆同霑"。③ 三者几乎没有差异，都是祝愿"亿兆同霑"神灵所赐之"福庆"。

明太祖祭祀时所用的祝文，也多是围绕广大民众的利益。洪武二年正月庚戌，明太祖命都督孙过仙等十八人祭天下岳镇海渎之神，其东岳祝文有云："及出肤过之云，不崇朝而雨天下，滋于稼苗，民赖以生，功被于世。"其西岳和南岳的祝文皆有云："长物养民，功被子世。"其北岳祝文有云："养民阜物，功被寰中。"其中岳祝文有云："养民育物，功被寰中。"其东海和西海的祝文皆有云："滋物养民，功被于世。"其南海和北海的祝文皆有云："润物养民，功被于世。"其江渎、河渎和济渎的祝文皆有云："润物养民，泽被于世。"其淮渎祝文有云："出云致雨，润物养民，坎德灵长，泽被于世。"其东镇和西镇的祝文皆有云："生物养民，功被于世。"其南镇和北镇的祝文皆有云："阜物养民，功被于世。"其中镇祝文有云："生殖庶物，功被寰宇。"④洪武六年五月壬寅朔决定，春秋祭告太岁、风云雷雨、岳镇海渎、山川、城隍诸神之祝文，有云："维神主司民物，参赞天地化机，发育有功"，"所冀风雨以时，年岁丰稔，民物咸遂，军民皆安"⑤。洪武十年二月壬子，遣官享先农，其祝文有云："惟神

---

① 《明太祖洪武实录》第 545 页。
② 《明太祖洪武实录》第 662 页。
③ 《明太祖洪武实录》第 970 页。
④ 《明太祖洪武实录》第 770 至 773 页；王圻《续文献通考》，《续修四库全书》第 764 册据万历三十年松江府刻本影印本，第 105 页上、下。
⑤ 《明太祖洪武实录》第 1469 页。

初兴农事,乃种嘉谷,为民立命,万世永赖。"① 洪武十一年二月戊申祭大社大稷,其祝文有云:"惟神赞辅皇祇,发生嘉谷,粒我烝民,万世永赖。"②

明太祖祭祀时所用乐章,其措辞同样多是围绕广大民众的利益。如洪武二年正月戊申规定,以太岁风云雷雨诸天神合为一坛,在惊蛰、秋分日祀之,以岳镇海渎及天下山川、城隍诸地祇合为一坛,在清明、霜降日祀之,其所用彻豆乐章为:"春祈秋报,率为我民。我民之生,赖于尔神。维神祜之,康宁是臻。"③

明太祖亲自撰写的祭祀乐章,其用语更是多为民请命者。如洪武七年八月甲戌朔,明太祖躬祀历代帝王于新庙,所用乐章为明太祖所亲自撰写,其送神乐章为:"旛幢缭绕兮导来踪,銮舆冉冉兮归天宫。五云拥兮祥风从,民歌圣佑兮乐年丰。"④ 洪武八年四月甲辰,皇太子摄祭皇地祇于方丘,始用明太祖亲撰乐章,其初献乐章为:"初献行兮捧觞,圣灵穆穆兮洋洋。为烝民兮永昌,鉴丰年兮耿光。"其送神乐章为:"祥风兴兮悠悠,云衢开兮民福留。岁乐烝民兮大有,想洋洋兮举觞载酒。"其望瘗乐章为:"瘗羞玉帛兮瘗坎中,遥瞻隐隐兮龙旗从。祀事成兮尽微衷,感厚德兮民福壅壅。"⑤ 洪武八年十一月丁丑冬至,祀昊天上帝于圜丘,其乐章用明太祖所撰写者。其中用语有"民依时兮用工,感帝德兮大化成功"(奠玉帛乐章)、"粗陈菲荐兮神喜将,

---

① 《明太祖洪武实录》第1845页。
② 《明太祖洪武实录》第1911页。
③ 《明太祖洪武实录》第768页;王圻《续文献通考》,《续修四库全书》第764册据万历三十年松江府刻本影印本,第104页下至105页上。
④ 《明太祖洪武实录》第1606页。
⑤ 《明太祖洪武实录》第1681页。

感圣心兮何以忘。民福留兮佳气昂，臣拜手兮谢恩光"（徹馔乐章）、"旌幢烨烨云衢长，龙车凤辇兮驾飞扬。遥瞻冉冉兮去上方，可见烝民兮永康"（送神乐章）等。① 洪武十二年正月十一日合祀天地后，明太祖写有"大祀歌九章"，其中"愿民之多福兮"之类为民求福的语句也可随处发现，其第七歌的篇名更直接写为"兆民之福"。②

明太祖在祭祀活动中为什么重视为民求福呢？这是因为他亲身经历了元末的战乱，并在战乱中及建立明朝后长期从政，在从政中一方面观察到了民众之何为敢于起而造反，元朝之何以由庞然大物而渐渐归于消亡，另一方面又主动积极接近儒生，与之一起研讨经史著作，总结历代兴亡的经验和教训，探讨现实社会政治的方方面面，从而接受和取得了丰富的间接和直接的治国经验，对社会政治问题具备了许多正确而宝贵的知识，以及虽不一定完全正确但却有积极意义的认识。这些知识和认识主要者有如下几项：第一，治国离不开民众。元至正二十四年八月，明太祖曾对前往帮助大将军常遇春进攻赣州的中书右司郎中汪广洋说："但恐破城之日，杀伤过多，要当以保全生民为心，一则可为国家用，一则为未附者劝"。"向者鄱阳湖之战，陈友谅既败，生降其兵，至今为我用，纵有逃归者，亦为我之民。我前克湖广，禁军士毋入城，故能全一郡之民。苟得郡无民，何益？"③ 元至正二十六年正月，明太祖对中书省臣说："军国之费，所资不少，皆出于民"，"若年谷丰登，衣食给足，则国富而民安，此为治之

---

① 《明太祖洪武实录》第1722至1723页。
② 全明诗编纂委员会编《全明诗》，上海古籍出版社，1990年12月出版，第14至15页。
③ 《明太祖洪武实录》第201至202页。

先务，立国之根本"。① 洪武五年十月，明太祖曾在所下的一个诏书中说："国以民为本，民以食为先，此有国家者所以厚民生而重民命也"。② 第二，"水能载舟，亦能覆舟"，不善待民众，国将乱亡。洪武十五年七月庚戌，明太祖曾对翰林院学士宋讷说："朕每观《尚书》至'敬授人时'，尝（常）叹敬天之事，后世中主犹能知之，敬民之事，则鲜有知者。盖彼自谓崇高，谓民皆事我者，分所当然，故威严日重，而恩礼寖薄。所以然者，只为视民轻也。视民轻则与己不相干，而畔涣离散不难矣。惟能知民与己相资，则必无慢视之弊。故曰'可爱非君？可畏非民？众非元后何戴？后非众罔与守邦。'古之帝王视民何尝敢轻？故致天下长久者，以此而已。"③ 洪武十八年十一月甲子，明太祖对侍臣说："保国之道，藏富于民，民富则亲，民贫则离，民之贫富国家休戚系焉。自昔昏主恣意奢欲，使百姓困乏，至于乱亡。"④ 洪武二十七年正月辛酉，明太祖对翰林学士刘三吾说："自昔先王之治，必本于爱民，然爱民而无实心，则民必不蒙其泽，民不蒙其泽，则众心离于下，积怨聚于上，国欲不危，难矣。朕每思此，为之惕然。"⑤ 第三，奉天养民为君之天职。洪武元年八月己卯，明太祖颁布的一个诏书中说："天生民而立之君，君者，奉天而安养斯民者也。"⑥ 洪武二年三月乙未朔，明太祖在与儒臣讨论《易经》时说："人主职在养民。"⑦ 洪武二十

---

① 《明太祖洪武实录》第259至260页。
② 《明太祖洪武实录》第1402页。
③ 《明太祖洪武实录》第2290页。
④ 《明太祖洪武实录》第2669页。
⑤ 《明太祖洪武实录》第3375页。
⑥ 《明太祖洪武实录》第613页。
⑦ 《明太祖洪武实录》第801页。

年正月甲子祀天于南郊后，明太祖因"天气清明，圣情悦豫"，对侍臣说："所谓敬天者，不独严而有礼，当有其实。天以子民之任付于君，为君者欲求事天，必先恤民。恤民者，事天之实也。即如国家命人任守令之事，若不能福民，则是弃君之命，不敬孰大焉？"又说："为人君者父天、母地、子民，皆职分之所当尽。"① 第四，天道无常，惟德是辅。元至正二十年三月，青田刘基、龙泉章溢等四人应征至建康（今南京），明太祖甚喜，问计说："四海纷争，何时而定？"章溢回答："天道无常，惟德是辅。惟不嗜杀人者能一之。"明太祖很欣赏其所答，对之甚为礼遇。② 元至正二十七年，明太祖遣使送信给元将李思齐、张思道，其信中有"天道所助者在德也"之语。③ 洪武元年八月乙亥，漳州府通判王祎上疏给明太祖，其中说："臣闻自古帝王定天下，成大业，必祈天永命，以为万世无疆之计焉。所以祈之者，在乎人君修德而已。君德既修，则天眷自有不能已者。《书》曰：'皇天无亲，惟德是辅。'此之谓也。"明太祖见后，很高兴地接受其意见。④ 洪武二十七年四月癸未，明太祖对太子太保唐铎说："天之爱民，故立之君以治之，君能妥安生民，则可以保兹天眷。"⑤

明太祖出身贫苦，从政前生活非常贫困，这使之深知下层民众处境之艰难，因而对之自然有极大的同情心，这也是他在祭祀活动中重视为民众祈福的一个重要原因。洪武二年五月乙巳，明太祖去钟山，返回时由独龙冈步行至淳化门，才进入城里，于是

---

① 《明太祖洪武实录》第 2723 至 2724 页。
② 《明太祖洪武实录》第 93 页。
③ 《明太祖洪武实录》第 391 页。
④ 《明太祖洪武实录》第 602 至 604 页。
⑤ 《明太祖洪武实录》第 3397 页。

他对侍臣说:"朕久不历农亩,适见田者冒暑而耘甚苦,因闵其劳,徒步不觉至此。农为国本,百需皆其所出,彼辛勤若是,为之司牧者亦尝闵念之乎?且均为人耳,身处富贵而不知贫贱之艰难,古人常以为戒。夫衣帛当思织女之勤,食粟当念耕夫之苦。朕为此故,不觉恻然于心也。"① 洪武四年五月乙卯,明太祖在免江西秋粮诏中说:"朕起布衣,深知民间疾苦。"② 洪武三十年二月壬辰,明太祖与群臣论民间事时说:"四民之业,莫劳于农,观其终岁勤动,少得休息,时和年丰,数口之家犹可足食,不幸水旱年谷不登,则举家饥困。朕一食一衣,则念稼穑机杼之勤。尔等居有广厦,乘有肥马,衣有文绣,食有膏粱(粱),当念民劳。大抵百姓足而后国富,百姓逸而后国安,未有民困穷而国独富安者。尔等其思佐朕裕民之道,庶几食禄无愧。"③ 明太祖的上述言论当是真诚的。一个"深知民间疾苦"、布衣出身的皇帝,能够见农民之辛苦而"恻然于心",能够自己"一食一衣""念稼穑机杼之勤",能够要求群臣"念其劳"、思佐"裕民之道",那么,其在祭祀之时重视为民众求庇护,岂非自然而然、合乎情理之事!

五 简短的评论——消极与积极共存

明朝建国前后即明太祖从政期间所进行的祭祀活动,是明太祖从政方略及实践的重要组成部分之一,是其认真推行的一项政治举措,形成了自上而下有组织推动、有严格规定、内容复杂、

---

① 《明太祖洪武实录》第 830 至 831 页。
② 《明太祖洪武实录》第 1225 页。
③ 《明太祖洪武实录》第 3618 页。

体系完整的一个庞大制度。这个制度在当时之得以推行，与其时的历史条件紧密相连。古代文明发达程度不高、鬼怪神灵观念相当盛行，是其由前代承袭下来的思想基础。后人对明太祖推行这项以唯心主义有神论为特征的制度不可过分苛责。但它毕竟传布了虚构的有神论，对社会文明的进步是一个阻碍因素，这是不能不予指出的。

神化君权，宣扬等级秩序，特别是强调君为臣纲，以神权恐吓臣民，这些是明太祖进行祭祀活动的重要目的，这无疑起着保守现状、阻碍变革的负面作用。它是为处于当时等级秩序上端和中端的既得利益者谋利的，尤其是为处于当时等级秩序顶端的皇帝本人谋利的。但它有在一定时期内稳定社会秩序的效果。在古代农业社会中，社会生产力的发展处于非跳跃式的状态中，利用和平环境以缓慢积累财富、缓慢积累经验，是其发展的重要方式和途径。因而明太祖之进行祭祀活动，虽有保守现状、阻碍变革的负面作用，而其在一定时期内稳定社会秩序的效果，却可为社会生产力的缓慢发展提供和平环境条件，不是绝对乏善可陈。特别是在明太祖建国后的一段时期内，社会生产关系得到了调整，土地集中程度有所缓和，农民与土地的结合状况相对良好，明太祖进行祭祀活动之能够发挥在一定时期稳定社会秩序的作用，对当时社会生产力的发展尤有不可忽视的影响。

布衣出身、复杂的从政经历，以及长期与儒生进行经史和社会现实问题的深入探讨，使明太祖具有丰富的直接与间接政治经验，在一定程度上了解民众的重要作用，接受了"皇天无亲，惟德是辅"这一传统的天人关系观念，这又造成了明太祖的祭祀活动出现了重视为民求福的一大亮点。这一亮点当然在实际生活中，绝不可能为民众从神灵那里求到什么庇护，而其反反复复地出现在世人面前，在一定程度上表达出了明太祖重视民众的理念,从而对官僚们或能产生或大或小的教育和引导作用,从而在改进吏治上有若干积极影响。社会的管理者和被管理者,是共存共生的关系,其管理者对两者的利益能做到统筹兼顾,才算高明。明太祖在祭祀活动中为现存等级秩序的上层、中层谋利的同时,能够注意到广大下层民众的利益,无论其实际效果如何,都是应予指出与肯定的。

　　中国古代历朝统治者都通过祭祖而提倡孝道,其重要的目的当是出于相信"君子之事亲孝,故忠可移于君"之古训。[①] 明太祖之热心进行宗庙祭祀,自然不会不出于这一普遍存在的目的,这使其作用同样具有正负两方面的影响。但这里应予特别注意者,是其进行这类活动的驱动力,主要是不忘祖宗、追慕先人这一自然的血缘情感。这种特殊之点,使其这类活动的正面作用大为增强。人们由此而得到的影响,更多的当是对父母长辈应有深切真挚的爱,要不忘他们的抚育之劳和报答不尽的深思,要悉心照料他们的衣食住行和精神感受,这无疑对弘扬感恩知报的好风气、形成老有所养的好环境、促进社会的和谐安定等,大有裨益。

[①]《十三经注疏》,中华书局1980年10月第一版,第2558页。

论明人年谱的价值和利用

记载历史人物事迹、言论的年谱,是研究历史人物以及其他历史问题的重要资料,很值得重视,而明人年谱尤其值得重视和利用。

明人的年谱价值甚大,主要原因有三个方面:

其一,多半篇幅庞大。将明人年谱篇幅与《明史》的相关传记相比,可以充分显示这一状况。兹举数例。项德桢编《太师杨襄毅公(博)年谱》残本(笔者按:全本为十卷,仅存二卷)约七万二千字,而《明史》之杨博传约二千三百字,前者约为后者的三十一倍;胡博文编《毕司徒东郊先生(懋康)年谱》约四万字,而《明史》之毕懋康传约五百六十字,前者约为后者的七十一倍;齐祖名编《蓉川公(齐之鸾)年谱》约二千一百字,而《明史》之齐之鸾传约九百字,前者约为后者两倍多;吴国英编《环谷先生(汪克宽)年谱》约三千字,而《明史》之汪克宽传约二百三十字,前者约为后者的十三倍。明人年谱篇幅大,包含的内容自然就多,价值自然会大。

其二,总量多。谢巍编撰《中国历代人物年谱考录》是笔者所见著录年谱最多的一部目录书。据该书统计,先秦人物的年谱为五三二部(谱主八十六人),秦汉人物的年谱为一四四部(谱主五十二人),三国两晋南北朝人物的年谱为二四七部(谱主八十二人),隋唐人物的年谱为三八九部(谱主一百二十二人),五代十国人物的年谱为四八部(谱主三十六人),宋代人物的年谱为六五六部（谱主二百九十三人），辽金元人物的年谱为一三一部（谱主九十六人），明代人物的年谱为七九三部（谱主五百一十六人）。而据清代人物年谱专家来新夏先生的统计，清代人物的年谱有八百余种。由上面的统计来看，明人年谱是辛亥革命前各个时期人物年谱数量较多者，仅次于清代，而且与之相差不多。年谱的总量多，无疑包含的史料数量必然要大。

其三，真实性较强。明人年谱的作者多是谱主本身，或者是谱主的门生亲朋，所记为其亲历、亲见或亲闻，多真切翔实。有的虽不是谱主的门生亲朋，但曾广泛收集谱主的资料，作过专门研究，所记亦多可靠。翻看明人年谱，可以发现许多仅见于其中而为他书所不载的珍贵史料。如张文麟在明武宗正德五年处死权阉刘瑾时，奉命协助陕西司主事胡远监斩，他在自撰年谱《端岩公年谱》中记其事说：

> 数日后早朝毕，奉旨："刘瑾凌迟三日，锉尸，枭首，仍画影图形，榜示天下。刘二汉（刘瑾之侄——笔者注）一体处斩。"是日，予同年陕西司主事胡远该监斩，错愕，告于尚书刘先生（刑部尚书刘——笔者注），曰："我如何当得？"刘回言："我叫本科（指张文麟——笔者注）帮你。"予因应之。过官寓早饭，即呼本吏随邀该司掌印正郎至西角头，刘瑾已开刀矣。凌迟刀数，例该三千三百五十七刀，每十刀一歇、一吆喝。头一日，例该先剐三百五十七刀，如大指甲片，在胸膛左右起。初动刀则有血流寸许，再动刀则无血矣。人言犯人受惊，血俱入小腹小腿肚，剐毕开膛则血皆从此出。想应是也。至晚，押瑾顺天府宛平县寄监。释缚数刻，瑾尚食粥两碗。反贼乃如此！次日则押至东角头。先日瑾就刑，颇言内事，以麻核桃塞口，数十刀气绝。时方日升

在彼，与同监斩御史具本奏，奉圣旨："刘瑾凌迟数足，锉尸，免枭首。"受害之家争取其肉以祭死者。锉尸，当胸一大斧，胸去数丈。逆贼之报亦惨矣。（张文麟：《端岩公年谱》，《明代名人年谱续编》第四册第468～470页）

在这段记事中，张文麟不仅详细记述了权阉刘瑾处死时被凌迟、锉尸的实况，而且对其时凌迟的刀数规定，也记载得清清楚楚。这些都是其他史书和文献资料所没有的。这段记事之所以能够将这些详细、明白地记录下来，显然是得益于这段记事所在年谱的谱主兼作者张文麟系刘瑾被处死一事的亲历者。这段记事的内容血淋淋惨不忍睹，但从反映明代刑罚制度实况来说，又是宝贵的史料。

明人年谱具有重要的史料价值。而如何使用却须讲究，否则事倍功半。笔者认为，利用明人年谱查找资料的方法基本上有四种。

其一，若查找某人的资料，则直接查阅其人的年谱。这是不言自明之事，不用赘述。

其二，为查阅某人的资料而查阅其他相关人物的年谱。这种方法在其人没有年谱之时，尤其值得利用。年谱虽是专记一人之事迹而论，但与谱主事迹言论相关的人物，也往往被写进年谱中来，以使谱主言行的背景得以交代清楚。这为研究者利用相关人物年谱查阅某人资料提供了方便。如《明史》载：

> 朱赓独相，朝事益弛。若霖言："陛下独相一赓，而又昼接无闻，补牍莫应，此最大患也。方今纪纲坏，政事壅，人才耗，庶职空，民力穷，边方废，官竖横，盗贼繁，士大夫几忘廉耻礼义，而小民愁苦冤痛之声彻于宇内。辅臣宜慨然任天下重，收拾人心，以劭之当宁。如徒谦让未遑，或以

人言轻怀去就，则陛下何赖焉？"赓乃缘若霖指，力请帝急行新政。帝亦不省。（万历三十五年）五月朔，大雨雹。若霖谓用人不广、大臣专权之象，具疏切言之。已而京师久雨，坏田庐。若霖复言"大臣比周相倚，小臣趋风，其流益甚"，意复诋赓及新辅李廷机辈也。（《明史》卷二三〇《汪若霖传》）

从上引《明史》的这段记载看，朱赓对汪若霖的意见不能说不予采纳，而汪若霖却对朱赓抓住不放，攻讦不已。这是为什么？《明史》当中并无具体的、有针对性的解释。《明神宗实录》对万历朝事迹记载甚详，其对汪若霖的上述言论亦有记载（《明神宗实录》卷四三〇、四三三、四三六），但对汪若霖抓住朱赓不放、攻讦不已的原因也无具体的、有针对性的说明。应从何处查阅资料以寻找原因？其办法之一当是利用明人年谱。迄今为止，尚未发现汪若霖其人的年谱，但与其相关的人物朱赓却是有年谱的。笔者尝试对朱赓的年谱进行了查阅，果然有所收获。朱赓的年谱名《荼史》，是谱主所自撰，其万历三十五年五月初八日记事称：

五月初八日，上命吏部会同九卿科道推堪任阁臣者来简用。先是，余以枚卜请者章二十馀上，上已动念矣，忽一日于余疏中批出，有"恭默，正思枚卜得人"之旨。科臣汪若霖嚣于众曰："审尔，则不复会推，命从中出矣。上安晓'恭默'二字，必执政有所欲用之人，故出此旨。"遂因雨雹建言："雹乃阴盛之征，大臣权专政则有此应。"语甚刺余。余又上疏请必会推，始协公论，乃有是命。初，若霖为其座主杨荆岩经营半年，尝介罗兵部来请，次日又自来。余应之曰:"荆岩乃我门生,才望自宜推用,可保其必推。但诸侯能荐人于天子,不能使天子与之。诸侯荐,则圣心生疑,反为荆岩累。吾不敢也。"渠唯唯而去。盖渠谋求于内外之间,已有机械,只虞会推不及耳。(朱赓:《茶史》,《明代名人年谱》第七册第397页,国家图书馆出版社2006年版)

由《茶史》的这段记述看,汪若霖之所以对朱赓抓住不放、攻讦不已,乃是由于汪若霖请求朱赓推荐其师杨荆岩入阁任大学士而遭到了朱赓的拒绝。诚然,朱赓作为被攻讦的一方,在其自撰年谱中所记述的其被攻讦的原因,只能看作一面之词,不能贸然判为确实,但总是提出了一种说法,为后人分析提供了一条思路,有其不可忽视的价值。

其三,当查找某一类事物的资料时,可以试查曾任职司这一类事物的官职的人物之年谱。如杨博在明世宗在位的后期、明穆宗时期至明神宗即位初,长期担任兵部尚书、吏部尚书的职务(《明史》卷二一二、二一四),其年谱今存有项德桢编《太师杨襄毅公年谱》(残本,卷三、卷九),许多与兵部尚书、吏部尚书职掌有关的事物,可在这个年谱中查到其若干资料。比如万历《明会典》中记载:

> 凡锦衣卫官……嘉靖二十九年题准,锦衣卫除皇亲带俸原不管事、达官营操不系管理军政等官难以考选外,其馀若指挥在所管事,并千户以下等官,不拘见任、闲住,俱听本卫堂上掌印正官从公开注贤否履历,先期送部,临期会同议拟,与腾骧四卫一并严加考选,果有廉能可用,仍旧管事,如行止不堪,一体带俸革任。(万历《明会典》卷一一九《兵部二》)

这段记载说明，锦衣卫之"指挥在所管事，并千户以下等官"，在嘉靖二十九年后考选时要由锦衣卫的掌印正官与兵部官员共同进行，即"会同议拟"。但锦衣卫掌印正官与兵部官员在"会同议拟"时由谁为主？在什么地点进行？这里皆未说明。而读杨博的年谱，却可找到部分说明。该年谱嘉靖三十九年记事称：

十二月壬辰，考选军政。

前乙卯（嘉靖三十四年）考选，公言："锦衣卫例应赴部。"陆武惠（掌锦衣卫事之陆炳——笔者注）唯唯。会公丁艰，仍疏免。至是，公执如初，武惠不得已，率属赴部。而中门不开，诣恳徐文贞，文贞使人言公，令开中门。而仪门之中门仍闭，武惠不得已，从东角门入。是时，公与侍郎闵公煦、李襄敏公遂皆迎至堂，揖毕，公中坐。武惠以聂贞裹在本兵，自考选过部，且由中入，既至堂复占首席，今公直据首坐，而虚次以待，衷殊不平。及奉笔，公有问，武惠初让，不发一言，公遂不复与议，去留一自决，为汰数十人。武惠念沮。（项德桢：《太师杨襄毅公年谱》卷三，《明代名人年谱续编》第七册第150～152页）

这段记载说明，嘉靖三十九年十二月考选锦衣卫官员时，为主者为时任兵部尚书的杨博，进行的地点在兵部。杨博的年谱之所以能部分回答上述两个问题，完全是由于嘉靖三十九年时，杨博担任兵部尚书的职务，而考选锦衣卫的有关官员，正是兵部尚书的职掌之一。又如《明史》关于太仆寺寺丞的记载：

寺丞，初置四人。正统中又增八人，共十二人，以一人领京卫，一人领顺德、广平二府，一人领开封、卫辉、彰德三府，九人分领顺天、保定、真定、河间、永平、大名、济南、兖州、东昌九府孳牧、寄牧各马匹。弘治六年革四人。正德九年复增一人，专领寄牧之事。嘉靖八年又革三人，共六人分领，三年更代，而以寄牧者令府州县兼理。隆庆三年又革三人，止设三人，以一人提督库藏兼协理京边，二人分理东西二路各马政。(《明史》卷七四《职官三》)

这段文字只记载了太仆寺寺丞的员数及分工，而其任职资格、升迁前程等并未涉及。但如果查阅杨博的年谱，即可得知若干有关情况。该年谱隆庆三年闰六月记事称：

丙午，覆太仆寺卿顾存仁崇体统疏。太仆丞多用荫胄，顾公请选科目才望之优者，诏部议。公言："太仆丞在《诸司职掌》原系京堂官，例不考核，与尚宝、光禄丞同，本自尊严。惟用非其人，致坏旧体。此后务于主事、推官、知县内选补，照尚宝、光禄例，内擢少卿，外擢司道，本寺遇缺少卿，令其分摄，出巡则府佐以下俱行属礼，违者听呈兵部参处。"从之。(项德桢：《太师杨襄毅公年谱》卷九，《明代名人年谱续编》第七册第272～273页)

这段记载反映了隆庆三年闰六月前后太仆寺丞任职资格及升迁前程的变化。杨博的年谱之所以能反映这些具体情况，不言而喻乃是因为隆庆三年之时，杨博身居吏部尚书之职，而太仆寺丞的任职资格及升迁规定，正属吏部尚书的职权。

其四，探究明代某一时期影响重大、事关多人的历史事件，可采用同时阅读此时期相关人物的多部年谱的方法。明人年谱数量多，这使明代某一时期可有许多人物都编有年谱，从而为后人揭示历史真相提供了有效的途径。如明代后期朝臣士大夫门户之争非常激烈，倘欲查找其相关历史事实，即可同时阅读顾宪成、高攀龙、叶向高、魏大中、左光斗等多人的年谱。这些年谱不仅数量多从而资料丰富，而且由于各谱作者见闻不一、观点也有差异，因而所提供的资料还可互相补充质证，便于分析出事情的真相。鉴于明人年谱中关于明代后期朝臣士大夫门户之争的资料极其繁多，为省篇幅，兹不转引。

在利用明人年谱时，除了讲究方法外，还应注意如下几点，否则将影响搜集资料的范围，甚至被误导，有碍于详细准确地掌握历史真相。

其一，明人年谱的谱名，与其他时代的年谱一样，多带有"年谱"二字，但也有不少不用"年谱"二字者。如殷迈的年谱（谱主自撰）称《幻迹自警》，谱中作者自称"以生平幻迹，次第直书"，其谱名中的"幻迹"二字，实指谱主的言行。耿定向的年谱（谱主自撰）称《观生纪》，作者自撰《观生纪序》称："观生，观我生平之履也。"朱赓的年谱（谱主自撰）称《蘧史》，他在全谱结尾处对该谱命名的原因解释说："蘧史者，余病中自叙行述，略鸣苦心，命曰'蘧史'。"姚舜牧的年谱（谱主自撰）称《自叙历年》。叶向高的年谱（谱主自撰）称《蘧编》。金世俊的年谱（谱主自撰）称《宁我录》。这些年谱仅看名称，很难将之与年谱联系起来，但却是地地道道的年谱，并且多半价值甚高。因此，在利用明人年谱时，一定要对此类年谱特加留心，以免漏掉，造成遗憾。

其二，前文提及，明人年谱中很大一部分是谱主或谱主的门生亲朋所撰，因而其所记多为亲历、亲闻或亲见，有真切翔实的优点，对之应充分注意加以利用；但由于作者与谱主有特殊的利害关系，这类年谱中间或出现美化谱主、掩盖谱主不光彩方面的现象。

其三，当一个人物编有多部年谱时，要尽量将各部年谱互相对读，这样常能收到互相补充校正之效。如王守仁有多部年谱，谢巍编撰《中国历代人物年谱考录》著录有三十多部，杨殿珣编《中国历代年谱总录》著录有二十多部。笔者曾将两部年谱，即钱德洪编、罗洪先考订《阳明先生年谱》及李贽编《阳明先生年谱》，作过对读，就发现两谱有许多可以互相补充校正之处。

其四，对晚出的、甚至是今人所作有分量的年谱不可轻视。一般而言，产生时代越早，文献的价值越高，但对此不可绝对化。晚出的、甚至今人所作的年谱，倘作者下过大功夫，该年谱很有分量，其价值不应低估。后人往往比前人可以看到更多的资料，这使肯下大力气的人有可能作出超越前人造诣的优秀年谱。如明末的大科学家徐光启，自清朝以来多人为之修谱，而笔者所见到的今人梁家勉编著《徐光启年谱》最为晚出，但其所收集的资料最为丰富，谱文及附注所涉及或引及的文献约二百八十多种，包括谱主本人著述、与谱主有关的人物的有关著述、同时人或后人对谱主的记载、直接或间接与谱主生平活动有关的历史记录、涉及或引及或影响及谱主学术思想的某些专门书等。梁还对这些资料进行了严格鉴别，相当真实、全面、系统地反映了谱主的生平，包括其人、其事、其学以至其时代、其影响、其相关人物等方面的史实。由此看来，倘利用徐光启的年谱研究徐光启其人和其他有关史事，这部最为晚出的梁著年谱是不可不读的。又如明末思想家吕坤，原来没有年谱，今人郑涵参考近七十种古今著述，首创《吕坤年谱》。他以近十二万字的篇幅，对谱主的言行著述、论学交游、居官行政等，详加叙述；与谱主有关的朝野大事、典章制度、历史人物等，亦多有论列；凡谱主言论之有关朝章政典、国计民生足以反映谱主学术思想、政治观点者，均摘要转录，其尤其重要者，则虽长篇钜制，亦全文收载。这样一部年谱，虽系今人所撰，但显然具有相当高的史学价值，是不可多得的参考资料。

欲利用明人年谱，不可缺少著录介绍明人年谱的著作。很可惜，明人年谱未能像清人年谱得到来新夏著《近三百年人物年谱知见录》这一专著专门著录介绍那样幸运，迄今为止，尚无专门著录介绍明人年谱的专著问世。不过，在若干著录介绍历代年谱的工具书中，明人年谱也得到了相当系统、全面的著录介绍。笔者所见到的这类工具书中，杨殿珣编《中国历代年谱总录》和谢巍编撰《中国历代人物年谱考录》是著录介绍明代年谱最详细的两部，后者尤其如此。它们虽然难免偶有小误，如谢书称张信民编《曹月川先生年谱》"考月川生于洪武十年"，而查阅该谱可知，实为记作"洪武九年丙辰春正月十三日午时生"。但瑕不掩瑜，这些工具书的著录介绍大多准确可靠，它们为利用明人年谱者指示门径，大有神益。1997年又出版了黄秀文主编的《中国年谱辞典》，该辞典共收年谱4115部，涉及谱主2431人，其中明人年谱三八五部，涉及谱主268人，对每部年谱的撰者、版本、收藏单位、谱文特色，以及谱主的生平，皆有扼要介绍。1999年北京图书馆（今国家图书馆）又出版了《北京图书馆藏珍本年谱丛刊》，其中收载有明人年谱二七五部。为方便学者个人研阅，自2003年起，国家图书馆出版社又从中陆续辑录出版了《明代名人年谱》、《宋明理学家年谱》及《宋明理学家年谱续编》，现又整理出版《明代名人年谱续编》，收录明代人物年谱一〇一种（谱主九十四人），在一定程度上为利用明人年谱者克服或缓解了有关年谱散存而不便查阅的困难。而目前比较充分地利用明人年谱的客观条件已初步具备，笔者愿与广大同行共同开展利用明人年谱的工作，以充分发挥其史料宝库的作用，实现其史学价值。

关于燕王朱棣的两篇敕书造假案献疑

一 引言

明朝初年,明成祖通过靖难之役从侄儿朱允炆手中夺取了皇位。事后,明成祖为了应付当时盛行的指斥其篡位的舆论,并预防后世继续遭受非议,而采取了一系列举措,为自己辩护,论证其得位实属合理。他组织文臣两次改写侄儿朱允炆在位时期初修的《明太祖实录》,借以伪造其善举,夸大其功绩,渲染其大得明太祖之赏识,向世人宣示,似乎明太祖在其末年已有传位于其人之心意,就是这一系列举措中的重要一条。有鉴于此,后世史家特别是民国以降,王崇武、黄彰健等大家对此多有批评和揭发。诸位先生之努力,廓清了许多历史迷雾,使真相大白于世,对于明初史研究作出了巨大贡献,笔者与许多同行都深得其益,他们的名字将永远光耀于史学史之上。但是,其具体论证,由于种种条件之限制,也难免或留下有待商榷之处。《明太祖实录》卷257载有洪武三十一年五月乙亥(二十九日)命燕王(即明成祖,时尚为镇守北平之藩王)统率诸王备边防秋的一篇敕书,王崇武先生曾提出"疑为(《明太祖实录》)馆臣所伪造"。[①] 黄彰健先生更曾撰写专文《读明刊〈毓庆勋懿集〉所载明太祖与武定

---

① 《奉天靖难记注》卷1第9页,台联国风出版社1975年11月再版。

侯郭英敕书》》①，将《明太祖实录》卷257所载另两篇与上述敕书相类的敕书论定为伪造史实。而近日笔者研读了一些史料，认为王、黄二先生的这一论点即应予商榷。王、黄二先生的这一论点，据笔者所接触到的信息，已被学术界广泛接受，影响甚大。对于黄先生一文，不仅黄先生本人在其所著《明太祖实录校勘记》中已加以引用②，而且功力极深、学术价值极高的钱伯城等先生主编的《全明文》，在其第一册有关部分也予全盘照搬③，其他绍介转述者更非罕见。为了对历史真相负责，也为了更好地向王、黄等先生学习，将其研究明初史的事业进一步发扬光大，笔者特将关于黄先生一文中论定有关两篇敕书伪造史实的不同意见写成此文。因为王先生对这一问题只提观点，未加具体论证，故本文不再具体分析。

二 有关敕书之原文及黄先生之分析

为了便于讨论，首先将《明太祖实录》卷257所载两篇敕书原文转录于下。其中载于该卷洪武三十一年四月乙酉（九日）条的一篇为：

> 敕今上（这里的"今上"指时尚为燕王的明成祖）曰：迩闻塞上烽火数警，此胡虏之诈，彼欲诱我师出境，纵伏兵以邀我也，不可堕其计中。烽起之处，人莫宜近，虽望远者

---

① 载1963年12月出版台北"中研院"《历史语言研究所集刊》第34本下册。
② 台北"中研院"史语所出版。
③ 1992年12月上海古籍出版社出版。

亦须去彼三二十里。今秋或有胡骑南行，不寇大宁，即袭开平，度其人马不下数万，岂可不为之虑！可西凉召都指挥庄德、张文杰，开平召刘真、宋晟二都督，辽东召武定侯郭英等，会兵一处。辽王以都司及护卫马军悉数而出，北平、山西亦然。步军须十五万，布阵而待。令武定侯、刘都督、宋都督翼于左，庄德、张文杰、都指挥陈用翼于右，尔与代、辽、宁、谷五王居其中，彼此相护，首尾相救，使彼胡虏莫知端倪，则无不胜矣。兵法示饥而实饱，内精而外钝，尔其察之。

其中载于洪武三十一年五月戊午（十二日）条的一篇为：

敕武定侯郭英曰：朕有天下，胡虏远遁久矣，然萌蘖未殄，不可不防。今命尔为总兵，都督刘真、宋晟为之副，启辽王知之，以辽东都司并护卫各卫所步军，除守城马军及原留一百存守斥候，余皆选拣精锐统领，随辽王至开平迤北，择险要地屯驻隄备，一切号令悉听燕王节制。

黄先生论定以上两篇敕书之伪造史实，系根据原北平图书馆所藏《毓庆勋懿集》中收录的洪武三十一年四月及五月十三日明太祖予武定侯郭英敕书两篇。《毓庆勋懿集》一书，笔者无机会见到，据上述黄先生一文，可知为武定侯郭英的后人武定侯郭良所编，于正德中由郭良之子郭勋增辑刊行。为了便于讨论，亦需将《毓庆勋懿集》中收录的这两篇敕书原文引录出来。据上述黄先生一文，其中洪武三十一年四月的一篇原文是：

敕武定侯郭英等：迩闻塞上烽火数警，此胡虏之诈，彼欲诱我师出境,纵伏兵以邀我也,不可堕其计中。烽起之处,人莫宜近,虽望远者亦须去彼三二十里。今秋或有虏骑南行,不寇大宁,即袭开平,度其人马不下数万,岂可不为之虑!可西凉召都指挥庄德、张文杰,开平召刘真、宋晟二都督,尔等会兵一处。辽王并都司及护卫马军悉数而出,北平、山西亦然。步军须十五万,布阵而待。令武定侯、刘都督、宋都督翼于左,庄德、张文杰、都指挥陈用翼于右,代、辽、宁、谷等王居其中,彼此相护,首尾相救,使彼胡虏莫知端倪,则无不胜矣。兵法示饥而实饱,内精而外钝,尔其察之。故谕。洪武三十一年四月。

其中洪武三十一年五月十三日的一篇原文是:

> 皇帝制谕武定侯郭英:命尔挂靖海将军印,充总兵官,都督宋晟、刘真充副总兵,启辽王知道,将辽东都司并护卫各卫所步军,除守城官军,除开原留一百望高外,其余选拣精壮统领,跟随辽王前往开平迤北二三程地,择险要去处驻扎隄备。一切发号施令,皆尔等为之,仍听王节制。如制奉行。洪武三十一年五月十三日。

黄先生在其上述一文中,对以上所述《明太祖实录》所载的两篇敕书,与《毓庆勋懿集》收录的两篇敕书,进行了对勘,而后加以分析,就其异同提出了自己的解释。

对比《明太祖实录》洪武三十一年四月乙酉(九日)条所载的敕书和《毓庆勋懿集》收录的洪武三十一年四月敕书,可以发现两者的重大区别有二。一为前者首句作"敕今上",即敕燕王,后者首句作"敕武定侯郭英等",即两者所记敕书下达的对象不同。二为前者文中之"尔与代、辽、宁、谷五王居其中"一句,将受命出师的藩王记作包括燕王在内,共有五王,后者文中相应之句作"代、辽、宁、谷等王",未记燕王包括在受命出师的藩王之内。对于这两个区别,黄先生在文中所作分析说:"《毓庆勋懿集》所载盖据家藏原敕,所记自真实可信。太祖与郭英敕书仅言'代、辽、宁、谷等王居中',未言燕王,是燕王未受命出师。《实录》之作'敕今上',命率诸王防秋,明系据太祖与郭英敕书改窜,并伪造史实也。"

对比《明太祖实录》洪武三十一年五月戊午(十二日)条所载给予武定侯郭英的敕书和《毓庆勋懿集》收录的洪武三十一年五月十三日给予武定侯郭英的敕书,可以看出两者所记日期相差一天,但基本内容和行文结构等并无大区别,它们当是同一敕书,惟所记日期或有一种不慎有误,前者当为删润后者而成①。另外,也可看出,两者有一重大区别,即前者言及"悉听燕王节制",而后者并未谈及燕王,相应句子作"仍听王节制",联系上文阅读,此"王"当作"辽王"。对于这个区别,黄先生在文中所作分析说:"《毓庆勋懿集》所载明系原敕,而《实录》则据宫中所藏敕底删润。原敕言:'仍听王节制',王即辽王,《实录》改作'悉听燕王节制',此则永乐史臣伪造史实矣。"由这一分析出发,黄先生又进一步在文中提出辽王当是这次行动的主帅,说:"以情理言,命将出师,当设主帅,而主帅亦未有命二人为之之理。与郭英原敕仅言听辽王节制,则辽王当即是行主帅。"

黄先生上述分析的核心,是当时燕王没有受命率诸王备边防秋,而受命担当其任的实为辽王,《明太祖实录》记燕王受此命令乃属伪造史实。这一分析是在引用原始资料的基础上作出的,

---

① 两者之相互关系黄先生此文已予指出,读下文所引即可得知。

甚有说服力，这是其在学界影响甚大的原因所在。不过，细思当时的状况，仍会使人感觉这一结论存在可疑之处，而现存的一些黄先生没有注意到或虽注意到但有待进一步研究的史料，也可使这一历史问题应得出相反的结论。

三　不用兄长充当统帅之疑惑

阅读上节所引《明太祖实录》洪武三十一年四月乙酉（九日）条所载"敕今上"敕书和《毓庆勋懿集》收录的洪武三十一年四月"敕武定侯郭英等"敕书，可知洪武三十一年四月明太祖下令率兵备边防秋涉及的军队，主要包括山西、北平和辽东的驻军，而当时这一地区明太祖封驻的藩王，有燕、代、辽、宁、谷、晋凡六王，他们的简况如下表：

藩王姓名	与明太祖关系	生　年（公元）	之国时间	资料根据（《明太祖实录》卷数）
燕王朱棣	第4子	1360年	1380年	卷8、卷30
代王朱桂	第13子	1374年	1392年	卷91、卷220
辽王朱植	第15子	1377年	1393年	卷111、卷224
宁王朱权	第17子	1378年	1393年	卷118、卷224
谷王朱橞	第19子	1379年	1395年	卷124、卷237
晋王朱济熺	第2孙	1375年	1398年（注）	卷99、卷257

注：此年为朱济熺以世子继其父朱㭎晋王之位时间。

如前所述，上引《明太祖实录》洪武三十一年四月乙酉（九日）条所载"敕今上"和洪武三十一年五月戊午（十二日）条所载"敕武定侯郭英"两篇敕书中，记载其时受命统兵参加此次备边防秋的藩王共有燕、代、辽、宁、谷五王，且由燕王负总率诸王之任，《毓庆勋懿集》所载洪武三十一年"敕武定侯郭英等"

和洪武三十一年五月十三日"皇帝制谕武定侯郭英"两篇敕书中，只记代、辽、宁、谷四王参加这次行动，且令郭英等听从辽王节制，而黄先生则在其文章中据《毓庆勋懿集》所载两个敕书，主张事实应是此次行动仅代、辽、宁、谷四王参加，燕王缺席，担负主师者为辽王其人。如果果真如黄先生所说，那么结合上表所列其时山西、北平、辽东地区明太祖所封驻诸藩王的情况，进行审视，则可发现，这次军事行动在有关藩王的统帅责任安排上，不仅根本不让年龄最大、资格最老的头号兄长燕王朱棣参与其事，而其余的四个兄弟代王、辽王、宁王和谷王中，也用位居其次的辽王跃居于位居其上的代王之先。这种以弟统兄、舍弃兄长不用的办法，按之当时的处事惯例，应当是不可能出现的。

孝悌即孝事父母、尊敬兄长，是中华民族的传统道德观念和处世准则，明太祖对此极为重视。他曾对召至京师的富民说，能够做到"尊敬父兄，和睦亲族"等规范者，"方为良民"。[①] 他曾对礼部尚书李原吉称赞虞夏商周之世，认为当时由于"莫不以齿为尚，而养老之礼未尝废"，"是以人兴于孝弟，风俗淳厚，治道隆平"。[②] 他还曾强调"齐家莫如礼"，"居家有礼则长幼叙"。[③] 他甚至因为赞赏尊敬兄长，还破例为有此举动者轻处罪犯。洪武二十九年九月，"民有犯死罪者，其弟诉于通政使司，愿为军以赎兄罪，辞意恳切。上（指明太祖——引者注）悯之，命同系者

---

① 《明太祖宝训》卷2《崇教化》第35页上，台北"中研院"史语所校印本明实录附录之五。
② 同上书卷2《厚风俗》第24页下。
③ 同上书卷2《议礼》第28页下。

三十余人，皆减死戍边。"① 对于其儿子们的关系处理，他同样注意提倡孝事父母、尊敬兄弟、长幼有叙。洪武二十七年三月，为了使年幼的第二十子韩王朱松、第二十一子沈王朱模，通过"游观诸王国都，以敦友悌之情"，明太祖特别安排他们用半年的时间，前往远在北方的二兄秦王朱樉、三兄晋王朱棡、四兄燕王朱棣、五兄周王朱橚、七兄齐王朱榑所在封国，进行拜访。② 在出现儿子们共同从事某一活动而需排序时，明太祖总是将长幼有别的因素考虑进去以作安排。如在其洪武前期撰定的为儿孙规定行为规范的《祖训录》中，他明确写下："凡亲王每岁朝觐，不许一时同至，务要一王来朝，还国无虞，信报别王，方许来朝。诸王不拘岁月，自长至幼，以嫡先至，嫡者朝毕，方及庶者，亦分长幼而至。周而复始，毋得失序。"③ "凡朝廷新天子正位，诸王遣使奉表称贺，谨守边藩，三年不朝，许令王府官、掌兵官各一员入朝。如朝廷循守祖宗成规，委任正臣，内无奸恶，三年之后，亲王仍依次来朝。"④ 到洪武末年，明太祖根据情况的变化对《祖训录》进行了修改，改名为《皇明祖训》，以上两条又被一字不易地保留了下来。⑤ 当出现两王及两王以上同时出征、需要确定一王担任统帅的场合，明太祖也总是毫不犹豫地以长者出任。如洪武二十三年正月，敕谕第七子齐王朱榑率山东都司等精

---

① 《明太祖实录》卷247第3页下至4页上洪武二十九年九月丙子条。
② 《明太祖实录》卷232第3页下至第4页上洪武二十七年三月甲寅条。
③ 张德信、毛佩琦主编《洪武御制全书》，黄山书社1995年7月，第371页。
④ 同上书第375页。
⑤ 同上书第396页、第401页。

锐马步军士出征,规定其要受四兄燕王朱棣的"节制"。① 二十六年三月,敕第十三子代王朱桂"率护卫兵出塞",规定其要受三兄晋王朱㭎的"节制"。② 三十年五月,命第六子楚王朱桢"率师征古州洞蛮",以十二子湘王朱柏"副之"。③ 大量史实说明,明太祖对于孝悌这一传统规范不仅非常重视,而且在包括军事行动在内的各类实际行为中,严格遵循行事。在这样的情形下,怎能想象他在洪武三十一年下令诸王统兵备边防秋的这次行事中,会完全不顾长幼之序地确定统帅人选呢!

燕王朱棣不仅在当时山西、北平、辽东地区的诸位藩王中居长,担任宗人府右宗正之职④,而且之藩最早,屡次率兵出征,多有战功,经验丰富,这些当为史家之共识。在洪武后期,其与明太祖的关系亦未见能确证有不和谐之处的记载,而其正常活动并仍受明太祖正常对待和使用的记载则俯拾即是。如《明太祖实录》记载:洪武二十八年九月,燕王朱棣向朝廷进献了永清左卫龙门东屯所产八棵嘉禾,表现出对当朝嘉瑞的祝贺。⑤ 洪武二十九年二月,明太祖令燕王选精卒壮马,"抵大宁、全宁,沿河南北,觇视胡兵所在,随宜掩击"。⑥ 洪武三十年二月,明太祖因从曾孙靖江王世子朱赞仪年幼,"欲其知亲亲之义,且令涉山川险易,以成其德器",特命之不顾路途遥远,分别前往拜访居于各封国的十三个亲王,其中之一即为燕王。⑦ 同年四月,明太祖

---

① 《明太祖实录》卷199第4页上洪武二十三年正月乙酉条。
② 《明太祖实录》卷226第1页下洪武二十六年三月辛亥条。
③ 《明太祖实录》卷253第1页下洪武三十年五月乙卯条。
④ 《明太祖实录》卷195第2页上洪武二十二年正月丙戌条。
⑤ 《明太祖实录》卷241第3页下洪武二十八年九月庚戌条。
⑥ 《明太祖实录》卷244第7页上洪武二十九年二月辛亥条。
⑦ 《明太祖实录》卷250第3页下洪武三十年二月己亥条。

又令燕王同晋王共同"督诸王并都司、行都司,报知孳畜预战马数"。① 明太祖对于行为不端的在外藩王,往往将之召回京师,严加教训。如洪武二十四年,因秦王朱樉"多过失,召还京师,令皇太子巡视关陕。太子还,为之解",翌年始命归藩。② 而在洪武三十一年明太祖布置发兵备边防秋之时,并无召燕王回京师之事。③ 这当为此时燕王一如既往地正常活动并仍受明太祖正常对待和使用的有力证据。在上述情况下,当时明太祖之决定诸王率兵备边防秋,只能是毫不犹豫地安排燕王参加,并让他统帅诸王和其余参与其事的将领、士卒,而不可能作出另外的选择。

黄先生在其文章中,对于其所谓燕王此次未参与行动并任统帅的原因,作过如下一番解释:

> 以情理言,晋王既殁,燕王于诸王中年最长,苟命诸王出师,似当命燕王统率。于时太祖春秋高,太孙参与朝政,即心不乐燕王,亦似不宜见之行事,而使燕王难堪。《奉天靖难记》言"燕王沉静深远,莫测其端倪",是燕王早已蓄有异谋。意者燕王于晋王殁后,惧太孙疑忌,遂称病韬光养晦,亦未可知也。

按,所谓燕王"沉静深远,莫测其端倪",为《奉天靖难记》中所载建文帝即位后黄子澄对齐泰所言。但"沉静深远,莫测其端倪",仅为论其智谋多端,不易窥测,并非指为"早已蓄有异

---

① 《明太祖实录》卷252第2页下洪武三十年四月乙酉条。
② 《明史》卷116《诸王》,中华书局标点本第3560页。
③ 参见王崇武《明靖难史事考证稿》第四章第二节"燕王入朝",台联国风出版社1975年11月再版。

谋"，更不能由此而断定"燕王于晋王殁后，惧太孙疑忌，遂称病韬光养晦"。按之史籍，当时燕王不仅与明太祖关系正常，而且其对军事行动仍在正常参与。朝鲜史书记载：洪武三十一年六月十日，"辽东被掳人金松逃来（朝鲜），告曰：'蒙古军向辽东，燕府王率师攻击，败之，辽王领兵将行，予亦充军而行，中路逃来。'"① 这里所说的燕府王（即燕王）与蒙古人作战之事，当发生在洪武三十一年六月十日以前一到两个月（将金松其人由辽东逃到朝鲜所需时间计算在内），而这一年有闰五月，故此事发生之时当为该年五月或闰五月，这是证明当明太祖于这年五月下令诸藩王率兵备边防秋时，燕王仍在正常参与军事活动的明确史料。既然此时燕王仍在正常参与军事行动，那么谓其"称病韬光养晦"，可知绝对不合实际。黄先生亦自知这一说法软弱无力，因而在文中加上"意者"、"亦未可知"之类表示只是姑且推想的词语。关于这一番话，黄先生在文章的下文没有作进一步申述，更没有提出任何一条可作佐证的史实。这种没有史料根据、有嫌牵强的论说，显然无法令人首肯，从而无法令人解除对所谓燕王未受命参与此次行动之说的怀疑。另外，即使退一步讲，姑且承认黄先生关于燕王因"称病韬光养晦"而未受命参与此次行动之说，其所谓辽王担任此次行动统帅的论点也不能成立，因为对于由此出现的在代王辽王宁王谷王四兄弟中，舍去年长的代王不用，越次起用居于第二位的辽王，这一不合惯例的现象，仍将无法解释。

---

① 朝鲜《太祖康献大王实录》卷14第13页上戊寅七年六月甲寅条，日本学习院东洋文化研究所1953年刊行于东京。

四　燕王受命率兵备边防秋之证据

由第二节的引文可知，不论《明太祖实录》洪武三十一年四月乙酉（九日）条所载"敕今上"敕书，还是《毓庆勋懿集》收录的洪武三十一年四月"敕武定侯郭英等"敕书，皆称都指挥庄德在洪武三十一年四月明太祖下令备边防秋时，被确定为"翼于右"，可见庄德之受命参与其事，当属史实。而最近笔者发现了一个值得注意而黄先生却未及注意的重要史料，它既涉及庄德，也与燕王之受命率兵备边防秋有关。它就是洪武三十一年五月十二日明太祖发出的一道圣旨。此圣旨收载于现藏台北"故宫博物院"的明抄本《太祖皇帝钦录》之中。该书共载有明太祖敕谕诸藩王的圣旨或函件共106件。洪武三十一年五月十二日发出的这道圣旨的原文为："说与晋王知道，教陈用、张杰、庄德预先选下好人好马隄备，临阵时领着在燕王右手里行。"[①] 这里的张杰，当即《明太祖实录》洪武三十一年四月乙酉（九日）条所载"敕今上"敕书中的张文杰，这里的"教陈用、张杰、庄德""临阵时领着在燕王右手里行"，当即《明太祖实录》洪武三十一年四月乙酉（九日）条所载"敕今上"敕书中的"（令）庄德、张文杰、都指挥陈用翼于（燕、代、辽、宁、谷五王之）右"。两者的区别仅在一用口语，一用润色过的书面语言，内容则毫无差别。由这一史料看来，燕王之于洪武末受命率兵备边防秋一事，不仅仅在《明太祖实录》有记载，而且在《太祖皇帝钦录》中也

[①] 引自台湾《故宫图书季刊》第一卷第4期第111页所载《太祖皇帝钦录》影抄本之复印件。此复印件为友人吴兆丰提供，特记以致谢。

有明确的记录。值得注意的是,《太祖皇帝钦录》中所载的这道洪武三十一年五月十二日圣旨,其形成早于永乐十六年五月初一日修成的《明太祖实录》① 21年之久,其所记的内容不可能为抄自《明太祖实录》的记事,这使之应被视为当之无愧的确凿可信的史料。换言之,这道圣旨透露出的关于燕王曾受命率兵备边防秋之事,应是不可轻易怀疑的。

查焦竑《国朝献征录》,其中收载有据《忠节录》所撰的庄得传,传中称"庄得,洪武末为西凉都指挥,召至北平,为燕兵右翼,出塞有功"②。这里的"庄得"实即"庄德"③。这里所说的"为燕兵右翼",似即指作燕王所率部队之右翼,如果这一推测不误,这一记载也为洪武三十一年四月燕王曾受命率兵备边防秋提供了一个依据。无可讳言,这条记载在单独充当上述证据上,是有嫌不足的。《忠节录》即《建文忠节录》,又称《备遗录》,为正德十一年张芹撰成。④ 由于《忠节录》成书年代晚于《明太祖实录》,现在又无资料证明其记载并非抄自《明太祖实录》,因而不能断定其中的"为燕兵右翼"之说是否本于《明太祖实录》,另外,其"燕兵"一词也不等同于"燕王"。显然单凭此书来判定燕王当时确曾受命率兵备边防秋,是不能令人信服的。然而,将此书与上述洪武三十一年五月十二日圣旨联系起来加以考虑,其对印证燕王当时确曾受命率兵备边防秋,当认为或

---

① 见《明太宗实录》卷200第1页上永乐十六年五月庚戌朔条记事。
② 万历末曼山馆刻本《国朝献征录》卷110。
③ 《明太宗实录》卷2元年七月甲申条、卷7三年三月辛巳条等即将"庄德"记为"庄得"。
④ 参见钱茂伟先生《明代史学编年》第60页,中国文联出版社2000年12月出版。

有一定的作用。

由第二节引文还可知，不论《明太祖实录》洪武三十一年四月乙酉（九日）条所载的"敕今上"敕书，还是《毓庆勋懿集》收录的洪武三十一年四月"敕武定侯郭英"敕书，皆称都督宋晟在洪武三十一年四月明太祖下令备边防秋时，被确定"翼于左"，可见宋晟之受命参与此事，亦当属史实。查张廷玉等撰《明史》之卷155《宋晟传》，其中载有"（洪武）三十一年出镇北平，从燕王出塞，还城万全诸卫"之语。① 这一记载，可说是为燕王在这次明太祖命令备边防秋时，受命参与其事并居于统领地位，提供一个佐证。黄先生在其文章中提及《明史》的这一记述，但以《明太宗实录》永乐七年五月所载宋晟本传②及杨士奇《东里集》卷12宋晟神道碑，"均未言是年从燕王出塞"为由，断定"《明史》书（宋晟）从燕王出塞"，乃"原本《太祖实录》，非另有确凿可信之史料以为其依据，不得据之以难本文所论也"，即仅靠《明史·宋晟传》之记载，尚不能认定燕王在其时确曾受命率诸王备边防秋。《明史》之撰写远远晚于《明太祖实录》，《明史·宋晟传》之"从燕王出塞"一语，就目前所知者，尚为既不能排除其非据《明太祖实录》写出的可能，也不能排除其据《明太祖实录》而来的可能，因而黄先生的这一意见除"原本《明太祖实录》"一语有嫌武断外，其余当是正确的。但如上所述，现在已发现了燕王曾于洪武末年受命率兵备边防秋的确凿可信之新史料，对于《明史·宋晟传》之"从燕王出塞"一语，显然就不应再断然否认其佐证燕王当时确曾受命备边防秋史实存在的作用

---

① 见该书第4246页。
② 查《明太宗实录》卷69，此传实系于永乐五年七月——笔者注。

了，起码应承认其与《忠节录》中的庄得传一样，或有一定的作用。

在明代史家黄光昇的《昭代典则》卷11①及何乔远的《名山藏》卷4《典谟记》②之中，皆记载有本文上述《明太祖实录》卷257所载"敕今上"、"敕武定侯郭英"两篇敕书，另一明代史家谈迁的《国榷》卷10③记载有本文上述《明太祖实录》卷257所载"敕今上"一篇敕书，其关于燕王于万历三十一年是否受命参与备边防秋并统帅诸王一事的记载，皆与《明太祖实录》卷257所记相合。从行文结构和用语看，他们当为抄自《明太祖实录》，在论定这一疑案时，自然不可将之当作判断是非的有力证据。但这些史书的作者皆为卓有贡献的明史大家，其之认同《明太祖实录》的记载，似不应轻易给予否定，在现在发现了可证实《明太祖实录》记载之确凿史料的情形下，更应如此。由此说来，黄光昇等三位明代史家的上述记载，也可当作论证《明太祖实录》卷257所载两篇敕书，在燕王洪武三十一年参与备边防秋并统帅诸王上，并未作伪的部分佐证。

五 关于《毓庆勋懿集》所载两篇敕书之解释

以上已从惯例和史料证据两个方面，论证了《明太祖实录》两篇敕书所记燕王洪武三十一年曾受命参与率兵备边防秋并任各路军统帅史事之可信。为了论证更加完整严密，尚须解释何以《毓庆勋懿集》中的两篇敕书所载与之不同。前文已叙及，由于

---

① 万历庚子万卷楼本。
② 崇祯刻本。
③ 古籍出版社1958年12月出版。

条件的限制，目前笔者尚未读到《毓庆勋懿集》原书，因而不能做出十分详尽的解释，只能就所看到的黄先生上述文章中对此书的介绍，提出一点大胆的推测。

据黄先生介绍：该书"所录太祖与武定侯郭英敕书凡八"，除上述洪武三十一年四月及五月十三日两敕外，还有"洪武二十年七月九月，二十一年正月二月，及三十年正月三月六敕"。此六敕所记与《明太祖实录》相合，但"（洪武）三十年三月与郭英敕书，《实录》系于是年四月辛卯。恐当以《实录》为正。《毓庆勋懿集》所载此敕有讹字，如'应有机务，条列以闻'，列字即误作例"。

黄先生在这里当非就《毓庆勋懿集》所记八个敕书的文本优劣，作全面检讨和评论，但即便如此，已可发现，其竟能在一个敕书中至少有两处错误（从"如'应有机务，条列以闻'"之行文中用"如"字，似可推想，可能其误当更多），不仅有错字，而且连敕书的时间也搞错了。可见《毓庆勋懿集》绝非编写谨慎、校勘精良的刊本，其有关记载难免有误。

《毓庆勋懿集》既是这样一种书籍，对其记载当不可盲目相信。当其他记载与之有差异时，要仔细分辨，只有发现了另外可信的史料可与两者中的某一方相呼应和印证之时，才可将信任票投给某一方。当下遇到的这项燕王于洪武三十一年是否参与备边防秋活动及出任统帅的疑案，即应如此处理。就笔者所知，在这个疑案中，《毓庆勋懿集》否定燕王在洪武三十一年参与备边防秋活动并出任统帅的记载，得不到另外的史料的明确呼应和印证（黄先生在其文章中也未见提出），而与之记载相反的《明太祖实录》，却得到了另外的史料的明确呼应和印证（这在上文已经叙及）。面对这种情景，结论显然应当是抛弃《毓庆勋懿集》的说法，而采信《明太祖实录》的记载。

关于这项疑案，《毓庆勋懿集》为什么发生了错误呢？笔者仔细研读其文后，有一大胆的推测：当是其在两个敕书中各脱一"燕"字，即其洪武三十一年四月"敕武定侯郭英等"一篇敕书中，在"代、辽、宁、谷等王居其中"一句的开首脱一"燕"字；其洪武三十一年五月十三日"皇帝制谕武定侯郭英"一篇中，在"仍听王节制"一句的"王"字前脱一"燕"字。试将这两篇敕书各补一"燕"字，其全文读起来并无不顺，而又可与其他各书之记载不相矛盾。此种设想，岂非可备一说？

六　余话

本文否定现存《明太祖实录》中的上述两篇敕书对史实有所伪造，并非完全否定现存《明太祖实录》一书有歪曲历史真相的现象。包括王崇武、黄彰健等先生在内的诸位前贤对明成祖君臣在《明太祖实录》以及其他一些史书中歪曲、伪造历史的真相进行揭发，意义重大，功绩不可磨灭。如果笔者关于上述两篇敕书的论述确能成立，也不可因前贤的偶有一失而忽视甚至否定其做出的巨大贡献。

《明太祖实录》中所记燕王参加上述率兵备边防秋活动并担当统帅的敕书，除前面论述的两篇外，尚有另外两篇。其一为洪武三十一年五月戊午（十二日）给左军都督杨文的一篇，其中说：

> 敕左军都督杨文：兵法有言，贰心不可以事上，疑志不可以应敌，为将者不可以不知是也。朕子燕王在北平。北平，中国之门户。今以尔为总兵，往北平，参赞燕王，以北平都司、行都司并燕、谷、宁三府护卫，选拣精锐马步军

士,随燕王往开平隄备。一切号令,皆出自王,尔奉而行之,大小官军悉听节制。慎毋贰心而有疑志也。①

其一为洪武三十一年五月乙亥(二十九日)给燕王的一篇,其中说:

> 敕今上(这里的"今上"指时尚为燕王的明成祖)曰:朕观成周之时,天下治矣,周公犹告成王曰,诘尔戎兵,安不忘危之道也。今虽海内无事,然天象示戒,夷狄之患岂可不防?朕之诸子,汝独才智,克堪其任。秦、晋已薨,汝实为长,攘外安内,非汝而谁!已命杨文总北平都司、行都司等军,郭英总辽东都司并辽府护卫,悉听尔节制。尔其总率诸王,相机度势,用防边患,乂安黎民,以答上天之心,以副朕付托之意。其敬慎之,勿怠。②

这两篇敕书皆可作为肯定洪武三十一年燕王曾受命参与率兵备边防秋活动并担任统帅的证据。黄先生在其文章中也曾提及这两篇敕书,但以《毓庆勋懿集》所载的上述两篇敕书为依据,否定了其真实性,认为它们与上述《明太祖实录》卷257所载两篇敕书一样,为改篡伪造而成。但黄先生在此并未提出其他证据,上文对上述《明太祖实录》卷257所载"敕今上"及"敕武定侯郭英"两篇敕书真实性的论证,同时也应适用于这两篇敕书,它们的真实性不可怀疑。

世人常有思维定式的缺陷,对某事或某人先入为主地形成一

---

① 《明太祖实录》卷257第4页上洪武三十一年五月戊午条。
② 《明太祖实录》卷257第5页上洪武三十一年五月乙亥条。

种看法后,常常只看到有利于这种看法的现象,而忽视不利于这种看法的因素,甚至在不知不觉中将不利于这种看法的情形曲解为这种看法的新证据。《列子·说符》中所说的亡铁者怀疑邻之子的故事,就是这种缺陷的惟妙惟肖的描述。笔者关于本文所述《明太祖实录》敕书是否伪造史实的论证,不知是否重蹈了亡铁者的覆辙。希望不是。倘若自病不觉,确实重蹈了亡铁者的覆辙,敬请诸位旁观之清者莫为袖手旁观。

本文所论敕书造假案一事,关乎对明太祖逝世前夕燕王朱棣政治地位及其与朝廷关系状况之了解,亦关乎对靖难之役发生背景及其当事双方责任之评估,事非小可,敬请诸位方家给予特别注意。

中国国家博物馆藏明太祖、太宗两朝实录的版本价值

中国国家博物馆藏有未见著录的"明实录"三种，一为《大明太祖高皇帝实录》一册93页，内容包括卷十四至二十四，记甲辰（元至正二十四年）正月至吴元年（元至正二十七年）八月之事；一为《大明太宗文皇帝实录》一册87页，内容包括卷八十一至九十，记永乐十年正月至十一年十二月之事；一为《大明世宗肃皇帝实录》二册92页，记嘉靖二十九年、三十年之事。最近笔者有机会见到前两种部分篇页制成的光盘，前者为83面（41.5页），后者为50面（25页）。读后对其版本和质量优劣，形成了初步印象。兹记述于下，以就教于方家。为了行文方便，以上两种"明实录"，下文将分别称之为《国博太祖实录》和《国博太宗实录》。

一

关于《国博太祖实录》和《国博太宗实录》的版本，专家们尚无一致意见，笔者就目前看到的资料，初步结论为皆系清朝修《明史》时所设明史馆的抄本。

清初设明史馆编撰《明史》时，为供众位编修官使用，明史馆依据原明本"明实录"抄写了多部"明实录"，如台本《明太祖实录》校勘记引据的这种抄本即有国立北平图书馆藏红格抄本、内阁大库旧藏散页，台本《明太宗实录》校勘记引据的这种

抄本即有国立北平图书馆藏红格抄本、内阁大库旧藏抄本、内阁大库旧藏散页。这些明史馆抄本皆用带有半页12行、每行24字之扁形方格纸。至于扁形方格纸每半页中的外框线，宽约24厘米，高约29厘米。以上参见台本《明太祖实录校勘记》卷首《明太祖实录校勘记引据各本目录》第1页、第9页并所载国立北平图书馆藏红格抄本书影两帧，及台本《明太宗实录校勘记》卷首《明太宗实录校勘记引据各本目录》第1页、第2—4页并所载内阁大库旧藏抄本书影两帧。从台本《明太祖实录校勘记》卷首所载国立北平图书馆藏红格抄本之两帧书影中，看不出扁形方格，这是因为台本《明太祖实录》之正义虽系影印自国立北平图书馆藏红格抄本，但原书红格年久褪色，看不清楚，因而影印时由厂商通过修版，将格子涂掉了。（参见台本"明实录"卷首黄彰健《校印国立北平图书馆藏红格本明实录序》第27页）如果将《国博太祖实录》和《国博太宗实录》的格式加以审视，就可发现它们同样是用带有半页12行、每行24字的扁形方格之纸，其扁形方格纸每半页中的方格外框线，宽约24厘米，高约29厘米。由此看来，《国博太祖实录》和《国博太宗实录》当即清初明史馆的抄本①。

---

① 具体说来，《国博太祖实录》之外框线高为29厘米，宽24.2厘米；《国博太宗实录》之外框线高为29.4厘米，宽为24厘米。此数字为《中国历史文物》编辑部主任于采芑先生查阅国家博物馆藏品资料后提供给笔者的。查台本《明太宗实录校勘记》卷首所载内阁大库旧藏抄本书影所注扁形方格纸之每半页中的方格外框线高为29.7厘米（原文误记为297公分）、宽为24.7厘米。它们的尺寸相互间略有差别，此或因度量各本高宽之尺寸时发生误差所致，或因各本原来在明史馆制作时只求高宽尺寸大体相同而并未严求一致所致。这种细微的差别当并不影响将它们看作是规格互相一致。

清初明史馆所抄"明实录"在《明史》编写完毕后,皆存于内阁大库。清末大库修整,这些"明实录"随同大库中的其他档案书籍一起被移了出来。后来除一部分送还大库外,一部分由教育部交由今国家博物馆前身历史博物馆收藏保管。(参见郑天挺撰《明末农民起义史料序》,载中华书局1957年5月第2版上海第4次印刷本、郑天挺等编辑《明末农民起义史料》卷首第13—26页)由此推断,如果《国博太祖实录》和《国博太宗实录》确为清初明史馆所抄,则其当即清末自内阁大库移出、后经教育部交由历史博物馆即今中国国家博物馆收藏。据于采芑先生讲,中国国家博物馆的藏品档案记载:《国博太祖实录》、《国博太宗实录》原藏内阁大库,1921年由教育部拨交原历史博物馆。这一记载证实了笔者的判断,由此也为《国博太祖实录》和《国博太宗实录》系清初明史馆所抄提供了一个有力的证据。

国立北平图书馆藏红格抄本"明实录"是清初明史馆中所抄各种"明实录"中最好的一种本子,是台本的主要来源,但其《明太祖实录》之卷十四至卷二十四佚失,台本于这一部分乃系据广方言馆本抄出者配补。(见台本《明太祖校勘记》卷首《明太祖实录校勘记引据各本目录》第1—2页)而《国博太祖实录》的内容正好与国立北平图书馆藏红格抄本《明太祖实录》所佚失的卷十四至卷二十四相同。这使我们不禁产生一个猜想:《国博太祖实录》是否正是国立北平图书馆藏红格抄本《明太祖实录》的一部分?另外,据台本《明太祖实录校勘记》卷首《明太祖实录校勘记引据各本目录》第2页,国立北平图书馆藏红格抄本《明太祖实录》每册首护页间题供事某某对或查,如卷117首护页题"此壹本乙百一十五篇,供事官杜士彦何鄭二人查"(按:台本《明太祖实录》将此数字印于卷116尾空白页内)。而《国博太祖实录》卷十四之首护页也写有"共记九十四正篇外零半篇，供事姜一科黄金榜同对"二十一字。这更使我们有理由猜想：《国博太祖实录》是否正是国立北平图书馆藏红格抄本《明太祖实录》的一部分？由于国立北平图书馆藏红格抄本《明太祖实录》现藏美国国会图书馆，笔者无机会查看其原本，从而无法从纸质等方面最后确定这一猜想是否正确。盼着将来笔者或其他同行能有机会解决这一问题。

有的学者曾推测，《国博太祖实录》和《国博太宗实录》可能为明人抄本。这个推测当不能成立。就现在看到的明人抄本"明实录"，如台北"中央图书馆"藏明黄丝阑抄本（参见台本《明太祖实录校勘记》卷首书影第10页）、国立北平图书馆藏礼王府本（参见台本《明太祖实录校勘记》卷首书影第11页）、内阁大库旧藏明红丝阑抄本（参见台本《明太宗实录校勘记》卷首书影第3页），它们凡遇指称明朝皇帝等人及与之相关的事物的名词，如"上"、"皇后"、"太庙"、"祖训"等，皆要另起一行顶格书写，以表尊敬。而在《国博太祖实录》和《国博太宗实录》中，这种另起一行顶格书写的方式被空一格书写的办法所代替，用以略示原书抄写格式而已。这当是这两种实录非出自明人抄写的重要证据。

二

笔者曾将近日看到的《国博太祖实录》、《国博太宗实录》各一部分（前者83面，后者50面）与台本《明太祖实录》和台本《明太宗实录》的相应部分作了校对（国立北平图书馆藏红格抄本《明太宗实录》的相应部分亦已佚失，台本《明太宗实录》于此部分亦据他本配补。见台本《明太宗实录校勘记》卷首《明太宗实录校勘记引据各本目录》第1页）。其校对结果如下面的表1

和表2。

表1 《国博太祖实录》与台本《明太祖实录》校对表

文字所在位置（台本《明太祖实录》总页码及行数）	《国博太祖实录》文字	台本《明太祖实录》文字	文字正确之书（以"双"字代表难于确定何书正确，以"国"字代表《国博太祖实录》，以"台"字代表台本《明太祖实录》）
190页第5行	而力不给	其力不给	国
190页第8行	擒其院判	禽其院判	国
190页第11行	以身循国	以身殉国	台
194页第5行	正言自处	正其自处	国
195页第10行	咎将谁执	咎将谁孰	国
196页第2行	将谁为之	将谁为	国
196页第5行	遣其溪洞长官	遣其汉洞长官	国
196页第8行	设宣抚使一	设宣抚司使一	国
197页第5行	黄州黄冈人	黄州黄冈人	国
197页第9行	团结营寨	围结营寨	国
197页第10—11行	死者相枕藉	死相枕藉	国
199页第1行	江西上流	洒西上流	国
203页第7行	立战而死	力战而死	台
213页第4行	以陈友谅	以陈友谅命	台
219页第1行	吾故择汝等	吾欲择汝等	国
219页第10行	令诸将经理各郡	令诸将经略各郡	双
223页第5行	予炅敢后	余岂敢后	双
224页第6行	湖广襄汉	湖广襄阳	国
224页第6行	上尝与徐达	上常与徐达	国
224页第6行	论襄汉形势	论襄阳形势	国

(续表)

文字所在位置（台本《明太祖实录》总页码及行数）	《国博太祖实录》文字	台本《明太祖实录》文字	文字正确之书（以"双"字代表难于确定何书正确，以"国"字代表《国博太祖实录》，以"台"字代表台本《明太祖实录》）
224页第8行	沔阳新附	沔阳新附	台
224页第9行	沔阳为斡	沔阳为幹	台
224页第10行	增兵守沔阳	增兵守沔阳	台
227页第11—12行	以辑宁其民	以辑安其民	双
228页第9行	粮八百余石	粮八百石	双
229页第7行	遣兵讨之	遣兵讨	国
229页第9行	参军胡琛	参军胡海	双
229页第10行	总管朱善	总管张善	双
229页第12行	参国胡琛	参军胡深	台
229页第12行	视氛祲不利	视气侵不利	国
237页第4行	婺川	婺州	国
237页第7行	县民	县	国
257页第9行	余党悉卒	余党悉平	台
237页第10行	唐光琦	唐光绮	双
237页第11—12行	以光琦等	以光绮等	双
238页第11—12行	彭莹玉	彭莹玉	国
239页第9行	毒痛生灵	毒痛生灵	双
239页第9行	奉天道	奉天能	国
239页第10行	於塗炭	以塗炭	国
241页第2行	当今之势	当今之世	双
241页第11行	见立奇勳	建立奇勳	台
241页第11行	苟畏怯无能	苟畏法无能	国

(续表)

文字所在位置（台本《明太祖实录》总页码及行数）	《国博太祖实录》文字	台本《明太祖实录》文字	文字正确之书（以"双"字代表难于确定何书正确，以"国"字代表《国博太祖实录》，以"台"字代表台本《明太祖实录》）
245页第9行	腹饱而身斃	腹饱则身斃	国
246页第7行	分守境上	分守境土	双
252页第3行	图取淮安濠泗	围取淮安濠泗	国
252页第11行	近闻阁下兵退	近闻阁下退兵	双
254页第3行	父老之望	父母之望	国
273页第2行	三代而上	三代以上	双
273页第2行	三代而下	三代以下	双
277页第2行	山川地形	山川地势	双
277页第12行	顾时等	顾时	国
278页第2行	七百一十三人	一百七十三人	双
278页第2行	军一千四百九十	马一千四百九十	国
278页第11行	谲诈多端	诡诈多端	双
281页第7行	首尾相应击之必胜	首尾相击理之公胜	国
282页第4行	思祖等皆顿首谢	思祖等顿首谢	国
284页第8行	亦宜厚自爱	亦宜自爱	国
284页第8行	庚午	庚申	国
289页第8行	傲然不答	傲然不合	国
290页第6行	亚父之使	亚夫之使	国
290页第7行	敢拘留	拘敢留	国
291页第8—9行	宜俟隙而动	宜视隙而动	双
291页第10行	疆域日促	疆域日蹙	双
293页第1行	开国辅运	开国附运	国

(续表)

文字所在位置（台本《明太祖实录》总页码及行数）	《国博太祖实录》文字	台本《明太祖实录》文字	文字正确之书（以"双"字代表难于确定何书正确，以"国"字代表《国博太祖实录》，以"台"字代表台本《明太祖实录》）
295 页第 1—2 行	东尽白下门	东进白下门	国
299 页第 2 行	癸丑	癸酉	国
308 页第 2 行	征儒士	儒士	国
308 页第 5 行	农工商贾	商工农贾	国
308 页第 12 行	遇士诚兵	遇张士诚兵	国
309 页第 3 行	耿炳文	耿文炳	国
313 页第 3—4 行	大平台宜麻寮	太当平台宜麻寮	国
315 页第 3 行	何能成安天下之功	何能安天下之功	国
317 页第 5 行	即遣能使	即遣使	双
321 页第 6 行	伪镇抚	伪镇	国
328 页第 3 行	曷尝急遽	曷常急遽	国
328 页第 10 行	挠我边疆	挠我边境	双
329 页第 5 行	再三慰上	再三慰	国
351 页第 7 行	亲征浙东	亲征江东	国
332 页第 3 行	命通海	命通州	国
333 页第 9 行	较短长	较长短	国
342 页第 1 行	诣士诚门告急	诣士诚门急告	国
343 页第 5 行	不闻陈友谅乎	不闻陈友谅者	国
344 页第 2 行	抑首沉虑	仰首沉虑	双
344 页第 4 行	在城楼上	出城楼上	国
344 页第 4 行	忽大呼	急大呼	国
344 页第 9—10 行	江淮行省参政	江淮行中书参政	国

(续表)

文字所在位置（台本《明太祖实录》总页码及行数）	《国博太祖实录》文字	台本《明太祖实录》文字	文字正确之书（以"双"字代表难于确定何书正确，以"国"字代表《国博太祖实录》，以"台"字代表台本《明太祖实录》）
350页第4行	可为劝戒矣	可以劝戎矣	国
350页第5行	以仁爱为本	以人爱为本	国
353页第9行	大理寺评事	大理司评事	台
353页第9—10行	左右提举司提举	右右提举	国
354页第8—9行	不知爱其身	不知爱身	双

表2 《国博太宗实录》与台本《明太宗实录》校对表

文字所在位置（台本《明太宗实录》总页码及行数）	《国博太宗实录》文字	台本《明太宗实录》文字	文字正确之书（以"双"字代表难于确定何书正确，以"国"字代表《国博太祖实录》，以"台"字代表台本《明太祖实录》）
1555页第2行	永乐十年春正月	永乐十年十月	国
1555页第4行	久而弗渝	而弗渝	国
1555页第7行	冠服银钞	冠服钞	国
1555页第7行	岁禄	岁禄米	台
1555页第9行	以所劾幸	以劾章	国
1559页第2行	思州宣慰使	思州宣慰司宣慰使	台
1559页第4行	皇太子亲送之	皇太子亲送至	台
1559页第4行	东江门	江东门	台
1559页第4行	丙午	丙子	国
1559页第7行	逃居塔滩山	逃居塔山	双
1559页第8行	官军追之	官军追至	台

(续表)

文字所在位置（台本《明太祖实录》总页码及行数）	《国博太祖实录》文字	台本《明太祖实录》文字	文字正确之书（以"双"字代表难于确定何书正确，以"国"字代表《国博太祖实录》，以"台"字代表台本《明太祖实录》）
1559页第9—10行	余皆散走	余皆散之	国
1559页第10—11行	居民鲜少	民居鲜少	国
1559页第12行至1560页第1行	民用困乏	用民田乏	国
1560页第1行	地皆平川	地皆有平川	国
1561页第3行	袭升指挥佥事	龙升指挥全亨	国
1561页第5行	朱琇	朱秀	国
1561页第7行	今已复有倒塌者	今已复有倒塌者	台
1561页第11—12行	山高土簿	山高土薄	台
1561页第12行	连岁旱涝	连年旱涝	双
1567页第12行	其都指挥	其都督指挥	国
1568页第3行	封赠诰命	封赠并诰命	国
1569页第10行	猺首陆仲八等来朝	猺首陆仲八等来贡	国
1569页第11行	户部右侍郎	户部左侍郎	国
1569页第12行	陆祯	陆祯	双
1570页第1行	王雄	王碓	双
1570页第1行	三万卫备御	三万守备	国
1570页第3行	己卯	乙卯	国
1570页第6行	军校厨役	军校尉	国
1570页第9行	五升、河东每引二斗，四川每引一斗五升	五升	国
1570页第11行	各袭其职	各袭	国

(续表)

文字所在位置（台本《明太祖实录》总页码及行数）	《国博太祖实录》文字	台本《明太祖实录》文字	文字正确之书（以"双"字代表难于确定何书正确，以"国"字代表《国博太祖实录》，以"台"字代表台本《明太祖实录》）
1571 页第 1 行	紵絲綾衣	紵絲衣	国
1575 页第 6 行	备荐举之科	备荐举人之科	国
1573 页第 8 行	者帝王为治之迹	著帝王为治之迹	台
1574 页第 2 行	讨论文籍	讨论文藉	国
1574 页第 12 行	同知赵辛	同治赵辛	国
1575 页第 3 行	中都留守司	中留都守司	国
1575 页第 5 行	赐其从官钞	赐从官钞	国
1575 页第 11 行	赐晏于会同馆	晏赐于会同馆	国
1575 页第 12 行	马铎等上表谢恩	马铎等谢恩	国
1576 页第 1—2 行	后三小星随之	后有三小星随之	双
1576 页第 3 行	王钰为编修	王铨为编修	国
1576 页第 5—6 行	余第二甲三甲进士	第二甲三甲进士	国
1576 页第 7 行	俱赐钞锭币	俱赐钞币	台
1576 页第 12 行	春为都指挥同知	俞春为都指挥同知	台
1577 页第 2 行	赐冠带袭衣钞币	赐带袭衣钞币	国
1577 页第 2 行	凉州等卫指挥佥事虎保等贡马赐钞币有差	有差	国
1577 页第 10 行	任得子聚	任得聚	国
1579 页第 11 行	监生程玖	临生程久	国
1580 页第 5 行	云南元江	云南沅江	国
1580 页第 7 行	贡琛言	贡琪言	国
1580 页第 8 行	遗妻妾	所遗妻妾	台

(续表)

文字所在位置（台本《明太祖实录》总页码及行数）	《国博太祖实录》文字	台本《明太祖实录》文字	文字正确之书（以"双"字代表难于确定何书正确，以"国"字代表《国博太祖实录》，以"台"字代表台本《明太祖实录》）
1580页第8行	窘于衣仓	窘于衣食	台
1581页第2行	命刑部追鞫之	命刑布追鞫之	国
1583页第6行	左寺丞许廓	左侍丞许廓	国
1584页第12行	指挥哈剌马牙	指挥哈制马牙	国
1585页第8—9行	凉州卫都督同知	凉州卫都督同	国
1588页第2—3行	命翰林院学士兼左春坊大学士	命翰林院学士左春坊大学士	国
1588页第10行	燕山左卫指挥同知	燕山右卫指挥同知	双
1600页第12行	原武县大宾堤	武县大宾堤	国
1601页第6行	吉对曰	原吉对曰	台
1601页第7行	以熟田作灾伤	以熟田作荒伤	国
1601页第7行	按察司之言	按察之言	国
1601页第9行	田苗坏于水寺	苗坏于水者	国
1601页第10行	西里撒麻蘭扎牙	西里撒麻剌扎牙	国
1601页第12行	礼科给事中	礼部给事中	国
1601页第12行	内一二人	内二人	双
1602页第2行	尚不得达	尚不能达	双
1602页第9行	又召问老人	召又问老人	国
1603页第2行	后随颖国公	后从颖国公	双
1609页第12行	指挥岳山等	指挥岳等	国
1610页第12行	赴野马川防寇	发野马川防寇	双
1611第2行	四会县知县	四川会县知县	国

(续表)

文字所在位置（台本《明太祖实录》总页码及行数）	《国博太祖实录》文字	台本《明太祖实录》文字	文字正确之书（以"双"字代表难于确定何书正确，以"国"字代表《国博太祖实录》，以"台"字代表台本《明太祖实录》）
1611页第2行	还奏称旨	还奏请旨	国
1611页第7—8行	济宁州学正	济宁州学政	国
1611页第8行	左春坊左中允	左春坊右中允	国
1611页第9行	左中允孔谔	右中允孔谔	国
1612页第1行	北京行部	北京刑部	国
1612页第3行	建文中	建文忠	国
1612页第3行	用荐擢湖南道监察御史	用□□湖南道监察御史	国
1612页第5行	居官廉勤	居官广勤	国
1612页第6行	北京行部左侍郎	北京刑部右侍郎	国
1612页第9行	叛房毛哈剌	叛房毛剌	国
1612页第9行	今在断头山	今今在断头山	国
1612页第9行	虑穷寇无食	房穷寇无食	国
1612页第11—12行	嘉兴县粮	嘉兴县秋粮	国
1624页第2行	松江府上海县	松江府上海	国
1624页第7行	护岸掃座	护岸埽座	台
1624页第9行	椿木钉之	椿木钉之	台
1624页第9行	贯於椿表	贯於椿表	台
1632页第4—5行	朝廷设奴儿干都司	朝廷说奴儿干都司	国
1632页第7行	不可以站风纪	不可以玷风纪	台
1632页第8行	御史石璞	御史石璞	台
1632页第12行	潍县白浪河	潍县白粮河	国

(续表)

文字所在位置（台本《明太祖实录》总页码及行数）	《国博太祖实录》文字	台本《明太祖实录》文字	文字正确之书（以"双"字代表难于确定何书正确，以"国"字代表《国博太祖实录》，以"台"字代表台本《明太祖实录》）
1636页第7行	金吾右卫	金吾左卫	国
1636页第7—8行	府军卫指挥同知	府军指挥同知	国
1636页第8行	胡成子海	胡同子海	双
1637页第7行	扬州府仪真县	扬州府仪镇县	国
1637页第8行	愿居	原居	国
1637页第9行	伯塔木等	伯塔木	国
1637页第10行	受国家恩得安处田里	受国家恩德安处田里	双
1653页第7—8行	永乐七年之令	永乐七年之例令	双
1653页第12行	必正其欺隐之止	必正其欺隐之罪	台
1671页第10行	赐名贵煟	赐名贵塌	双
1671页第10行	皇太子命赈	皇太子命赈济	双
1671页第10—11行	浙江湖州府乌程	浙江乌程	国
1675页第9行	情实来闻	情实来奏	双
1675页第9行	必不可恕而后诛之	必不可怒而后诛之	国
1675页第9—10行	则死者瞑目无憾尔宜夙夜敬慎	则死者瞑目无憾耳宜夙夜敬慎	国
1675页第12行	尔其省之	尔其审省之	双
1676页第1行	开中盐粮	开中粮盐	双
1676页第4行	汪应祖	江应祖	双
1676页第9行	请置重法	请置诸重法	双
1681页第4行	赐名马锦绮	赐马锦绮	国
1681页第6行	赐群臣晏钞帛	赐群臣晏及钞币	双

(续表)

文字所在位置（台本《明太祖实录》总页码及行数）	《国博太祖实录》文字	台本《明太祖实录》文字	文字正确之书（以"双"字代表难于确定何书正确，以"国"字代表《国博太祖实录》，以"台"字代表台本《明太祖实录》）
1682页第1行	尔等同户部详议	尔等同详议	国
1687页第4行	往来塞下	往来寨下	国
1687页第9行	江阴侯吴高	山阴侯吴高	国
1687页第11行	行在户部臣	行在户臣	国
1687页第12行	其穷极矣	其穷已极	双
1688页第1行	上谓行在兵部户部臣	上谓行在兵部臣	国
1688页第2行	民间税粮	民之税粮	双
1688页第9行	有以假借为名而实夺之者	有以假借为民实夺之者	国
1688页第10行	尔兵部严行禁约	尔部严行约	国
1689页第2行	其西北当冲要之路	其西当冲要之路	国
1689页第3行	屯种牧养	屯种牧马养	国
1689页第3—4行	宜筑城堡设官军	宜筑城堡设至官军	国
1689页第10行	孟善之子	孟喜之子	国
1689页第10—11行	野蚕丝茧	野蚕绵茧	国
1690页第4行	军在精不在多尔能抚屿有道	军在精而不在多尔抚屿有道	双
1691页第7行	统属本处军民	统为本处军民	国
1694页第6行	来朝贡者所贡之外	来朝贡所者贡之	国
1694页第8—9行	陕西行都司	陕西行都西司	国
1709页第7行	城高一丈五尺	城高一丈	双
1713页第8行	列其等弟	列其弟	双
1713页第8行	如所第	如所弟	国

（续表）

文字所在位置（台本《明太祖实录》总页码及行数）	《国博太祖实录》文字	台本《明太祖实录》文字	文字正确之书（以"双"字代表难于确定何书正确，以"国"字代表《国博太祖实录》，以"台"字代表台本《明太祖实录》）
1713页第8行	授以都督都指挥指挥	授以都督都指挥	国
1713页第11行	织帛染柘黄裂衾	织帛染柘黄	国
1718页第11行	平湖功	平胡功	双
1719页第6行	征交阯右布政使	升交阯右布政使	台
1719页第9行	命都督朱崇等	命都督朱崇等於	台
1719页第9—10行	山西都司属卫	山西都属卫	国

统计以上表1可知：将83面《国博太祖实录》与台本《明太祖实录》的相应部分相比对，其文字有差别的为91处，其中《国博太祖实录》正确者58处、错误者10处，两书无法确定孰正孰误者23处。

统计以上表2可知：将50面《国博太宗实录》与台本《明太宗实录》的相应部分相比对，其文字有差别的为142处，其中《国博太宗实录》正确者94处、错误者21处，两书无法确定孰正孰误者27处。

由以上统计推算可知，83面的《国博太祖实录》平均每面有近1.1处记载与台本《明太祖实录》的相应部分有所不同，并且其中近64%正确者为《国博太祖实录》，两书不能确定孰正孰误、从而使《国博太祖实录》之记载有不可忽视的参考价值者又占25%强，《国博太祖实录》不正确者仅占10%强。

由以上统计推算还可知，50面的《国博太宗实录》平均每面有2.84处记载与台本《明太宗实录》的相应部分有所不同，并且其中66%强正确者为《国博太宗实录》,两书不能确定孰正孰误、从而使《国博太宗实录》之记载有不可忽视的参考价值者又占19%强,《国博太宗实录》不正确者仅占14%强。

思考以上数字,我们高兴地发现:《国博太祖实录》和《国博太宗实录》实为质量上乘的版本,其质量远远高于台本《明太祖实录》和台本《明太宗实录》的相应部分。

《辑校万历起居注》自序

(一)

笔者最早听说《万历起居注》一书,是20世纪60年代初期在大学学习史学史课程之时。那时已从谢国桢先生的名著《晚明史籍考》、陶元珍先生刊载于《文史杂志》第四卷第七、八期合刊(1944年出版)的《万历起居注》一文,以及其他有关史学史著作,得知中国自很早的时候起,就已经开始为帝王记注起居,而现在仍旧存在的大部头的帝王起居注,乃是以《万历起居注》为最早,它为研究近五十年之长的万历一朝的历史,提供了数量很大的宝贵资料。但当时笔者得知的信息,是现存《万历起居注》一书只有一部明人抄本,收藏于天津图书馆善本部,为了保存好这部存世孤本,非有特殊批准手续,不能提出阅览。加之当时笔者也没有研究与此书有关的课题,因而没有设法一睹该书的真面目,也没有这种想法。

20世纪70年代至80年代,笔者与汤纲先生应上海人民出版社之邀撰写明朝的断代史(最初的书名拟为"明代史",但正式出版时,出版社方面因与该书视为同属一套丛书的该社所出其他断代史,在书名中皆不用"代"字,如王仲荦先生的关于魏晋南北朝的断代史称"魏晋南北朝史",林剑鸣先生的关于秦汉两朝的断代史称"秦汉史",杨宽先生的关于战国时期的断代史称"战国史",提出去掉"明代史"三个字中的"代"字,改名"明史"。于是最后该书面世的名字竟与"二十四史"中的张廷玉《明史》重了名),万历一朝的政治经济是笔者承担的任务之一。为了完成这一任务,笔者曾前往天津图书馆借阅《万历起居注》。其时图书馆方面,按规定只准用缩微阅读器阅读该书的缩微胶卷。这种阅读方法很费眼力,但毕竟可以达到阅读的目的,心中甚喜,不顾炎夏的酷热,上身钻进缩微阅读器的罩壳里,忍受着上百度电灯泡的炙烤,边读边抄。然而好景不长,阅读数天之后,缩微阅读器发生故障,阅读被迫中止。笔者和汤纲先生合写的《明史》一书中,最终未能使用《万历起居注》的资料,这是至今感到非常遗憾的一件事。

1988年10月,北京大学出版社影印了北京大学图书馆收藏的《万历起居注》。这是《万历起居注》传世史上的一件大事,从此此书有了学者易于找到的通行本。在高兴之余,笔者也感到吃惊:原来《万历起居注》并非只有天津图书馆收藏的一个本子。不久,随着中国与日本学术交流的日益活跃,笔者又读到了日本学者今西春秋先生《关于明起居注》(1934年《史林》第十九卷第四号)、《关于明起居注补正》(1935年《史林》第二十卷第一号)、《明季三代起居注考》(载田村实造编《明代满蒙史研究》,1963年10月京都大学文学部发行)等三文,以及山根幸夫先生《关于阿波国文库所藏〈大明实录〉》(载《郑天挺纪念论文集》,1990年3月中华书局出版)一文,这更使我了解到在日本也有《万历起居注》一书。于是,笔者对《万历起居注》产生了强烈的兴趣:此书目前究竟有多少种版本?各版本有何异同?此书的内容如何?在提供研究资料方面究竟有何价值?一系列想要搞清的问题经常出现在脑海之中。

20世纪90年代,特别是其后半段,为了解答上述问题,笔者将许多时间花在研究此书上,在有关部门和友人的帮助下,笔者查阅了中国国内的大量有关资料和原书。此后又在山根幸夫先生的帮助下查阅了日本国会图书馆收藏的原书。数年的调查研究，使笔者对《万历起居注》一书的了解在自己原有的基础上有所增加。

（二）

《万历起居注》的价值主要是为两种场合提供资料：一是明神宗死后其继任者组织人员为之编写实录时，二是后人研究万历时期的历史时。该书编纂的本意是为第一种场合提供资料，但今天讲来，其价值乃在为第二种场合提供资料。

那么《万历起居注》在什么范围内为研究万历时期的历史提供了资料呢？为了解答这个问题，应该看一看万历三年二月二十七日，大学士张居正为恢复起居注编纂制度所上奏疏中，所述关于国史馆为后日编写实录而平时分类编辑资料的规定，这一规定中包括有关起居注记载资料范围的规定，并且得到了明神宗的批准，在《万历起居注》的编纂过程中被认真贯彻执行。这一规定说："合令日讲官日轮一员，专记注起居，兼录圣谕、诏敕、册文等项及内阁题稿。其朝廷政事见于诸司章奏者，另选年深文学素优史官六员，专管编纂，事分六曹，以吏户礼兵刑工为次，每人专纂一曹……每月史官编完草稿，装为七册，一册为起居，六册为六曹事迹。"（见北京大学出版社出版《万历起居注》第一册第二七一页——二七二页、第二七五页）由这段规定可知，《万历起居注》只是国史馆为日后编写《明神宗实录》而于平时分类编辑的七种资料中的一种，其编辑的范围并非无所不包，而只是包括明神宗的日常活动及有关言论、文书和其时内阁大学士的奏疏。在这里应予注意的还有两点：

第一，所谓明神宗的日常活动，并不是包括其全部活动，而主要是指其在外廷的活动，至于其在内廷的日常起居则并不包括在内，它们的记载属于与《万历起居注》不相干的另一种文献即"内起居注"的任务。明光宗的母亲王氏，原来只是慈宁宫的一个普通宫女，有一次明神宗到慈宁宫看望太后，偶遇王氏，一时高兴，"私幸之"，使怀下明光宗。但明神宗并不喜欢这个宫女，事后对此事不肯重提。太后对此事却很重视，她与明神宗谈论此事，明神宗以"无之"相答，于是太后令人拿来"内起居注"与之相辩。面对"内起居注"关于其与王氏那次相遇的记载，明神宗只好老老实实对太后认输。这是文秉《先拨志始》卷上和《明史》卷一一四记下的一则史实，这一事实说明了"内起居注"记录明神宗宫内日常起居的情形。

第二，众所周知，明神宗在万历中期之后怠政严重，长年不出内宫，不见朝臣。因此，此后其在外廷的活动极为少见，这影响了《万历起居注》的记载内容，成为主要是其时内阁大学士的奏疏。本来由于内阁大学士的奏疏多半较长，早在《万历起居注》的万历中期以前的部分，它就在字数上超过了明神宗的日常活动及有关言论、文书，到了万历中期以后的部分，其所占篇幅的比例就更大得惊人了。

《万历起居注》记载资料的范围虽然并非无所不包，但其所涉及的朝政却是领域广泛的。无论是官吏任免、礼仪制度、财政经济、工程建筑，还是练军开战、法律诉讼、管理边疆、交往外国，抑或社会风俗、宗教结社、科学技术、文学艺术，举凡需要朝廷过问的事情，无不涉及。这是不难理解的。明神宗作为其时国家机器的最高首脑，他便不能不去处理与朝政有关的任何问题，而内阁大学士作为明神宗管理朝政的主要助手，在处理其主管的若干具体事务（如组织书籍的编纂）外，对与朝政有关的其他任何问题,也不能不关心,不能不就此回答明神宗的任何询问,不能不就此主动观察思考并向明神宗提出建议。这样,《万历起居注》尽管只记载明神宗日常活动(以外廷活动为主)及有关言论、文书和其时内阁大学士的奏疏,而其涉及的朝政的领域不可能不是极为广泛的。值得注意的还有,《万历起居注》所记载的朝政不仅领域极为广泛,而且多半是其时朝政中最重要、最紧迫、急需研究处理的问题,反映着其时朝政的热点。这也是不难理解的。明神宗和其内阁大学士,面临的朝政无论何时都是千头万绪的,而其精力是有限的,其能思考、处理的,只能是自己感兴趣的事情,以及矛盾突出必须及时处理的事情,与之相适应,《万历起居注》也就自然形成了能够反映万历时期各阶段朝政热点的样子。

毋庸讳言,记载明神宗日常活动及有关言论、文书和其时内阁大学士奏疏的文献,不仅《万历起居注》一种,还有据《万历起居注》等编出的《明神宗实录》,以及万历时期内阁大学士的个人文集(或奏疏集)等。明人编刻个人文集的风气很盛,嘉靖之后更是热情高涨,因此万历年间的内阁大学士,多有自己的文集,或由亲友编成,或由本人亲自编辑,还有的专门将入阁期间的奏疏单独编辑成书。但这些文献在记载明神宗日常活动及有关言论、文书或其时的内阁大学士奏疏上,皆不如《万历起居注》收录齐全而准确。

《万历起居注》之所以收录齐全,原因在于其编辑宗旨乃是为后日编写实录积累资料,因而不能不求齐全。这正如大学士张居正在其建议恢复起居注编纂制度所上奏疏中所说:"照得今次纪录,只以备异日之考求,俟后人之删述,所贵详核,不尚文词。宜定著体式,凡有宣谕,直书天语,圣谕、诏敕等项,备录本文。若诸司奏报,一应事体,除琐屑无用、文义难通者,稍加删削润色外，其余事有关系，不妨尽载原本，语涉文移，不必改易他字。至于事由颠末、日月先后，务使明白，无致混淆。"（见北京大学出版社出版《万历起居注》第一册第二七四页）这种"凡有"、"直书"、"尽载原本"之宗旨，自然就会使《万历起居注》所应载范围内的有关资料在其中收载得相当齐全。再加上该书的编纂是随着事情的发生而逐日及时进行的，无时日过久资料散失之虞，这对保证其收录齐全，也有很大作用，而反观《明神宗实录》诸书，情况就大有不同了。如《明神宗实录》，与历朝所有的实录一样，其编写目的并不是编成最后的史书定本，而只是为了给后日编写最后的史书定本即纪传体本朝史作史料准备，但它毕竟较其编写的重要依据之一《万历起居注》离最后的史书定本更近了一步，它对《万历起居注》的有关记载不可避免地要有所取舍，这从其编写体例来说是无可非议的，但在保留尽量多的有关资料供后人研究使用上，显然就无法与《万历起居注》相比了。内阁大学士的文集（或奏疏集）在收录其人的内阁奏疏时，一般会尽量收全。但是，由于这种文献往往编辑于其人生存的晚年或死后，集中完成于一段时间之内，资料的收集就难免发生因散失而遗漏。此外，本人或亲友为内阁大学士编辑文集（或奏疏集）时，因利害名义相关，或有故意删削改写某些篇章或段落之事发生。因而这种文献在有关方面也往往不如《万历起居注》收录齐全而准确。至于没有编刻文集（或奏疏集）的内阁大学士，《万历起居注》所记其入阁期间所上奏疏，就更属世上所稀有、甚至所独有的了。

笔者曾将北京大学出版社出版的《万历起居注》、台北"中央研究院"历史语言研究所影印的《明神宗实录》和台湾文海出版社出版的《李文节集》所收大学士李廷机在万历三十五年闰六月至十二月、三十六年五月至三十八年四月所上内阁奏疏（李廷机担任内阁大学士的时间为万历三十五年闰六月至四十年九月,但因北京大学出版社出版之《万历起居注》只存其中的以上两段时间的记事,只好以三书所记以上两段时间李廷机的奏疏作比较)作了一番对比,得知:这两段时期内李廷机所上奏疏总数为一一五篇,《万历起居注》收录一一四篇,仅失载一篇,所收诸篇皆为全文录入(发现漏字一百余,当为抄写之误)。《明神宗实录》仅对三十八篇摘录部分段落或述及该篇奏疏所述内容,根本未提及者七十七篇。《李文节集》收录一○七篇,失载八篇,所收各篇间有删削,总数近两千字。这些统计数字在说明《万历起居注》收录有关资料最为齐全准确上提供了一个有力的证据。在对比的过程中,笔者还发现了数处《李文节集》顾忌李廷机的名义而作出的删节(如万历三十六年九月二十三日上奏的一篇奏疏,删去了李廷机与名声不好的沈一贯一伙人的关系的一段话),对于分析《万历起居注》收录有关资料最为齐全准确的原因,极有好处。

《明神宗实录》等在收录有关资料方面不如《万历起居注》准确的原因,主要是在辗转抄写、改编、综合、润色文字的过程中,难免发生失误。这些失误多半是无意的,但因数量颇多,对留给后世准确的历史知识极为不利。如《明神宗实录》卷四五八万历三十七年五月辛巳朔记事载:"辅臣李廷机乞放。"这即是一条误载。《万历起居注》所载万历三十七年五月十七日李廷机所上"乞放疏"中有"臣今年乞休十有三疏"一句话,由之可知,在万历三十七年五月十七日以前,李廷机在此年所上乞休奏疏总共应是十三篇;而据《万历起居注》所载其奏疏,它们分别上于此年的正月二十一日、二十七日,二月九日、十七日、二十三日,三月一日、七日、十九日、二十五日,四月八日、十七日、二十八日,五月八日。可见绝无此年五月一日李廷机上疏乞休之事发生。《明神宗实录》的这一失误,当是由于编写者疏忽,看错了时间。《万历起居注》在编纂过程中,主要是照录原文,基本上不用改编、综合、润色文字,其所收录有关资料,失误较少,实为当然。

综上所述,《万历起居注》所记资料虽然限于明神宗的日常活动(以外廷活动为主)及有关言论、文书和其时内阁大学士的奏疏,但其所涉及的朝政却是领域广泛,而且多半是其时朝政中最重要、最急迫的问题,在记载同类资料的文献中,它也是收录最齐全、最准确的一种。由此看来,研究万历时期历史者,对它确应重视。

(三)

通过调查,笔者还得知,《万历起居注》的版本既非只有天津图书馆的藏本,也并非上文提起的几种之外再无其他,而是数量颇多,至少有十种。

其一为前文所说的天津图书馆藏本。它是1908年天津图书馆建馆后,至迟到1913年该馆改称"天津直隶省图书馆"之前,该馆通过采购而入藏的。该本系明人所抄,共五十册,分装七函,可称天津明抄本。其记事范围起万历二年至四十三年,中间或有残缺,实际共记四百零四个月之史事,其文字讹误、遗漏的错误相对来说较少。这是现存记事较多、错误较少的两种版本中的一种。

其二为前文所说的日本国立国会图书馆藏本。据山根幸夫先生的文章,该书最早属阿波国文库,后可能因明治维新时期发生了财政危机而将之卖出,约在明治十六年被帝国图书馆购进,后因帝国图书馆合入国立国会图书馆而成为现在的收藏状况。该书入藏阿波国文库之前，当是由长崎而从中国输入日本的。此本可称日本藏抄本。值得注意的是，该书不是单独存在，而是与明太祖至明穆宗的各朝实录、泰昌起居注及部分天启朝起居注凑成了一套书，总名称为"皇明实录"。其各册的封面也是题为"皇明实录"，与其他部分的各册相同。其记事起于万历二年正月，止于万历四十八年八月，除去中间残缺者，共有五百四十五个月，它也是现存记事较多、文字错误较少的两种版本中的一种。

其三为北大元年明抄本。藏于北京大学图书馆，除据它影印出版或据它抄出者外，其所记万历元年的内容，为其他版本之《万历起居注》所不载。

其四为北大五年及六年抄本。藏于北京大学图书馆。或谓抄于明代，但从该本不用抬头顶格书写的表敬方式来看，其说值得怀疑，很可能抄于清代。其所记为万历五年及万历六年正月至三月的事迹，凡十六个月（万历五年有闰月）。这十六个月的事迹在天津明抄本及日本藏抄本中都有记载。

其五为傅氏藏旧抄本。此本著录于藏书家傅增湘的《藏园群书经眼录》中，乃傅氏于1913年从"四明书坊"购得。记事范围同上述北大五年及六年抄本。此书原书笔者未见，从其记事范围及傅氏藏书在20世纪40年代末后的散失情况分析，其殆即上述之北大五年及六年抄本。

其六为北大抄天本。藏于北京大学图书馆。它为1928年至1937年之间的某一年或某几年，由天津藏书家姒兼山雇佣抄手四人，据天津明抄本抄出。先为姒兼山本人收藏，约于1946年秋至1958年12月之间转归北京大学图书馆。其记事范围完全同天津明抄本，但有许多抄误之处。

其七为天津元年民国抄本。藏于天津图书馆。民国年间据北大元年明抄本抄出，记事也是万历元年的十二个月。最初在天津图书馆书库中单独存放，至20世纪50年代末60年代初被编为第八函，与天津明抄本合成一书。同时合进来的还有《万历起居注校勘记》稿本二册，它被编成了第九函。这本校勘记没有注明作者，也没注明校勘何种版本的《万历起居注》，据笔者考证，其作者应为姒兼山，其校勘对象为天津明抄本，并兼校北大抄天本，凡校漏文、误字等一七五四处。

其八为台湾旧抄本。藏于台北"中研院"历史语言研究所。笔者未见其原书，据黄彰健先生《明神宗实录校勘记·明神宗实录校勘记引据各本目录》，该本收有自万历二年正月至十九年七月断断续续凡一百八十二个月的记事。其中包括万历四年九月和十年正月至三月等四个月的记事，如果此说属实，则将是十分可贵的，因为其他各本《万历起居注》皆缺这四个月的记事。可惜，经托人调查，此乃误记。

其九为定陵抄天本。收藏于北京定陵博物馆。为20世纪50年代发掘定陵时，文化部副部长郑振铎将天津明抄本借出，由参加发掘的考古工作者照抄一份而形成的。

其十为北大影印本。此即前文所述1988年10月北京大学出版社影印的那一种。其底本是北大元年明抄本和北大抄天本。此本为广大史学工作者提供了很大的便利，可惜的是未选最好的本子作底本，此为美中不足。

其十一为全国图书馆文献缩微复制中心影印本。其本题为《明抄本万历起居注》，乃2001年11月据上述天津图书馆藏明人抄《万历起居注》、天津元年民国抄本《万历起居注》、姒兼山所撰《万历起居注校勘记》三书影印而成。

回顾以上所述，若如笔者所说，北大五年及六年抄本与傅氏藏旧抄本确是一书，那么笔者所知的现存《万历起居注》的版本，恰为十种。决定修《万历起居注》始于万历三年二月，但隆庆六年八月明神宗即位至始修《万历起居注》共二年多的事迹当时也决定追记下来，又明神宗死于万历四十八年七月，这样，《万历起居注》记事所涉及的月份应为五百九十五个。但日本藏抄本包括有万历四十八年八月即明神宗死去的下一个月的事迹，所以，《万历起居注》记事实际包括的月份应为五百九十六个。这个数字，上述十种版本都没能达到。其中国内现存记事月数最多者为北大影印本和全国图书馆文献缩微复制中心影印本。

按照张居正上疏建议恢复编写起居注时的意见，起居注写出后，是不准翻看的，要放入柜中，"用印封锁"、"永不开视"。但后来实际上并未能认真执行，现存不少资料反映着其时内阁大学士随意阅览的实情。另外，在编写《明神宗实录》时又肯定是要提出参阅的。《万历起居注》虽然从未正式刻印，但却能流传于世，其原因当即在此。既然人们有机会看到它，就可以将之传抄出来。明人的私家目录中已有《万历起居注》的记载，这是明代私人已拥有此书的证明。今存各种抄本，当即这些传抄本的遗存或再传抄。

以上即是笔者关于《万历起居注》研究的大体情形和粗浅收获，其详见于拙文《影印本〈万历起居注〉主要底本的初步研究》（载王春瑜主编《明史论丛》，1997年中国社会科学出版社出版）、《〈万历起居注〉的版本》（载《史学集刊》1998年四期）、《〈万历起居注校勘记〉考述》（载《南开学报》1999年四期）、《天津明抄本和日本藏抄本〈万历起居注〉》（载《西南师范大学学报》2000年第4期）、《〈万历起居注〉、〈明神宗实录〉和〈李文节集〉中的李廷机内阁奏疏》（载台湾中国明史研究学会主编《明人文集与明代研究》，2001年中国明代研究学会出版）中，有兴趣者欢迎参看和批评指道。

（四）

笔者的妻子吴彦玲，是笔者在南开大学历史系读书时的同学。她毕业后因在中学教书，虽一直教历史课程，但没有时间进行深入的专题研究。1994年退休后，做家务之外，有了较多的空闲时间，决定在深入的专题研究上下点功夫。她清楚地了解笔者对《万历起居注》的研究状况，目标即选在参与于其中。有一次笔者对她谈起：现存各种版本的《万历起居注》虽都是残本，但内容互有交错，除共同拥有的部分外，尚有若干部分仅在某一残本中保存着，若将各本共有者和独有者辑录出来，并加以校勘，即可得到一个近乎完整的辑补校刊本，使《万历起居注》基本恢复原状。彦玲听后，当即兴奋起来，提议："咱们俩个一齐搞吧，我作你的助手。"这使笔者也兴奋起来，两人竟如顽童似的食指紧勾，并大声喊出："拉钩扯吊，一百年不许倒。"于是辑补校勘《万历起居注》的夫妻店马上开了张。虽然由于笔者还承担着其他教学和研究任务，不能全力以赴地从事此项工作，但我们二人仍然抓得很紧，一有空暇，即投入其中。2006年2月，当我们已经完成大半任务时，彦玲突然中风故去，剩下笔者一人只身继续其事。由于这是一生中与彦玲唯一的一次深入专题研究合作，笔者很在意，因而干得更卖力，真正地进入了化悲痛为力量的境界。到今天——2009年2月9日，笔者终于完成了这项十几年来一直牵心挂肚的辑校任务。手抚摆满书案的二十六袋（册）书稿，感慨万千，不禁热泪盈眶。泪眼模糊中似乎看到了彦玲正推门笑脸走来。笔者极想告诉她"我们的又一个儿子诞生了"，但竟说不出一个字来。而后即是放声大哭，哭声回荡在房间里，其中包含的是无限的思念、哀痛和无奈。

（五）

　　这部辑校而成的新版《万历起居注》，除辑录、校勘之外，还加了标点。为了区别于其他版本，定名为《辑校万历起居注》。它共收录记事五百七十四个月，距离理想的足本五百九十六个月，只缺二十二个月，包括隆庆六年六月至十二月、万历四年正月至三月及九月、十年正月至三月、十一年正月至二月、二十五年十月、四十三年一至五月，缺者占足本总月数不到百分之四，已经可以说是近似足本了。本书所用的底本为北大影印本，在本书校勘中称之为"通行本"，全书使用该本作底本的年月包括：万历元年正月至三年十二月、四年四月至八月、四年十月至九年十二月、十年四月至十二月、十一年闰二月至十二年十二月、十四年正月至十五年三月、十六年正月至十七年十二月、十八年九月至二十五年九月、二十五年十一月至二十七年闰四月、二十七年六月至三十二年十二月、三十四年正月至三十五年十二月、三十六年五月至三十八年四月、四十一年七月至十月、四十三年七月至十二月，凡四百十六个月。其余年月，使用日本国立国会图书馆藏本作补充，在本书校勘中此本称为"日本本"。使用此本作补充的年月包括：万历十三年正月至十二月、十五年四月至十二月、十八年正月至八月、二十七年五月、三十三年正月至十二月、三十六年正月至四月、三十八年五月至四十一年六月、四十一年十一月至四十二年十二月、四十三年六月、四十四年正月至四十八年八月，凡一百五十八个月。此即本《辑校万历起居注》记事比当今国内尚存记事最详的《万历起居注》版本多出的月数。本书选用通行本作底本的四百十六个月中，万历元年正月至十二月共十二个月记事在通行本中是影印自北大元年明抄本，即影印自该部分记事的最好版本，因而本书该部分记事等同于以最好版本充作了底本。至于本书选用通行本作底本的其余四百零四个月记事，在通行本是影印自北大抄天本，这部分记事的底本选择显然应属不太理想，不如选用天津图书馆藏明人抄本或其影印本即全国图书馆文献缩微复制中心影印本为更妥。不过，这一选择是本书开始辑录校勘时受客观条件限制而形成的。当时全国图书馆文献缩微复制中心影印本尚未问世，无法利用之作底本，天津图书馆藏明人抄本又系善本，不便复印以作底本，从而使笔者不得已而出此下策。另外，考虑到底本选择不理想造成的缺陷，在后来的校勘中，可通过努力在一定程度上加以弥补，使本书质量实质上不受影响，这也是其时笔者敢于出此下策的一个原因。在校勘过程中，特别是全国图书馆文献缩微复制中心影印本出版后，笔者尽可能将全国图书馆文献缩微复制中心影印本（在本书校勘中称"明抄本"）、通行本、日本本等作版本互校，还经常利用《明神宗实录》和现存内阁大学士的有关文集或奏疏集（如张居正《张文忠公全集》、沈一贯《敬事草》、叶向高《纶扉奏草》、吴道南《吴文恪公文集》等），对相应部分进行对校。此外，《万历邸钞》、张廷玉《明史》、《史记》、《汉书》、《三国志》、《资治通鉴》、十三经等，也是时时被使用于校勘的重要文献。由于各本《万历起居注》都非刊本，错简、脱字、衍字以及鲁鱼亥豕、自造写法等现象大量存在，在校勘、标点时常常遭遇无法通读的拦路虎，这使笔者每每叫苦不迭。经过认真推敲，这些拦路虎绝大部分得到解决，本书校勘记约有万余条，它们即是战胜大大小小拦路虎所取得的成果。当一只只拦路虎被逐一扫除时，笔者又每每感到莫大的喜悦。为了尽量保持本书的原貌，在校勘中，古今字、异体字、俗体字不校不改，因新旧笔形相异而形成之异体字，迳改而不出校，特请读者注意。

（六）

　　由于各本《万历起居注》的收藏不在一地，甚至不在一国，所以在这次长达十余年的辑校过程中，除了辑校者经受不少磨难外，许多朋友也为此而付出了许多心血。日本朋友山根幸夫、浅井纪、佐藤文俊、荷见守义诸教授，中国台湾朋友张璉教授和黄玉菁女士，大陆朋友林延清、李小林、何孝荣、高艳林、庞乃明、王薇、姜胜利、王剑、张明富、李国庆诸教授以及刘兰霞女士等，都从不同方面给予热心的指导和无私的帮助。在此谨向他们表示衷心的感谢。本书辑录、校勘进行中，多家出版社表示希望承担出版事宜，而天津古籍出版社刘文君社长、李梦芝编审、编辑张玮、侯林莉、刘少毅等，态度尤其积极，给予了多方面的支持和帮助，表现了对发展学术的远见卓识和高度热心与责任感。笔者非常愉快地将本书委托天津古籍出版社予以出版，并对以刘文君社长为首的天津古籍出版社诸先生表示崇高的敬意和真诚的感谢。

　　由于时间仓猝和水平的限制，本书的辑录、校勘和标点肯定多有疏陋，盼着方家、读者给予帮助。

公元二〇〇九年二月九日
农历己丑年正月元宵节
于南开大学文科楼

《广东新语》成书时间考辨

汪宗衍先生著《屈大均年谱》将《广东新语》撰写成书的时间记在康熙十七年,在这一年的记事部分称:"撰《广东新语》二十八卷成。"汪先生作出这一处理的主要根据是屈大均《读李耕客龚天石新词有作》一诗,称:"《诗外》三《读李耕客龚天石新词有作》诗,为庚申(康熙十九年)客金陵之作,有'交广春秋我亦成,南方异物多经营'句,乃指《广东新语》,盖成于未北上之前。"用语留有余地,表现出其治学态度之谨慎,但即使这样,从总体上看汪先生的这一处理不能不说是错误的。

肯定汪先生失误的根据是《广东新语》中的一条记事。该书卷二八《怪语》部分,有一条题为"黄宾臣"的记事,其全文为:

> 有黄宾臣者,字敬而,琼山诸生也。庚申七月至高州,值天大旱,有司祈祷不应。宾臣曰:"凡求雨必得奇门真传。"或异其言,亟报有司往请之。宾臣使取竹片十二为令牌,及大锅一、黑雄鸡一、鹿脯五器以待。明日,于观山寺为坛,宾臣服道衣,被发仗剑,于坛上布罡捻诀,以目视日,竟日不下一瞬。明日申刻,果雨,不甚大,观者称其术之神。曰:"未也,俟明日观之。"明日烈日如故,宾臣曰:"此劫数,非独高凉一郡为然,奈何!"有司以其左道讥之,宾臣愧甚。于是至发祥寺,登浮图,居第四重,上下左右,

悉以符篆封之。越三日,谓观者曰:"明午雨必至,但从东南来,可保无事。否则当有性命之忧。"因作书与家人诀。明日未时,烈日中狂风大作,宾臣谓其仆曰:"雨从西北方起,不祥,尔当速去。"其仆甫下塔,霹雳一声,雨如注,有老人见一麻鹰,口含火丸,从塔第一重飞入,势甚可怖,须臾霹雳再震,远近闻硫磺扑鼻。驰视之,宾臣僵仆塔外,口存微息,鼻旁与右臂微破,一孔如针,血流不止。以沸水饮之,不受矣。高州人以宾臣为百姓而死,立庙祀之。

文中所讲之事属于神仙怪异之类,不足重视,但其中所说的年份"庚申"在这里则是应予特别提出的。

屈大均在其著作中,凡遇纪年,关于明朝及明朝以前者,为令读者能得到明确的时间观念,或称某皇帝年间(如《广东新语》卷七《人语·高固》有"周显王时"之语,见《全集》第四册第200页),或某皇帝的庙号与年号并用(如《广东新语》卷十六《器语·宝剑》有"唐明宗天成中"之语,见《全集》第四册第396页),或只称年号(如《广东新语》卷八《女语·割股妇》有"宋咸淳十年"之语,见《全集》第四册第248页;又如《广东新语》卷十五《货语·诸番贡物》有"永乐三年"之语,见《全集》第四册第388页),或将年号与干支并用(如《广东新语》卷六《神语·罗浮山神》有"淳熙甲午"之语,见《全集》第四册第184页;又如《广东新语》卷一,《天语·星聚》有"成化丙戌"之语,见《全集》第四册第7页),而绝不单独使用干支(《广东新语》卷二五《木语·榕》中有一例单独使用"乙亥"、"壬午"来表示崇祯八年和十五年的情况,那是由于与下文关于清朝的纪年相连这一特殊环境造成的,应视为特例,不应视为在一般情况下对明朝的纪年屈大均可以单独使用干支来表示,参见《全集》第四册第 567—568 页);但关于清朝,则仅仅使用干支,而不使用皇帝的庙号和年号等(如《广东新语》卷十八《舟语·大洲龙船》中即以"辛丑之岁"表示顺治十八年,见《全集》第四册第 442 页;再如《广东新语》卷二《地语·迁海》中即以"岁壬寅"表示康熙元年,以"癸卯"表示康熙二年,见《全集》第四册第 51—52 页)。屈大均在其著作中,如此处理纪年之事,这是其坚持明朝遗民立场的表现。而在这里,读者们即可由此而得知《广东新语》卷二八《怪语·黄宾臣》中"庚申"之年,当属清朝的某一年。

细读上引《广东新语》卷二八《怪语·黄宾臣》中的全文,可知其所述之事乃为屈大均写作此篇时已经发生之事(这里不论其事因属荒诞而不可能发生,而只是从其文辞叙述所表达的情况而言),换言之,文中所叙事情发生的庚申年,除了属于清朝外,还应属屈大均所能经历或其以前已经存在过的年份。查屈大均卒于康熙三十五年丙午,他所能经历或其以前已经存在过的干支为庚申的清朝年份只有康熙十九年,由此看来《广东新语》卷二八《怪语·黄宾臣》中的"庚申"之年,应当是康熙十九年。

能证明此"庚申"年为康熙十九年的还有地方志的记载。道光丁亥年黄安涛等总修《高州府志》卷 12 第 48 页上至 49 页上《方技》称:

> 王宾臣,琼州府琼山县学生员也。康熙十九年应贡赴考,候文宗于高凉。夏秋之交,久苦亢旱,人心如焚,宾臣自称得祈雨秘诀,邑人请祷。七月十二日建坛于观山寺。是日西郊微雨,独不及城。宾臣以为"风过多腥,此妖氛,非所以应我也,得毋与事诸公未必先期斋戒乎!"或戏之曰:"技穷耳,何归咎于他人为?"宾臣取杯水,以片纸画符投

之，曰："饮此则果否斋戒立辨。"卒无敢饮者。当事憾焉。宾臣遂屏人，于二十三日自诣宝光塔第三层，布罡密咒，语住僧曰："今日必雨，且雷从南来，吾固无恙，若从北来，吾无死所矣。"言未竟，黑云冉冉起自西北，雷声雨势并集。俄顷，塔中烟出，宾臣仰卧如僵。人疑其为雷击死，然绝无雷击痕也。是年，督学道陈肇昌临高考校，闻之，遣官致祭，还额贡以慰之。三十七年，旱，复行祈雨之事，有叙述宾臣始末者，知县钱以垲慨然曰："为吾民而殒其身，身虽没，其魂魄应留于此也。"因拜于宾臣死所，为文以祭之。随大雨四日。嗣后凡祈雨必请祷焉。

咸丰七年重镌郑文彩等纂修《琼山县志》卷22第21页下至22页上《人物》10《方技·国朝》称：

王宾臣，字敬而，廪生，东岸人。康熙庚辰（《通志》作庚申——原注）七月，赴高州考贡，值大旱，有司求祷不应。宾臣言求雨必得奇门真传。人异其言，闻之有司，敦请之。披发仗剑立坛上，以目视日，竟日不下睫。已而果雨，观者称其术之神。宾臣曰："雨未足，当再祷之。"明日烈日如故，曰："此劫数也，奈何！"有司士民恳之不已，乃至发祥寺，登浮图四级，上下左右悉以符箓封之，且曰："明午必大雨。但从东南来，可保无虞，若从西北，则吾命休矣。"因作书与家人诀。次日未刻，烈日中忽狂风大作，霹雳环绕，滂沱如注，有老人见大鹰口含火丸，旋塔左右，势甚可怖。须臾天气晴明，意为无事。及仰视宾臣，已僵立于轰震中矣。州人以宾臣为百姓死，立庙祀焉。有祷辄应，督学陈公为文祭之。

以上两个方志所记情节与屈大均《广东新语》所记稍有不同，但大体相同，应视为所记实为一事。方志中作"王宾臣"与《广东新语》作"黄宾臣"也稍有差异，但南方人读"王"与"黄"发音无大区别，"王宾臣"与"黄宾臣"也应视为同为一人。两个方志皆把此事发生时间记为康熙庚申十九年（其中一个记作"庚辰"应系误刻，而且原书也作了校注，因而其应可视为记作庚申），无疑为《广东新语》卷二八《怪语·黄宾臣》中的"庚申"之年应是康熙十九年这一判断提供了有力的佐证。

论说至此，再反观本节开头所提出的汪宗衍先生撰《屈大均年谱》将《广东新语》成书时间记为康熙十七年一事，就可非常肯定地称其为误记。成书于康熙十七年的《广东新语》怎能将康熙十九年发生的事当作已发生过的事情记录下来！看来，《广东新语》一书的撰成，应至早为康熙十九年。至于其时间下限，当为康熙二十六年。确定康熙二十六年为其下限的原因，是根据屈大均给汪栗亭的一封回信。此信载《翁山佚文》。关于此，汪先生的《屈大均年谱》已有极为准确的记载，兹不再赘。

明代的贡献及其应对西欧殖民者的得与失

明代的历史地位如何？这是明史研究者应该回答的一个重要问题。这个问题的正确回答，不仅有利于从总体上把握明代的历史，从而有利于对明史上的各个具体问题做出正确的分析，而且可以从中引申出发人深思的历史教训，为今人和后人提供借鉴，有利于中华民族的振兴和繁荣发展。

一　明代的新贡献及对社会进步的推动

对一个朝代或一个历史时期，判断其历史地位是否应予肯定，所应加以考察的，在于它与前朝或前一个历史时期相比，是否做出了新贡献，是否促进了社会的进步。凡是做出新贡献、对社会进步有所推进的，就应该给予肯定的评价，新贡献愈多、对社会进步推进愈大，其评价就愈高；反之，没有做出新贡献、对社会进步没起推进作用、甚至拉了历史倒车，则应该给予否定的结论。这是一个通常适用的评判标准。如果用这个标准去评判明朝，可得出的结论，应该是正面的，是肯定的。

明朝及明朝以前的中国社会，是建立在基本上依靠人力和畜力进行生产、以农业生产为主而以传统手工业和商业为辅、自给自足自然经济占主要成分的经济基础之上的。这样的社会，不可能出现生产力跳跃式发展、财富膨胀式积累、社会形态急剧变化的局面，但只要在较长时期内不出现大面积严重妨碍社会生产的战乱局势,依凭劳动者年复一年的经验积累,生产技术以至生产力的其他方面即可缓慢提高和进步,社会财富的总量也可日积月累地增加起来;社会财富总量的增加,必然导致社会消费水平的提高,从而引发手工业和商业的日趋活跃,造成自给自足自然经济成分在社会生产中比重的降低,久而久之,甚至影响了生产关系的变化。以上种种提高、增加、变化,尽管都是极其缓慢的,然而不得不称之为进步。这样的进步,在明朝二百余年中是不难看出的。

明朝之所以能够做出新贡献、促进社会的进步,乃在于它能够在二百余年中大体维持了和平统一的局面,基本上避免了较长时期内严重妨碍社会生产的大面积战乱的发生。有明一代,尽管发生过多次战争,有明初的统一战争,有靖难之役、平定朱宸濠反乱之役等统治集团内部的战争,有镇压唐赛儿起义、镇压刘六刘七起义、镇压李自成起义等镇压农民起义的战争,有对付鞑靼、瓦剌、女真等中央政权与边疆少数民族的战争,有抗击倭寇、驱逐西方殖民者骚扰沿海等对外战争,但从总体上看,除靖难之役期间及明朝末年等少数时期外,明朝在二百余年中境内的绝大部分地区是处于和平环境之中的。明朝二百余年中能够大体维持和平统一局面的原因,主要有三点。一在于朱元璋推翻了元朝,结束了广大汉人遭受民族歧视和压迫的局面,使明朝消除了元朝那样民族矛盾一直普遍存在十分尖锐从而易于导致辖境内随时发生大规模民族战争的危险。二在于朱元璋在推翻元朝建立明朝后,承认了农民通过元末农民战争获得的胜利果实,采取了休养生息的政策,从而缓和了土地集中的矛盾,使明朝在相当长的时期内,保有数量颇多的小自耕农,这一方面增强了明朝的社会基础,另一方面也推迟了大规模农民起义的发生。三在于明朝逐步改变了元朝集权程度不高的状况,加强了中央和皇帝的权力,分散和削弱了地方官吏及朝中单个大臣的职权，削夺了地方藩王的参政权和统军权，从而使得统治集团中人基本上不易发动叛乱，即使发动叛乱，也易于镇压，不至于酿成长期的大规模战乱。在中央和皇帝权力加强的情况下，其对付农民起义、边疆少数族以及外来侵略者来犯的力量，也得以大增，从而限制了这几类战争的扩大蔓延。

明朝时期的新贡献和对社会进步的促进，详细罗列难以穷尽，就其主要者，可述如下数条：

一、生产力有所提高。农业上较多地进行了综合经营，使地力的利用较前充分，引进了新的作物品种甘薯、玉米、烟草等，经济作物棉花等种植广泛。棉织业之弹弓易绳为蜡丝，纺织业之出现结构复杂的花机，陶瓷业之制成斗彩、五彩新品种，造纸业之蒸煮纸浆时已知使用石灰，印刷业之发明套印、饾版、拱花新工艺，采矿业之发明以竹竿排放瓦斯，钢铁业之使用上带活塞、活门的鼓风装置木风箱，都反映了手工业方面技术的提高和改进。

二、商品经济空前繁荣。这种状况的出现，时在明代中、后期。其时农业和手工业生产中，为出卖而生产的商品性生产有所增多，如河南所种棉花，多归商贩。各地的商业往来，广泛进行，商路贯穿东西南北，《天下水陆路程》、《天下路程图引》等商人用书的大量出现，即反映了其时商路畅通的情景。商业繁荣的城市和市镇大量出现。它们或在手工业发达之处，或处交通要道，或为某一地区的中心，其中市镇之出现在江南地区数量尤多。商业资本相当活跃。全国各地皆出商人，安徽、江西、江苏、浙江、闽广、关陕、荆楚所出尤多，资本雄厚者为徽商和晋商，其资本多者可至百万。其时从全国经济的总量来看，商品经济尚敌不过自给自足的自然经济，但已有超越以前的分量，在个别地方，如南京和苏州，居民的生活用品竟基本上依赖于市场。

三、资本主义开始萌芽。所谓资本主义萌芽，就是资本主义生产关系的较多出现。在这一时期，资本主义生产关系开始出现，而且数量已达到一定的程度，但未在全部生产关系中占据主导地位。什么是资本主义生产关系呢？在这种生产关系下，一方是占有生产资料和货币的有产者，另一方是一无所有但有人身自由的无产者，前者用货币购买后者的劳动力进行商品生产，而后将商品出卖，获得高于投资额（购买原料、工具和劳动力等的费用）的货币，从而实现剩余价值的剥削，不断增殖自己的资本。这种生产关系的基本特征，简单地说，就是雇佣剥削，或使用雇佣劳动。但是，并不是说凡使用雇佣劳动的，都是资本主义生产关系。被使用的雇佣劳动必须达到一定的数量才算出现了资本主义生产关系，这个数量是老板所使用的雇佣劳动的数额达到了使之可以完全脱离劳动的程度。另外，如果社会上偶然地出现了个别可以认为已达资本主义生产关系标准的生产单位，而这种生产单位由于数量太少，对整个社会经济结构来说可以略而不计，这时也不能视为已出现了资本主义萌芽，只有当这种生产单位数量已相当多，多得使人们对其时的社会经济结构进行估量时已对之不可忽视，这时才能说资本主义萌芽已经出现。当然，被称为资本主义萌芽的历史时期，资本主义生产单位的数量也不能过多，如其多到动摇了自给自足的自然经济的主导地位，那时就已经进入了资本主义阶段，而不能称为资本主义萌芽时期了。按照上述理解，明代以前的中国社会，虽曾在个别时期出现过存在资本主义生产关系的生产单位，但因其数量太少且处偶发状态，而不能称之为资本主义萌芽；而到了明代，存在资本主义生产关系的生产单位数量已较多，突破了偶发状态，但又没多到动摇自给自足自然经济主导地位的地步，明代应该被认为资本主义萌芽已经破土而出了。明代已经产生资本主义萌芽的生产部门，主要集中在经济发达的江南地区，包括榨油业、丝织业、棉布袜制造业、矿冶业等，此外，农业中也产生了这一新的生产方式。

四、产生了与商品经济繁荣、资本主义萌芽相适应的思潮。这些思潮包括反对孔孟说教束缚，主张思想自由的思想，反对夫权，主张男女平等，否定旧礼教的思想，鼓吹工商皆本的思想，肯定追求私利的思想，以享乐挥霍为正当光荣的思想，以及拜金主义思想等。这些思想在当时说来，无疑都是与占主导地位的封建思想意识相对立的，具有程度不同的积极意义。

五、对传统学术和科学技术知识进行了大总结。明初永乐年间编纂的《永乐大典》，是篇幅空前的大类书，它按照分类汇集的方法，对中国的古代文献进行了一次大摘编，在总结和保存古代文献上具有重大价值。尤其引人注目的，是明代后期李时珍编著《本草纲目》、徐光启编著《农政全书》、宋应星编著《天工开物》，分别对明代及明代以前的医药学知识、农业知识、手工业知识等进行了系统的总结，对于古代科学技术知识的传承贡献甚巨。

明朝二百余年中，虽然做出了新贡献、促进了社会的进步，但是也未能摆脱一般封建王朝所共有的一个规律——王朝初期土地集中程度相对较低，社会矛盾比较缓和，而中期以后，土地集中的程度就会渐渐变高，社会矛盾趋向尖锐。另外，明朝解除了汉族遭受的民族压迫，但解决不了少数民族遭受民族歧视甚至遭受民族压迫的问题，这一问题在边疆地区尤其显著，并且随着王朝中、后期政治的日趋腐败而日趋严重。到了明朝末年，以上两种矛盾终于皆发展到极为激烈的地步，这便导致了明朝的崩溃，并使广大人民陷入了改朝换代的战乱之中，社会经济遭到严重的破坏。这是明朝的一个不可忽视的负面影响。不过，这个负面影响虽然很大，但掩盖、抵消不了明朝的上述贡献和对社会进步的推动，从这一角度讲，明朝的历史地位是应该肯定的。

明朝的历史表明，中国在没有外力影响的情况下，是能够不断进步的，其社会经济结构中的商品经济部分随着生产力的提高，可以逐渐增加，所占比重可以逐渐提高，这样的变化虽然受中国王朝周期性兴亡的影响而不会太快，但变化是不可阻止的，最终会由封建社会发展至生产力水平和文明程度都较高的资本主义社会。那种判定中国如无外力影响将永远停滞在封建社会的观点，绝无事实与理论的根据。

二　明朝应对西欧殖民者的得与失

关于明代历史地位的判断，除了上述对中国历史上各个朝代都适用的一般角度外，还有一个新角度应予重视，即应考察其如何认识和对待全球性的国际交往。之所以必须重视这个新角度，乃是由于明朝的国际处境与以前的各个朝代相比，已经发生了一个重大变化。

在15世纪以前，世界各国间虽有漂洋过海的洲际远距离的相互交往，但这些交往并非是经常性的，而且一直没有实现所有大陆间的顺畅通航。因而各个国家大体是在海洋的限隔下，按地区处于相互分割的封闭状态，各自相对独立地发展，国际交往大体局限于所在的地区。但到15世纪末至16世纪初，由于人类已经掌握了征服海洋的必要知识和技能，如地球为圆形的地学知识、保证海上定向航行的天文定位知识、能够抵御海上风暴的坚固船只的制造技术、在复杂情况下得以安全航行的驾船术以及其他航海经验等，加之西欧滨洋沿海的地理环境早已培养了其居民较强的通过征服海洋向外发展以获取利益的习性，而其时的欧洲又是小国林立、竞争激烈、各国在本地区获取利益的可能性极其微小,关于世界的东方极其富裕的传说又在欧洲广为流传,于是遂发生了西欧人纷纷乘船渡海探求通往世界东方之路的活动。1487年,葡萄牙人迪亚士发现了非洲南端的好望角。1492年到1502年,意大利人哥伦布先后发现了古巴、牙买加、波多黎各等岛屿,当时误认为发现了印度。1498年,葡萄牙人达·伽马发现了经好望角到达印度的航路。1499年至1504年,意大利人亚美利哥·维斯谱齐曾多次航行到南美洲北岸,确认为一新大陆,后来就把南、北美洲称为亚美利加。1519年9月至1522年9月麦哲伦率领的探险队完成了第一次环绕地球的航行。从此世界海上航路大开,葡萄牙、西班牙、荷兰、英国等西欧国家的殖民者先后漂洋过海来到世界的东方,各地区间的封闭状态被打破,国与国的交往再也不是大体局限于本地区的范围,而是不管你愿意与否,都有可能必须面对如何处理与位于地球上其他某个地区的某个国家的关系问题,换言之,就是从此之后,每一个国家都必须面对如何认识与对待全球性的国际交往问题。

明朝在认识与处理全球性的国际交往问题上表现如何呢?笔者的估计是其表现有正有误,而误处不可忽视。

当时,明朝具体面对的全球性国际交往,主要的实为与西欧殖民者的交往,更确切地说,是在西欧殖民者以咄咄逼人之势东来搜求财富的情况下,如何应对以使自己避免处于不利地位,保护住自己的权益。仅就明朝时期来讲,这个问题并不十分迫切。因为历史上的自他国搜求财富,主要采用两类办法,一是强力掠夺,二是商业贸易,西欧殖民者也不例外。而明朝时期的中国,是一个广土众民、历史悠久、文明发达的大国,其生产力水平、经济发达程度、科学技术成就、综合国力以至社会发展所处的阶段与西来各国相比都不逊色,甚至更为先进,至多是在某些领域互有短长,这使西欧殖民者的两类搜求财富的办法,皆在对付中国中基本失灵。这时西欧传教士到达其他国家(如美洲的国家)后,由于那些国家处于落后状况、实力弱小,即在那里采用强迫传教的方式,迫使当地人一切遵从欧洲的习惯和办法行事,甚至强力集中当地儿童,使之与外界隔绝,完全按照欧洲人的样式生活,连说话也要改用欧洲的语言。但对于中国,他们则另用适应当地情况的灵活传教方式,不是要求中国人欧洲化,而是反过来他们主动中国化——学中国语,穿中国服,读中国书,力求与中国人打成一片,热心传授西方先进于中国的一些科学技术知识,以获得中国人的好感,甚至尽量用中国儒家经典中现成的词语翻译基督教的著作,允许中国教徒保留某些与基督教教义中非根本部分并不一致的习俗。这种适应当地情况的灵活传教方式,在一定意义上说,可称之为委曲求全。他们为什么这样委曲求全?不言而喻,中国实力太大,使之不得不如此。中国实力之太大,不仅影响了西欧人在中国的传教方式,更值得注意的是影响了西欧殖民者在中国用强力掠夺方式搜求财富的效果。环顾当时的世界,西欧殖民者已用武力征服了美洲、亚洲的许多国家,从而实现了对这些国家财富的肆意掠夺,而在中国,他们除了在沿海骚扰并屡遭驱逐之外,并未能实现借助武力侵入明朝内地以大肆掠夺中国财富的愿望。西欧殖民者通过贸易从明朝搜求财富的目的也实现得不顺利,甚至可说遭到很大挫折。当时的欧洲在生产技术上并不比中国高明,他们拿不出大量的物美价廉的制品以与中国人交换,而中国非常精美的丝织和陶瓷制品等,都能以比较低廉的价格大量出口欧洲,从而使中国在与欧洲人的相互贸易中总是处于顺差之势。为了弥补差价,欧洲人只好拿出大量贵金属货币——银元交给中国人。明末海澄月港一船船的银元的不断进口,就反映了这一历史事实。①

但是,把眼光放长远一些,想到明朝以后,那么明朝如何应对西欧殖民者东来搜求财富的问题,就是不得不立即考虑的了。

注重自国外搜求财富,在历史上是一条富国、强国的捷径。这种办法只要行得通,就可增加本国的财富。这些国家进行的对外通商贸易,必然对本国的生产提出扩大规模、革新技术的要求,以满足输出交换的需要,并提高产品的竞争力、提高利润率,这就使本国生产水平的提升得到了一个强大的拉动力。这些国家在从国外搜求财富时,为了保证强力掠夺他国获得成功,为了保护本国的商人在对外贸易中的安全,又对改进本国的武器、提高本国军队的素质提出了要求,这又使本国武力的提升得到了一个强大的拉动力。革新生产技术、改进武器,离不开科学技术的进步,因而注重自国外搜求财富的国家,其科学技术的进步也往往是比较迅速的。由于注重自国外搜求财富,有利于富国、强国,这种自国外搜求财富的范围搞得越大,其富国强国的作用就会越显著,并且见效越迅速。15世纪末16世纪初以后,西欧殖民者自国外搜求财富的活动范围扩大至全世界,大得远非此前限于相对封闭隔绝的各个地区的同类活动所可以比拟,这样,其富国、强国的作用,也就会空前增大,并且见效空前迅速,要不了多长时间,它们的国力就会强大得将其他国家远远抛在后面,于是包括中国在内的世界各国都将处在它们的极大威胁之中,可见,早在明代西欧殖民者刚刚东来尚未充分强大起来时,中国就应早做准备,及时采取应对措施,避免人强我弱局面的出现。

面对即将急剧强大起来的西欧殖民者,明朝正确的应对措施

---

① 参见沈定平《从国际市场的商品竞争看明清之际的生产发展水平》,载《中国史研究》1988年3期。

应是什么呢？主要的应有如下几项：一是迅速弄清西欧殖民者的来历，弄清其国家的历史和现状，弄清其漂洋过海到东方和世界各地的目的，进而分析、预测其向外搜寻财富将会产生什么影响，从而提高在战略上准备抵御日益强大起来的西欧殖民者的自觉性；二是从道义上讲，虽不可效法西欧殖民者的强力掠夺，但要效法其发展海外贸易，借以分享海外贸易增殖国家财富的益处和其他益处；三是积极全面学习欧洲科学技术的先进内容，取长补短，使提高国力得到坚实的保障；四是加强国防力量，特别是要大力发展能与西方殖民者相抗衡的国防力量，防止武力落后于西欧殖民者。

对于上述几项应对措施，明朝可说是程度不同地全采取了，可是，哪一项也谈不上做得十分理想，不可挑剔。关于了解西欧殖民者的各项情况，明朝可以说进行得很不充分。凡是遇到与西欧殖民者有关的事端，明朝免不了要向其人查问来历等情况，或者查阅中国文献，寻找有无有关记载，但基本上仅限于此。日本在17世纪上半叶禁止葡萄牙人在日本传教后，始终没有忘记了解海外各国尤其是欧洲的动态，其江户幕府要求设在长崎的荷兰商馆每年提供一次《荷兰风说书》，其中所记即以荷兰商馆长及荷兰商船人员所提供的欧洲各国的动态为重点，现存的这种《荷兰风说书》，涉及时间长达184个年份。① 这反映了日本对了解西欧殖民者情况的积极态度。而明朝始终没有类似的举动。另外，明朝更没有派人到欧洲去考察。因此，直至明朝灭亡，其关于西欧各国的知识，仅限于来华欧洲人的自我介绍，停滞在不甚了了的阶段。清代雍正、乾隆时成书的《明史》，竟称西班牙、

---

① 赵德宇《西学东渐与中日两国的对应》，世界出版社2001年6月，第162页。

葡萄牙为"佛郎机",其地理位置"近满剌加",这种糊里糊涂的无知状况,既反映了清代对了解西欧殖民者国情的忽视,也说明了明朝在这一方面的严重欠缺。

关于效法西欧殖民者发展海外贸易,明朝政府做到了有限度地容许私人海外贸易自发进行,而没有主动予以帮助。众所周知,明朝中期以前官府屡下禁海令,不许私人经营海外贸易,其盛行者仅为官府控制的厚往薄来的赔钱买卖——朝贡贸易。明中期以后,朝贡贸易因西欧殖民者东来的冲击而衰落,民间海外走私贸易发展起来,至隆庆年间,官府通过开放海澄月港,承认了其合法性,但严加限制,出海船只的人小和数量、载货的种类和多少、出海地点和目的地以及来往的期限等,均有严格监控甚至限制,用时人的话说,这是"于通之之中,申禁之之法"[①]。对于外国商人来华贸易,也在明中叶以后允许进行了,但仅限于已知的比较熟悉且不敌对的亚洲国家,西欧国家仅限葡萄牙一国。很显然,这与其时西欧各国之大力支持发展海外贸易相比,从总体上看是有很大区别的。

关于学习欧洲科学技术的先进内容,明朝可说是做了不少工作。除了少数顽固派之外,明朝皇帝和徐光启等开明士大夫,对于这一点是比较积极的,西方人使用的先进火器佛郎机、西洋大炮等,他们发现之后往往即予仿制。当耶稣会士确定以介绍西方先进的科技知识为传教手段后,他们更是与之积极配合,帮助其译著有关书籍,经常与之讨论各种学问,从而使明朝末年输入了许多西方关于天文历算、地理学、医学、物理、水利、武器制造等领域先进于中国的知识。不过,在这一方面明朝做得也有缺

---

① 许孚远《疏通海禁疏》,载《明经世文编》卷400,中华书局1962年6月。

陷。要想最有效地学习外国的科学技术知识，必须首先学好外国的语言文字，这样才能更多地了解对方的情况，而后根据自己的需要，独立自主地尽可能多地把其有利于自己的东西学过来。在这一点，日本在通过长崎与荷兰接触时做得较好。日本的幕府很注意培养荷兰语的翻译，这使较多的日本人掌握了荷兰语，从而使其在学习西方学问时很有自主性，从而取得较好的效果。但是，明朝不重视学习西方的语言，这便使得中国人不能直接阅读西方的文献，当时的译书只能采取西方传教士口译、中国人笔受的方式，译书的选择完全掌握在以传教为主要目标的西方传教士手中。这无疑使得其时中国对西方科学技术的学习受到了很大的局限，限制了学习的范围，影响了学习的系统和全面。① 另外，明朝也没有设法调动更多的知识分子学习西方先进科技知识的积极性（如未在科举考试的科目中增入关于西方科技知识的内容，以将这种学习与知识分子的前途利害联系起来），使这一学习仅限于很少一部分人，这也是明朝在学习西方科技知识方面存在的一个缺陷。

关于发展能与西方殖民者相抗衡的国防力量，明朝想得不多，甚至可说是基本未想。对于加强国防力量，明朝不可说不重视，因为其无论平息内部反叛，还是抵御境外势力的侵扰，无一不靠强大的武力，没有强大的武力和巩固的国防，它一天也维持不下去。这种现实的需要，使之不可能不时时刻刻注意加强武力，壮大国防力量。上述明朝积极仿制西洋火器的事实，雄辩地证明了这一论断。其包括改进武器在内的加强武力、壮大国防力量的各种举措，客观上说，有利于与西方殖民者相抗衡，不过其主观考虑的具体针对目标主要是境内可能出现的反叛势力以及正

---

① 参见赵德宇《西学东渐与中日两国的对应》，第 202—206 页。

在为敌或将来可能为敌的周边部族（如鞑靼）和邻近国家（如日本），一般没把西方殖民者考虑在内。明末编纂的《西园闻见录》和《明经世文编》，是在经世致用思潮影响下出现的两部大型本朝文献汇编和史事辑录，其中涉及西洋火器等的内容数量不少，但论说如何对付西欧殖民者的凤毛麟角，并且仅有的一两篇其角度也是仅讲是否驱逐其势力或是否能允许其通市、朝贡，而不是论述为了对付之应该如何加强武备力量。这两部书的上述情形，正是明朝缺乏发展能与西方殖民者相抗衡的国防力量这种思想意识的一个反映。如果明朝有发展与西方殖民者相抗衡的国防力量这种思想意识，那就会对从之学来的先进火器等下大力量积极改进，以求超胜。但事实是，引进仿制的重要火器西铳，"规制则是，质料则非，炼铸点放，未尝尽得其法"。① 这说明对引进的先进火器通常是不仅不改进，反而听任其退化，这种现象又是明朝缺乏发展能与西方殖民者相抗衡的国防力量这种思想意识的一个反映。

在以上四个方面的表现中，其了解西欧殖民者情况方面，基本上是消极的，其学习欧洲先进科技知识方面基本上是积极的，其大力发展能与西方殖民者相抗衡的国防力量方面，主观上消极，但客观上也做了一些工作，其海外贸易方面消极与积极各占一半。这样，四个方面从总体上说，消极表现和积极表现大体平衡。这反映了明朝对世界海上航路大开、各地区相对封闭的局面被打破后，西方殖民者首先走向全世界搜求财富的举动，是重视不足的，没有清醒地认识到其即将带来的重大影响。这是为什么呢？其实这是不难理解的。首先，这样的举动及其不久带来的重

---

① 《明经世文编》卷483 李之藻《制胜务须西铳敬述购募始末疏》。

大影响，是破天荒第一次出现的事情，在其刚刚出现而其影响尚未充分显现出来之前，对其毫无经验的世人是不易将其时代意义完整无误地想象出来的。实践是知识的来源，明朝若在当时就能准确预见到这些，从而充分重视起来，那倒反而是不太正常的事了，这只有少数极其敏感、极善思考的人才能达到。其次，中国由于受地理环境的影响，历代中原王朝的境外威胁，大体是来自北方和西北方的游牧民族，漂洋过海而来的远方"蛮夷"之国除了日本以外，到明朝为止，尚无成为了不得的外患者，即使是在明代给中国造成过威胁的日本，其为患也只能限于沿海或邻国，无法形成对明朝内地的侵扰，更未从根本上影响明政权的存在，这样的历史经验，不言而喻，甚易于使明朝对其时自遥远得超过日本的海外来到的西欧殖民者，不给予太多的重视。由此看来，明朝的这种表现，在一定意义上说是不可过分责备的。

既然明朝对西欧殖民者的东来重视不足是事出有因，是可以理解的事情，是比较正常的现象，那么它为什么在海外贸易上和学习欧洲先进科技知识（包括兵器知识）上又表现出了一定的积极性，甚至基本上是积极的呢？这也不是偶然的，皆有其具体原因在。关于明朝在海外贸易方面的表现，其可称为积极者主要为其在隆庆以后终于承认了私人海外贸易的合法性，容许其自发开展；其应视为消极者，乃为其并未大力支持民间的海外贸易，并且甚至给予种种限制。其之容许其自发开展，应是出于客观形势的逼迫。明代中国虽仍以农业为主要生产部门，但手工业和商业都已有了相当程度的发展，特别是东南沿海地区，进行海外贸易已经成为当地居民的重要谋生之路，如果硬性禁止，必然会造成社会的不安，有碍王朝的稳定。

其次，承认其为合法后，明政府还可以通过征税增加财政收入，其为何不办这种一举而两得之事呢！至于明朝之并未大力支持民间的海外贸易，甚至给予种种限制，乃是出于担心某些商人见利忘义，向处于敌对状态的日本供应硝黄等用于军事的物资，或内外勾结，进行其他不利于王朝稳定之事。另外，明政府虽能从征收海上贸易税取得好处，而明朝毕竟是以农业为主的国家，其主要收入仍为农业税，并且其数量相当之大，在当时尚未认识到积极发展海外贸易的时代意义的情况下，它会认为没有必要再冒影响王朝稳定之险去大力支持民间的海外贸易。以上关于明政府海外贸易政策的形成原因的分析，在明代文献中多有明确记载，明人许孚远的《疏通海禁疏》[①]即是典型的一篇，翻开一读即可明白。至于明朝在学习欧洲先进科学知识上表现得基本上可称积极，不是由于它认识到了其时西欧殖民者东来即将带来的巨大影响，不是出于防止本国在世界上落伍的考虑，而是在很大程度上出于正常人对新事物的好奇和对新知识的自发向往与追求。另外，也当是由于其时明朝遇到的一些实际问题，正好可以依靠刚刚传来的欧洲科学技术知识加以解决。比如，为了对付鞑靼、倭寇以及稍后的女真等边疆少数族及邻国势力的侵扰，为了对抗其马队的凶悍和刀枪鸟铳的锐利，明朝甚需从欧洲传来的威力强大的新式火器；明朝所用旧历法沿用已久、误差较大、不能准确推测日月食时刻等天象，这时更先进的西洋历法传了进来，正好解决了其燃眉之急。

  明朝的以上四个方面的表现，虽有可圈可点之处，但也有不少失当，这便使之在当时业已开始的全球性国际交往中，与西欧殖民者相比有些吃亏。其从这一交往中诚然也得到了好处：容许民间海外贸易的存在，使之在世界海外贸易中占有了一席之地；其积极学习西方先进科技知识之举，有利于中国科学技术水平的

[①] 载《明经世文编》卷400。

提高。但其得到的好处不如西欧殖民者多,其由这些好处而造成的富国强国的效果不如西欧殖民者大,这样,相互间的国力对比就要向着有利于西方殖民者的方面变化,中国相对先进的地位就要朝着减弱、动摇以至丧失的方向演变。不过,由于中国毕竟是个广土众民的大国,国力的总量不在少数,明朝在处理全球性国际交往中的不当也只是整个交往活动中的一个方面,而不是其全部,因而它所造成的损失的总量也有一定的限度,这两种情形综合起来,使得明朝直至灭亡也没使中国的综合国力小于西欧各国。

明朝之后的清朝,在17世纪中叶入关到19世纪中叶鸦片战争爆发前的二百年中,虽然基本上继承了明朝的对外政策,但对这些政策的消极面更加发展,对积极面却予以削弱。如在学习欧洲先进科技知识上,在雍正以后大体处于停顿状态。又如在对待私人海外贸易上,清初四十年曾严厉禁止,甚至动用了历史上从未使用过的迁海手段加以禁止,使之元气大伤。再如在改进武器装备以增强国防力量上,清代不仅主观上没有对付西方殖民者的思想意识,而且实际行动上放弃了对武器的改进。其时正是欧洲火器大发展的时期,而清朝却停滞不前,出于对汉族军队的不信任,对其装备的兵器严加限制,对于满洲八旗也因固守骑射之根本,对兵器的改进不加重视。① 这使清朝的国防力量远远低于西方殖民者。在鸦片战争前夕,清水师兵船最大者"仅宽2丈余,长11丈2尺,安炮不过10门",鸦片战争中急促改进后最高水平者也不过为船长12丈余,宽2丈余,安炮20—30余门。而这时英舰大者长32丈余,宽6丈余,船上火炮一般多达170位,

---

① 马书珂《军事技术发展纵横史略》第二章,兵器工业出版社1988年9月。

且口径大，炮弹种类多，远非清朝所可比拟。① 这便进一步限制了中国从全球性国际交往中获得好处的机会。加之其在国内还实行了对占全国人口大多数的汉族人民进行民族压迫等若干不利于生产发展、社会安宁的政策，也在对国力的增强发生着负面影响。以上两方面综合起来，遂使中国在世界上由先进变落后的过程大大加速。由此看来，如果明朝的那种在世界上地位变化的态势能在清朝继续下来的话，中国要变成历史上19世纪中叶鸦片战争发生时那种任西方宰割的地步，肯定要在19世纪中叶以后，说不定会是其后上百年甚至更晚之时。如果历史是这样的，说不定在这段时期中国际形势会发生有利于中国的变化，例如列强相互间发生大战，那就给中国提供了改变逆境重振雄风的机会，也说不定在这段时期中中国人会突然觉醒，大事改革，改变处理国内外各种事物的方针，从而也使中国得以迎头赶上先进国家。历史如果真的是这样的，19世纪中叶以后中国人近百年的耻辱史就可以避免了。那该是多么好的事情啊！然而这不是历史的实际情况。由于清朝没能保住明朝的那种态势，到了19世纪中叶，中国已经变得落后于西方，中国人民没能得到等待转机的时间，从而遭受空前挫折，此后中国人在百年中受尽了凌辱。由此说来，中国在世界上的地位由先进变落后的责任，主要应由清朝来负，明朝也有责任，但比清朝小得多。另外，清朝之时，随着西方殖民者在海外搜寻财富所历时间的增长，其影响已比较明显地摆在世人面前，但清朝仍不觉醒，这更加重了其罪责。如果说明朝未能觉醒在一定程度上还可理解、以至原谅的话，清朝之仍不觉醒则是除了名之为顽固不化之外，而难于为之开脱和解释了。

---

① 张晞海等《中国海军之谜》，海洋出版社1990年10月。

三 三点启示

读史使人增长智慧，研究明代的历史地位，可以得到许多有益的启发。笔者思考所及，约有如下三点。

其一，明代的新贡献和社会进步，说明中国人具有创造历史的伟大能力，这是中国人的光荣和骄傲。有些外国人一提到中国人，就讲什么愚昧、无知、丑陋、劣根性、因循守旧，仿佛没有一点光彩可言，有些中国人也妄自菲薄，在他们看来，中国人似乎离不开外国人，一旦离开就无法生存，起码不能进步，不能摆脱贫穷和落后。明代的历史，有力地粉碎了这些对中国人的悲观论调，它使中国人增强了自信，增加了自豪。每个中国人都应该由此而看到自己的能力，昂起头，挺起胸，充满信心地投入到轰轰烈烈的创造历史的活动之中，为了改善自己的处境，为了祖国的繁荣，为了人类的进步，充分发挥自己的聪明才智，勇敢无畏地走自己认定的正确道路，胜利和成功一定能到来。

其二，明代应对和处理全球性国际交往的经验教训，从正反两方面说明，当15世纪以后，由于世界海上航路的打通，全球各国已不可避免地要相互交往，在这种交往中，只有应对得法，才能使自己的国家繁荣富强，提高国际地位，否则就会落后，陷于被动。其正确的应对之法，具体讲来会有很多条，而从基本原则讲来，主要的应是一要注意了解对手的情况以做到知己知彼；二要尽量扩大本国的财富来源范围，虽然出于道德与正义考虑而不可向别国抢夺财富，但应努力发展与各国的正常贸易关系，扩大本国的对外贸易范围；三要积极学习别国的先进科学技术知识以提高本国的生产效率；四要提高国防力量，为本国的发展提供安全的国际环境。

其三，明朝之应对和处理全球性国际交往，有些不当之处，究其根本原因在于其对当时出现的将有深远影响的最新动向，即由于世界海上航路大开、各地区相对封闭的局面被打破、西方殖民者已经开始走向全世界搜求财富，重视相当不足；如前所说，明朝之犯下这个历史性的错误，由于是在这个新动向刚刚出现、其深远影响尚未充分显现之时，因而在一定意义上说是可以原谅的，但从高标准办好国家事务的角度讲，其教训还是应该提出的，这个教训就是一个国家要想永远处于主动地位，永远立于不败之地，必须时刻注意将会产生深远影响的最新动向，在其刚刚出现之时就要觉察到，就要以清醒的头脑对之进行深入的分析，就要研究正确对待的详尽方案并付诸实施。15世纪至20世纪初，可说是世界殖民主义列强在地区相对封闭被打破、世界进入一体化时代之初，纷纷走向全世界掠夺殖民地、搜寻财富的时期，在这一时期，亚、非、拉各国多半逐渐沦为它们的殖民地和半殖民地。自20世纪初第一次世界大战至20世纪80年代末，是列强互相争夺加剧，而殖民地半殖民地国家日渐觉醒并乘列强互斗之机纷纷争取民族独立的时期，在这一时期经过了两次世界大战和战后数十年的两大阵营对垒冷战，最后形成了国家虽有发达、中等发达和发展中之分，而大体上是各自独立的多极化局面。20世纪90年代初以苏联解体为标志，世界又进入一个新时期，今天我们仍旧处在这个时期之中。今后的世界将向什么方向发展呢？将出现什么新动向？首先，我们现在所处的这个历史时期，今后会继续延长下去，并且将延长得相当之久。在这个时期，多极化的局面所造成的互相牵制以及人类对历史教训与经验的理性总结，会使和平与发展成为若干阶段的基本态势，而各国之间的竞争也将会照旧进行。战争之外，商战将是各国间重要的竞争内容，武力的大小将照旧是各国竞争的重要凭借，发展高科技并将之应用于实际以提高本国的经济力、武力和综合国力更将是各国竞争时不可忽视的凭借，为了加强竞争力击败对手，各国间的合纵连横式的纵横捭阖以及炫耀与养晦、旁观与参与等不同的政治策略会不断演出新花样。在以上种种活动不断反复进行中，一方面，各民族各国家由于应对的情况不同，其处境难免因之相异，或得利或吃亏，或顺畅或曲折，另一方面人类的文明会随之而不断提高到新水平（当然难免出现暂时的停顿或逆转），各民族各国家间的相互了解、交流以至融合，会日渐加深，以至最后消失了差别，导向世界的大同和统一。到那时，世界就进入了另一个全新的时期。面对今后世界发展的上述方向和特点，为了中国人民的利益和全人类的利益，中国应该如何应对？这是有责任心的中国学者、政治家和全体人民，都应该高度重视的。做到了这一点，那就是没有忘记明朝之应对和处理全球性国际交往有所失当所留给后人的深刻教训。

明太祖对待南海周边诸国政策初探

明太祖时期对待南海沿岸诸国的政策,过去已有一定的研究(如邱炫煜有《明帝国与南海诸蕃国关系的演变》,曹永和有《试论明太祖的海洋交通政策》一文,载《中国海洋发展史论文集》),这使大家已经了解了其基本情况。但尚有进一步研究的空间。这一方面有搞清历史问题的学术价值,也对今人和后人有一定的启示,具有实践意义。

一 地理界定

过去对于明代与南海周边国家关系的研究,多笼统地以东南亚甚至再加上印度洋沿岸诸国为其地理范围。但时至今日,由于信息的畅通,大家的地理知识更加丰富,"南海"一词所包括地域已经具有明确的范围。因此,本人这次发言,为了防止误会的发生,即比较严格地以今天地图上标记的"南海"范围作为研究的范围。诸如今天"爪哇海"沿岸不属"南海"沿海的地区,即不予考虑。

二 明太祖重视与南海周边诸国发展关系

明太祖十分重视发展与南海周边诸国的关系。1368年即洪武元年,明太祖正式即位建立明朝,当年即派使颁诏安南,第二年年初至三年又颁诏南海周边占城、暹罗、三佛齐、浡泥、真腊等国。这种积极主动与南海周边诸国联系的举动,收到了明显的效果。洪武二年至四年,占城、安南、浡泥、三佛齐、暹罗、真腊先后派使臣来到明朝。十年,淡巴又派使臣来到明朝。十一年,彭亨使臣又至。以上来到明朝的使臣,包括了今南海周边的越南、柬埔寨、泰国、马来西亚、印度尼西亚以及文莱六个国家。

洪武二十四年以后,南海沿边诸国使者前来者数量有所减少,明太祖认为是由于"三佛齐乃生间谍"[①]所致。鉴于这种情况,洪武三十年八月丙午,明太祖特地下令礼部移文暹罗,令其遣人向统属三佛齐之爪哇转达明朝的意见,即希望爪哇发挥作用,说服三佛齐,不可继续阻挠明朝与南海各国发展关系。可惜的是,此后不到一年,明太祖即撒手人寰,接着是数年之久的"靖难之役",妨碍了明太祖愿望的实现。但其由始至终重视发展与南海周边诸国的关系,是显而易见的。

发展与包括南海周边诸国在内的各个近邻和远邻国家的关系,是中国历代王朝的一贯政策,明太祖重视发展与南海周边各国的关系,当是这一传统政策的继续。而如果将眼光放在明太祖当时所面临的具体国内外环境进行考察,则会发现其实行这一政策,实与当时其在境内尚须用不少的时间进一步完成统一(当时实际情况是洪武二年统一陕西,四年统一四川,十五年统一云南,至二十年方初步统一东北地区)、在境外则始终面临着北边元朝残余势力的威胁有关。发展了与南海周边诸国的关系,即解除了后方的忧虑,可以专心完成境内的统一事业,特别是可以专心对付咄咄逼人的北方元朝残余势力的威胁。另外,明太祖之积

---

① 《明太祖实录》卷254,洪武三十年八月丙午。

极发展与南海周边诸国的关系，为永乐时期中国与南海周边诸国关系的进一步发展奠定了基础，历史影响不应忽视。

三 建立松散的互利的宗主国与藩属国关系

明太祖对待南海周边诸国政策的基本内容是在明朝与诸国之间，建立宗主与藩属的关系。这种关系以明朝为宗主国，以诸国为藩属国，但关系相当松散，经济上宗主国实行厚往薄来的方针，为宗主国和藩属国，尤其为藩属国带来安宁为建立这种关系的重要目的。

1. 以小事大的松散臣属关系

明太祖颁诏南海周边诸国，所谋求与之建立的关系，是以小事大的"君臣"① 关系。宋濂《渤泥入贡记》中记载洪武初沈秩出使勃泥交涉的情形说："（勃泥）国王马合谟沙，僻处海中，倨傲无人臣礼，秩令译人通言曰：'皇帝抚有四海，日月所照，霜露所坠，无不奉表称臣。渤泥以弹丸之地，乃欲抗天威耶？'王大悟，举手加额曰：'皇帝为天下主，即吾之君父，安敢云抗！'"② 这是反映当时明与南海周边诸国所建关系在政治上不平等的典型记录。

为了体现这种在政治上不平等的"君臣"关系，当时规定凡与明朝建立这一关系的南海周边国家，其国王必须得到明朝皇帝的认可与册封。新老国王更替之时，要先报告老国王之死讯，而后报告新皇帝的情况，经明朝审核、册封，才算合法。如洪武二年，明太祖派张以宁往封陈日煃为安南国王，及张以宁至安南，

---

① 《明太祖实录》卷254，第6页上至7页上。
② 《明经世文编》卷2。

陈日煃先卒,"侄日熞嗣位,遣其臣阮汝亮来迎,请诰印,以宁等不予。"日熞只好另遣使请命于明朝。等到办完在明朝报告老国王死去等手续,明朝才派新使赴安南,正式封陈日熞为国王。①

明朝与之建立了关系的南海周边诸国虽有君臣名分,而南海周边诸国的内部政务等,明朝并不多加干涉,是一种高度自治的状况,史料中保存着洪武二年八月丙子明朝封高丽国王的诏书,其中称:"尔高丽天造东夷,地设险远,朕意不生衅隙,使各安生,何数请隶?而辞意益坚,群臣皆言当纳所请,是以一视同仁,不分化外,允其虔恳,命承前爵。仪从本俗,法守旧章。"②这表明,明太祖对归顺称臣的高丽,并不要求其在礼乐制度及法律政令上改从明朝,允许其一从本国风俗和旧有的规定。这是高度自治的办法。与此相类似的记载,在有关南海周边诸国与明朝关系的史料中没有发现,但从所能见到的有关史料中,也没有见到过相反的记载。可以推定,明太祖实行的对南海周边诸国的政策当与对高丽者没有差别。换言之,明太祖对与之有关系的南海周边各国的政策,虽规定了君臣名分,形成了宗主国与藩属国的不同政治地位,但实际关系相当松散。

2. 有利于受封国的朝贡交往

明太祖与南海周边诸国建立起宗主国与藩属国的关系后,平日主要以举行朝贡活动作为体现这一关系的形式。所谓朝贡活动,是指藩属国要在一定的时期内有人(主要是派使臣)携带表文、贡品前往宗主国朝见明太祖,接受明太祖的指令和回赠。这既是一种政治性活动,也是一种经济性的交换。

---

① 《明史》卷321。
② 《明太祖实录》卷44。

当时来朝的南海周边各国使臣，贡来的有当地的各种特产和工艺品，包括孔雀、火鸡、五色鹦鹉、犀牛、白猴、象、虎、槟榔、菠萝蜜、胡椒、檀香、速香、丁香、没药、苏木、米脑、番布、苾布、琉璃、金银器等，还有番奴、阉竖等。回赠的赐品包括《大统历》、文绮纱罗、瓷器、钞、金、银等。有时贡品和赐品数量颇大。如洪武二十年七月乙巳，真腊使臣贡象59只，香6万斤，暹罗国贡胡椒一万斤，苏木十万斤，其使臣个人还另献"翠羽香物"等。① 洪武二十三年四月暹罗来贡，"苏木、胡椒、降香等物"达"一十七万一千八百八十斤"。② 为了运送这些贡品，使团的人数有时也很多，洪武二十年十月辛亥，占城来贡之使团有158人之多。③ 洪武十六年八月乙未，明朝遣使赐占城、暹罗、真腊三国国王各织金文绮32匹、瓷器19000事。④

明太祖很重视朝贡活动，他曾称："朕居中国，抚辑四夷，彼四夷外国有至诚来贡者，吾以礼待之。"为此，于洪武十二年九月戊午因发现中书省不及时报告占城使者来贡之事，而对丞相严加批评。⑤ 洪武二十年八月丁卯，占城使来贡象，十一月戊戌发现天冷，特地赐之御寒之衣及被，其回至广东，又遣中使赐之道里费，并设宴款待。⑥ 其之重视朝贡活动，主要是从政治着眼，因而常常是不考虑经济成本。洪武初沈秩出使勃泥时，勃泥国王曾念及本国"地瘠民贫，愧无奇珍以献"，沈秩马上声明：

---

① 《明太祖实录》卷183 第4页上。
② 《明太祖实录》卷201 第1页下。
③ 《明太祖实录》卷186 第2页下。
④ 《明太祖实录》卷156 第2页下至3页上。
⑤ 《明太祖实录》卷126 第4页下。
⑥ 《明太祖实录》卷184 第3页下；卷187 第2页下。

"皇帝富有四海,岂有所求于王!但欲王之称藩,一示无外尔。"① 这个声明其实正是明太祖本人的主张。所以他多次强调南海周边各国来贡之物"不必过厚,存其诚敬可也"②,"所贡之物务从简俭","物不贵多,亦惟诚而已"③。但对于明朝的赏赐,却一再强调要多。如洪武十六年五月戊申,他对礼部官员讲:"诸蛮夷酋长涉履山海,动经数万里,彼既慕义来归,则赍予之物宜厚,以示朝廷怀柔之意。"④ 这是针对所有来贡者而言者,南海周边诸国来贡者自亦包括其中。当时南海周边各国贡使来明,除携带贡品外,还附带个人货物在明朝出卖。对此明太祖不予禁止,而且还发令给予免税的优待。有时特别针对某些特定入贡国而发令,如洪武四年七月乙亥,下令"谕福建行省,占城海舶货物,皆免其征。"⑤ 洪武四年九月丁丑,户部报告,"高丽、三佛齐入贡,其高丽海舶至太仓,三佛齐海舶至泉州海口",并请"征其货",而明太祖"诏勿征"。⑥ 有时针对所有海外入贡国而发令,如洪武十七年正月丁巳,明太祖"命有司,凡海外诸国入贡,有附私物者,悉蠲其税"⑦。不管哪种情形,南海周边国家都在免税优待之列。由此看来,明太祖实行的政策使南海周边诸国在与明朝进行的朝贡活动中,经济方面大得好处。史籍记

---

① 《明经世文编》卷2。
② 《明太祖实录》卷106第1页上,洪武九年五月甲寅朔。
③ 《明太祖实录》卷122第4页上,洪武十二年二月己酉。
④ 《明太祖实录》卷154第1页上至1页下。
⑤ 《明太祖实录》卷67第4页下至5页上。
⑥ 《明太祖实录》卷68第5页上。
⑦ 《明太祖实录》卷159第4页上至4页下。

载,明太祖多次下令,不许南海周边国家频繁入贡,要求三年一贡,①但却不能落实,入贡国仍频频前来,如洪武二十年,安南竟一年来贡三次。②这显然是因为朝贡为入贡国大得经济利益的好机会所致。

3. 强调为藩属国带来安宁与双方互利

明太祖在处理与南海受封诸国关系时,主要强调为藩属国带来安宁。在册封南海周边各国国王的诏书中,他每每明确表达出这一态度。如洪武二年六月壬午封安南国国王的诏书中说:"朕荷天地之灵,肃清华夏,顷驰书而往报,冀率土以咸宁。卿能奉表称臣,专使来贺,法尔前人之训,以安遐埌之民,眷兹勤意,深可嘉尚。是用遣使赍印,仍封尔为安南王。"③洪武二年十二月甲戌封占城国王的诏书说:"朕今混一四海,抚驭万方,欲率土之咸宁,尝驰书以往报,而尔能畏天命,尊中国,即遣使称臣,来贡方物,思法前王之训,以安一境之民,眷兹忠诚,良可嘉尚。是用遣官赍印,封尔为占城国王。"④这里的"冀率土以咸宁"及"欲率土之咸宁",正是说的为了让受封国得到安宁。

其时南海周边国家受封之后,明朝要遣使祭祀其国山川之神。这固然表达着其国与明朝有臣属关系之义,但其高调明确宣

---

① 《明太祖实录》卷73第3页下至4页上洪武五年十月甲午、卷88第4页下至5页上洪武七年三月癸巳、卷100第2页下至3页上洪武八年六月甲午、卷106第1页上洪武九年五月甲寅朔、卷122第4页下洪武十二年二月己酉、卷194第5页上至5页下洪武二十一年十二月癸丑、卷198第3页上二十二年十一月壬辰。

② 《明太祖实录》卷182第3页上洪武二十年五月丙子、卷184第2页下至3页上洪武二十年八月丁巳、卷185第4页上洪武二十年九月乙未。

③ 《明太祖实录》卷43第3页上。

④ 《明太祖实录》卷47第4页下至5页上。

示的目的，却在于使受封国得到安宁。如洪武三年正月庚子遣使祭祀过安南、占城山川后所刻石碑纪事中称："今思与普天之下共享升平之治，故具牲币遣使往祭于（其国山川之）神。神既歆格，世保境土，使风雨以时，年谷丰登，民庶得以靖安，庶昭一视同仁之意。"① 明太祖之屡次下令，不许南海周边各国频繁入贡，其说出的原因在于认为"诸夷限山隔海，若朝贡无节，实劳远人，非所以绥辑之也"，这显然也是在强调使受封国得到安宁。

为了表明其重视使受封国得到安宁，明太祖还极力提倡受封国相互间要和睦相处、"相安于无事"②。洪武十年暹罗王由于"内修齐家之道，外造睦邻之方"，被明太祖大加表彰，称其"可谓贤德矣"。③ 凡受封国间出现相互间争战之事，明太祖就从"朕为天下主，治乱持危理所当行"④ 出发，积极调解。如安南与占城屡生争端，兵戎相向，明太祖每得报告，总是立即遣使下诏，要求"罢兵息民"，"各守疆土"，"保境安民，勿事纷争"。⑤ 洪武四年七月乙亥，占城一方要求明朝"赐以兵器"，以使"安南不敢欺凌"。明太祖则以"是助尔相攻，甚非抚安之义"为由，拒绝答应，坚定地以减少冲突为依归。⑥

明太祖之与南海周边各国建立宗主与藩属的关系，强调使受封国得到安宁，这对受封国是十分有利的。如其调解安南与占城

---

① 《明太祖实录》卷48第4页下至5页上。
② 《明太祖实录》卷126第5页上，洪武十二年十月甲子。
③ 《明太祖实录》卷115第5页上，洪武十年九月乙酉。
④ 《明太祖实录》卷47第3页下至4页上，洪武二年十二月壬戌。
⑤ 《明太祖实录》卷47第3页下至4页上洪武二年十二月壬戌、卷67第4页下至5页上洪武四年七月乙亥、卷126第5页上洪武十二年十月甲子。
⑥ 《明太祖实录》卷67第4页下至5页上。

的战争冲突,就曾一度得到"两国皆听命罢兵"的效果。① 但是,明朝也可从中得到好处。作为其南方近邻的南海周边各国,与之关系亲密而局势稳定,这除有利于其解除南侧来犯之忧,以专心致力于解决境内和境外的其他问题外,还可使其在一定程度上得南海周边各国的助力。如占城曾帮之对付海寇②,安南曾在其云南驻军粮饷困难时,提供5000石粮饷之帮助③。

由此看来,明太祖所推行的与南海周边诸国建立宗主国与藩属关系的政策,在一定意义上是为双方缔造一种地区性的国际安全协作体系,在当时起了积极的正面作用,为后人处理地区内的国际关系有一定的启示意义。但从当今的大小国地位应当平等的观念讲,这个安全协作体系中的臣属关系有其历史的局限性。在体系内的经济交往上,中国付出较多,在当时由于太祖注意限制尚未出现严重问题,但其存在使大国不可为继的内在缺陷,到永乐以后便显露出来,后人应予充分注意。体系内相互关系十分松散,各国高度自治,这是明朝与其他处于藩属地位的国家地位差别不大的优点,但后来西方殖民主义者东来后各国因此而被逐个击破的历史事实,又表明这一体系有各国相互支援力度过弱的缺陷。

四 将南海周边各国列为不征之国

明太祖主张对于"西北胡戎"之外包括南海周边国家在内的各个"蛮夷小国",不可加兵。洪武四年九月辛未,明太祖"御

---

① 《明太祖实录》卷47第3页下至4页上,洪武二年十二月壬戌。
② 《明太祖实录》卷84第7页上,洪武六年八月丙戌。
③ 《明太祖实录》卷163第3页上,洪武十七年七月甲寅。

奉天门，谕省府台臣曰：'海外蛮夷之国，有为患于中国者，不可不讨。不为中国患者，不可辄自兴兵。古人有言，地广非久安之地，民劳乃易乱之源。如隋炀帝妄兴师旅，征讨琉球，杀害夷人，焚其宫室，俘虏男女数千人，得其地不足以供给，得其民不足以使令，徒慕虚名，自弊中土。载诸史册，为后世讥。朕以海外诸蛮夷小国，阻山越海，僻在一隅，彼不为中国患者，朕决不伐之，惟西北胡戎世为中国患，不可不谨备之耳。卿等当记所言，知朕此意。"① 编成于洪武六年五月之《祖训录》曾将此意写进其中，并将不征者，除"西洋"外，还具体写上了安南、占城、暹罗三个南海周边国家的名字。② 至二十八年闰九月编成的《皇明祖训》，除"西洋"外，对"不征"者具体列出的南海周边国家更增加至安南、暹罗、真腊、占城、溢亨（即彭亨）、三佛齐、渤泥七个。③

明太祖的这一主张，在处理明与南海周边各国关系的实践中，得到了认真落实。一旦南海周边各国发生了不合乎明朝意愿的行为，明太祖采取的办法都是"动武"之外的措施。有的是遣使批评，令其改过自新，并且对方听从劝告，当即交好如初。如洪武二十一年四月壬子，由于明朝使臣经过占城时，所带"真腊所贡象五十二只"，被占城派人"诈为强寇，攘夺其四之一"，明太祖即遣使往占城，批评其国王此事"一则无以小事大之心，一则失交邻国之好，信义俱亡，何以保国"。令其"涤虑改图，毋贻后悔"。④ 第二年正月己卯，占城国王遣使前来"谢过"，明太

---

① 《明太祖宝训》卷6第26页上至26页下。
② 《祖训录》之《箴戒》。
③ 《皇明祖训》之《祖训首章》。
④ 《明太祖实录》卷190第1页下至2页上。

祖即"诏赐绮帛钞锭",① 原谅了其过失。有的是停止接受其朝贡。如洪武二十六年四月丙申,由于安南发生了"弑主废立"之事,有违明朝不许犯上作乱的主张,也有违明朝维持藩属国安宁局面的意愿,视之为不义,明太祖下诏"绝安南国朝贡","仍命广西都指挥使司、布政使司自今勿纳其来使"。② 第二年五月甲寅,安南改由广东来贡,明太祖一方面遣人诘责广东地方官"擅纳其使",另一方面"仍却其贡献不受"。③

明太祖之主张在通常情况下不征南海周边诸国,是因为其欣赏中国"凡日月所照,无有远近,一视同仁,故中国奠安,四方得所"的传统政治理想。④ 他曾明确说明其不征南海周边诸国等的原因:南海周边诸国等"限山隔海,僻在一隅,得其地不足以供给,得其民不足以使令","无故兴兵,致伤人民"⑤,对其用兵是"劳民"、"易乱"、"徒慕虚名、自弊中土"。⑥ 这里"致伤人民"中的"人民",应当是既包括明朝的"人民",也包括南海周边诸国的"人民"。明太祖由此而提出的不征南海周边诸国的主张及其实行,无疑是有利于明朝和南海周边诸国人民的。这种用非战争手段处理国与国之间关系的主张,反映了中华民族不黩武、以仁爱精神对待邻邦的优良传统。

明太祖之主张不征南海周边诸国,并非是主张在任何条件下都不予征伐,其前提是其与"西北胡戎世为中国患"不同,而

---

① 《明太祖实录》卷195第1页下。
② 《明太祖实录》卷227第2页下。
③ 《明太祖实录》卷233第2页上。
④ 《明太祖实录》卷37第22页下,洪武元年十二月壬辰。
⑤ 《皇明祖训》之《祖训首章》。
⑥ 《明太祖实录》卷68第4页上至第4页下,洪武四年九月辛未。

"不为中国患"①，反对的是"彼既不为中国患"，而我"倚中国富强，贪一时战功，无故兴兵"。②《皇明祖训录·祖训首章》称："若其自不揣量，来扰我边，则彼为不祥。"在其否定地对南海周边诸国征伐之"兴兵"二字前特地加上"无故"二字，以作限制。这就表明，明太祖是不能容忍南海周边诸国侵扰中国边疆的，如果不幸发生此类事件，将与对待"世为中国患"之"西北胡戎"一样而"选将练兵，时谨备之"，③不惜一战。关于这一点，一定不可忽视。否则就不能全面地了解明太祖对南海周边各国的不征政策。这一点，反映了中华民族坚持反对外来侵犯的另一光荣传统。

五 禁止明朝私人与南海周边各国交往

洪武年间，由于倭寇经常骚扰中国，从辽东至广东无不受其害④。另外，张士诚、方国珍余部及其他海盗这时也活动于沿海，对抗新成立的明朝，甚至与倭寇等外国势力勾结起来。如《明史纪事本末》卷55《沿海倭乱》载："张士诚、方国珍余党导倭寇出没海上，焚民居，掠货财，北自辽海、山东，南抵闽浙、东粤，滨海之区，无岁不被其害。"有鉴于此，明太祖为了国家的安全，在采取措施加强沿海防御力量的同时，屡次下令禁

---

① 《明太祖实录》卷68第4页上至4页下，洪武四年九月辛未。
② 《祖训录》之《箴戒》。
③ 《皇明祖训》之《祖训首章》。
④ 如《明太祖实录》卷235洪武二十七年十月己巳载辽东金州，卷38洪武二年正月载山东海滨郡县，卷44洪武二年八月乙亥载南直淮安，卷53洪武三年六月载浙江温台明州，卷74洪武五年六月丙戌载福建宁德，卷132洪武十三年七月壬寅载广东东莞。

止民人私自出海，禁止民人与海外诸国私自交往，禁止民人下海与外国互市。如洪武四年即已曾下令"禁滨海民不得私出海"。①洪武十四年十月己巳，"禁濒海民私通海外诸国"。②洪武二十三年十月乙酉，又下诏"户部，申严交通外番之禁"。③在洪武二十七年以前，已命礼部严禁"私下诸番互市"，违者"必置之重法"。④洪武三十年四月乙酉再次申明此禁，要求"人民无得擅出海与外国互市"。⑤为彻底根绝民人私自下海与外国互市，甚至曾下令"禁民间用番香、番货"，"凡番香、番货皆不许贩鬻，其见有者，限以三月销尽。民间祷祀止用松柏枫桃诸香，违者罪之。其两广所产香木，听土人自用，亦不许越岭货卖，盖虑其杂市番香，故并及之"。⑥明太祖作出以上关于禁止民人私自出海、与海外诸国私自交往和下海与外国互市的规定，其目的一方面是为了避免下海民人支持或联合原有的海盗、外国势力共同对付明朝，另一方面也是为了防止增加海上的新海盗，因为下海的民人中多有商人，而当时的下海商人多为海盗与商人两种身份兼而有之者。至于下海民人之支持海盗和外国势力，其最为明太祖所忧虑者，乃在其中的商人从私利出发，将"金银铜钱、段匹、兵器等""前代以来不许出番"的战略物资，出卖给他们。⑦

---

① 《明史纪事本末》卷55《沿海倭乱》。
② 《明太祖实录》卷139第7页上。
③ 《明太祖实录》卷205第4页上。
④ 《明太祖实录》卷231第2页上至2页下，洪武二十七年正月甲寅。
⑤ 《明太祖实录》卷252第2页下。
⑥ 《明太祖实录》卷231第2页上至2页下，洪武二十七年正月甲寅。
⑦ 《明太祖实录》卷205第4页上，洪武二十三年十月乙酉。

明太祖禁止民人私自出海、与海外诸国私自交往、下海与外国互市的规定，从史料记载看，皆非单独针对南海周边诸国而言，乃是泛指"海外诸国"，但也不见将南海周边诸国除外者，因此它们对南海周边诸国完全适用。①

为了国家的安全，在当时特定的条件下，明太祖禁止私人与南海周边诸国交往，禁止私人与之进行交易，这不能被认为是完全不妥的。但无疑不利于明朝对外贸易的发展，在发展经济方面不能不说是一项损失。倘能改禁止为加强管理，从而既能保证国家的国防安全，又能为对外贸易的正常进行提供条件，当为理想之举。可惜明太祖念不及此。此种缺陷之发生，似与明朝建国之初社会生产尚未充分恢复、自给自足的自然经济在国民经济中所占比例甚高有关。考虑到这一点，对于明太祖的这一失虑，似乎也不应过分指责，应给予相当的理解。

---

① 《明太祖实录》卷188第3页上，洪武二十一年正月甲午载："温州永嘉县民因暹罗入贡，买其使臣沉香等物，时方严交通外夷之禁，里人讦之，按察司论当弃市。上曰：永嘉乃暹罗所经之地，因其经过与之贸易，此常情耳，非交通外夷之比也。释之。"不细加分析，这一条记载似乎给人一种明太祖允许私人与暹罗这一南海周边国家交往的印象。而实则不然。因为这次交往发生于私人与暹罗贡使之间，是朝贡活动中被允许的商业交易，实属朝贡范围内的正常活动，与朝贡范围以外的禁止私人交通外国没有关系。

关于15—16世纪世界性大航海的几点浅见
——纪念郑和远航开始600周年

影响巨大的郑和下西洋属于15—16世纪世界性大航海活动的重要组成部分。笔者学习明史有年,但对郑和下西洋尚未作过认真研究。今值郑和远航开始600周年即将来临之际,谨不顾疏陋,就15—16世纪世界性大航海活动,发表几点浅见,以作纪念。敬请方家指正。

一

15—16世纪,发生了人类历史上空前规模的世界性大航海活动。首先是中国的航海家郑和,奉明成祖、明宣宗之令,自公元1405年(永乐三年)至1433年(宣德八年),先后七次率船队远航亚、非三十多个国家和地区,开创了经过南海、印度洋由中国直通西亚和非洲的远航纪录。而后葡萄牙"航海家"亨利王子,不断派出船只沿非洲西海岸出航,在马德拉、亚速尔、佛得角等群岛建立了深入大西洋探险的前哨阵地,1460年他死去时,葡萄牙人已经到达了塞拉利昂。接着,1487—1488年,葡萄牙王约翰二世派出的葡萄牙水手巴托洛米乌·迪亚士,率队航行发现了好望角;1492—1493年,热那亚航海家克里斯托弗·哥伦布在西班牙国王资助下西渡大西洋,到达了当时欧洲人从未到达的美洲华特林岛、古巴和海地;1497—1498年,达·伽马率领的葡萄牙船队绕过好望角,横渡印度洋,直达印度卡利卡特港;

1519—1522年，葡萄牙人费迪南·麦哲伦及其同伴，在西班牙国王的支持下，完成了西班牙—大西洋—麦哲伦海峡—太平洋—印度洋—好望角—大西洋—西班牙这一令人赞叹的环球大航行。葡萄牙和西班牙的航海成绩，激发了英法等国的航海积极性。1497年，英王派出威尼斯人约翰·卡博特为之从布列斯特出发，向西北航行，到达了纽芬兰。1524年，法王派佛罗伦萨人乔瓦尼·维拉查诺西航美洲，考察了从卡罗来纳到新斯科舍一带的北美海岸。以上所述，乃是15—16世纪世界性大航海活动内容在学术界已得到公认的部分。另外，近些年有的学者根据1459年（即郑和船队停航26年以后）欧洲威尼斯地图绘制专家弗拉·毛罗所绘制的世界地图及其上的两段注文，提出郑和第六次出使航海时，其分艅已绕过好望角，进入大西洋，深入西南非洲沿岸[①]。2002年，英国皇家海军退役潜艇司令加文·孟席斯又出版了《1421：中国发现世界》一书。作者为研究郑和航海，调查足迹遍及120多个国家以及900多个博物馆、档案馆和图书馆，在此广泛调查的基础上，该书提出郑和及其宝船分艅在1421—1423年期间曾经进行了绕过好望角、途经美洲的环球航行，认为哥伦布不是美洲的发现者，麦哲伦也不是第一个进行环球航海的人[②]。这些观点若得到进一步的证实，15—16世纪世界性大航海

---

① 郑一钧：《论郑和下西洋》，海洋出版社，1985年，第225—226页；万明：《关于郑和研究的再思考》，《中国史研究动态》，2003年第7期。

② 许森安、刘容子：《郑和对西方历史的挑战》，《天津日报》，2003—11—10（14）；《史海钩沉．英国退役潜艇司令孟席斯研究证明——1421：中国发现了世界》，《南开大学报》，2003—02—20（4）；范金民：《二十世纪郑和下西洋研究综述》，载《明代文化研究·南京专辑》，中国文史出版社，2003年。

活动的内容,就应是比过去学术界公认的更加丰富了(据2004年1期《历史档案》所刊李宏为《沉寂数百年,一鸣传天下——〈大明混一图〉》一文及影印该图,中国绘于洪武二十二年即公元1389年六月的《大明混一图》中,"南部非洲好望角,海陆线条精美,笔法流畅,形制一目了然"。此图绘于郑和第六次下西洋以前33年,由此图看来,郑和第六次下西洋时其分艅绕过好望角似甚有可能)。不管孟席斯等人的观点能否被证实,15—16世纪世界性大航海的意义都是堪称巨大的。在这大约一百年略多一点的时间里,中国人与欧洲人先后从欧亚大陆的两端,分别进行了空前的向海洋的大进军,这一场大进军不仅显示了人类征服海洋的勇气、智慧和技能,更重要的是标志着人类从此进入了一个带根本性的历史转折时期:世界各大洲居民相对封闭隔绝的状态,从此渐被彼此密切交往、人类渐成一体的状态所代替,与此相适应,人类的文明发达程度急剧提高,生产力低下的古代和中世纪成为过去,高速发展的新时代向人们迎面走来。

  对于这样一个意义重大的世界历史活动,显然应该认真研究、深刻认识,只有如此,才能深刻地理解人类的过去和今天,从而利于人类正确地迎接自己的将来,以增进人类的福祉。国内外史学界,实则早已以极大的热情对15—16世纪的世界性大航海活动,进行了多方位的深入研究。但人类的认识是永远不可能穷尽真理的,不管关于宏观世界的真理,抑或关于某一具体领域的真理,都是如此。因而关于这一世界性大航海活动的研究,眼下和将来仍会有题目可做和应做。就这一航海活动的研究讲,笔者认为当前最为迫切需要搞清的问题之一,当是郑和航海分艅的活动范围问题,要将近来提出的郑和船队分艅确否绕过好望角、进入大西洋、实现环球航行的论证,进一步审核,找出真相。这个审核的工作,工作量相当繁重,要做广泛的文献、遗物、传说调研,要靠全世界史学界的通力合作。但因属于15—16世纪世界性大航海活动的基本事实,事关重大,有多么大的困难,也应克服,力争完成。这是当代学术界义不容辞的一项任务。现在全世界的史学界同仁,相互间已经逐渐形成了交流、协作的机制,只要重视起来,这个任务一定可以完成。

二

15—16世纪世界性大航海活动重大成就中的一部分,主要是通过欧洲人之手取得的,其中包括哥伦布之横渡大西洋,使欧亚旧大陆居民从此再也不会忘记美洲这块"新大陆",迪亚士、达·伽马开辟了自欧洲通过大西洋、绕过好望角、横渡印度洋到达印度的航线,以及麦哲伦进行了自出现伊始就不再被人遗忘的环球航行等。就这些成就主要是通过欧洲人之手而取得的这一点说,欧洲人的功劳实不可没。但是,仅仅谈及这一点是不够的。这些成就之所以能取得,实是基于人类航海能力的空前提高,以至达到了具备航行于全球所有海洋的能力,而这一能力水平的达到,乃是全世界各国人民长期共同努力的结果。同时,在欧洲人进行这些航海探险时,还得到过非欧洲人的帮助。所以从这一角度说来,15—16世纪世界性大航海活动中通过欧洲人之手而取得的成就,应归功于整个人类。关于此,过去少有人提及,起码少有人加以特别强调。笔者认为对此实应特别提出加以论说。

众所周知,规模较大的航海离不开确定方向的罗盘(即指南针),而15—16世纪欧洲人的出色航海活动,正是有赖于这种利器的帮助。美国人爱德华·麦克诺尔·伯恩斯等著《世界文明史》就明确指出,西班牙人和葡萄牙人能进行这些航海的原因之一,"即地理知识的进步和指南针以及星盘的传入使得航海家们有勇气出海去冒险"①。马汝军、张昭君著《环球航海第一人——改变了地理世界的麦哲伦》更具体地写出,葡萄牙亨利王子在培养航海家队伍时的情形是:"帮助舵手掌舵的有'星相家',这是一些精通领航业务的专家,他们会看罗盘,能算出罗盘偏差并在地图上标子午线。理论与实践创造性地结合在一起,经过多次探险,从普通的渔夫和水手中逐渐涌现出一代新的航海家和探险家,他们后来在事业上都有所建树。"② 在麦哲伦环球航海时所使用的船只上,就备有必不可缺的罗盘:"必需的航海仪器也有大量储备:罗盘、罗盘针、沙漏计时器、星盘、比重秤和星座一览表,还为官员们准备了15本崭新的簿册"③。15—16世纪的欧洲航海家是凭什么而得以获取罗盘的呢?这也是众所周知的:至晚在11世纪,中国人已将罗盘使用于航海,欧洲之获取这一知识和技能,乃是12世纪通过撒拉逊人从中国传入的④。如果前文所述近些年来有些学者关于郑和船队的分艅曾经绕过好望角、进入大西洋、甚至做过环球航行的观点是正确的话,那么迪亚士、哥伦布、麦哲伦的航海活动即很可能或多或少地受到过郑和及其宝船分艅航海的影响。这样的影响倘若确实存在,那么中国人对于欧洲人在15—16世纪世界性大航海活动中取得那些成就所起的作用,则更不可忽视。

---

① 爱德华·麦克诺尔·伯恩斯、菲利普·李·拉尔夫:《世界文明史》,商务印书馆,1995年,第224页。
② 马汝军、张昭君:《环球航海第一人——改变了地理世界的麦哲伦》,长春出版社,1995年,第11页。
③ 同上注,第110页。
④ 参见(宋)朱彧:《萍洲可谈》卷2;爱德华·麦克诺尔·伯恩斯、菲利普·李·拉尔夫:《世界文明史》,商务印书馆,1995年,第16章、第20章。

犹太人、阿拉伯人以及东非、西亚的其他居民，在欧洲人取得15—16世纪世界性大航海活动中的重要成就时，也起了相当大的作用。亨利王子在培养自己的航海队伍时，据说"聘请了许多犹太学者和阿拉伯学者来为自己服务，主要是来自巴利阿里群岛的天主教的犹太地理绘图家。葡萄牙水手们根本不会使用和绘制海图、制造仪器，于是这些犹太、阿拉伯异教徒就教他们制作使用精确的航海仪器和图表"①。在达·伽马率领的葡萄牙船队横渡印度洋时，则得到了东非人的帮助。克里斯托夫·法曼在其所著的《人类文明史图鉴·发现新大陆》中记载："在今天肯尼亚海岸的马林迪，达·伽马有幸遇见了一位友好的苏丹。苏丹认为可能与达·伽马结盟反对他的对手，因此，派一位经验丰富的航海家艾哈迈德·伊本·马吉德随行，帮助他渡过下一段探险之路——向东穿越印度洋到达印度。有了马吉德的指导和有利的顺风，4000公里的航程只花了一个多月。至此，第一支抵达印度的欧洲船队于5月中旬停泊在无限的沙滩和棕榈婆娑的卡利卡特港。"② 这一次开通欧洲人自东非至印度的航线是非常重要的，由此开始西班牙人和葡萄牙人无不感到相互竞争的激烈，各自加快了航海探险的步伐，促进了其航海成绩的扩大。这次航海的重要价值，尤其凸显了非欧洲人在欧洲人取得15—16世纪世界性大航海活动中重要成就时所发挥的作用。

在欧洲人取得15—16世纪世界性大航海活动中的重要成就时，做出一定贡献的还有东南亚居民。这以麦哲伦环球航海时表

---

① 杨一星、李焕栋：《梦断新大陆——哥伦布的悲剧》，长春出版社，1995年，第22页。

② 克里斯托夫·法曼：《人类文明史图鉴·发现新大陆》，吉林人民出版社、吉林美术出版社，2000年，第29页。

现最为明显。麦哲伦环球航行时，随身带着一个原先从马来亚买来的名叫亨利的奴隶，亨利在航行进入马来语地区后，成了麦哲伦与当地人沟通的翻译。如在到达菲律宾群岛的宿务岛时，为了先给岛民"来个下马威"，使其知道自己的舰队"有雷霆万钧的神力"，"麦哲伦下令鸣枪致意"。"一声突如其来的晴天霹雳"，使岛民"惊恐万状"。"他们乱喊乱叫，四散奔逃，躲避这些外国人"。麦哲伦立即派亨利"上岸执行外交使命：告知岛上的土王，这一声响雷决不表示敌意，恰恰相反，这是他们英武的上将（麦哲伦）大显神威，向强大的宿务土王致敬"。至于麦哲伦舰队之来临宿务岛，是从菲律宾群岛中的另一小岛马索华岛出发的，而这段航路，舰队之人全不知晓，其领航者乃为马索华岛的土王卡兰布。本来，麦哲伦只要求卡兰布"给他派一名可靠的领航员领路"，但卡兰布热情地请求亲自出马。经过三天航行，这位土王便使舰队驶近宿务岛，并"信心十足地把手一挥，将舰队径直引向坐落在岸边的都城"①。

不管前文所述近些年来有些学者关于郑和船队的分艅曾经绕过好望角进入大西洋，甚至做过环球航行的观点能否被证实，郑和及其分艅的航海活动，都丝毫无愧地作为15—16世纪世界性大航海活动的伟大成就之一部分而载入史册。这一成就的取得，无疑主要是通过中国人之手而具体实现的，这是中国人的光荣和骄傲。但是，就如同通过欧洲人具体取得的那部分成就之中有非欧洲人的功劳一样，通过中国人之手而具体实现的这部分成就中，也包含有中国之外的其他国家和民族之成员的心血和汗水。郑和下西洋时所应用的航海技术和知识，无疑承自元代。而众所

---

① 马汝军、张昭君：《环球航海第一人——改变了地理世界的麦哲伦》，长春出版社，1995年，第205—217页。

周知,在中世纪航海史上,尤其是在印度洋海域,波斯人、阿拉伯人担当重要角色,他们拥有丰富的航海知识。在元代及元代以前的唐宋时期,中国与波斯人、阿拉伯人在航海知识与技术方面,肯定相互有所交流。《秘书监志》卷4中记载了一个至元二十四年二月十六日秘书监征寻回回文剌那麻的文件,"剌那麻"为波斯文的音译,意为"指路"、"旅行指南",乃当时波斯人、阿拉伯人的海道图经一类的书籍。由这一征寻事件,可以反映出元代中国对学习波斯人、阿拉伯人航海知识和技术的重视[①]。既然郑和下西洋的航海技术和知识承自元代,元代中国又重视学习波斯人、阿拉伯人的航海技术和知识,由此推知,郑和下西洋的航海技术和知识,应当有一部分源于波斯人和阿拉伯人。这样看来,郑和下西洋所取得的成就中不能说没有波斯人和阿拉伯人的一份功劳。《瀛涯胜览》"靽鞑国(即天方国也)"条记载,"宣德五年,钦承圣朝差内宫太监郑和等往各番国开读赏赐,分䑸到古里国,太监洪见本国差人往彼,就宣差通事人等七人,赍带麝香、磁器等物,趁本国船只到彼,往回一年,买到各色奇珍异宝、麒麟、狮子、驼鸡等物,并画天堂图真本回京,其蓦加国王亦差使臣将方物跟同去者七人贡进朝廷"[②]。按:古里即印度西海岸卡利卡特;天方即麦加,位于红海东岸,今属沙特阿拉伯。由这段记载看,郑和下西洋时其个别分支出使者,起码是宣德年间第七次出使时分出的在印度洋西北部由卡利卡特到麦加的七人使团,其航海乘坐的竟是麦加的船只。这也为郑和下西洋的成就

---

① 陈得芝《元代海外交通与明初郑和下西洋》,载《郑和下西洋论文集》第2集,南京大学出版社,1985年。

② 邓士龙辑《国朝典故》卷106《瀛涯胜览》,北京大学出版社,1993年,第2149页。

中有某些部分应属于波斯人和阿拉伯人的功劳，提供了证据。

在这里，笔者强调了不论是欧洲人还是中国人，其在15—16世纪世界性大航海活动中所取得的成就，皆包含其他国家和民族之成员的辛劳。这一强调，不是为了贬低欧洲人和中国人的贡献，更不是抹杀其功劳，而相反，笔者是十分重视欧洲人和中国人在各自的航海活动中所做出的贡献的。笔者在这里之所以这样强调，目的无非是让过去少有人提及、起码少有人特别强调的这些内容，通过这一强调而为人重视起来。这些内容之为人重视起来，是非常应该的，因为这是历史真相的一部分，甚至可说是其中很重要的一部分，不了解、不重视这些内容就是没有全面、深入地把握住15—16世纪世界性大航海活动这一伟大历史事件的真相，在学术上不能说不是一个遗憾。重视这些内容之实践意义，也是不可忽视的。这些内容显示了各国各族人民互相协作的威力，对这些内容的重视无疑会启发今人和后人进一步自觉地加强全人类在征服自然中的交流协作和互相帮助，从而大大提升人类征服自然的能力。笔者对15—16世纪世界性大航海活动中体现出的全人类共创辉煌的具体细节，发掘得尚极肤浅，盼望有更多的同道继续就这一内容进行探讨。

三

15—16世纪的世界性大航海活动，主要是中国人和欧洲人两方面进行的。大航海是征服海洋的过程，也是国家与国家、民族与民族发生交往关系的过程。这当中，表现出了两种外交模式。一为中国人的外交模式，一为欧洲人的外交模式。前者是一种建立"中国属内以制夷狄、夷狄属外以奉中国"① 的朝贡体系的对外关系模式。这种模式从实现"际天极地皆王臣"② 之目标出发,以强盛国力（包括武力、经济力）为后盾,采用招徕和经济上厚往薄来为主的方式,要求各国臣服,形成各国奉中国为天朝上国而又基本独立行事、彼此和平相处的国家关系。武力备而轻易不用,只在顽固作梗者出现时,偶或一用（如《国朝典故》卷104《星槎胜览》"锡兰山国"条所载锡兰山国国王亚烈苦奈儿"负固不恭"被擒事）。其结果带来了中国先进文明之向外传播、中外之经济交流和亚非地区的国际和平安定局面。各国皆得受益,中国也能得到好处,除中国天子享受万国来朝的荣誉外,还使中外互通有无,满足了以皇帝为首的上层人物对海外奇珍的需求。但中国为此付出了沉重的代价,造成了财政的紧张,物力不继,有碍强盛国力的保持,因而不可能永远实行下去。

欧洲的外交模式是一种建立殖民地体系的对外关系模式。这种模式从掠夺国外巨量财富的目的出发,以船坚炮利为基础,采取武力征服、残酷屠杀为主的手段,霸占外国土地,建立殖民地,形成宗主国对殖民地完全控制、支配的相互关系。其结果是一方面欧洲的文明带到了殖民地,另一方面宗主国肆意残害殖民地人民,对之进行血腥的经济控制和剥削,西方宗主国大受其益,而殖民地人民承受的是血与泪、苦不堪言的灾难。据记载,当哥伦布于1492年的航海中登上美洲的第一个海岛圣萨尔瓦多岛时,一上岸"就展开了西班牙的旗子","拔出宝剑插在地上,大声宣布以西班牙两位陛下的名义接管此岛,他本人正式就任'印度'总督,命名此岛为圣萨尔瓦多岛"。当他离开这个小岛继

---

① 《皇明通纪》卷2。
② 《瀛涯胜览》卷首,《纪录汇编》本。

续探险时，又"命令手下去抢（岸上的）人，结果不费吹灰之力抓来7个"，"命令把这7个人带回西班牙作活的观赏物，眼前先用作翻译"①。当其到达伊斯帕尼奥拉岛时，"把在圣萨尔瓦多岛上举行过的仪式又重复了一遍，还在西岸的高处树了一个大十字架。海军上将（哥伦布）对大家解释说：'这既是为了宣扬整个基督世界，也是为了让人看见，这块陆地属于国王和王后陛下，处在我们至高无上的神耶稣基督的保护之下。'"② 哥伦布的这些表现，可说是15—16世纪世界性大航海活动中欧洲人所奉行的对外关系模式的典型表现。后来继起的英、法等殖民主义国家所采取的对外模式虽有变化，但本质精神依旧，西方资本主义数百年的发达崛起，正是建立在殖民地人民说不尽的苦难之上的。

以上两种对外关系模式应该如何评价呢？从正义仁爱等道德标准来评说，中国明朝实行的对外关系模式应是略高一等的。它除去要求他国在政治上对明朝表示臣属的姿态之外，利益的天平几乎完全倾向了小国一边。所谓"其所赍恩颁谕赐之物至，则番王酋长相率拜迎，奉领而去，举国之人奔趋欣跃，不胜感戴"③就证明了这一点。而欧洲的模式则完全相反。马克思在论述西方原始积累主要的要素时说："美洲金银产地的发现，土著居民的剿灭、奴役和他们在矿坑中的活埋，对东印度开始进行的征服和劫掠，把非洲变为一个商业性黑人猎夺场所的转化：这一切都标志着资本主义生产时代的曙光。这些牧歌式的过程，也就是原始

---

① 杨一星、李焕栋：《梦断新大陆——哥伦布的悲剧》，长春出版社，1995年，第193—196页。
② 杨一星、李焕栋：《梦断新大陆——哥伦布的悲剧》，长春出版社，1995年，第203页。
③ 巩珍：《西洋番国志·自序》，中华书局，1982年，第6页。

积累的主要的要素。"① 这正是对这种欧洲模式的非常确切的说明。

若从实际后果来观察，则两种模式均受到了否定。关于中国的模式，事实很快就将正确的结论呈现在世人面前：郑和下西洋进行七次以后，因物力不继而被迫停止。成化年间有人再提此事时，就受到强烈的抵制而未得成行，从此郑和式的大规模航海活动在中国封建社会成为绝响。史载："成化间，有中贵迎和上意者，举永乐故事以告，诏索郑和出使水程。兵部尚书项忠命吏入库检旧案，不得，盖先为车驾郎中刘大夏所匿。忠笞吏，复令入检，三日终莫能得。大夏秘不言。会台谏论，止其事。忠诘吏，谓：'库中案卷宁能失去？'大夏在旁，对曰：'三保下西洋费钱粮数十万，军民死且万计，纵得奇宝而回，于国家何益！此特一弊政，大臣所当切谏者也。旧案虽存，亦当毁之，以拔其根，尚何追究其无哉！'忠竦然听之，降位曰：'君阴德不细，此位不久当属君矣。'"② 郑和式航海之在中国封建社会结束前未能再行，就说明了这种虽然闪耀着正义、仁爱等崇高道德光芒但严重牺牲了大国经济利益的对外关系模式，在实践上是不可行的。

关于欧洲的模式，如果从15—16世纪世界性大航海之后的西方宗主国在全世界急剧扩张、资本主义文明因而急剧发展来看，似乎其实际后果对之作了肯定。但实质上并非如此。我们不应该只看到这种模式给西方宗主国带来利益的一面，还要看到殖民地人民为之而吃尽苦头的一面。正是由于殖民地人民由此受尽灾难，而从一开始他们就不断起而抗争。最初，由于力量弱小，其抗争未能奏效。但天大的不公平使他们产生了天大的勇气和韧

---

① 马克思：《资本论》第1卷，人民出版社，1963年，第828页。
② 严从简：《殊域周咨录》卷8，中华书局，1993年，第307页。

劲,他们的抗争一直在继续,败而不馁,前仆后继。经过约四百年后,各殖民地人民终于将小规模的此起彼伏的分散抗争,变成所有殖民地大约同时共同掀起的抗争高潮,这就是20世纪前半叶的所谓民族觉醒和民族解放运动浪潮的兴起,因之殖民体系被基本打碎,各国人民基本实现了民族独立。由此看来,当我们将审视的目光照到殖民地人民的苦难与抗争,并一直照至20世纪上半叶殖民体系的基本被打碎,必然会得出结论:15—16世纪世界性大航海中欧洲国家所推行的那种对外关系模式,在实际上最终也是被否定了的。

过去的学术研究,对于郑和航海所显示的对外关系模式之不可长久,多有共识,了解较深,但对于15—16世纪世界性大航海活动中欧洲人所采用的对外关系模式之实际后果,似乎探讨不够。其给殖民地所造成的灾难和引起的抗争虽有注意,但着眼更多的,是此后几百年中西方资本主义文明发达由之而得到实现的客观后果,对于前者重视不足,对于20世纪前半叶殖民体系的瓦解与15—16世纪欧洲人所采用的外交模式的关系更似乎基本没有注意。这样的眼光显然片面和短视。有的学者在研究15—16世纪世界性航海活动时,将欧洲人与中国人在航海活动中的表现加以对比,以欣赏前者的角度,叙述西方国家的成功,批评明代中国的失策,这当中不能不说有的不无道理,但不可讳言,也不能不说有的犯了上述关于欧洲人对外关系模式评说中的片面和短视的错误。今后各国家各民族的交往将日益密切。历史已经证明了15—16世纪世界性大航海活动中,中国与欧洲所采用的两种对外关系模式的严重缺陷,吃一堑,长一智,人类应该由此而探索出更适用的新模式,以适应客观形势的需要,为全人类谋取利益。这种新模式应该是什么样子的呢?从15—16世纪中国和西方采用的两种外交模式所提供的启示讲,它起码应该是各国,尤其是大国强国,不可忘记实行互利的原则。大国强国一味让利,会导致自己财政窘迫,力不从心,难以为继。反过来,大国强国贪婪残刻,将引起弱小国家的人民丧失生计,被迫造反,搞乱乾坤。只有"互利"通行,方能共同受益,相安相亲,充满后劲。这一点言之容易,付诸实行并非易事。盼望终有一天全世界的政治家都能不忘历史教训,从整个人类的共同利益出发,理智地把"互利"原则当作处理外交关系的准绳之一。

明代中日朝贡贸易中的策彦周良与淮安

一

明朝建立不久,即派使赴日本,与之建立了朝贡关系。特别是 1404 年(永乐二年,应永十一年),明朝给予日本勘合一百道,两国间更建立了比较稳定的朝贡贸易关系——在朝贡名义下双方进行贸易交换,规定日本向中国十年一贡,人限二百,船限二艘。自此以后十五年内,日本有六次派遣持勘合的船只共三十七艘来到中国。后来到了 1432 年(宣德七年,永享四年),又改为日本向中国十年一贡,人员三百,船只三艘。此后到 1547 年(嘉靖二十六年,天文十六年)共 115 年内,日本又十一次派遣持勘合的船只共五十艘来到明朝。上述派遣来明的船只,或为幕府(日本 12 至 19 世纪的军事独裁政权)经管,或为大名(幕府属下任大片领土的守护之职的武士首领)经管,或为寺社经管。由其演变趋势看,则幕府经管者起初所占比重甚大,而后来则大名与寺社经管者变成了绝大多数。船上的使团人员,包括正使、副使(正使和副使为代表日本政府之使节,为使团之主管,掌管船队的全局)、纲司(掌管航行、船务,类似船长、水手长)、居座、士官(实际掌管全船及载货的负责人,僧侣任此职称居座,俗人任此职称士官,后期士官也多由僧侣担任)、通事(翻译,多以入日本籍的中国人担任)、从僧等。其中正使、副使绝大多数由天龙、相国、建仁等京都五山的僧侣担任,这些僧侣学识渊博、擅长诗文、通晓中国的情况，因而得充此任。除使团人员外，船上往往还有付出费用而得以搭乘的商人，后期这种商人数量很大。其赴明路线，或从兵库出发，通过濑户内海、博多、五岛，一直开往中国宁波，这就是所谓中国路，或从堺出发，通过土佐冲，经由萨摩坊津到达中国宁波，这就是所谓南海路。两条航路到中国宁波后，皆再经由运河及内陆江河到达北京。其返回日本的路线，也是以上两条。其搭载的货物，包括贡献方物（幕府进献明朝皇帝的物品）、国王附搭物（附搭于日本国王贡献方物的贸易品，包括幕府、大名、寺社、商人等投资的商品，名义上是附搭品，实则数量甚大）、使臣自进物（正使、副使以至从僧、通事等进献明朝之物品）。对于幕府之进献，明朝皇帝要以颁赐的名义给以回报，颁赐品的价值要远远超过进献物。对于以上三类货物的具体品种来说，主要是刀剑、硫黄、铜、扇等。据推测，1432年至1547年间的十一次持有勘合的入明日船，输入中国的刀剑总额不下二十万把。日船回国时带走的，主要为铜钱、书籍、名画、丝织品、瓷器等。明朝后期，由于倭寇的骚扰及日本入侵朝鲜导致抗倭援朝之役的爆发，两国间的朝贡贸易停止下来。明代中日间前后存在一百多年的朝贡贸易体系，在发展两国间历史悠久、文化交流上，发挥了积极的作用。①

二

在带领持勘合贸易船到明朝进行朝贡贸易的日本使节中，有

---

① 本节参考中华书局标点本《明史·日本传》，1980年商务印书馆出版、木宫泰彦著、胡锡年译《日中文化交流史》，1987年巴蜀书社出版、汪向荣编《〈明史·日本传〉笺证》，1976年人民出版社出版、天津市历史研究所日本研究室编写《中日两国人民的友谊源远流长》。

一个名叫策彦周良的人,他曾两次作为使节带领持勘合的贸易船来到中国,是明代中日朝贡贸易中有重大贡献的人物之一。

策彦周良于1501年生于京都,卒于1579年,字策彦,别号谦斋、怡斋、龟阴等,俗姓井上,是日本战国时代(1467—1573)临济宗梦窗派的著名僧人。他九岁始师事鹿苑寺心翁等安,十八岁在天龙寺剃发受戒,学识渊博,成为等安嗣法高足。他还活跃在日明外交之中。1539年奉日本室町幕府之命,作为博多圣福寺湖心硕鼎率领的朝贡贸易使团之副使而入明,1541年归国,第二年到京都复命。这次出使,使因不久前发生的宁波之乱而遭受挫折的日明贸易关系得以顺利恢复,他因此回国后在京都受到热烈欢迎。1547年,他又以正使身份使明,由于出色完成通商使命,明世宗亲设盛宴招待之,并即席赋诗一首相赠:"东夷有礼信真缁,远越潮溟明国彝。入贡从今应带汝,归来勿忘腾朕仪。"策彦周良亦作诗相和:"入贡古今无磷缁,我邦久仰大明彝。三千礼乐珠簾卷,紫凤翩翩舞羽仪。"[①] 策彦周良这次使明,共用三年,于1550年返回日本,回国后奈良天皇赐宴慰劳,给予优赏。其后,策彦周良退居天龙寺塔头妙智院。著名武将织田信长闻知其德望,几度将其邀请至安土城内,询问明朝山川、风土、人物等。大内义隆、武田信玄等战国武将也与策彦周良有过交往。策彦周良还是著名的五山文学僧人,写过《谦斋初渡集》、《谦斋再渡集》等游记,记录了其两次使明的见闻。还著有《城西联句》、《策彦三千句》、《蠡测集》、《谦斋杂稿》等。策彦周良与许多中国官吏和文人结成好友。1548年,博学工文、尤善书法的藏书家丰坊为之写了《谦斋记》。1550年,他自宁波

---

① 见昭和三十年十月三十日佛教文化研究所发行、牧田谛亮编著《策彦入明记の研究》(上)第280~281页。

归国时，许多明朝士大夫为之设宴送行，并绘《赠专使谦斋老禅师归日域图》以作纪念，都察院右都御史叶寅斋还为此图作序，序言的末尾以诗句称赞策彦周良："谦斋老师人中豪"。① 此图今存日本京都妙智院，是日本国家重点保护文物。策彦周良在写给明朝官吏的信中，曾介绍日本保养修理船只的情况，特别是介绍了其保养木舵的经验。他曾作诗表达与中国友人的深厚感情："莫道江南隔海东，相亲千里亦同风。从今若许忘形友，语纵不同心相通。"② 策彦周良的入明经历成为中日交往史上的重要一章，其有关著作是研究中日交往史和文化交流史的重要资料。

三

策彦周良在两次出使明朝中，曾多次来到淮安，在其现存游记《策彦和尚初渡集》和《策彦和尚再渡集》中，记下了其三次到达淮安的活动。其中《策彦和尚初渡集》中记下了两次到达淮安的活动，第一次为初次出使明朝时由宁波至北京途中于嘉靖十八年十二月下旬到达淮安的活动，其原文为：

> （嘉靖十八年十二月二十一日）午时，（自安平驿）开船，亥刻著淮安驿，舟行九十里。今夜梦劣兄与三左，又梦球叔首座。
>
> 二十二日 犹在本驿。斋后，三英上司上岸，还报曰：此去七八里有韩信庙，庙门横揭"乡贤祠"三字，庙里中央

---

① 同上书第 376 页。
② 天津市历史研究所日本史研究室编写《中日两国人民的友谊源远流长》，人民出版社 1976 年 2 月出版，第 78 页。

按遗像，像前有木牌，牌上书"汉淮阴侯韩公信"七字。又右胁有徐仲车塑像，像前有木主，书"宋楚州教授赐节孝处士徐公仲车"十四字。又左胁有赵师且（旦）塑像，像前有木主，书"宋知康州事赠光禄卿赵公师且（旦）"十三字。又漂母祠在近，庙门横颜"漂母祠"三大字，庙里有塑像，三英惠以蟾蜍水滴。

　　二十三日　天气佳暄。斋罢，同三英上岸散步。驿门揭"皇华亭"三大字。入门少许而有漂母庙，庙门横镌"漂母祠"三大字。庙里有漂母像，像前供香火，白发满簪，左右有侍女像，壁间有诗版多多，生亦作诗，别记焉。入里有楚元王庙，庙门揭"楚王祠"三大字，庙中央有塑像。其次有韩信庙，庙门横揭"乡贤祠"三大字，庙中央按韩公像，左右有徐仲车、赵师且（旦）二塑像，香火俨然，纸马森然，就中韩信像生气凛凛，眼光射人，予偶作诗，书之壁间，别记之。又陌头有楼门，盖置漏量时之处，横揭以"谯楼"二大字，楼上右方有木牌，书云："一更三点钟声静禁人行"，左文书云："三更三点钟声动放人行"。次谒孔子庙庙门外面左右立木牌，以朱漆涂之，书以"官员人等至此下马"八大字。入门则有小池，池上有桥门，门上揭"泮宫"二大字。庙檐额揭"先师庙"三大字，庙里中央椅子上按木主，书以"至圣先师孔子神位"八字，庙门于南，有东西两廊，廊中间各揭"东庑"、"西庑"之额，两廊按十哲牌。庙后东有小门，揭以"义路"二字，西有小门，揭以"礼门"二字，又有堂宇，颜"明伦堂"三大字，又有两廊，有"养性"、"约礼"、"育才"等之额。又里门额横揭"淮安府儒学"五大字，及第门多多，或以"青云接武"四字，或以"黄甲传芳"四字，"皇都得意"之类不可胜记焉。又有帘铭，或书以"仙家风味",或书以"醉乡深处",或书以"福泉酒海"四字。又酒店外面纸障题云:"勒马问樵夫,前村有酒无",予甚爱两句,注目久之,因暗记杜书记"借问酒家何处在,牧童遥指杏花村"之句。丑刻,乘月拨船,船路十五里而有关驿,故泊于此,夜亦明矣。

二十四日 斋后,偕大光、钧云上岸,诣城隍庙,次到兴国寺,佛殿按三世如来,左右有十六罗汉像。殿后有小堂宇,揭"方丈"二大字。堂中央按观音大士像,右胁有善财童子像,佛坛左右柱题曰:"杨柳瓶中甘露水","玻璃盏内药师灯"。又左右壁间挂牌,牌各题句云:"野鹤孤云方外迹","碧潭明月定中心"。又到一蜗房,房内揭"静室"二字额,左右有两句,句云:"潭空观月定","水静见云流"。又路傍有酒店,帘铭书"长春酒馆"四字。酉亥(刻),打麇给口粮,即开船,船竖打鼓者隆隆,虽然,日已及晡,故不拨而止。正使和上见赠晚粥,余分与三英、宗桂共吃却。今夜,梦天用和上、江心座元。又少焉梦文楚、安室、天心。

二十六日 卯刻,鸣鼓解缆前进。申刻,著桃园驿,舟行七十里,风顺故帆影如飞。①

第二次为初次出使明朝由北京返回宁波途中于嘉靖十九年七月中旬到达淮安的活动,其原文为:

(嘉靖十九年七月)十一日 晴,巳刻,钧云来访。午

---

① 见昭和三十年十月三十日佛教文化研究所发行,牧田谛亮编著《策明入明记の研究》(上)第112页至114页。

时，打廪粮。未时，（自桃园驿）开船。酉刻，著清口驿，舟行七十里。吴通事致使报可赴南京之事。

十二日　巳刻，打廪粮。未刻，开船，船路三十里而泊清江，时维戌。今夜，梦松梅之交枝者，不知何详。今夜，梦成公都寺。

十三日　辰刻，开船，酉刻，著淮阴驿，舟行三十五里，盖风不顺，闸亦多，故著驿迟了。得宁波音书，盖去月二十一日书也。今夜，梦成公都寺。

十四日　早旦，就正使船施食，衬银一两，有小斋，大光、钧云、即休陪从，予亦偕三英赴之。辰刻，小雨。又遣短书于宁波居座、上官："久不通情愫，杳不闻音耗，互非怠慢，盖逆旅之常而已。抑生等本年三月初二。日达于北都，即就会同馆。越初七日朝趋。迩来宠待隆盛，或设筵宴，或赐衣服。然而毕事之后，五月初九日离城起身，各上南回之船，今既到淮安地方。近日将赴南京，而受正赏铜钱等，照准旧例也。予搀指算归程，则来月下浣必当到本府提封，居诸不几，会面有朝，欣慰欣慰。外问列位起居安否？饮食佳否？本馆侨寓之商从并水夫等闻教慎事否？乞列位时时胥议勤垂制禁，且又累呈短简于知府老爷大人所，俾区区居民勿生事则可也。万端付面貌不宣。嘉靖十九年七月十四日。正副两居座（各押）居座启竺　土官正赖土官增重　土官赖秀"酉刻，打廪粮。

十五日　朝雨晚晴。巳刻，开船。子刻，著安平驿，月色如昼，舟行九十里。①

---

①　昭和三十年十月三十日佛教文化研究所发行，牧田谛亮编著《策明入明记の研究》（上）第140页。

《策彦和尚再渡集》中记下了策彦周良一次到达淮安的活动，时在嘉靖二十八年二月，为策彦和尚第二次出使明朝由宁波到北京途中之事，其原文为：

  （嘉靖二十八年二月朔日） 巳刻，廪粮支给，即（由安平驿）开船，未刻，著淮阴驿，顺风故，著岸太早。申刻，同泰首座。琇首座上岸，诣漂母祠，次诣韩信庙。
  二日 阴。江云泰公于予船内设小斋，予为之邀头，钧云。亦光伴，酒五行。
  三日 天阴，含雨。今旦，琇设斋，招钧云、慈眼、顺心，酒五行。
  四日 天晴。午时陈云松来，笔谈。午后，李大人下饭，各赴之，携两金扇，宴至晡。
  五日 寅刻，鸣鼓开船，六、七里而泊于闸前。少焉，闸开，即使开船。申刻，著清口驿。
  六日 晴。辰刻，开船，船路四十里而泊于中流，时维酉。即刻，分廪银，盖向三驿未勘分也。
  七日 寅刻，开船。巳刻，著桃园驿。①

策彦周良第二次出使明朝由北京返回宁波时也应到达过淮安，但是《策彦和尚再渡集》现存为残本，对于这次到达淮安的活动未见记载，当是其文佚去之故。

《谦斋南游集》中收有策彦周良分别以"淮阴侯祠"和"漂母祠"为题撰写的两首诗。前诗称："秦楚平来未赏功，云梦游

---

① 昭和三十年十月三十日佛教文化研究所发行，牧田谛亮编著《策明入明记の研究》（上）第248页。

猎失良弓。当时若用蒯通计，汉祖乾坤掌握中。"后诗称："漂母身亡心未灰，女中有此丈夫才。曾将脱粟半炊饭。分与无双国土来。"① 这两首诗当即《策彦和尚初渡集》中所记策彦周良于嘉靖十八年十二月二十三日在淮安参观时所作。

策彦周良上述关于其在淮安三次活动的记载，反映其对中国文化的热爱和仰慕。他不止一次参观韩信庙和漂母祠，并详细记载其塑像、木主和庙宇的状况，还写诗抒情。他对谯楼、孔庙、府学、城隍庙、兴国寺、街市酒铺等也留心观察，详细记载。

上述记载也反映了策彦周良对中国文化的造诣之深，他看到酒店外面纸障上"勒马问樵夫，前林有酒无"的诗句，便立刻联想到唐朝诗人杜牧《清明》诗中"借问酒家何处在，牧童遥指杏花村"的相类诗文，这表现出他对中国诗文熟悉程度之高。其咏漂母祠、韩信庙的两首诗在平仄用韵及引典用语等各方面，都浑然天成，恰到好处，这更显示出其对中国文化的修养之深。

上述记载的另一个价值，是留下了明代淮安方方面面的状况，为后人了解明代淮安提供了宝贵的资料。

上述记载总共记载了策彦和尚在宁波与北京间的三个单程的由南向北（二次）和由北向南（一次）的旅行，而三次旅行皆是由大运河乘船途经淮安，这一事实反映了其时淮安作为南北大运河沿岸城市而在南北交通上的重要码头地位。

上述记载有两处提及淮安地区大运河的闸，或曰"闸亦多"，或曰"鸣鼓开船，六七里而泊于闸前。少焉，闸开，即便开船"。在这里，虽然对淮安地区与运河有关的工程着墨不多，但亦在一定程度上反映出这种工程数量相当多而复杂，隐约显示出运河之

---

① 昭和三十年十月三十日佛教文化研究所发行，牧田谛亮编著《策明入明记の研究》（上）第279页。

都的风貌。

上述记载，除上面提及的韩信、漂母之外，与淮安地区相关的历史名人还提及宋人徐积、宋人赵师旦（记载中误记为赵师且）、汉人楚元王刘交等，再加上其中关于孔庙、府学等名胜的记载，给人展示了淮安地区文化积淀极厚的历史文化名城风貌。

上述记载不厌其烦地记录了淮安种种酒店帘铭，诸如"仙家风味"、"醉乡深处"、"福泉酒海"、"长春酒馆"等等，这无疑反映出其时淮安城市的繁荣。

旧方志风俗志漫笔

风俗志是旧方志的重要组成部分，新编方志也不可忽视关于风俗的记载；因此，对旧方志中的风俗志作深入探讨，不仅是开展方志学研究的需要，而且对正在进行的新编方志工作大有裨益。本文记下了笔者在阅读旧方志中的风俗志时所产生的几点想法，目的是向诸位专家和同志们请教，并希望由此而引起大家对这一研究的进一步重视。

一　旧方志的重要组成部分之一

旧方志中有的不设风俗志，如嘉靖《宝应县志略》即无"风俗"一门，乾隆《南翔镇志》的"凡例"也将"风俗"列于不录的范围之中。但是，这只是个别的、特殊的情况。对于绝大多数旧方志来说，其情况是重视对风俗的记载。

方志起源于古代的国别史、地理书等，在这些国别史、地理书等之中，风俗的记载已是其重要内容了。如《山海经》中即载有祭祀、巫医等情况，保存了大量民俗资料。

秦汉之后，方志处于发展成形的阶段，这时的方志对于记载风俗仍很重视。如晋人挚虞纂全国性地理总志《畿服经》，据《隋书·经籍志》说："其州郡及县分野，封略事业，国邑山陵水泉，乡亭城道里，土田民物风俗，先贤旧好，靡不具悉。"可见，风俗是该书很注意记载的对象之一。

宋代方志的发展进入成熟阶段，志体趋于完备，这时的风俗记载在方志中已多半立有专门类目。如现存的两种北宋区域性方志朱长文《吴郡图经续记》①和宋敏求《长安志》②即都有风俗之目；现存最古的南宋方志乾道三年《临安志》在其卷2之内，也有风俗专篇；对后世方志在体例上影响极大的南宋范成大《吴郡志》和周应合《景定建康志》，同样都有风俗专目③。

元明而后，方志的编纂进一步发展，到清代更进入极盛阶段；民国时期，方志的编纂虽属时断时续，但方志学的理论在继续发展，方志的体例有所创新。总之，自元到民国，方志的编纂可说是基本上呈现日益发展之势，现存方志绝大部分属于这一阶段的作品。翻检这一阶段编写的方志，可以发现，它们几乎毫无例外地把风俗当作专门的篇目加以记载；查阅这一阶段的修志凡例，可以发现，它们也几乎毫无例外地要求重视记载有关风俗状况，如明永乐十六年颁布的"纂修志书凡例"即规定，"叙前代至今风俗异同"。可见，自元至民国，风俗一门继续是方志中的重要组成部分。

回顾旧方志的发展演变史，已经清楚地表明，旧方志一贯重视对风俗的记载，风俗志确实是旧方志的重要组成部分之一。

旧方志为什么如此重视对于风俗的记载呢？民国重修《文安县志》卷7"风俗志"的序文说："《记》有之，'入境而问俗'，良以人心世道与风俗为转移。"这就是说，风俗的好坏，关系着居民的思想趋向和社会状况。可见在阶级社会里，掌握统治权的阶级要想巩固自己的统治地位，就必须关心社会风俗，使之符合

---

① 见卷上。
② 见卷1。
③ 分别见其卷2和卷42。

自己的需要。嘉靖《河间府志》的作者樊深说："民习不正，虽贤哲不能善其治亦明矣。"① 这即反映出旧方志的作者们对于风俗与政治的关系，是有明确认识的。正是由于他们有这种明确认识，才使他们在编纂方志时，重视对风俗的记载。他们要通过对风俗状况的记载，为地方官提供为政的参考，使"后之来守是邦者"，"有所据依"。② 还要通过对风俗状况的记载，影响当地居民的后代，起"砥砺名节"、"正风定俗"的作用。宋人董弅为其所纂《严州图经》作序说，他的写作目的，乃是要使"为政者究知风俗利病，师范先贤懿绩，而承学晚生，览之可以辑睦而还旧俗，官达名流，玩之可以全高风而励名节"。③ 这段话可说是毫不掩饰地讲出了旧方志作者重视风俗记载的政治目的。

二　广阔的社会生活图卷

在数量繁多的旧方志中，关于风俗的记载，其涉及的方面，互相间差别很大，而就大多数方志来看，其内容主要包括如下十个方面：

1. 士农工商各业状况。在中国古代，人们的社会职业主要是士农工商四种；旧方志一般均分别叙述从事士农工商各业的人们的基本习俗。如乾隆《宁河县志》卷15记载宁河的"工"俗说："宁邑人多朴讷，然终岁勤动，游手好闲者绝少，各项工作所操艺事，仅能成器备用，无有以匠巧名者。而沿河庄户，皆以结鱼网为业，得微利少可自赡。"

---

① 见嘉靖《河间府志》卷7。
② 郑兴裔《〈广陵志〉序》，转引自张国淦《中国古方志考》。
③ 转引自张国淦《中国古方志考》。

2. 衣食住行等民生状况。如民国《广宗县志》卷四记载广宗的"行"俗说："旅行外出，富者乘轿车、驾骡马，贫者御大车，用牛服轭，次则策蹇驴。近年自行车渐多，行驶迅速，视徒步为胜矣。"

3. 社会组织状况。如民国《静海县志》申集记载了静海县的家庭、家族、村落、乡里、城乡五种社会组织的状况，为了节省篇幅，这里仅摘录其关于村落组织的一段记载："吾邑以农为本。古之农民，其宅有在邑在野之分。春则在野，《尧典》所谓'厥民析'是也；冬则在邑，所谓'厥民隩'是也。嗣后农业既繁，耕於田，宅於邑，势必不便；于是就田为宅，日久遂成村落矣。然今日蜀吴各省农民，皆星居于野，以其地多汊港，不得不近田为宅。吾邑则旷野无际，车马往来甚便，故成为数里或十数里之距离多数村落矣。"

4. 礼仪习俗。其中主要是冠、婚、丧、祭等礼仪。如隆庆《海州志》卷2记海州丧葬习俗说："营葬以时，更无停柩十数年者。然居丧不按家礼，丰酒食、具鼓吹以待吊客，多妆绢亭，广搬彩戏，以相誇诩，而不务哀戚者，今亦渐变而从礼矣。"

5. 交往方式。包括待人礼节、相互称谓等。如嘉靖《河间府志》卷7记载了"燕见"、"旅见"、"途遇"、"请召"、"燕集"、"迎送"、"庆吊"等礼俗。其塗遇之礼俗称："如遇尊长则揖而俟其行，遇乘者则趋而避之。或皆乘，于尊长避之，敌已则否。已乘而遇徒者，便则避，否则下而揖之，尊长虽避已亦下而揖焉。"再如嘉靖《广平府志》卷16记载了广平的一些特殊称谓，像"称父曰伯"、"称伯曰大爷"、"称父曰哥"、"称母曰姐"等。

6. 岁时仪节。包括元旦、元宵、清明、端午、中元、重阳、冬至、腊月、除夕等节日的有关活动。对这一类内容，有些方志在风俗志之外，另辟专目加以记载，如乾隆《三河县志》（称

"时序")和乾隆《宁河县志》(称"岁时")即是如此;但是,将之放进风俗志中加以记载的方志,数量亦不少,如嘉靖《海门县志》、万历《新昌县志》、民国《文安县志》等即属其例。

7. 文体活动状况。如民国《静海县志》申集,用"歌乐"、"戏剧"、"儿童娱乐"、"园林"、"运动"、"竞赛"六个小栏目,生动地记载了静海县开展各项文体活动的情况。兹摘录其关于"歌乐"的记载于下:"群众娱乐,莫过于戏。戏之声调曰高腔、曰昆腔、曰秦腔、曰二黄。风尚因时而异,然皆客音,非土音也。土音曰哈哈腔。其扮演皆社会浅近之事,其声调柔和婉转,其词句明显质白,俗中生雅,如'富贵与共'则唱为,'有朝一日坐了天合下,你坐朝来我坐廷'等语,以此类推。故妇孺最易感动。曾记某学究戏台联云:'纳罢钱粮,这戏说唱就唱;排好腔调,来客爱听不听'。额云:'田家乐'。可想见一斑矣。"

8. 宗教及其他信仰。其中关于宗教的记载,与岁时仪节那样另辟专目的方志,为数不太少,比较晚出的方志更是如此,如民国重修《文安县志》即在卷7"风俗志"外,于卷8专立"宗教志"。但从总体看,将宗教与其他信仰统统归入"风俗志"之中加以记载的,仍占多数。如民国《广宗县志》卷8在"风俗略"中既记载了广宗县的杂项信仰,也记载了该县的宗教状况。其中关于杂项信仰的记载是:"自昔以神道设教,鬼神之说深入人心,牢不可破。每于春秋佳日,迎神报赛,演戏修醮,广设帐幕,陈列神祇(原注:有菩萨、闫王、风师、雨师、雷神诸名目,绘为奇形怪状,以吓乡愚,其源皆本于释道之流),飞笺邻村,招致百戏,男女远道趋赴,焚香膜拜……各村偶像,所在多有,以土地祠、关帝庙为最多,余如真武、菩萨、碧霞元君、泰岳行宫、水火三官等次之。每逢水旱,焚香拜祷;或遇疾病,延巫祈祷,惟诚惟谨。"

9. 品格、作风等状况。其中包括奢俭、文质、亢卑、节操等内容。如嘉靖《江阴县志》记载江阴的奢俭情形说:"国初时（按:指明朝初年），民尚俭朴，三间五架，制甚狭小，服布素，老者穿紫花布长衫，戴平头巾，少者出游于市，见一华衣市人，怪而诽之，燕会八簋，四人合坐为一席，折简不盈幅。成化以后，富者之居僭侔公室，丽裾丰膳，日以过求。既其衰也，维家之索，非前日比矣。"①

10. 方言、方音及谚语等。这些内容也并非在所有的旧方志中，全入"风俗志"；但在"风俗志"中记载者为数不小。如嘉靖《江阴县志·风俗记》记载了江阴县"谓人曰你侬，自谓曰我侬"等方言，"以支韵入齐"、"庚韵入阳"等方音，民国《静海县志》申集"风俗志"则记载了静海县流行的"好男不食分家饭，好女不穿嫁时衣"，"看见人家的黄病，看不见自己的痦"等谚语。

以上十个方面，并没有将旧方志风俗志中所记载的内容全部包括进来，它们只不过是其中记载最多的、最重要的一些内容。但是，即使只计算上述十个方面，其涉及的领域之广，已经相当可观了，从生产到生活，从物质享用到精神活动，以至于交往、语言，无不囊括。旧方志中的风俗志，堪称广阔的社会生活图卷，是观察社会风貌的广角镜。

由于旧方志的编纂者绝大部分是地主阶级知识分子，这就使其写出的"风俗志"不可避免地充满了封建性的糟粕，宣传封建的伦理纲常等成为其首要任务。如隆庆《仪真县志》卷10对于仪真"邑无逋赋"、"官司易于课最"的风俗大加称赞，为之特别加按语说:"俗斯为美也"；而嘉靖《河间府志》卷7对于河间地

---

① 见该书"风俗记"。

区父兄多劝守寡的女儿、妹妹改嫁一事,则大加斥责,为之加上了"此甚可恶"的评语。这都是明显的例证。但是,旧方志的风俗志毕竟广泛地描写了社会风貌,为历史学、社会学、语言学,以及文学、艺术、经济、哲学、宗教等学问,提供了丰富的研究资料,只要人们善于用正确的观点、方法加以分析,善于突破旧方志作者由于阶级和历史的局限而留下的障碍,这些资料一定可以发挥出非常重大的作用。如嘉靖《广平府志》卷16在叙述广平府属九县的信仰情况时,记载了这一地区自明初至明中叶的秘密宗教的活动情况,作者虽然对之大加指责,斥为惑民的"邪术",但后人若用阶级和阶级斗争的观点进行分析,却可以从中研究出彼时彼地的农民起义发展水平,得知其斗争的策略,从而在历史学的研究上做出贡献。再如万历《新昌县志》卷4记载新昌县居民的"贵贱"差别说:"诗礼相传,阀阅素著者为贵族。小姓孤立,虽起家致富,不得抗礼。贵宦回家乘密轿,不列仪仗,其主仆之分亦严。外县流寓住种者为逃户,不得与齐民齿。又有乐户十余姓,业鼓吹歌舞役,自相婚配。男妇多听大家使令,凡饮宴率用之行酒。游侠之徒多聚饮于其家,使其女供歌唱,或宿卧于其房,不拒也,不如意则唾骂鞭挞之,不敢逆。近亦有欲盟其党以犯良者,是或有以阴启之也。"这段记载,对彼时彼地的阶级压榨毫无否定之意,但对各阶级、各阶层的情况描写很具体,显然可以利用它作社会学的研究。旧方志的风俗志既然为历史学、社会学等学问提供了丰富的研究资料,其价值无疑应该得到充分的估计,我们应该将之视为珍贵的历史遗产。

三　关于风俗志编写方法的启示

旧方志不论从一种还是从全部来说，都是成于众手，因此，其编写方法在基本体例一致的同时，相互间存在着形形色色的差别。比较各种旧方志的风俗志，我们可以从中汲取正反两方面的经验教训，得到关于其编写方法的许多启示。

首先，编写风俗志时，对所引用的文献记载要详注出处，点明时代。各地的风俗是随时而易的，为了使读者对历代的风俗变化之迹，有完整的了解，在编写风俗志时，必然要引用旧有的文献资料，已兹说明。然而，有些旧方志在作这种引用时，对其出处不予注明，或虽予注出，而行文甚简，因而往往造成时代不清之憾，读者欲核对原书，也无从下手。如嘉靖《太原县志》卷1"风俗"的全部文字，只有引用来的两段旧有的文献记载，每段之后的注文则分别是"太原图经"或"太原旧志"数字。根据这样的注文，读者显然是无法搞清其所记内容属于哪一时代的。这类反面教训表明，详注出处并点明时代，对于编写风俗志时引用旧有的文献资料，是多么必要。

其次，编写风俗志时，不可仅仅满足于引用旧有的文献记载，重要的是要多做调查研究，把现状搞清，并将之详细写进去。众所周知，在编写地方志时，详今略古是一个重要原则；这一原则不仅对方志的其他组成部分是适用的，而且对于风俗志这一部分同样是适用的。而风俗志的编写如欲做到详今略古，就必须在编写时对于现状做大量的细致的调查研究工作，绝不可只凭旧有的文献资料匆忙下笔。旧方志中关于这一点有正反两方面的典型。如弘治《易州志》卷1"风俗"，除去序言外，正文记载只有引自《汉书·地理志》及元人程徐《马可慕去思碑》等五种旧有文献的七段话。而乾隆《宝坻县志》的作者则不满意于旧志"采昔人之称燕者"填塞篇幅，胡乱编写风俗志的作法，在编写乾隆新志的风俗部分时，注意以其"所见闻核之"，结果写出了贯穿古今、以今为主的风俗志。弘治《易州志》的写法，没有给读者写下有价值的东西，而乾隆《宝坻县志》在宝坻风俗方面，则给读者留下了宝贵的资料，如其记载宝坻的"农"俗说："宝邑膏腴之地，明入皇庄，今（接：指清代）归旗圈，所耕者大都洼下瘠产耳。然农能以勤力胜之。一岁之中，手胼足胝，殆无虚日，而收入颇寡，但得五六斗或七八斗，即庆有年矣。三月中得雨，麦乃熟；六月中雨过甚则河水发而禾稼淹；然斥卤之地，立秋后又须雨以洗之，不惟有秋，且宜来岁麦也，若少旱，辄生蝗，力捕之，尚不为害。"这种记载，岂不是给后人留下了关于明清时期宝坻农民在封建剥削下处境十分困苦的生动写照！对比上述两个方志的两种做法及其两个结果，何优何劣不能不说是洞若观火。

　　再次，编写风俗志可采用分类叙述或依时代为序加以叙述的两种方式。风俗志的内容甚广，而且各地的风俗又是因时而异的；这是决定风俗志的叙述方式可有上述两种的原因所在。翻检旧方志可知，除了某些粗制滥造者外，一般方志的风俗志写作方式，正是分属上述两种。如乾隆《献县志》及民国《呼伦贝尔志略》即是分类叙述的，前者分有"士"、"农"、"工"、"商"、"冠"、"婚"、"丧"及"祭"八类，后者分有"衣服"、"饮食"、"居处"、"婚嫁"、"丧葬"、"祭祀"、"礼仪"及"器用"八类；而嘉靖《霸州志》则是以时代为序记其风俗的。由于风俗志内容的广泛性及各地风俗因时而异的性质是编写风俗志时必然会同时遇到的两个问题，这使进行这一编写工作时，尽管可以任意选用上述两种方式中的任何一种，而在采用其中一种方式的同时，又必须注意在一定的范围内不忘另一种方式的采用,即在总体上选用分类叙述的方式的情况下,在叙述其每一类的内容时,必须注意照顾其时代的先后顺序,而在总体上选用按时代叙述的方式的情况下,在叙述其每一时代的内容时,则必须注意照顾其不同类别的安排顺序。对于这种原则,旧方志一般都能注意到,为后人提供了效法的榜样。

又次,编写风俗志,要有明确的指导思想,反对什么、拥护什么应旗帜鲜明;作者的指导思想除了寓于对具体风习的叙述之中以外,还要通过作者直接评论的方式,明确地表达出来。旧方志关于风俗的思想观点,在今天看来无疑是不足取的;但它们都有明确的指导思想,就"有"还是"没有"这一点来说,我们是应该效法的。旧方志为了宣传作者关于风俗的思想观点,创造了许多方法,如嘉靖《广平府志》卷16"风俗志"之中,作者竟采用了"叙"(在全篇之首)、按语(在某些段落的后面)、"论"和"赞"(以上两种皆在全篇末尾)等四种直接评论的方式。这也是我们应当学习的。

另外,在编写风俗志时,除了正文叙述之外,还应在适当处所作必要的注解,以使问题讲得更加清晰;有些地方甚至可以附载有关的原始资料,帮助读者加深了解。关于这一点,有些方志做得极其出色。如嘉靖《淳安县志》卷1在讲到淳安地区因"嫁女赀奁亦病于厚,女生多不举"的风俗时,附载了当时刊行的一种"劝民举女之歌",其歌词描写了女婴"伊嘤盆水中,良久乃得死"的情状,令人读后撕心裂肺,感人至深,从而留下了不可磨灭的印象。

最后,要注意着重记载有地方特色的内容。有些风习,流行在比较广阔的地域之中;对此,有全国的总志或省级的通志加以记载就可以了,至于各府州县的志书,则不必为此浪费笔墨,更不必为之多费笔墨。各府州县的志书所应花大力气加以叙述者，应当是当地最有特色的东西。关于这一点，旧方志的风俗志也有许多处理极其妥当者。如嘉靖《昆山县志》卷1在记载昆山县的岁时仪节时，就略去了"与诸县略同"者，而专记其"稍异者"。这种处理方式，避免和减少了各方志相互间的雷同重复现象，使其保存资料的作用得以更加充分地发挥出来。

以上几点，远远不是后人能从旧方志风俗志得到的启示的全部。但仅仅这几点，已经可说是相当有价值了。这再一次说明，旧方志的风俗志确实是珍贵的历史遗产。让我们进一步搞好关于旧方志风俗志的研究，充分开发这一丰富的文化宝藏！

名胜古迹文字资料[①]搜辑整理刍议

一

我国是个历史悠久的国家,我们的民族中华民族是一个勤劳智慧的伟大民族,这使得我们拥有引以为自豪的丰富的历代物质文明和精神文明遗产,而名胜古迹就是其中一个十分重要的组成部分。一般说,名胜古迹主要是靠物质实体来存在的,这些物质实体,或是山水草木,或是各式建筑,或是石雕泥塑,或是金铸彩绘等;但与这些物质实体相并存的,往往还有若干文字资料,如碑刻、匾联、题记、题诗等,这些文字资料,通常即写刻在这些物质实体之上或之旁,成为与这些物质实体共同组成名胜古迹整体、相互间不可分割的一部分。甚至有些名胜古迹,即以文字资料为主体,其物质实体部分反而成了文字资料的陪衬,或仅仅作为文字资料存在的必在条件而存在。我认为,整理、研究有关古籍的同时,应该拿出相当的精力,致力于名胜古迹之中的文字资料的研究和整理。

---

① 本文所述"名胜古迹文字资料"不包括独立存在的记述名胜古迹有关问题的文献资料,仅指与名胜古迹本体不可分割、其本身可作为名胜古迹一部分的有关文字,如名胜古迹中的碑刻文字,匾联,写、刻在名胜古迹上的题记、诗词等。

二

为什么要重视对名胜古迹文字资料的整理、研究呢？我认为理由主要有如下几个。

首先，有利于对名胜古迹的研究。

众所周知，名胜古迹是人们度假游玩、解除疲劳、恢复精力、积极休息的好场所。也是人们学历史、长知识、提高思想觉悟、陶冶情操的重要课堂。名胜古迹是艺术珍品的大荟萃，使游人感到和谐、愉快，得到极大的美的享受。名胜古迹是劳动人民的智慧结晶，也往往是某一种历史问题的实物见证，游客在游览之时，经过一定的启发、引导，热爱劳动人民的思想情绪、爱国主义的情感以及拥护社会主义制度的思想等，往往会油然而生。要想充分发挥名胜古迹的这种作用，必须加强对名胜古迹的研究和宣传。通过研究，把某个名胜古迹的各种情况搞得更加清楚，将其意义发掘得更加深刻，通过宣传，使游客更多地了解某个名胜古迹的有关典故，增加兴致，使之能更清晰地体会到某个名胜古迹之艺术造诣高在何处，其所启示的道理应有哪几条。如果不加强宣传，游客参观时不知其然及其所以然，看不出门道，参观后的结果只能是糊里糊涂，或者所得甚微。而如果不加研究，名胜古迹的有关典故及其价值，就不能为人们所掌握，这样，有关人员即使想向游客进行宣传，也将巧妇难为无米之炊。显然，在发挥名胜古迹的作用上，研究和宣传两者皆不可少，而两者之中，研究是基础，应该走在前面。怎样对名胜古迹加以研究呢？其重要的一个方面，就是要整理和研究名胜古迹中的文字资料。

名胜古迹中的文字资料，有很大一部分本来就是为说明名胜古迹中的其他物质实体而撰写和保存下来的，因此为了搞清名胜古迹的各种状况和有关典故，整理和研究这些文字资料将有极大好处。如北京南池子有个皇史宬，这是明清两代的皇家档案库，专门收藏实录及玉牒等，它建于明代嘉靖年间，于清朝嘉庆年间重修。嘉庆年间清朝重修时，增建了一个"御碑亭"，亭中有石碑《重修皇史宬记》，碑文详记了皇史宬修建的历史状况。不言而喻，如果不对这个碑文进行整理、研究，对于了解皇史宬的修建情况将极为不利。再如杭州钱塘江大桥附近有一个著名的宝塔六和塔，该塔创建于北宋初年，北宋末年方腊起义时毁于兵火，南宋时重修。今存六和塔之砖结构塔身，即为南宋重修建时的遗物，塔身之外有外廊木檐十三层，此系清朝光绪年间所重建。六和塔的这一历史沿革状况，今人靠什么来得知的呢？很重要的凭借即为其中的碑文。如关于北宋年间毁于兵火的情况，南宋重修时所刻《敕赐开化之寺》碑文说："切念开化寺旧有六和塔一座，永镇江潮，后缘方贼烧毁，片瓦不存，遂致江潮泛涨，居民不安，舟楫失利。"这段文字，尽管宣传迷信，对起义军极尽攻击，应该批判，但它反映了北宋末年六和塔毁于兵火的事实，在研究六和塔沿革史时，不能弃置不用。

其次，有利于对名胜古迹之外其他方面历史问题的研究。

名胜古迹一般说存在的时间都比较长，它既作为一种客观存在的物质实体而与自然界的若干自然现象发生关系，也作为一种人类社会活动的产物和人类进行社会活动的一个场所，而与永不停息的某些社会现象发生关系。这就使得名胜古迹身上有可能留下它存在时期所发生过的若干自然现象和社会现象的痕迹。而名胜古迹文字资料，由于是名胜古迹的一部分，也就很容易把这种痕迹体现出来。这样，名胜古迹中的文字资料，就往往不仅对研究名胜古迹本身有用，而且可以用来研究名胜古迹之外的其他方面的历史现象，这些历史现象，既可能是属于自然史范畴的，如地震史、水火风雹灾害史、天文史、地质地理史等，也可能是属于社会史范畴的，如政治史、军事史、经济史、文化史等。这里仅举两例：广东省佛山市有一个名胜叫祖庙，始建于宋。在明代景泰年间，曾由皇帝御赐"灵应祠"一名。原因是，当时这里发生了黄萧养起义，起义失败后，封建统治者为了借用神权威吓农民群众再起，造谣说祖庙中的神灵北帝在这次镇压起义中曾大帮其忙。上述情况，在祖庙的碑文中即有记载。这个碑文的内容，在今天看来，对于研究黄萧养起义时期的阶级斗争，无疑是提供了宝贵的资料。山东曲阜孔庙、孔府和孔林中，保存有大量碑碣石刻，其中孔庙2000块，孔林1000余块，孔府100余块。这些碑碣早的刻制于西汉，晚的刻制于清朝，其内容涉及的方面，既有政治、经济、军事、文化，又有地震、水灾、旱灾等。可见，曲阜孔庙、孔府、孔林的这些碑碣也可用于研究孔庙、孔府、孔林以外的若干方面的历史状况。

最后，名胜古迹中的文字资料数量大。

如前所述，名胜古迹中的文字资料，虽然无人了解其确切数量，但数量相当庞大是确定无疑的。唯其数量大，这就使之倘能充分整理研究，作用必然不小。可以说，现在学术界对名胜古迹中文字资料的整理利用，尚极端不充分，但即使如此，翻开学者们所写的若干历史论文和历史著作等，却已经可以看到许多问题是靠引证这类资料而得以解决的，这类资料在学术研究上已经发挥了不可忽视的作用。如果将来对这类资料作系统全面的整理、研究，不难想象，其作用必将大得惊人。

三

怎样整理、研究名胜古迹中的文字资料呢？笔者对此甚乏经验，仅就管窥所及，提出下列几个方面，敬请读者指正。

第一，要首先重视对某一名胜古迹中最体现特点的文字资料的整理、研究。

凡是名胜古迹，都是人们游览休息的场所，都能给人以深刻的启示，是人们受教育的课堂，这是他们的共性。而共性存在于个性之中，每个名胜古迹又有自己独特的地方，它们都是通过自己的特色来吸引游客，从而发挥游览休息场所和启发教育课堂的作用。因此，在整理、研究某一名胜古迹的文字资料时，应该首先抓住体现这一名胜古迹的特色部分，这样才算抓住了重点，才能更有意义。

如，福建南安县丰州镇金鸡村有山名为九日山，山上有宋、元、明、清摩崖刻石70余处，宋刻居多，其中有价值的是宋代泉州市舶司所搞的祈风记事刻石。当时，每年春夏季外国商船靠东南季风来泉州，秋季乘西北季风离去，每当外国商船扬帆季节，管理外国商船事宜的泉州市舶司官员和泉州郡守，即登九日山为之祈风，祈风之后往往刻石山上以作纪念。这些祈风刻石，反映了当时中国与外国的友好往来和商业贸易联系，意义甚大，因而也便成了九日山名胜的主要特色。当我们整理、研究九日山的文字资料时，首先注意的应是哪些呢？毫无疑问，只能是这些祈风刻石。只有这样处理，才是抓住了精华。

成都是三国时代蜀国的都城，大政治家、大军事家诸葛亮在这里治国整军，立下了功业，创造了许多有价值的经验。后人为了纪念他，颂扬他的业绩，学习他的治国治军经验，在成都为之建立了武侯祠。祠内有历代所作对联30多副，其中大多数是总结诸葛亮一生事业的，可为后人之鉴。如光绪年间写的一副对联说："能攻心则反侧自消，自古知兵非好战；不审时即宽严皆误，后来治蜀要深思。"可见，成都武侯祠的特色即在于总结诸葛亮的业绩和经验。武侯祠的这一特色，曾引起毛泽东同志的注意，据说1958年春天，毛泽东同志巡视各地，来到成都，当他参观武侯祠时，看了许多对联，对上面我所提到的那一副，看得尤细，后来，他还要求把全部的武侯祠对联都收集起来。武侯祠的特色既然在于总结诸葛亮的业绩和经验，这样，当我们整理和研究这里的文字资料时，就应该首先注意反映这一特色的有关内容。上述毛泽东同志来到武侯祠时对这里的对联的特殊关心，对于我们正确确定这里的文字资料整理研究重点，应当说具有极大的启发。

第二，要对名胜古迹中的文字资料进行多角度的整理、研究。

对于名胜古迹中最体现特点的文字资料，要首先进行重点整理和研究，这是正确的。但我们的整理和研究工作不能仅限于此。有"首先"，就要有"其次"，如果没有"其次"，所谓"首先"就不是"首先"，而是"仅仅"了。如前所述，名胜古迹中的文字资料，可以反映多方面的情况，而如果我们不对它们进行多方面的整理和研究，就无法充分发挥这些文字资料的作用。因此，在保证有关名胜古迹特色的文字资料能够首先进行充分整理和研究的前提下，还必须注意对反映其他情况的文字资料用适当的精力进行一定的整理和研究，只有这样，才能充分发挥名胜古迹中文字资料的作用。

第三，要重视碑碣资料。

碑碣资料之所以应予重视，是因为这类资料在名胜古迹文字资料中，从数量上讲是大宗。几乎所有的名胜古迹中都有碑碣，而且每个名胜古迹中不止一个。数量既多，作用也便较大，地位较重要；因此在整理名胜古迹文字资料时，对它绝不容忽视。

碑碣资料之所以应予重视，还因为这类资料一般写得较长，内容比较系统。一般说，前人之所以在名胜古迹中刻立碑碣，是为了向后人宣传某一事件、某一事物等，因此，除了那些类似标牌等的碑碣外，碑碣的文字必须写得比较系统全面，本末毕具，否则便不能达到目的。如明朝末年，我国蒙古族的一支土尔扈特部因故由中国迁往伏尔加河下游，在那里遭到沙皇俄国的奴役，到清朝乾隆年间，他们忍无可忍，毅然决定重返祖国。乾隆三十五年出发，沿途战胜沙俄军队的追袭阻拦，于第二年六月胜利抵达祖国的土地。它们归来后，受到清政府的欢迎和妥善安置，其首领还被接到热河承德，由清高宗接见慰问。为了纪念这一有历史意义的事件，清高宗在承德普陀宗乘之庙中，竖立了两个石碑，其碑文一个叫《土尔扈特全部归顺记》，一个叫《优恤土尔扈特部众记》。这两个石碑迄今犹存。如果我们读一读这两个碑文，便会发现它们都写得相当长，前者有1500余字，后者1400余字，对于事情的前因后果、来龙去脉、交代得也非常清楚。名胜古迹中的碑碣资料在内容上既有这样的优点，这便使我们不应不对它给予特别的重视。

第四，要重视诗词对联资料。

文人骚客来到名胜古迹，或因美景的诱发，或受古人古事的激动，免不了感慨万千，从而吟咏诗词、撰写对联等，以抒发感受，显露才华，因此，名胜古迹中写刻的诗词对联等比比皆是。这又是名胜古迹文字资料中的一个大宗。对于这类资料，在整理名胜古迹文字资料时，也应给予特别的重视。其原因也有两条，第一在于多，第二在于除了无病呻吟者外，它们每一首或每一副字数尽管不多，但却往往极为集中概括地反映出了有关名胜古迹的主要特点、价值以及有关典故等。这里仅对第二个原因举例加以说明。

江苏扬州法净寺内有一名胜叫平山堂，是宋代欧阳修所修，时欧阳修任扬州太守，常与宾客们在堂中饮宴；此堂的风光特点是，可以由此远望长江以南的山峦。清代福建人伊秉绶（1754—1815年）曾为此堂写过一副对联，其内容是："过江诸山，到此堂下；太守之宴，与众宾欢。"用字不过十六个，但却将平山堂自然风光的主要特色和有关的主要历史掌故，全部包括进来。当我们整理研究平山堂的文字资料时，如果注意到了这副对联，无疑对于准确地把握平山堂的主要特色、准确地了解平山堂的主要掌故，将是十分有益的。由此例可知，名胜古迹中的诗词对联等文字资料，价值甚大，在整理研究名胜古迹资料时，万万不可不给予足够的重视。

第五，对于片断资料不可轻易放过。

名胜古迹中的文字资料，除去字数较多者外，仅有只言片语者也大量存在。人们对字数较多者一般容易引起注意，而对于只言片语者则往往以其为鸡零狗碎，不加重视。其实这是不正确的。字数多者固应特别重视，只有只言片语者，也不能轻易放过。因为这些片断资料，很可能记载了他处所不见的内容，或可以有力地印证他处记载的内容。如蓟县独乐寺观音阁正中的匾额上，除"观音之阁"四个大字外，旁边还有"太白"两个小字，这两个小字，可谓只言片语，但却很有价值。有人认为这是唐代大诗人李白来过蓟县的证据。这一看法，虽然现在还无法得到进一步证明，但在研究李白生平时，这个匾额上的这两个小字，就不应不予提到。由此看来，在整理、研究独乐寺文字资料时，这"观音之阁"匾上的"太白"两字，是无论如何也不能忽视的。再如厦门南普陀山摩崖石刻，有如下一段文字："万历辛丑四月朔，三山陈第宛陵沈有容，同登兹山，骋望极天，徘徊竟日。"陈第是明代著名的诗人和藏书家，但《明史》等史书并未为他立传，这个摩崖石刻文字虽然不多，但却提供了他的一条生平资料，其价值显然是很大的，属于难得者之列（按，查有关资料，知陈第有清人和近人所撰年谱两种存世，因未找到原书，不知这两种年谱中是否记载有陈第的这次登山之举。倘失载，南普陀山的这个摩崖石刻即可作其补充；倘有载，南普陀山的这个摩崖石刻则可作为原始资料而对之加以印证，其价值仍是很大的）。可见，在整理研究厦门南普陀山文字资料时，这个摩崖石刻也不能因为只言片语而轻易放过。

第六，要注意与有关文献资料相对照。

在整理、研究名胜古迹中的文字资料时，要注意与有关的文献资料对照起来进行。有关的文献资料包括两大类。一类是专门记载某一名胜古迹的，如蓟县名胜盘山有《盘山志》，河北省避暑胜地北戴河海滨有《北戴河海滨志略》，福建名胜鼓山有《鼓山志》。一类是在其若干章节中记载有关情况的书籍。如各府州县的方志和某些笔记、史书等。整理、研究名胜古迹中的文字资料时，之所以应与它们相对照，起码有如下两个原因。一是可以订补文字。名胜古迹中的文字，由于年代久远，难免因各种原因而遭到损害，漫漶不清之处大量存在，有的还可能经过后人改篡，字迹虽清，内容与原貌或有差异。这些，都需要查阅有关文献，加以考证，以搞清原貌。如昆明大观楼有一副长达180字对联，由于思想价值和艺术成就甚高，被誉为"第一长联"。此联原为清初昆明人孙髯翁所撰，道光时曾经阮元改篡，现存楼上者为清光绪十四年岑毓英据孙髯翁旧句重立，但实际上个别字词与孙氏原联仍有差别。如果不查阅有关文献，对这副对联的来龙去脉就不会了解，而查阅了有关文献，才能心中有数，知其字词之差别。整理、研究名胜古迹中的文字资料时,之所以应与有关文献资料相对照的第二个原因,是可以由此了解更多的情况,从而加深对名胜古迹中文字资料的理解,使其中的疑点得以解决,若有差误也可发现。如扬州广储门外梅花岭右有南明抗清将领史可法衣冠冢,墓西有史公祠,祠有清人蒋士铨所撰对联一副:"读生前浩气之歌,废书而叹;结再世孤忠之局,过墓生哀。"这副对联是什么意思呢?查《明史》卷274《史可法传》,其中开头一段:"史可法……(母)尹氏有身,梦文天祥入其舍,生可法。"读过这一段话,对联的含义就可以搞清楚了。原来,史可法按照《明史》的说法,乃是文天祥转世。所谓"生前浩气之歌",乃是指文天祥所写的《正气歌》,该诗抒写了忠于故国、不畏磨难的浩然之气。由于将文天祥当作史可法的前身,所以,文天祥的《正气歌》便可看作史可法"生前"之作。由于文天祥和史可法都是在一个王朝末期对故国忠贞不渝之人,即所为"孤忠",而史可法又是文天祥的转世,所以史可法的"孤忠"之举乃是"结"了"再世孤忠之局"。再如山海关附近一个小山包上有一个著名的孟姜女庙,庙中有副对联,其文字是:"秦皇安在哉,万里长城筑怨;姜女未亡也,千秋片石铭贞。"这个对联的含义是:秦始皇当年强迫人民修万里长城,给人民带来了极大痛苦,现在他本人虽然已经死去多时了,而其残暴专横却永远不会被人们忘记;孟姜女新婚的丈夫当时曾被秦始皇征去充当修长城的夫役,并死在那里,孟姜女为了看望自己的丈夫,曾不远万里来到长城边,面对长城号啕大哭,现在孟姜女庙所在的这座名叫望夫石的小山包,将永远刻下孟姜女对爱情坚贞不渝的节操。这个对联所写的内容可靠吗?如果查一下有关文献资料,即可发现,这不过是一个由先秦以来逐渐形成的文学故事,历史上根本没有这件事。否则,倘不查文献资料,仅读这副对联,将视之为信史，这岂不是出了大笑话！

第七，对名胜古迹文字资料的含义，要进行认真研究，慎重地加以解释。

名胜古迹的文字资料，往往构思巧妙，言简意赅，解释不易。遇到这种情况，应该认真研究，仔细琢磨，而后找出正确的答案，切忌草率对待，相信道听途说。如我国沿海一带名胜古迹中，常有利用"朝"、"长"二字的双音多义和同音假借、巧妙组合的一种叠字联绵对联，各地字数略有出入，大体有三种组合形式：

朝朝朝朝朝朝朝　长长长长长长长
朝朝朝朝朝夕　长长长长长长消
海水朝朝朝朝朝朝朝落　浮云长长长长长长长消

第二、第三种组合形式，人们的理解大体相同，一般认为应读作：

朝朝朝，朝朝潮汐；　常常涨，常常涨消。
海水潮，朝朝潮，朝潮朝落；　浮云长，常常长，常长常消。

对第一种，人们的解释存在分歧，一派认为应读作：

朝朝，朝朝，朝朝朝；　常长，常长，常常长。

意谓：天天早上朝见皇帝，经常生长不息。另一派认为应读作：

朝潮，朝潮，朝朝潮； 常长，常长，常常长。

意谓：天天早上有潮，经常生长不息。这两派解释哪一个比较合适呢？倘加认真思考，结论当是：前一派意见不如后一派意见有说服力。这是因为，这是存在于沿海地区名胜古迹的对联，而那里自然景观的重要组成部分乃是潮汐的涨落，因此，这副对联被解释成描述潮汐涨落的景观，就与周围环境谐调了起来。此外，这里天高皇帝远，政治空气相对来说不太浓重，将这里的对联往封建政治方面解释，也显得比较牵强。这一事例充分说明，对名胜古迹的文字资料进行整理和研究时，进行仔细分析是十分必要的，否则便不能给予正确的解释。

　　第八，整理、研究者要努力学习，丰富自己的知识。

　　整理、研究一切古典文献，都需要有丰富的知识，而整理、研究名胜古迹中的文字资料尤其需要如此。这是因为，名胜古迹是体现高度文明的文化遗产，其中的文字资料，一般说来，比较艰深，涉及的内容往往很专，典故运用甚多，而且采自古今中外，如此等等。如果整理、研究者没有相当的文化修养，知识不是相当渊博，要想胜任这类工作，显然是不可能的。在对整理、研究者的知识结构要求中，掌握各种工具书的运用，是一个十分重要的组成部分。名胜古迹文字资料所涉及的知识领域几乎是无限的。这使整理、研究者的知识不论丰富到什么程度，也不可能将之穷尽，总有不太懂或根本不懂的难点。因此，整理、研究者应该懂得运用查找方便、内容准确、专为人们解决疑点所写的各种工具书，只有这样，才能够把许多疑点克服掉。由此可见，努力学习，以掌握丰富的知识，特别是掌握工具书，对于一个名胜古迹文字资料整理研究者来说，是多么样的重要。

解开天津右卫创建史上的两个谜团

明成祖"靖难"成功后,在今天津地区先后创建天津卫、天津左卫和天津右卫,这成为天津市设卫建城的开始。其中关于天津右卫的创建,有两个谜团尚未有人加以解释,这两个谜团不仅涉及天津右卫本身的掌故,而且关系天津设卫建城的时间,甚有解释的必要。兹就考察所得,试加解释。

一 关于天津右卫的创建时间

迄今为止,凡谈天津右卫创建时间者,无不说是永乐四年。其最早的史料依据,乃为《明太宗实录》卷61永乐四年十一月甲子(八日)记事:"改青州右卫为天津右卫。"① 其后,官私史志等书皆沿其说。如明景泰年间所纂官书《寰宇通志》卷2《河间府·公廨》称:"(永乐)四年,调天津右卫守御。"② 明清之际人谈迁所著《国榷》卷14永乐四年十一月甲子(八日)记事称:"青州右卫改天津右卫。"③ 清康熙十三年薛柱斗纂《天津卫志》卷1《沿革》之"卫名"条下注云:"(永乐)四年,调补右

---

① 台北"中研院"历史语言研究所校印本《明实录》第七册第882页。
② 《玄览堂丛书续集》本,第39册。
③ 谈迁:《国榷》,第1册,第981页,古籍出版社1958年出版。

卫。"①《寰宇通志》修成后，适逢明英宗复辟，为使景帝不得擅有撰修全国通志的美誉，明英宗令李贤等对此书加以增删，成《大明一统志》一书，其中关于天津右卫创建时间的文字，大体沿用《寰宇通志》之旧；至乾隆四年刊行之《天津县志》，关于天津右卫创建时间的记载，又直接转引《大明一统志》之记载，称："按《明一统志》：……（永乐）四年，复调天津右卫以守备。"②

这样说来，天津右卫创建时间为永乐四年似无任何疑义。但事情原非如此简单。就在最早记载天津右卫创建于永乐四年的《明太宗实录》中，于其卷17永乐元年二月辛亥（四日）记事内，有如下一条记事："以燕山左、燕山右、燕山前、大兴左、济州、济阳、真定、遵化、通州、蓟州、密云中、密云后、永平、山海、万全左、万全右、宣府前、怀安、开平、开平中、兴州左屯、兴州右屯、兴州中屯、兴州前屯、兴州后屯、隆庆、东胜左、东胜右、镇朔、涿鹿、定边、玉林、云川、高山、义勇左右中前后、神武左右中前后、武成左右中前后、忠义左右中前后、武功中、卢龙、镇虏、武清、抚宁、天津右、宁山六十一卫，梁成、兴和、常山三守御千户所，俱隶北京留守行后军都督府。"③ 这就是说，在永乐四年以前年，"天津右卫"这一名称就已经出现在明政府的档案之中了。这是否意味着那时天津右卫已经创建？如果回答是肯定的话，那么所谓永乐四年创建天津右卫之说就不能成立了。这显然是天津右卫创建问题中的一个谜团，

---

① 《新校天津卫志》卷1第2页上，民国二十三年九月刊。
② 清乾隆《天津县志》，卷3《舆地志》第19页上。
③ 台北"中研院"历史语言研究所校印本《明实录》第六册第302—303页。

有待破解。由于天津右卫创建于永乐四年之说有大量史料记载作支持,因而破解这个谜团的关键似乎在于能够说明《明太宗实录》卷17永乐元年二月辛亥(四日)记事中虽然记有"天津右卫",但并不意味着这时天津右卫已经创建。对于这一点,笔者经过调查分析有关资料,圆满地解决了这个问题。

笔者逐个调查了《明太宗实录》卷17永乐元年二月辛亥(四日)记事中所载各卫所(天津右卫除外)的创建时间,其结果为:

燕山左卫:《明太祖实录》卷34洪武元年八月癸未记载:"诏大将军徐达置燕山等六卫,以守御北平。于是达改……乐安卫为燕山左卫。"可见,燕山左卫创建于洪武元年八月。

燕山右卫:《明太祖实录》卷34洪武元年八月癸未记载:"诏大将军徐达置燕山等六卫,以守御北平。于是达改……济宁卫为燕山右卫。"可见,燕山右卫创建于洪武元年八月。

燕山前卫:《明太祖实录》卷44洪武二年八月庚寅记载:"置燕山前后二卫。"可见,燕山前卫创建于洪武二年八月。

大兴左卫:《明太祖实录》卷34洪武元年八月癸未记载:"诏大将军徐达置燕山等六卫,以守御北平。于是达改飞熊卫为大兴左卫。"可见,大兴左卫创建于洪武元年八月。

济州卫及济阳卫:《明太祖实录》卷55洪武三年八月记载:"(是月)改设彭城、济阳、济州三卫于北平。"《明太祖实录》卷66洪武四年六月甲辰记载:"置彭城、济川(州)、济阳三卫于北平。"以上两条记载稍有矛盾,殆因追求节省文字,致使词不达意,造成矛盾;似为洪武三年八月决定此事,而具体实施乃在洪武四年六月。但不管这个推测是否准确,由这两条记载看,济州、济阳二卫之创建肯定早于洪武三年八月。

真定卫:《寰宇通志》卷4《真定府·公廨》记载:"(真定

卫指挥使司公廨）在府治东南，洪武三年建。"《明太祖实录》卷197洪武二十二年九月己丑记载："诏北平都指挥使司以真定、山海、密云、永平、蓟州、遵化诸卫及居庸关千户所马军，各编队伍操练，又于步军内简壮勇堪充马军者，令赴京给马。"综合这两条记载可见，真定卫当创建于洪武初。

遵化卫：《明太祖实录》卷119洪武十一年九月丁亥记载："置遵化卫指挥使司。"可见，遵化卫创建于洪武十一年九月。

通州卫：《明太祖实录》卷25吴元年九月癸卯记载："置金吾左、金吾右、虎贲左、虎贲右，及兴化、和阳、广陵、通州、天长、怀远、崇仁、长河、神策等卫。"《明太祖实录》卷48洪武三年正月庚子记载："置通州卫指挥使司，以安吉卫军隶之。"《明太祖实录》卷76洪武五年十一月丁未记载："（以）通州、吴兴二卫并龙骧卫。"《明太祖实录》卷93洪武七年九月记载："是月燕山都卫指挥使朱杲、通州卫指挥佥事郑治、汝宁卫指挥佥事冯俊、密云卫指挥佥事张斌等率师出古北口防秋，卒遇胡寇，皆力战而死。上命所司厚恤其家，亲制文遣官临祭。"《明太宗实录》卷2建文元年六月甲戌记载："通州卫指挥房胜等率众以城来降。"《寰宇通志》卷1《顺天府·公廨》记载："（通州卫指挥使司公廨）在通州治南，洪武三十五年建，隶兵部。"以上数条记载，间有互相矛盾之处，但能得出结论：永乐元年二月以前，通州卫已经创建。

蓟州卫：《明太祖实录》卷67洪武四年七月辛未记载："置蓟州卫指挥使司。"可见，蓟州卫创建于洪武四年七月。

密云中卫：《寰宇通志》卷1《顺天府·公廨》记载："（密云中卫指挥使司公廨）在密云县治东，洪武四年建。"光绪《密云县志》卷4之3《兵制考·明季各营卫》记载："密云中卫，洪武五年置，驻县旧城。"可见，密云中卫创建于洪武五年。

密云后卫：《寰宇通志》卷1《顺天府·公廨》记载："（密云中卫指挥使司公廨）在密云县东北百二十里，洪武十一年为防御千户所，三十年改今卫。"光绪《密云县志》卷4之3《兵制考·明季各营卫》记载："密云后卫，洪武十一年（《明史》作'十二年九月'）置守御千户所于古北口城，三十年改为后卫。"《明太祖实录》卷126洪武十二年九月丙辰记载："置北平永宁卫指挥使司及古北口守御千户所。"可见，密云后卫创建于洪武三十年。

永平卫：《明太祖实录》卷48洪武三年正月丁巳记载："置永平卫。"弘治《永平府志》卷5《兵制》："永平卫（公廨），在守备厅南，洪武四年建，正统七年本卫指挥程晟重修。"可见，永平卫创建于洪武三年正月。

山海卫：《明太祖实录》卷139洪武十四年九月甲申记载："置北平山海卫指挥使司。"《寰宇通志》卷3《永平府·公廨》记载："（山海卫指挥使司公廨）在抚宁县关口，洪武十四年建。"弘治《永平府志》卷5《兵制》记载："山海卫（公廨），在山海关城中，洪武十四年创建。"可见，山海卫创建于洪武十四年九月。

万全左卫及万全右卫：《明太祖实录》卷225洪武二十六年二月辛巳记载："置大同后卫及东胜左右、阳和、天城、怀安、万全左右、宣府左右于大同之东。"民国二十四年刊《察哈尔省通志》卷1《疆域编·察哈尔省沿革·明》记载："（万全左卫）（洪武）二十六年二月置卫，属山西行都司，三十五年徙治山西蔚州，永乐元年二月徙通州"；又记载："（万全右卫）洪武二十六年二月置，与左卫同城，属山西行都司，三十五年徙治山西蔚州，永乐元年徙治通州。"可见，万全左卫及万全右卫均创建于洪武二十六年二月。

宣府前卫：《寰宇通志》卷7《万全都司·建置沿革》记载："宣府前卫指挥使司（公廨），（与宣府左、右二卫指挥使司公廨）俱附郭，洪武二十六年建。"民国二十四年刊《察哈尔省通志》卷1《疆域编·察哈尔省沿革·明》记载："宣府前卫，洪武二十六年置，治宣府城。"可见，宣府前卫创建于洪武二十六年。

怀安卫：《明太祖实录》卷225洪武二十六年二月辛巳记载："置大同后卫及东胜左右、阳和、天城、怀安、万全左右、宣府左右十卫于大同之东。"《寰宇通志》卷7《万全都司·建置沿革》记载："怀安卫指挥使司：在宣府城西百二十里……国朝洪武二十六年城于此，建怀安卫。"民国二十四年刊《察哈尔省通志》卷1《疆域编·察哈尔省沿革》记载："怀安卫：元怀安县，属兴和路，洪武三年属兴和府，改属山西大同府，寻废，二十六年置卫，属山西行都司。"可见，怀安卫创建于洪武二十六年二月。

开平卫：《明太祖实录》卷249洪武三十年正月辛未记载："城开平卫。先是，上命中军都督同知盛熙调山海卫五所官军往开平立卫，发北平都司属卫军士城之，至是讫工。复命熙分调北平等都司军马屯守，于农隙讲武，以备不虞。"民国二十四年刊《察哈尔省通志》卷1《疆域编·察哈尔省沿革》记载："开平卫：元上都路，直属中书省，洪武二年为府，属北平行省，寻废府置卫，属北平都司，永乐元年二月徙治京师。"可见，开平卫创建于洪武年间。

开平中卫：未见有关其创建时间的资料。

兴州左屯卫、兴州右屯卫、兴州中屯卫、兴州前屯卫及兴州后屯卫：皆未见有关其创建时间的资料。

隆庆卫：《寰宇通志》卷7《隆庆州·公廨》记载："隆庆卫指挥使司（公廨），在州城东南五十里居庸关，洪武三十五年建。"光绪《延庆州志》卷12《事略》记载:"建文四年,燕王置龙庆卫于居庸关。"可见,隆庆卫创建于建文四年。

东胜左卫及东胜右卫:《明太祖实录》卷225洪武二十六年二月辛巳记载:"置大同后卫及东胜左右、阳和……十卫于大同之东……皆筑城置兵屯守。"《明太祖实录》卷12下洪武三十五年九月乙巳记载:"命都督陈用、孙岳、陈贤移山西行都司所属诸卫官军于北平之地,设卫移屯种,云川卫于雄县……东胜左卫于永平府,东胜右卫于遵化县。"弘治《永平府志》卷5《兵制》记载:"东胜左卫(公廨),在守备厅东北,旧属山西行都司,永乐元年移建于此,成化十五年指挥使张纲重修。"可见,东胜左卫及东胜右卫皆创建于洪武二十六年二月。

镇朔卫:《明太祖实录》卷225洪武二十六年二月辛巳记载:"置大同后卫及东胜左右……十卫于大同之东,高山、镇朔……七卫于大同之西,皆筑城置兵屯守。"《明太宗实录》卷12下洪武三十五年九月乙巳记载:"命都督陈用、孙岳、陈贤移山西行都司所属诸卫官军于北平之地,设卫移屯种,云川卫于雄县……镇朔卫于蓟州。"可见,镇朔卫创建于洪武二十六年二月。

涿鹿卫:民国二十五年《涿县志》第二编第一卷《旧廨》记载:"涿鹿卫(公廨),在参将署西,明永乐七年建。"同书第二编第二卷《正纪》记载:"永乐七年建涿鹿卫。"《寰宇通志》卷1《顺天府·公廨》记载:"涿州卫指挥使司(公廨),在涿州治西北,永乐七年建。"《明太宗实录》卷94永乐七年七月甲申记载:"置涿州卫经历司经历。"可见,涿鹿卫创建于永乐七年。

定边卫:《明太祖实录》卷225洪武二十六年二月辛巳记载:"置……高山、镇朔、定边……七卫于大同之西,皆筑城置兵屯守。"《明太宗实录》卷12下洪武三十五年九月乙巳记载:"命都督陈用、孙岳、陈贤移山西行都司所属诸卫官军于北平之地,设卫移屯种……定边卫于通州。"《寰宇通志》卷1《顺天府·公廨》记载:"定边卫指挥使司(公廨),在通州南二里,洪武三十五年添设。"可见,定边卫创建于洪武二十六年二月。

玉林卫:《明太祖实录》卷225洪武二十六年二月辛巳记载:"置……高山、镇朔、定边、玉林……七卫于大同之西,皆筑城置兵屯守。"《明太宗实录》卷12下洪武三十五年九月乙巳记载:"命都督陈用、孙岳、陈贤移山西行都司所属诸卫官军于北平之地,设卫移屯种……玉林卫于定州。"可见,玉林卫创建于洪武二十六年二月。

云川卫:《明太祖实录》卷225洪武二十六年二月辛巳记载:"置……高山、镇朔、定边、玉林、云川……七卫于大同之西,皆筑城置兵屯守。"《明太宗实录》卷12下洪武三十五年九月乙巳记载:"命都督陈用、孙岳、陈贤移山西行都司所属诸卫官军于北平之地,设卫移屯种,云川卫于雄县。"可见云川卫创建于洪武二十六年二月。

高山卫:《明太祖实录》卷225洪武二十六年二月辛巳记载:"置高山……七卫于大同之西,皆筑城置兵屯守。"《明太宗实录》卷12下洪武三十五年九月乙巳记载:"命都督陈用、孙岳、陈贤移山西行都司所属诸卫官军于北平之地,设卫移屯种……高山卫于保定府。"可见,高山卫创建于洪武二十六年二月。

义勇左卫、义勇右卫、义勇中卫、义勇前卫及义勇后卫:未见有关其创建时间的资料。

神武中卫:《国榷》卷11建文三年十二月丙辰记载:"置神武中卫、锦川卫。"《寰宇通志》卷1《顺天府·公廨》记载:"神武中卫指挥使司(公廨),在通州南一里,洪武三十三年添设。"可见神武中卫创建于建文三年十二月。

神武左卫、神武右卫、神武前卫及神武后卫:未见有关其创建时间的资料。

武成左卫：《明太宗实录》卷13洪武三十五年十月壬戌记载："升武成左卫指挥使杨青、蓟州卫指挥使李贵、潼关卫指挥同知吴凯、骁骑右卫指挥佥事王聚俱为都指挥佥事，凯任江西、聚湖广、青陕西都司，贵山西行都司。"可见，武成左卫创建于洪武三十五年即建文四年十月之前。

武成右卫、武成中卫、武成前卫、武成后卫：未见关于其创建时间的资料。

忠义中卫：《明太宗实录》卷15洪武三十五年十二月戊辰记载："升……羽林前卫千户谢荣……忠义中卫千户樊荣……俱为指挥佥事。"可见，忠义中卫创建于洪武三十五年即建文四年十二月以前。

忠义左卫、忠义右卫、忠义前卫、忠义后卫：未见关于其创建时间的资料。

武功中卫：万历《明会典》卷124《兵部·都司卫所·亲军卫》记载："武功中卫：洪武年间设。"《明史》卷90《兵制》2记载："武功中卫：洪武年间设。"可见武功中卫创建于洪武年间。

卢龙卫：《寰宇通志》卷3《永平府·公廨》记载："卢龙卫指挥使司（公廨），在永平卫南，永乐四年建。"弘治《永平府志》卷5《兵制》记载："卢龙卫（公廨），在守备厅南，永乐四年建，成化十九年指挥使李玉重修。"《明太宗实录》卷54永乐四年五月甲寅记载："置北京卢龙卫经历司经历一员。"可见，卢龙卫创建于永乐四年。

镇房卫：《明太祖实录》卷225洪武二十六年二月辛巳记载："置高山……镇房、宣德七卫于大同之西，皆筑城置兵屯守。"《明太宗实录》卷12下洪武三十五年九月乙巳记载："命都督陈用、孙岳、陈贤移山西行都司所属诸卫官军于北平之地，设卫移屯种……镇庼卫于涿州。"可见镇庼卫创建于洪武二十六年二月。

武清卫：《明太宗实录》卷51永乐四年二月乙酉记载："命兵部以有罪当谪戍者实新设武清卫。"《寰宇通志》卷1《顺天府·公廨》记载："武清卫指挥使司（公廨），在武清县治东，永乐四年建。"可见，武清卫创设于永乐四年初。

抚宁卫：《寰宇通志》卷3《永平府·公廨》记载："抚宁卫指挥使司（公廨），在抚宁县北三里，永乐三年建。"弘治《永平府志》卷5《兵制》记载："抚宁卫，在抚宁县城内西北，永乐三年建，成化四年指挥使陈恺重修。"光绪三年刊《抚宁县志》卷4《公署》所录乡进士周良臣《原设抚宁卫记》记载："抚宁，古骊城地也，属右北平郡，东汉以来废矣，逮至永乐三年，创设抚宁卫。"可见，抚宁卫创建于永乐三年。

宁山卫：《明太祖实录》卷119洪武十一年七月癸未记载："置宁山卫指挥使司。"可见，宁山卫创设于洪武十一年七月。

梁成守御千户所：应作梁城守御千户所。《寰宇通志》卷1《顺天府·公廨》记载："梁城守御千户所（公廨），在宝坻县东南百四十里，洪武三十三年建，属后军都督府。"乾隆《宁河县志》卷8《人物》记载："于本，江南金坛县人，寄居宝坻县之俵口乡（今属宁河），凤娴勇略，建文三年都督陈贤招募从军。哨芦台，杀退东军，在梁城招募新军。累功升本所守御千户，仍以百户守御直沽海口，哨探东军声息。十二月，征哨沧州河南泥沽村，擒德州卫赋军王果住等五名。四年征哨草头沽。"光绪重修《宁河县志》卷3《建置·城池》记载："梁城，五代刘仁恭为镇时筑，仁恭曾封梁王，故名。久废，遗城无存。明置梁城守御千户所，国朝因之，改置千总，雍正九年即其地改设宁河县。"可见，梁成（城）守御千户所创建于洪武三十三年即建文二年。

兴和守御千户所：《明太宗实录》卷249洪武三十年正月庚

辰记载:"置兴和、怀来二守御千户所,调大兴左卫、永清右卫官军守之。"民国二十四年《察哈尔省通志》卷1《疆域编·察哈尔省沿革》记载:"兴和守御千户所,元隆兴路,直隶中书省,皇庆元年十月改为兴和路,洪武三年为府,属北平布政司,四年府废,三十年正月置所,永乐元年直隶后军都督府,二十年为阿鲁台所攻,徙治宣府卫城,而所地遂虚。"可见,兴和守御千户所创建于洪武三十年正月。

常山守御千户所:未见有关其创建时间的资料。

对以上所述《明太宗实录》卷17永乐元年二月辛亥(四日)记事中所载各卫所(天津右卫除外)创建时间的逐个调查加以总结,可知63个卫所中,创建于永乐元年二月以前的为35个(其中卫33个,千户所2个),在总数中约占55.6%,未知创建时间的为24个(其中卫23个,所1个),在总数中约占38%,创建于永乐元年二月以后的为4个(抚宁卫创建于永乐三年,武清卫创建于永乐四年初,卢龙卫创建于永乐四年,涿鹿卫创建于永乐七年),在总数中约占6.3%。这样的调查结果说明:《明太宗实录》卷17永乐元年二月辛亥(四日)记事中所载的各卫所,既有已经创建者,也有尚未创建者,这些尚未创建者在当时应当只是拟议创建。由此可知,某个卫所名称载入了《明太宗实录》卷17永乐元年二月辛亥(四日)的记事中,并不意味着这时它已经创建,只有在发现了其他能够证明这时它确已创建的资料根据后,才能确认其这时已经创建,否则就不能作这样的判断。而进入这个记事中的"天津右卫",迄今为止没有发现过其他能够证明这时它确已创建的资料根据。同时,触目皆是的资料在显示着天津右卫创建的时间为永乐四年。这样,如下的结论当是不可怀疑的:天津右卫之进入《明太宗实录》卷17永乐元年二月辛亥(四日)的记事中,不过是说明这时该卫已在拟议创建中,至于其实际的创建时间乃是永乐四年，换言之，天津右卫创建于永乐四年之说不可动摇。

二 关于天津右卫的前身

天津右卫之创设，并非凭空筹建，而是以旧有的军卫改调而成。那么，天津右卫的前身是什么军卫呢？这是天津右卫创建史上的又一个谜团。

本文第一部分所引《明太宗实录》卷61永乐四年十一月甲子记事及谈述《国榷》卷14永乐四年十一月甲子记事，都称其前身为青州右卫，即天津右卫由青州右卫改调而来。这两条记事已在本文第一部分全文引出，这里不再赘引。

但另有许多文献，将天津右卫的前身记为青州的左护卫。如徐溥等撰《明会典》卷108《兵部》3之《五军都督府所属卫所·左军都督府·山东都司》，在"青州左护卫"下注云："后为天津右卫"；万历《明会典》卷124《兵部》7之《五军都督府所属卫所·左军都督府》，在"山东都司"下注云："旧有青州左护卫，后改天津右卫"，同书同卷之《五军都督府所属卫所·后军都督府·直隶》，在"天津右卫"下注云："旧青州左护卫"；何乔远：《名山藏·舆地记·北京》在"天津右卫"下注云："旧青州左护卫"[1]；《明史》卷90《兵制》2所记洪武二十六年所定卫所部分，在"青州左护卫"下注云："后为天津右卫"，同书同卷所记永乐以后卫所部分，在"山东都司"下注云："旧有青州左护卫，后改天津右卫"，在"天津右卫"下注云："旧青州左护卫"。

---

[1] 《北京大学图书馆藏善本丛书·明清史料丛编》，第四册，第2689页，北京大学出版社1993年版。

两种说法孰正孰误呢？倘广泛搜集资料进行分析，其谜底也是可以找到的。

据《明太祖实录》卷101洪武八年十月癸丑记事称："置青州左右二卫指挥使司"；而嘉靖《青州府志》卷11《兵防·按察分司》又称："青州立左右二卫，永乐四年移右卫戍德州。"这说明，青州右卫于永乐四年确有移调之事，但不是调往天津，而是调往德州。

嘉靖《德州志》卷2《卫所》记载："守备公馆，在州治西北，永乐十四年镇守都督同知曹得建。漕运公馆，在州治西北，正德十年漕运都司马缙建。德州卫，洪武九年以守御后千户所改建。永乐五年增建德州左卫。各六所，原属山东都司，永乐七年复改属直隶后军都督府。"这说明，嘉靖时期及其以前的明代各时期，德州所设过的军卫只有德州卫和德州左卫。而由于德州卫之设在洪武时期，因而青州右卫调往德州后的名称应为德州左卫。至于嘉靖《青州府志》卷11称青州右卫之调往德州在永乐四年，而嘉靖《德州志》卷2称德州左卫之增建在永乐五年，当是由于决定改调和最终实现调防不可能是同一个时间，两者一按决定改调的时间加以记载，一按最终实现调防的时间加以记载。《明太宗实录》卷68永乐五年六月庚寅记事及《国榷》卷14永乐五年六月庚寅记事，均记"设德州左卫"，《寰宇通志》卷61《济南府·公廨》在"直隶德州左卫指挥使司"下注云："在州治西北，永乐五年建"，这三书也是按该卫最终实现调防的时间加以记载的。

既然已经证明青州右卫是调往德州，其所使用的新名为德州左卫，那么，所谓天津右卫之前身为青州右卫的说法，显然是站不住脚的，这样，应该采信的说法自然地落在了天津右卫原系青州左护卫之说上。

天津右卫原系青州左护卫之说有许多史料记载可作根据,这在前文已经述及。另外,在永乐四年十一月甲子①天津右卫创建前的半年,即永乐四年五月,发生了革去青州左护卫之事。《明太宗实录》卷54永乐四年五月庚戌记事记载:"齐王榑至京师。先是,榑结无赖,养刺客,私僭帝号,及为咒诅魇镇等事。屡有告之者,察之,皆有征验。上不忍罪之,但赐书谕令改行。于是榑请入朝面谢。既至,廷臣交章劾奏榑罪不当宥。榑厉声曰:'奸臣又欲喋喋效建文时杀我耶!会当尽斩此辈。'上闻之,不怿,曰:'此其心可知。'已,命罢去其随侍护卫及长史等官,处之京师,敕山东都司、布政司、按察司,革青州中左二护卫及齐府长史司、仪卫司,官军校尉分调附近卫所。"这显示出,革去青州左护卫与创建天津右卫两事在时间的前后顺序上,刚好相衔接,这也为天津右卫由青州左护卫改调而来提供了一个辅助证据。如此说来,天津右卫由青州左护卫改调而来,确实为可靠的说法。

---

① 这里的十一月甲子据《明太宗实录》卷61和《国榷》卷14。

明代天津地区的河南籍官员

明代天津地区有不少出身于今河南地区的官员,他们对天津地区的发展做出了贡献,研究其任职天津的表现,很有意义。

一 为数众多

明代天津地区的官员中,有许多籍贯为河南者,将之统计下来,可得下表:

官职	任职人数	官职	任职人数	官职	任职人数
督饷部院	1	青州运同	3	主簿	5
部院巡盐	1	清军同知	1	典史	2
盐运使司经历	2	巡盐御史	12	学正	2
户部分司监督	23	知县	28	教谕	9
兵备道	15	知州	8	训导	11
长芦盐运使	4	县丞	4		

以上是由州县佐贰学官至朝廷部(院)副长官为止的明代任职于天津地区的各类河南籍官员的数字,将之加在一起,总数达131人次。这个统计主要据嘉靖《河间府志》、光绪《顺天府志》、民国《新校天津卫志》、乾隆《天津县志》、乾隆《武清县志》、乾隆《宝坻县志》、同治《重辑静海县志》、民国《重修蓟县志》等与今天津地区有关的方志之职官志(或称官师志)、宦

迹志（或称名宦志）等部分作出。这些方志所记各类官员的名单是不完全的，一方面武职官员基本失载，另一方面文官也多有遗漏，此外记入名单的亦有许多失载籍贯者，因此，这个统计只能算作关于明代任职于天津地区的河南籍官员的一个不完全统计。特别应予指出者，明代天津地区中天津三卫及蓟州之蓟州卫、镇朔卫、营州右屯卫三卫①等军事组织有数量颇多的武职官员，在明代天津地区官员中占有很大比例，这个统计不包括这部分官员，可见这个统计之不完全可说是极为严重的。而即使是这样的不完全统计，其数字还是超过100人次，这不能不使人甚感吃惊。由之透露出，在明代天津地区的政权管理、社会经济与文化生活管理上，河南人是发挥了极其重大作用的。

二　亮点闪闪

明代天津地区的河南籍官员，不仅人数很多，而且从政中多有贡献，亮点甚多，"有吏才"②、"善课士"③、"文行俱优"④、"才德并隆"⑤之类赞语，史不绝书。归纳起来，其亮点主要有如下六点：

1. 勤政惠民。如襄城县人高伟在静海任知县，"克勤民事"⑥，舞阳人郭良在武清县任知县，"存心不苟，抚字有方"⑦，

---

① 《寰宇通志》卷一，第12页。
② 《乾隆宝坻县志》卷八。
③ 《光绪顺天府志》，《官师志》八。
④ 《同治重辑静海县志》卷五。
⑤ 《民国重修蓟县志》卷二。
⑥ 《同治重辑静海县志》卷五。
⑦ 《乾隆武清县志·名宦》。

河内人史应聘于天启末年任宝坻知县,其"知天下将乱,一意惠怀其民"①。

2. 从事基础建设。如襄城人李敏于天顺时以监察御史身份,与守备蓟州署都指挥佥事刘辅、工部主事夏澄等一起,在蓟州城南"开故道,塞旁流,凿平地",开挖了一条长达二百多步的河流,并于其上垒石为桥,解决了这里水积苦民、不便行旅的问题。②沈邱人普济时嘉靖时任静海知县,曾"增置城楼"③。

3. 为民革弊。如原武人杨璲,正德五年任长芦都转运盐使司运使,因其所司盐场近京师,商旅多豪右,而盐场有远近美恶之别,为制止豪右作弊,他于每场"置一筹,纳竹筒中,令商以次出之",豪右深感不便,其却坚持不变,称"吾革弊耳,权贵何恤焉",由此而使"盐法大行"。④杞县人李崇一任宝坻知县,时宝坻库中原有书、吏管理,其吏每年考察参转,而不知何时废去,只择地方殷富者票拘顶参。但这些顶参者至后并不让其负责管理,只令"包赔油烛纸张,并各上台取礼公费。若库中少有差错,更且株连受比"。因而多有倾家荡产、鬻妻鬻子者,甚至"性命相殉,又遗累于子孙"。其更换的日期也从一年变为半年,甚或一季。更换之时,更是司其事者"需索"为恶之机,凡富厚之家都被列入名单,贿以厚赂方得脱免,最后则落至"忠厚愚懦"者头上,全县稍有"温余"者皆不得安枕。李崇一发现此弊,即出示严革。"行之两年",不仅库藏"渐就清楚",而且骚动不再发生,邑民"啧啧然以便告"。⑤

---

① 《乾隆宝坻县志》卷十一。
② 《民国重修蓟县志》卷十。
③ 《同治重辑静海县志》卷五。
④ 焦竑:《国朝献征录》卷一〇二,上海书店,1987年。
⑤ 《乾隆宝坻县志》卷十七。

4. 重视文教。如宝坻知县河南人钟英,在任"兴文教",同县主簿河南人朱贤,在任"修文庙棂星门、库厨"①。普济时在静海"重修文庙"②。户部分司监督汝南文球,万历年间与大中丞汪应蛟、观察使张汝蕴、郡丞李望瑞等一起重修了天津卫学宫,并亲笔撰写记文,勉励天津卫诸人士"洒濯自振","最上,人文鹊起,科目云联,而以天下为己任,不当存温饱念头,其次,伏首穷诵,绳趋尺步,虽不被弓旌,而奋履纯白,为闾里规",以"不负当事者兴学育才至意"。③

5. 战乱中守土卫民。如崇祯二年冬,清兵犯北直隶,良乡、香河、滦州、遵化俱陷,时任宝坻知县之河内人史应聘,乃集本县士民,"谕以固守城外"。"钲声动天,飞礮震地,应聘登陴指划,意气自如"。清兵攻之不下,解围撤走,城卒得保全。"事闻",应聘荣升给事中。④

6. 为官廉洁。如高伟之在静海任知县,"不妄取钱财"⑤。祥符人李璂,景泰年间进士,其同年卢氏耿裕任吏部侍郎,敬重其为人,"念其守官苦节,家业未立",乃言于吏部尚书,将之由户部郎中提拔为长芦盐运使,"实欲其循常例为自腴计"。但李璂得知后却笑称:"非吾志也。"既抵任,"严立条格,分毫无所取",及致仕还乡,"箧笥无长物,惟故人某赠《赤壁图》一副"。贫无以糊口,"乃以训课里中童蒙为业",其妻则"昼夜绩纺不辍","终身无怨"。⑥

---

① 《乾隆宝坻县志》卷八。
② 《同治重辑静海县志》卷五。
③ 民国《新校天津卫志》卷四。
④ 《乾隆宝坻县志》卷十一。
⑤ 《同治重辑静海县志》卷五。
⑥ 焦竑:《国朝献征录》卷一〇四,上海书店,1987年。

河南籍官员在明代天津地区的优秀表现，使之大得民心。史应聘在宝坻得到"合境戴之"①之优遇。嘉靖年间在蓟州任兵备道之洛阳人徐学古，由于"气度豁达，才猷（猷）风励，留心军务，扫除积弊"，得到本地人之爱戴，"后转易州道，士民皆泣送"。②由举人任武清教谕的安阳人牛俊与上文提及的郭良，直至清代乾隆年间，或仍被武清生徒"称之"，或仍被武清士民"思其德"。③在明代天津地区任职的河南籍官员，被立传收入当地府县方志《名宦》中者，有郭良④、史应聘⑤、河南卫人静海知县毕献、洛阳人静海教谕商宾⑥、徐学古、固始县人户部分司监督李绯⑦等，达6人之多。另外，被祀于当地名宦祠或专门设祠祭祀者，有毕献、商宾⑧、郭良⑨、徐学古⑩等，达4人之多。

三　几点思考

明代天津地区河南籍官员的表现，是明代全部河南籍官员表现的缩影。回顾明代河南籍官员在天津地区任职的情形，对于加深对明代河南地区的认识很有帮助。

一个人能否出任官员，一般说来具有一定的文化素养是必要

---

① 《乾隆宝坻县志》卷十一。
② 《民国重修蓟县志》卷二。
③ 《乾隆武清县志》，《职官》、《名宦》。
④ 《乾隆武清县志·名宦》。
⑤ 《乾隆宝坻县志》卷十一。
⑥ 《嘉靖河间府志·宦迹志·名宦》。
⑦ 《民国重修蓟县志》卷二。
⑧ 《同治重辑静海县志》卷五。
⑨ 《光绪顺天府志》，《官师志》八。
⑩ 《民国重修蓟县志》卷二。

因素。因而一个地区若能产生数量较多的官员,这一地区的文化发展必然程度较高,而一个地区文化的发展往往受制于当地的经济等条件,文化发展程度较高的地区,其经济等发展一般讲来亦必然是相当出色的。可见,一个地区如能产生数量较多的官员,反映着该地文化、经济等方面皆具有相当高的发展水平。如前所述,明代在天津地区任职的河南籍官员数量颇多,这就透露出明代的河南,在文化、经济等方面发展水平具有很高的程度。众所周知,河南地区是中华民族的发祥地之一,在华夏文明史上,截至唐宋先后有20多个政权在河南定都,唐宋以前河南的社会经济亦长期居于全国的领先地位。北宋灭亡后,全国的政治、经济、文化中心南移,河南开始由鼎盛走向衰落。但此后之河南,其衰落并非一败涂地、一落千丈,而是仍保持着相当强的实力和不容忽视的重要地位。明代天津地区数量颇多的河南籍官员的存在,不正是从一个侧面反映出了这一历史实际吗?

中华民族具有丰富的政治思想,其中从政治民的理念中有一点非常积极的内容,这就是关于奉行仁政的观念。在这种观念中,爱民是核心,诸如要求为官从政者应该懂得民为邦本的道理,强调本固邦宁,大呼民亦载舟、民亦覆舟,谴责如虎的苛政,提倡恤民和为民兴利除弊,歌颂先天下之忧而忧后天下之乐而乐,鼓励廉洁奉公,如此等等都是围绕爱民这一核心而向各个层面展开的,是奉行仁政的种种表现。这种奉行仁政的观念,有利于社会的和谐、稳定和发展,符合各个阶层的根本利益,是进步的举动,是广大成员总结历史经验教训而逐渐形成的理性举动。显然,只有文明发展到一定的高度,才能理解和执行这种理性的举动,文明发展的程度越高,一般理解和执行这种理性举动的自觉性就会越大,执行得越彻底。由于河南地区在唐宋以前的很长时期中,在中国文明发展中处于领先地位,这便使得其从政者在自觉奉行仁政观念方面长期处于较明显之列。西汉淮阳阳夏（今河南太康）人黄霸、东汉河内汲县（治今卫辉西南）人杜诗等历史上著名的良吏、清官，就是唐宋以前努力奉行仁政观念之河南籍官员的典型代表。前文所述明代天津地区河南籍官员在从政中的种种贡献和亮点，实即属于奉行仁政观念的作为。明代天津地区河南籍官员的这些表现，可说是唐宋以前河南地区从政者较多自觉奉行仁政观念优良传统的继承和发扬。另外，也再一次在一定程度上反映着其时河南地区的政治、经济、文化总体发展仍保持着相当高的水平。

回顾明代天津地区的历史，有一个人物很引人注目，他即上海人官至大学士的徐光启。徐在明末曾在天津地区搞农耕实验，其间其家书中曾提到番藷种，"只是难传，可闷也"。对于这句话的解释，学者看法不一，或者释为"所愁的是尚未找到解决薯种经不起长途运输问题的办法"①，或者解释为"只是越冬传种问题，尚未解决"②。但它表明这时徐光启曾有意把番藷推广到北方则是不可怀疑的。番藷即甘薯，还有"红薯"、"白薯"等各种名称，是原产美洲的一种粮食作物，于16世纪传入中国。由于它高产且极易栽种，其传入意义极大。徐光启的家乡地处沿海，得以较早引种。徐光启之所以想及将它引进北方，当即得利于其出身于便于接受国外新鲜事物的沿海地区。而明代在天津地区任职的河南籍官员，尽管不少关心民生者，但未见一人涉及在这里引种甘薯者，对于其他国外新鲜有用的事物，也未见有人想及往天津地区引入。究其原因，殆主要因为河南地处内陆，在得知国

---

① 王重民：《徐光启》，上海人民出版社，1981年，第93页。
② 梁家勉：《徐光启年谱》，上海古籍出版社，1981年，第114页。

外信息、传入国外事物上有其相对不便之处，从而限制了其时河南出身者的眼界。在明代以前，世界各大洲的居民基本上各自分隔地生活着，而15世纪末即明代中期地理大发现之后，世界各大洲居民的交往日趋频繁，这使地处内陆的河南居民在地缘上处在了相对不利的地位。明代天津地区河南籍官员与徐光启的上述差距，向河南人提出了警示：必须有意识地克服河南在地理大发现后出现的交往海外相对有所不便的地理局限性，否则就会影响自身的眼界与发展。

附录：论文著作编年

1976 年

1. 评《有作为的女政治家武则天》　发表于《南开大学学报》1976 年第 6 期。

1977 年

2. 唯心史观的大暴露　发表于《天津日报》1977 年 6 月 22 日。

1978 年

3. 魏晋南北朝时期部曲的含义和身份　发表于《南开大学学报》1978 年第 3 期。

4. 为江青篡权服务的大毒草　发表于《天津日报》1978 年 6 月 23 日。

5. 《儒门卷舌》的反动性　发表于《天津日报》1978 年 7 月 19 日。

6. 南北朝以后部曲的含义和身份　发表于《南开大学学报》1978 年 4－5 期。

1979 年

7. 一年来的明史研究　发表于《中国历史年鉴》1979 年号。

8. 中国古代史（清代部分）　人民出版社 1979 年出版，获天津市二等奖。

9. 清代苗民起义　中华书局 1979 年出版

1980 年

10. 明代军屯士卒的地位　发表于《南开史学》1980 年第 1 期。

11. 高迎祥　发表于《中国历史大辞典通讯》1980 年第 2 期。

12. "王二"等八词目解释　发表于《历史教学》1980 年第 11 期。

13. 明清史国际学术讨论会报导　发表于《历史教学》1980 年第 11 期。

14. 明清史资料（上，合著）　天津人民出版社 1980 年出版，获天津市社科优秀成果三等奖。

1981 年

15. 明代君主专制批判　发表于《南开史学》1981 年第 2 期。

16. 明末农民战争中的王左挂、王子顺实为一人　发表于《齐鲁学刊》1981 年第 2 期；人大复印资料全文转载。

17. 明代两畿鲁豫的民养官马制度　发表于《中华文史论丛》1981 年 2 辑；获天津市社科优秀成果二等奖。

18. 一条鞭法始于何时　发表于《南开学报》1981 年第 3 期。

19. 李自成起义失败的原因　发表于《历史教学》1981 年第 5 期。

1982 年

20. 明末农民起义均田口号的含义　发表于《中国古代史论丛》1982 年 1 辑。

21. 弘治中兴述略　发表于《南开史学》1982 年第 2 期。

22. 明代的苑监官牧　发表于《南开学报》1982 年第 5 期。

23. 明清史国际学术讨论集（合编）　天津人民出版社1982年出版。

1983年

24. 吴炎生年小考　发表于《天津日报》1983年1月18日。
25. 夏言　发表于《中国历史大辞典通讯》1983年第1期。
26. 严嵩　发表于《中国历史大辞典通讯》1983年第1期。
27. 徐阶　发表于《中国历史大辞典通讯》1983年第1期。
28. 高拱　发表于《中国历史大辞典通讯》1983年第1期。
29. 中国首次清史讨论会学术综述　发表于《社会科学辑刊》1983年第1期。
30. 明初军制初探　发表于《南开史学》1983年第1期。
31. 明初军制初探（续）　发表于《南开史学》1983年第2期。
32. 嘉靖青词　发表于《紫禁城》1983年第1期。
33. 嘉靖前期的大礼议　发表于《故宫院刊》1983年第2期。
34. 《辞海》"徐阶"条正误　发表于《中国历史大辞典通讯》1983年第2期。
35. 名胜古迹与新编地方志　发表于《地方志通讯》1983年第2期。
36. 嘉靖、隆庆年间农民起义初探　发表于《明史研究论丛》第2辑（江苏人民出版社1983年6月出版）；《中国史研究动态》1984年第9期介绍。
37. 初读《近三百年年谱知见录》　发表于《古籍整理出版情况简报》第116期。

1984年

38. 徐老仆的经营策略　发表于《经营与管理》1984年第

2期。

39. 清代专制主义中央集权制度的发展阶段和特点　发表于《南开学报》1984年第3期；又收入《天津史学会一九八三年年会论文集》。人大复印资料《明清史》1985年第4期全文转载；《中国史研究动态》1984年第9期、1985年第6期、1985年第10期有介绍；《史学情报》1985年第1期摘录介绍。

1985年

40. 地方志中的风俗志　发表于《天津史志》1985年第1期。

41. 邵晋涵评传　发表于光明日报社编《史学家评传》(1985年3月)。

42. "三言"中的明代奴仆　发表于《历史研究》1985年第6期；又载于《天津市庆祝建国三十周年论文集》。

43. 明史（上，合著）　上海人民出版社1985年10月出版。获天津市社科优秀成果一等奖。

44. 天津史话　中华书局1985年出版。

1986年

45. 军机处设立时间考辩　发表于《清史研究论文集》第4辑（1986年6月出版）。

46. 觚賸（合作点校）　上海古籍出版社1986年出版。

1987年

47. 黄宗羲肯定封建君主专制制度的思想　发表于《清史研究通讯》1987年1期；又缩写本载于《黄宗羲论》（浙江古籍出版社1987年12月出版）。1987年4月22日《光明日报》有介绍。

48. 坚持用唯物史观指导史学评论　发表于《安徽史学》1987年第4期。

49. 顾宪成的政治思想　发表于《南开学报》1987年第6期。

1988年

50. 明史研究备览（审定）　天津教育出版社1988年2月出版；1989年7月重印。

1989年

51. 清史（文化部分）　天津人民出版社1989年8月出版。

1990年

52. 明思宗挽救明朝的努力及其失败　发表于《南开史学》1990年第1期。

53. 中国古代图书事业史（明代部分）　上海人民出版社1990年4月出版。

54. 明代练兵琐谈　发表于《一代名姬》（江苏古籍出版社1990年5月出版）。

55. 关于万历时期的矿监税使　发表于《社会科学辑刊》1990年第3期。

56. 清朝胜过弘光政权的几项政策　发表于《清史国际学术讨论会论文集》（辽宁人民出版社1990年8月出版）。

57. 清朝政策比南明弘光政权的高明之处　发表于《历史教学》1990年第10期。

58. 刘基政治思想研究　发表于《郑天挺纪念论文集》（中华书局1990年出版）。

1991年

59. 就治学忆郑天挺先生　发表于《郑天挺学记》（三联书店1991年4月出版）。

60. 明史（下，合著）　上海人民出版社1991年7月出版。与上册一起获全国高校首届人文社科优秀成果二等奖。

61. 明代寺观经济初探　发表于《明史研究论丛》第4辑；又载于《南开学报》1991年第4期。

62. 西山十三家述略　发表于《明清史论文集》第2辑（天津古籍出版社1991年8月出版）。

63. 明代的讽刺文学　发表于《今晚报》1991年8月3日。

64. 留日学生与辛亥革命时期的天津　发表于《今晚报》1991年10月8日。

65. 清代文化（合著）　天津古籍出版社1991年10月出版，获全国古籍图书三等奖。

1992年

66. 雍正帝矫诏夺位还是合法继承　发表于《今晚报》1992年7月18日。

67. 雍正帝死因诸说　发表于《今晚报》1992年8月4日。

68. 南明史　南开大学出版社1992年11月出版。2012年7月故宫出版社再版。

69. 宋应昌的军事思想　发表于《明史研究》第2辑（黄山书社1992年12月出版）。

1993年

70. 永楽時期の移民——広宗縣の場合　发表于日本明代史研究会编《明代史研究》第21号。

71. 天津古代人物录（合著）　天津人民出版社1993年3月出版。

72. 中国通史（第八册，合著）　人民出版社1993年6月出版。

73. 日本学者研究中国史论著选译（第6卷，合译）　中华书局1993年9月出版。

74. 点校本《型世言》的一个小差错　发表于《今晚报》

1993年11月30日。

1994年

75. 试论余子俊修筑的万里长城（译文）　发表于《大同高专学报》1994年第1期。

76. 中国古代的鸟枪与日本　发表于《史学集刊》1994年第2期。

77. 入关前后清朝统一中国的战略计划和具体步骤述略　发表于《清王朝的建立阶层和其他》（天津人民出版社1994年4月出版）。

78. 《洪武皇帝大传》评介　发表于《光明日报》1994年5月2日。

79. 《沽上春秋》图文并茂　发表于《天津日报》1994年5月4日。

80. 学术水平高、思想倾向好的一部专著——读张薇先生近作《明代的监控体系》　发表于《武汉大学学报》1994年第4期。

81. 喜读罗澍伟主编的《近代天津城市史》　发表于《历史教学》1994年第5期。

82. 正直博学的焦澹园　发表于《明史研究》第4辑（1994年12月出版）

1995年

83. 一曲中华民族的颂歌　发表于《今晚报》1995年3月11日。

84. 《广宗县地名志》与广宗县永乐移民　发表于《商鸿逵教授逝世十周年纪念论文集》（北京大学出版社1995年3月出版）。

85. 发人深省的张居正改革　发表于《百科知识》1995年

第9期。

86．中国历史大辞典（明史卷）　上海辞书出版社1995年12月出版。

1996年

87．刘墉与父祖三代皆好官　发表于《今晚报》1996年3月16日。

88．和珅财迷心窍至死不悟　发表于《今晚报》1996年3月19日。

89．《打严嵩》的情节是否属实　发表于《明清史蠡测》（天津教育出版社1996年7月出版）。

90．朱元璋起用青年人的主张　发表于《明清史蠡测》（天津教育出版社1996年7月出版）。

91．严嵩与明中叶的赋役改革　发表于《明清史蠡测》（天津教育出版社1996年7月出版）。

92．《万历野获编》中记载的瓷器包装法　发表于《明清史蠡测》（天津教育出版社1996年7月出版）。

93．古代笔记与医药书　发表于《明清史蠡测》（天津教育出版社1996年7月出版）。

94．古书中的"亡命为僧"　发表于《明清史蠡测》（天津教育出版社1996年7月出版）。

95．李自成起义军深得民心的几项政策　发表于《明清史蠡测》（天津教育出版社1996年7月出版）。

96．从李自成起义军进京前的一件腐化逸事说起　发表于《明清史蠡测》（天津教育出版社1996年7月出版）。

97．试较《史记》与《资治通鉴》关于商鞅变法的记载　发表于《明清史蠡测》（天津教育出版社1996年7月出版）。

98．名胜古迹文字资料蒐辑整理刍议　发表于《明清史蠡测》(天津教育出版社 1996 年 7 月出版)。

99. 李著《明孝宗传》序　发表于《明清史蠡测》(天津教育出版社 1996 年 7 月出版)。

100. "明清史选题"绪论　发表于《明清史蠡测》(天津教育出版社 1996 年 7 月出版)。

101. 明清史蠡测　天津教育出版社 1996 年 7 月出版。

102. 中国封建王朝兴衰史(明朝卷，合著)　广西人民出版社 1996 年 9 月出版。

1997 年

103. 胡应麟的目录学成就　发表于《古典目录学研究》(天津古籍出版社 1997 年 3 月出版)，又载于《明史论文集》(黄山书社 1997 年出版)。

104. 明代名人与天津　发表于《今晚报》1997 年 5 月 3 日，又载于《博导晚谈录》(1997 年 10 月)。

105. "一国两制"战略构想的伟大意义　发表于《天津日报》1997 年 7 月 8 日。

106. 明代玉牒纂修制度考略　发表于《中国历史与史学》(北京图书馆出版社 1997 年 8 月出版)。

107. 影印本《万历起居注》主要底本的初步研究　发表于《明史论丛》(1997 年 10 月)。

1998 年

108. 明代宗人府等机构在纂修玉牒中的作用　发表于《南开大学历史系建系七十五周年纪念文集》(1998 年 1 月)。

109. 《万历起居注》的版本　发表于《史学集刊》1998 年第 4 期；人大复印资料《明清史》1999 年第 2 期全文转载。

1999 年

110. 二十世纪的中国明史研究　发表于《历史研究》1999

年第 2 期。

111. 明朝历次玉牒纂修活动的起止时间及其所记内容的时间范围　发表于《庆祝王钟翰教授八十五暨韦庆远教授七十华诞学术论文合集》（黄山书社 1999 年 6 月出版）。

112.《万历起居注校勘记》考述　发表于《南开学报》1999 年第 4 期。

113. 明代的不良牙人及其防范　发表于《中国社会历史评论》第 1 卷（天津古籍出版社 1999 年 8 月出版）。

114. 明代玉牒的可信性及其功能　发表于《南开大学历史研究所建所二十周年纪念文集》（南开大学出版社 1999 年 8 月出版）。

115. 推动历史学科发展的三十年——郑天挺教授在南开大学　发表于《南开学报》1999 年第 5 期，又载于《郑天挺先生百年诞辰纪念文集》（中华书局 2000 年 6 月出版）。

116. 明代玉牒杂考二则　发表于《纪念南开大学建校八十周年暨古籍所成立十六周年文史论集》（1999 年 10 月）。

117. 明代文化特色浅论　发表于《历史教学》1999 年第 10 期。

2000 年

118. 中国反贪史（第七章明朝，合著）　四川人民出版社 2000 年 6 月出版，2001 年 3 月第 2 次印刷。

119. 天津明抄本和日本藏抄本《万历起居注》　发表于《西南师范大学学报》2000 年第 4 期，又载于《第八届明史国际学术讨论会论文集》（湖南人民出版社 2001 年出版）。

120.《万历起居注》的价值和版本（代序）　发表于《明抄本万历起居注》（2000 年 11 月）；又载于《江汉论坛》2004 年第 8 期。

2001 年

121. 一部研究明清工商业史的力作　发表于《史学集刊》2001 年第 1 期。

122. 辉煌、曲折与启示——二十世纪中国明史研究回顾　天津人民出版社 2001 年 4 月出版。

123. 《广宗县旧志校注》序　发表于《广宗县旧志校注》(广宗县方志办 2001 年 7 月出版)。

124. 佛道秘密宗教与明代社会(合著)　天津古籍出版社 2001 年 8 月出版。

125. 《万历起居注》、《明神宗实录》和《李文节集》中的李廷机内阁奏疏　发表于(台湾)中国明史研究学会主编《明人文集与明代研究》(2001 年 12 月中国明代研究学会出版);又载于《明史论丛》(二)(兰州大学出版社 2003 年 8 月出版);又载于《西南师范大学学报》2003 年 4 期,2003 年 5 期人大复印资料转载。

126. 纪念辛亥革命,发扬爱国奉献精神　发表于《团结与民主》2001 年第 11 期。

127. 周鹤芝的姓名及其乞师日本　发表于《明史研究》第 7 辑(黄山书社 2001 年出版)。

2002 年

128. 南明首次乞师日本将领之姓名考　发表于《史学月刊》2002 年第 1 期;又载于《第九届明史国际学术讨论会暨傅衣凌教授诞辰九十周年纪念论文集》(厦门大学出版社 2003 年出版)。

129. 略论三百年明史的经验教训　发表于《南开学报》2002 年第 2 期;《新华文摘》2002 年第 7 期摘介;人大复印资料《历史学》2002 年第 7 期全文转载。

130. 南明政权对日通好求助政策的两种表现　发表于南开

大学日本研究中心编《日本研究论集》(天津人民出版社 2002 年 5 月出版)。

131.《揭开雍正皇帝隐秘的面纱》评介　发表于《天津社会科学》2002 年第 3 期。

132. 读《中国经济通史·明代经济卷》　发表于《中国史研究动态》2002 年第 4 期。

133. 简明中国反贪史（合著）　四川人民出版社 2002 年 7 月出版。

2003 年

134. 南明政权对日通好求助政策的形成过程　发表于《南开学报》2003 年第 2 期。

135."朱成功献日本书"的送达者非桂梧、如昔和尚说　发表于《史学集刊》2003 年第 2 期。

136. 黄斌卿遣使赴日乞师时间考　发表于《文史》2003 年第 2 期。

137. 奋进不止的文史资料工作　发表于《天津文史资料选辑》2003 年第 4 辑（天津人民出版社 2003 年 12 月出版）。

138. 徐光启与海河之得名　发表于《今晚报》2003 年 5 月 24 日。

139. 王士琦的仕途终点和人品　发表于《明史研究》第 8 辑（黄山书社 2003 年 6 月出版）。

140. 南明政权对日通好求助政策的六种表现　发表于南开大学日本研究中心编《日本研究论集》（天津人民出版社 2003 年 8 月出版）。

141. 明代载人运货的车　发表于《经济与文化研究》第 1 辑（2003 年 9 月 3 日出版）。

142. 明代纂修玉牒考略　发表于《中国明代文化研究·南

京专辑》（中国文史出版社2003年9月出版）。

143. 明史（上、下册，修订版，合著）　上海人民出版社2003年出版。

2004年

144. 洪武祭祀乐章和朱元璋　发表于（韩国）明清史学会编《明清史研究》第20辑，（韩国）明清史学会创立二十周年国际学术大会特辑号（2004年2月出版）。

145. 朱元璋撰二丘乐章的重视民众思想　发表于《明史研究论丛》第6辑（黄山书社2004年8月出版）。

146. 我的治学经历　发表于《南开学人自述》第2卷（南开大学出版社2004年10月出版）。

147. 解释关于天津设卫建城纪念日的一个疑点　发表于《今晚报》2004年11月16日。

148. 朱元璋大祀天地乐章非用于洪武八年说　发表于辽宁大学历史文化学院编《明清史论丛》（辽宁大学出版社2004年12月出版）。

149. 关于15－16世纪世界性大航海的几点浅见　发表于《吉林大学社会科学学报》2004年第6期。王天有等编《郑和远航与世界文明——纪念郑和下西洋600周年论文集》全文收入（北京大学出版社2005年7月出版）；并收入北京大学亚太研究院编《亚太研究论丛》第二辑（北京大学出版社2005年4月出版）、《郑和下西洋研究文选（1905－2005）》（海洋出版社2005年7月出版）；作为2004年度史学学科优秀论文选入《中国学术年鉴》；《新华文摘》2005年第3期及《中国社会科学文摘》2005年3期、人大复印资料《明清史》2005年第2期转摘第三部分。获天津市社科优秀成果二等奖。

150. 论明人年谱的价值和利用　发表于《求是学刊》2004

年第 6 期。

151. 方志成为明清人物文献资料宝库的原因——以明人崔恭资料为例　发表于《中国地方志》2004 年第 6 期。

152. 陈逵未参加永乐天津筑城考　发表于《天津文史》（天津建城六百周年纪念专辑，天津文史研究馆 2004 年 12 月编印）。

153. 天津建城之初事　发表于《天津日报》2004 年 12 月 20 日"文史"版。

154. 从水西庄看天津文化的包容性　发表于《天津日报》2004 年 12 月 23 日"满庭芳"版。

155. 天津史上不应忘却的一个人物——张思恭和永乐初天津城墙的修筑　发表于《今晚报》2004 年 12 月 23 日。

156. 解开天津右卫创建史上的两个谜团　发表于天津社会科学界联合会编《纪念天津建城 600 周年文集》（天津人民出版社 2004 年 12 月出版），又载于《中国地方志》2005 年第 4 期。

157. 怀念史学大师李洵先生　发表于罗东阳、赵轶峰主编《李洵先生纪念文集》（东北师大出版社 2004 年出版）。

2005 年

158. 试论明代中国应对西欧殖民者的得与失　发表于《南开学报》2005 年第 1 期。《光明日报》2005 年 5 月 19 日摘介。

159. 释天津永乐二年设卫建城说的又一个谜点　发表于《今晚报》2005 年 2 月 12 日。

160. 关于义和文化及其研究的几点建议　发表于窦孟翔主编《义和文化初论》（社会科学文献出版社 2005 年 4 月出版）。

161. 释天津卫永乐三年创建说　发表于《经济与文化研究》第 2 辑（延边大学出版社 2005 年 6 月出版）。

162. 两种外交模式的启示——纪念郑和航海开始六百周年　发表于《今晚报》2005 年 7 月 11 日。

163. 论张居正大力裁革冗官及其失败原因　发表于《史学集刊》2005年第3期，人大复印资料《明清史》2005年第5期转载。

164. 三岔河口记　刻于北运河河岸金钢桥处，又发表于《海河流津沽》（百花文艺出版社2005年8月出版）。

165. 明清时期古代中国社会的终结及其教训　发表于《河南师范大学学报》2005年第6期。

2006年

166. 中国国家博物馆藏瞿式耜七篇奏疏抄写时代考　发表于《中国历史文物》2006年第2期。

167. 明代文化研究（合著）　人民出版社2006年6月出版。

168. 清史纪事本末（主编，十卷本）　上海大学出版社2006年6月出版，获天津市社科优秀成果二等奖。

169. 忧愁满纸发人深思——读刘基《犁眉公集》中的诗歌　发表于《浙江工贸职业技术学院学报》2006年第4期。

170. 明代经济领域诓骗窃夺现象的盛行及其防范　发表于《西南师范大学学报》2006年第5期。

171. 明遗民邱维屏生平考三则　发表于《南开学报》2006年第6期。

172. 初读万明主编《晚明社会变迁问题与研究》　发表于《中国史研究动态》2006年第10期。

2007年

173. 中国国家博物馆藏明太祖、太宗两部实录的版本价值　发表于《中国历史文物》2007年第2期。

174. 明朝遗民李世熊生平事迹五考　发表于中国社科院历史所明史室编《明史研究论丛》第七辑（紫禁城出版社2007年4

月出版)。

175. 明史新探　(北京)中华书局2007年4月出版。

176. 崔恭年谱　发表于《明史新探》(中华书局2007年4月出版)。

177. 明赵秉忠状元卷今译　发表于《明史新探》(中华书局2007年4月出版)。

178. 张著《明代南直隶方志研究》序　发表于《明史新探》(中华书局2007年4月出版)。

179. 刘著《弘光政权研究》序　发表于《明史新探》(中华书局2007年4月出版)。

180. 高著《天津人口研究(1404—1949)》　发表于《明史新探》(中华书局2007年4月出版)。

181. 李著《明代云南沐氏家族研究》　发表于《明史新探》(中华书局2007年4月出版)。

182. 何著《明代南京寺院研究》序　发表于《明史新探》(中华书局2007年4月出版)。

183. 杨著《中国社会生活史》序　发表于《明史新探》(中华书局2007年4月出版)。

184. 读沈定平关于明清之际中西文化交流史的新作　发表于《明史新探》(中华书局2007年4月出版)。

185. 读滨岛敦俊先生新著《总管信仰——近世江南农村社会和民间信仰》　发表于《明史新探》(中华书局2007年4月出版)。

186. 郑天挺的《清史探微》　发表于《20世纪中国史学名著提要》(北京师范大学出版社2007年4月出版)。

187. 朱舜水学术思想二论　发表于《古代文明》2007年第3期。

188. 修订中华点校本《明史》的初步设想　发表于《今晚报》2007年6月11日。

189. 明代中日朝贡贸易中的策彦周良与淮安　发表于《"运河之都——淮安"全国学术研讨会论文集》（中国书籍出版社2007年9月出版）。

190. 贺贻孙事迹考　发表于《清史论丛》（2007年号）。

191.《广东新语》成书时间考辩　发表于《西南师范大学学报》2007年第6期。《新华文摘》2008年第2期转载。

192. 郑逢元与康熙《平溪卫志书》三考　发表于《纪念许大龄教授诞辰八十五周年学术论文集》（北京大学出版社2007年12月出版）。

2008年

193. 点校本《明史》"河渠"6校勘三则　发表于《东岳论丛》2008年第1期。

194. 康熙重建大沽海神庙碑记作者考　发表于《今晚报》2008年1月12日。

195. 李自成起义军深得民心的政策分析——兼论李自成起义军"均田"口号非"平分土地"　发表于《求是学刊》2008年第2期。

196. 明末流亡日本二遗民朱舜水、戴笠生平考二则　发表于《东北师大学报》2008年第2期。

197. 中华点校本《明史·河渠志》释疑六则　发表于《东岳论丛》2008年第2期。

198. 点校本《明史》"河渠"6正统直省水利记事校误　发表于《东岳论丛》2008年第3期。

199. 朱舜水的实功实用思想及对待程朱陆王的态度　发表于《南开学报》2008年第3期。

200. 修订中华点校本《明史》高拱、徐阶二传随笔　发表于《史学集刊》2008年第4期。

201. 点校本《明史》"河渠"6宣德直省水利记事考误　发表于《东岳论丛》2008年第4期。

202. 朱舜水生平考异二则　发表于《吉林大学社会科学学报》2008年第5期。

203. 校读点校本《明史·申时行传》手记　发表于《历史教学》2008年12月下半月刊。

2009年

204. 修订点校本《明史·张居正传》随笔　发表于《西南大学学报》2009年第1期。

205. 《明代杭州研究》序　发表于杭州市文史委编《明代杭州研究》（杭州出版社2009年1月出版）。

206. 点校本《明史》"河渠"6正统朝直省水利记事再校　发表于《东岳论丛》2009年第3期。

207. 点校本《明史》"河渠"6正统景泰直省水利记事勘误　发表于《东岳论丛》2009年第4期。

208. 点校本《明史·王锡爵传》校记　发表于《中州学刊》2009年第4期。

209. 眼含感激泪，深情忆故乡　连载于《广宗晚报》2009年5月11日、18日、25日第四版。

210. 校读中华点校本《明史·礼一》备忘录——纪念郑天挺先生诞辰110周年　发表于《点校本"二十四史"及〈清史稿〉修订工程简报》第34期。

211. "盛世"下的潜藏危机——张居正改革研究（主编）南开大学出版社2009年12月出版。

2010 年

212. 辑校万历起居注　天津古籍出版社 2010 年 1 月出版，获全国优秀古籍图书一等奖。

213. 关于明代杭州史研究之浅见　发表于杭州文史研究会编《杭州文史》2010 年第 2 期。

214. 明代天津地区的河南籍官员　发表于《中州学刊》2010 年第 5 期。

2011 年

215. 消极与积极并存：明朝建国前后祭祀活动述论　发表于《求是学刊》2011 年第 1 期。

216. 清史（上册副主编、下册主编）　天津人民出版社 2011 年 5 月出版。

217. 关于燕王朱棣的两篇敕书造假案献疑　发表于《西南大学学报》2011 年第 3 期。

218. 海瑞之廉洁反贪与传统文化的优秀成分　发表于《史学集刊》2011 年第 4 期。

219. 明太祖对待南海周边诸国政策初探　发表于《历史教学》2011 年第 18 期，《史学月刊》编辑部主办《历史与社会文摘》2012 年第 4 期摘录。

2012 年

220. 关爱乡梓的海刚峰　发表于《社会科学战线》2012 年第 5 期。

221. 校正泰昌天启起居注　天津古籍出版社 2012 年 10 月出版，获全国古籍图书一等奖。

2013 年

222. 明清考史录　人民出版社 2013 年 9 月出版。